教育部人文社会科学重点研究基地
兰州大学敦煌学研究所

国家社科基金冷门绝学研究专项学术团队项目
《敦煌河西碑铭与河西史研究》
（项目编号：21VJXT002）

教育部人文社会科学重点研究基地重大项目
《敦煌通史》（项目编号：16JJD770024）

《敦煌通史》学术顾问

郝春文　荣新江　张涌泉

敦煌通史

五代宋初归义军卷

杜 海 著

主 编 郑炳林
副主编 魏迎春 李 军

国家出版基金项目
NATIONAL PUBLICATION FOUNDATION

『十四五』国家重点图书出版规划项目

读者出版传媒股份有限公司
甘 肃 教 育 出 版 社

图书在版编目（CIP）数据

敦煌通史. 五代宋初归义军卷 / 郑炳林主编；魏迎春，李军副主编；杜海著. -- 兰州：甘肃教育出版社，2023.7（2024.3重印）
ISBN 978-7-5423-5569-0

Ⅰ. ①敦… Ⅱ. ①郑… ②魏… ③李… ④杜… Ⅲ. ①敦煌－地方史－五代（907-960）②敦煌－地方史－北宋 Ⅳ. ①K294.24

中国国家版本馆CIP数据核字（2023）第020406号

敦煌通史　五代宋初归义军卷
郑炳林　主　编
魏迎春　李　军　副主编
杜　海　著

策　　划　薛英昭　孙宝岩
项目负责　刘正东　董宏强
责任编辑　祁　莲　石　璞　胡瑞华
装帧设计　石　璞

出　版　甘肃教育出版社
社　址　兰州市读者大道568号　730030
电　话　0931-8436489（编辑部）　0931-8773056（发行部）
传　真　0931-8435009

发　行　甘肃教育出版社　印　刷　山东新华印务有限公司
开　本　787毫米×1092毫米　1/16　印　张　33.25　插　页　6　字　数　432千
版　次　2023年7月第1版
印　次　2024年3月第2次印刷
书　号　ISBN 978-7-5423-5569-0　定　价　136.00元

总　序

《敦煌通史》这套书从酝酿到完成已经有十多个年头了。2007年我与林甘泉先生在京西宾馆参加首批国家社科基金重大招标项目评审，评审间隙林先生问我，兰州大学敦煌学研究所能不能出面组织完成一部《敦煌通史》，作为国家社科基金重大项目选题。虽然当时有关于敦煌历史的小册子，但是都不足以呈现敦煌的历史。于是，我从此就将完成《敦煌通史》作为我们的工作计划，并一直在做这方面的准备工作。李军在读博士期间，原来准备让他撰写张氏归义军的历史作为博士学位论文，尽管最后他的学位论文研究的不是这个阶段的敦煌史，但也为撰写这个阶段敦煌的历史做了准备。陈继宏、杜海、陈光文入校攻博之后，我给他们选定的博士学位论文方向分别是吐蕃时期敦煌史研究、曹氏归义军史研究、西夏元明清敦煌史研究。到兰州大学敦煌学研究所制定"十三五"规划时，又将《敦煌通史》列为基地重大规划项目。2022年12月，我主持的2021年度国家社科基金冷门绝学研究专项学术团队项目《河西碑铭与河西史研究》开题，根据专家的建议将河西史研究部分改为敦煌史研究，以避开西北师范大学简牍研究院田澍团队的研究方向错位发展。这样一来，《敦煌通史》就成为两个项目共同完成的课题研究。经过十余年持续不断的研究，在甘肃教育出版社的努力下，《敦煌通史》即将完成并得到国家出版基金的资助。

对于敦煌历史开始的时间，我们都会想到汉武帝元狩二年（前121）匈奴浑邪王杀休屠王后投降汉朝，自金城河西西至盐泽空无匈奴，西汉政府在河西敦煌驻军屯田；元鼎六年（前111）又置敦煌郡，并移民实边。实际上敦煌的历史要比这早很多，敦煌与中原王朝的交往应当始于西周穆王（穆天子）时期，根据《穆天子传》的记载，周穆王即位十五年来到今敦煌和罗布泊一带。《山海经》记载敦薨之山出敦薨之水，敦薨之水西流进入盐泽，盐泽即罗布泊。这些都是关于敦煌最早的记载，就是说敦煌在先秦已经被中原王朝所了解和认识。关于敦煌名称的来源，有多种说法，一直争论不休，莫衷一是，有认为是外来语言的音译，也有认为敦煌和武威、张掖一样，名称来自西汉政府的美好愿望。总而言之，关于敦煌的历史还有很多谜团需要我们去研究。因此我们将《敦煌通史》的上限确定在西汉，兼及先秦敦煌历史；下限以清末为界，部分内容兼及近代。民国及当代的敦煌历史，敦煌研究院的历史已经将其囊括其中，等将来有专家撰写敦煌研究院的院史时一定会做详细的论述。

敦煌的历史实际上就是中国西北史的缩影，也是中原王朝与西域的关系史。因为从西汉开始到唐代，中原王朝经营西域的基地就是敦煌，敦煌的历史与中原王朝对西域的经营关系密切。西汉敦煌郡有西域都护的军备物资存储仓库——居卢訾仓城，西域诸城邦入贡皆经由敦煌进入中原，中原派遣到西域的官吏驻军也都经由敦煌送往迎来，因此东汉敦煌有华戎所交之都会之称。曹魏时期有仓慈、皇甫隆等担任敦煌太守，发展敦煌郡并维护陆上丝绸之路的畅通。十六国时西凉建都敦煌，后北凉消灭西凉占据敦煌。北魏灭北凉后，设敦煌镇。隋代的敦煌依旧是通使西域的咽喉之地，有三条道路从敦煌出发前往鄯善、高昌和伊吾。唐代前期以敦煌作为经略西域的基地，安史之乱爆发后，河西精兵东调，吐蕃趁机进攻，河西节度使在吐蕃的打击之下，从凉州迁徙到敦煌，最后在敦煌以“勿徙他境”为条件被迫投降。大中二年（848）张议潮起兵赶走盘踞敦煌六十余年的吐蕃官吏，敦煌进入了张氏归义军时期，敦煌在脱离中原王朝管辖六十余年后再次归附唐朝，成为唐朝管辖的一部分。后梁乾化四年（914）曹议金代替西汉金山白衣帝张承奉成为归义军节度使，敦煌进入了曹氏归义军时期。敦煌文献中保存了大量归义军时期的档案资料，使这个时期敦煌的精彩历史展现在世人面前。宋景祐三年（1036）西夏占领敦煌，敦煌进入西夏统治时期，此后又经历了元明清时期，这个时期相关文献资料记载都比较少，也是敦煌历史研究的空白。敦煌从西汉到清代经历将近两千年的风风雨雨，最繁荣的时期又尤以西汉、十六国、归义军时期最为精彩。其他时段如曹魏、隋、唐前期和吐蕃时期的敦煌历史也呈现出风云变幻、波澜壮阔的画面，牵动着当时整个西北历史的发展。我们力图用自己的研究将各个时段敦煌历史的面貌重现出来，这就是撰写《敦煌通史》的目的。

根据敦煌历史发展的实际情况，我们将敦煌的历史划分为两汉、魏晋北朝、隋及唐前期、吐蕃占领时期、张氏归义军时期、曹氏归义军时期、西夏元明清等七个阶段，分七卷撰写。具体分工为：郑炳林、司豪强承担两汉卷，杜海承担魏晋北朝卷和曹氏归义军即五代宋初归义军卷两卷，吴炯炯承担隋及唐前期卷，陈继宏承担吐蕃时期敦煌史卷，李军承担张氏归义军即晚唐归义军卷，陈光文承担西夏元明清卷。《敦煌通史》没有将敦煌艺术史纳入其中。我们知道敦煌石窟艺术是敦煌史的重要组成部分，因其内容非常丰富，自成体系，用有限的文字根本无法将其论述清楚，加之我们团队的张景峰教授主持国家社科艺术基金重大项目

《丝绸之路艺术史》，故在《敦煌通史》中不再叙述。

我从事敦煌学研究已经有四十多年了，但是将敦煌的历史从先秦讲授到明清根本做不到，就是汉唐敦煌的历史也很难讲清楚，我最熟悉的部分也就归义军时期的敦煌历史而已，我多年讲授的也是敦煌归义军的历史。不仅我是这样，其实整个敦煌学界很难有人可以将两千年的敦煌历史弄清楚，将两千年的敦煌历史讲清楚。我们完成这部书就是给从事敦煌学研究的学者提供一个参考，同时也为初入敦煌学领域的研究者提供了解敦煌的路径。至于我们是否达到目的，还得由敦煌学界去评判。

《敦煌通史》各卷的完成人主要是我和我的学生，他们中除了李军任职西北大学历史学院、司豪强还在攻读博士学位之外，其他人都在兰州大学敦煌学研究所工作。兰州大学敦煌学研究起步于20世纪80年代，研究机构从1979年的敦煌学研究小组，到1982年的敦煌学研究室，又发展到1999年教育部人文社会科学重点研究基地兰州大学敦煌学研究所。2017年以敦煌学为牵头学科组建的“敦煌丝路文明与西北民族社会”学科群入选兰州大学“双一流”建设名单，2019年成立敦煌与西域文明研究院。学科建设从1983年的敦煌学硕士授权点，一路发展到1998年的敦煌学博士学位授权点，2003年的博士后科研流动站，2007年的国家重点（培育）学科，2011年的中国史一级学科博士学位授权点、敦煌学二级学科博士学位授权点。现在研究所有历史文献学、敦煌学两个专业招收攻读博士、硕士的研究生。截至2022年底，研究所毕业硕士三百余人，博士一百七十余人。毕业的博士中有六十余人晋升教授，七十余人晋升副教授，二十余人被遴选为博士生指导教师，八人获全国百篇和省级优秀博士学位论文奖。他们分布在全国各个高校和科研单位，逐渐成为敦煌学研究的中坚力量。研究所现有科研人员二十四人，其中有教授十四人，副教授五人，讲师五人；有长江学者特聘教授一人，青年长江学者一人，“国家特殊人才支持计划”青年拔尖人才一人，国务院学位委员会中国史学科评议组成员一人，甘肃省领军人才第一层次人选一人，甘肃省宣传文化系统“四个一批”人才一人，甘肃省优秀青年文化人才一人。研究所完成学术著作百余部，丛书十七种，共五百余册。获省部级优秀成果奖二十余项，国家和省级图书奖十余项。研究所创办的CSSCI来源期刊《敦煌学辑刊》是本学科研究成果的重要刊布平台。研究所承担科技部国家科技支撑计划国家文化创新项目、国家社科基金重大项目、国家社科基金冷门绝学专项学术团队项目、国家社科基金重点项目和一般项目、教育部重大攻关项目、国家文物局重大委托项目、甘肃省社科基金重点项目等省部级项目一百六十余项，获项目经费三千余万元。特别是兰州大学敦煌学研究所自1999年与敦煌研究院联合共建以来，优势互补，珠联璧合，在各方面都有很大发展。在敦煌学、胡语文献、石窟艺术等领域研究优势显著。敦煌研究院的专家参与兰州大学敦煌学人才培养和合作研究，对兰州大学敦煌学人才培养水平的提升起了很大的作用。

郑炳林

2023年3月

绪　论

一、曹氏归义军史研究综述

五代宋初时期，曹议（又作“义”）金家族执掌敦煌归义军政权，因此本卷《敦煌通史》即对五代宋初敦煌曹氏归义军历史的研究。归义军政权的创立者是张议潮，唐大中五年（851），宣宗皇帝赐予张议潮“归义军节度使”称号[①]。张氏归义军政权的建立者张议潮出自敦煌大族，他联合敦煌各个家族的力量，率众推翻吐蕃的统治，收复瓜、沙等州，并且获得了中央王朝的册封。唐宣宗以归义军节度使领河陇十一州，此中虽有虚领之地，但承认了张议潮对敦煌乃至河陇地区统治的合法性，促进了敦煌归义军实力的发展壮大。此后，虽然张氏归义军与唐王朝对河西东部地区的控制权有所争夺，但是张氏归义军政权始终是唐朝管辖下藩镇性质的地方政权。张氏归义军时期，张氏家族、索氏家族、李氏家族交替执掌归义军政权，节度使张氏家族的内部矛盾以及归义军政权统治阶层中几个大族之间的斗争，削弱了归义军

① 《旧唐书》卷一八下《宣宗纪》，北京：中华书局，1975年，第630页。

政权的实力。归义军政权前期发展势头迅猛，但是最终未能继续扩大管辖范围，张议潮时期收复的沙、瓜、肃、甘、凉、伊六州[①]，至张承奉统治时期，仅保留瓜沙二州之地。唐朝灭亡以后，张承奉在敦煌地区建立西汉金山国，后改名西汉敦煌国[②]。此时的张承奉没有认清河西地区政治形势的复杂性，对外采取积极冒进的策略，最终导致在与甘州回鹘的一系列战争中失败，西汉敦煌国为曹氏归义军政权所取代。10世纪时期，唐王朝灭亡，中原进入五代十国割据时期，中原王朝对西北地区的管辖更是鞭长莫及。在失去强大的统一政权控驭之后，敦煌的地缘关系、社会结构等逐步发生变化。曹氏归义军政权虽然奉五代、北宋正朔，号称“归义军”，但是已经成为“实际的外邦”[③]，归义军政权由唐朝的藩镇演变为一个“独立王国”[④]。

归义军史的研究是敦煌学研究领域的重镇之一，前贤时彦不惧琐碎、长期耕耘，对归义军时期的重要文献做了详尽细致的搜集整理与校注研究，对归义军历史上的重要史实做了大量考证。曹氏归义军时期的历史线索，已经被清晰地勾勒出来；曹氏归义军历史上的重要问题，经学者的系统研究与深入讨论，大多得出了令人信服的结论。但是，敦煌文献关于曹氏归义军历史的记载虽极为丰富，但较分散，且因文本的实际功用有异，敦煌文献记载的信息需要从不同层面解读，因而相关研究还有进一步推进的

---

① 《张淮深碑》：“西尽伊吾，东接灵武，得地四千余里，户口百万之家，六郡山河，宛然而旧。”参荣新江《敦煌写本〈敕河西节度兵部尚书张公德政之碑〉校考》，荣新江《归义军史研究——唐宋时代敦煌历史考索》，上海：上海古籍出版社，1996年，第401页。

② 冯培红《敦煌的归义军时代》，兰州：甘肃教育出版社，2013年，第74页。

③ 荣新江《归义军史研究——唐宋时代敦煌历史考索》，第2页。

④ 冯培红《敦煌的归义军时代》，第458页。

空间。同时，曹氏归义军时期的政治局势、社会关系错综复杂，许多历史信息是晦涩不明的，需要综合考察大量文书，并将不同时期、不同类型的史料进行充分的比较研究，方能对曹氏归义军历史形成更清楚的认识。曹氏归义军史研究的一些方面，还有继续深入的可能性与必要性。下面对曹氏归义军史的研究现状做一简要回顾。

（一）敦煌文献的整理

曹氏归义军史的研究，是建立在敦煌文献整理研究基础之上的。早期的敦煌文献整理，主要有《敦煌古籍叙录》《敦煌遗书总目索引》[①]，以及蒋礼鸿、任二北、周绍良、向达等的研究，这些文献整理及语言文字方面的研究，是我们释读敦煌文献的基础。随着敦煌文献缩微胶卷的公布、《敦煌宝藏》的出版[②]以及敦煌文献大型图册的影印出版[③]，敦煌文献的整理工作进展较快。在研究曹氏归义军史时，使用比较多的释文成果有黄征、吴伟《敦煌愿文集》，郑炳林《敦煌碑铭赞辑释》《敦煌地理文书汇辑校注》，姜伯勤、项楚、荣新江《敦煌邈真赞校录并研究》，赵和平《敦煌表状笺启类书仪辑校》《敦煌写本书仪研究》，宁

---

① 王重民《敦煌古籍叙录》，北京：商务印书馆，1958年；商务印书馆编《敦煌遗书总目索引》，北京：商务印书馆，1962年。

② 黄永武《敦煌宝藏》（1—140册），台北：新文丰出版公司，1981—1986年。

③《英藏敦煌文献（汉文佛经以外部分）》（1—15卷），成都：四川人民出版社，1990—1995、2009年；《法国国家图书馆藏敦煌西域文献》（1—34册），上海：上海古籍出版社，1995—2005年；《俄藏敦煌文献》（1—17册），上海：上海古籍出版社，1999—2001年；《甘肃藏敦煌文献》（1—6册），兰州：甘肃人民出版社，1999年；《国家图书馆藏敦煌遗书》（1—146册），北京：北京图书馆出版社，2005—2012年；《英国国家图书馆藏敦煌遗书》（1—50册），桂林：广西师范大学出版社，2011—2017年；《敦煌秘笈（影片册）》（1—9册），大阪：武田科学振兴财团杏雨书屋，2009—2013年。

可、郝春文《敦煌社邑文书辑校》，沙知《敦煌契约文书辑校》，郝春文等《英藏敦煌社会历史文献释录》等[①]。此外，敦煌研究院《敦煌莫高窟供养人题记》《敦煌石窟内容总录》，谢稚柳《敦煌艺术叙录》，马德《敦煌莫高窟史研究》等为我们提供了重要的石窟题记、图像等资料[②]。随着敦煌文献等基础整理工作的推进，归义军史方面的研究也在不断深入。

（二）曹氏归义军史相关研究

敦煌藏经洞文献的发现，使得正史中语焉不详的归义军历史以崭新的面貌呈现于世人面前。20世纪初期敦煌学兴起伊始，学者们便利用敦煌文书开展归义军史研究，虽然囿于材料所限而难以进行全面的探讨，但其筚路蓝缕之功奠定了归义军史研究的基础。如曹元忠《沙州石室文字记》一文，根据寥寥数篇文书，深入考察了张氏归义军、西汉金山国，特别是曹氏归义军时期的史事，由此感叹“五代辽宋沙州‘一隅孤悬’”，因而“思古之情跃

---

① 黄征、吴伟《敦煌愿文集》，长沙：岳麓书社，1995年；郑炳林《敦煌碑铭赞辑释》，兰州：甘肃教育出版社，1992年；郑炳林、郑怡楠《敦煌碑铭赞辑释（增订本）》，上海：上海古籍出版社，2019年；郑炳林《敦煌地理文书汇辑校注》，兰州：甘肃教育出版社，1989年；姜伯勤等《敦煌邈真赞校录并研究》，台北：新文丰出版公司，1994年；赵和平《敦煌表状笺启类书仪辑校》，南京：江苏古籍出版社，1997年；赵和平《敦煌写本书仪研究》，台北：新文丰出版公司，1993年；宁可、郝春文《敦煌社邑文书辑校》，南京：江苏古籍出版社，1997年；沙知《敦煌契约文书辑校》，南京：江苏古籍出版社，1998年；郝春文等《英藏敦煌社会历史文献释录》（1—19卷），北京：社会科学文献出版社，2003—2022年。

② 敦煌研究院编《敦煌莫高窟供养人题记》，北京：文物出版社，1986年；敦煌研究院编《敦煌石窟内容总录》，北京：文物出版社，1996年；谢稚柳《敦煌艺术叙录》，上海：上海古籍出版社，1996年；马德《敦煌莫高窟史研究》，兰州：甘肃教育出版社，1996年。

然而不能自已”[①]。罗振玉《补唐书张义潮传》《瓜沙曹氏年表》两篇文章勾勒出张氏、曹氏归义军时期的历史线索，专门记下沙州人“每岁时祀父祖，衣中国之服，号恸而藏之”[②]。可见，敦煌学兴起伊始，学者即怀着满腔热忱，展开归义军史的相关研究。此后，王重民、姜亮夫、向达、孙楷第、翟林奈、藤枝晃、苏莹辉等学者对归义军的历史进行了专题或者综合性研究，为归义军史研究全面系统的开展奠定了良好的基础。荣新江《归义军史研究——唐宋时代敦煌历史考索》，是首部系统考察归义军历史的研究性著作，通过对敦煌文献、传世资料等详尽细致的考订，厘清了归义军政治史的线索，建立了归义军史的年代体系，并就归义军对外关系史等专题进行了深入研究。长久以来，该著作成为考察敦煌文书时代、归义军节度使世系等的重要参考。郑炳林《敦煌归义军史专题研究》（1—4编）[③]，涵盖了归义军政治、经济、文化等方面的专题研究成果，细致考察了归义军时期敦煌的世俗生活、社会秩序、宗教信仰等，展现了归义军政权各个方面的历史面貌。2013年，“敦煌讲座”书系出版，推出一系列归义军史方面前沿性的研究成果。如冯培红《敦煌的归义军时代》对归义军政权相关文献资料做了尽可能全面的搜罗，以专题的形式论述了归义军历史的各个方面，尤其关注学界在归义军政治史等方面的研究，在曹氏归义军节度使世系、对外关系等方面做了系统梳理并提出诸多创见。荣新江、朱丽

---

① 罗振玉《敦煌石室遗书》，诵芬室排印本，1909年；收入黄永武主编《敦煌丛刊初集》第6册，台北：新文丰出版公司，1985年，第341—353页。

② 罗振玉著，罗继祖编《罗振玉学术论著集》第8集，上海：上海古籍出版社，2010年，第31—39、69—89页。

③ 郑炳林主编《敦煌归义军史专题研究》（1—4编），兰州：兰州大学出版社，1997年、2003年；兰州：甘肃文化出版社，2005年；西安：三秦出版社，2009年。

双《于阗与敦煌》[①]，杨富学《回鹘与敦煌》[②]，充分关注国际敦煌学研究成果，是归义军政权与于阗、回鹘关系研究领域的重要著作。此外，还有杨宝玉、吴丽娱《归义军政权与中央关系研究——以入奏活动为中心》[③]，是文献细读与综合研究的代表性成果。下面笔者从几个方面，概述曹氏归义军史重要问题的研究。

1.曹氏族属研究

关于曹氏归义军节度使家族的族属问题，目前学术界大致公认的观点是粟特后裔说。罗振玉《瓜沙曹氏年表》一文末附“谯郡曹氏世系表”，以曹议金家族郡望为谯郡[④]。藤枝晃提到敦煌存在汉族、粟特两支曹氏，但据P.4638《曹良才邈真赞并序》认为曹议金家族为汉族[⑤]。史苇湘认为曹良才、曹议金兄弟与中原曹姓恐非出自一系[⑥]。姜伯勤探讨了敦煌曹氏的武威、西平两个郡望，前者可能是《郃阳令曹全碑》所述陇西、敦煌的曹氏，但也不排除有定居在凉州的昭武九姓人；后者则与曹元忠称西平王有关，因封号引起了地望的滥用[⑦]。池田温对早期中亚粟特人做了细致的研究，深入探讨了敦煌从化乡粟特聚落，认为吐蕃占领

① 荣新江、朱丽双《于阗与敦煌》，兰州：甘肃教育出版社，2013年。

② 杨富学《回鹘与敦煌》，兰州：甘肃教育出版社，2013年。

③ 杨宝玉、吴丽娱《归义军政权与中央关系研究——以入奏活动为中心》，北京：中国社会科学出版社，2015年。

④ 罗振玉《瓜沙曹氏年表》，陈国灿、陆庆夫主编《中国敦煌学百年文库》（历史卷）（一），兰州：甘肃文化出版社，1999年，第12页。

⑤（日）藤枝晃《沙州歸義軍節度使始末（三）》，《東方学報》（京都）第13册第1分，1942年，第64页。

⑥ 史苇湘《世族与石窟》，敦煌文物研究所编《敦煌研究文集》，兰州：甘肃人民出版社，1982年，第154页。

⑦ 姜伯勤《敦煌邈真赞与敦煌名族》，姜伯勤等《敦煌邈真赞校录并研究》，第11—14页。

河西以后，粟特人聚落消亡[①]。郑炳林、陆庆夫、王尚达认为粟特人并未因吐蕃占领敦煌而外逃至中亚故土或回鹘地区等，而仍居敦煌。虽然从化乡的建制被取消，但是作为粟特人聚落中心的安城还在。归义军时期粟特人从敦煌安城发展到敦煌城四园，粟特人的聚落、人数增加。在张氏归义军政权建立的过程中，粟特人在收复河西时所起的作用很大。粟特人主要从事商业、手工业等与市场紧密联系的行业。“粟特聚落——从化乡”消失后，粟特人继续生活在敦煌地区，他们从事各种行业，加入敦煌社会的社司、行人等组织，同汉人及其他各族人通婚，促成了粟特人与当地人的融合[②]。在2001年第1期的《历史研究》上，两篇重要的文章同时发表，一是荣新江《敦煌归义军曹氏统治者为粟特后裔说》，另一篇是冯培红《敦煌曹氏族属与曹氏归义军政权》，这两篇文章对曹氏族属的问题做了深入详尽的研究。敦煌地区的粟特人在张氏归义军时期势力逐渐强大，粟特曹氏在张承奉时期力量迅速上升，最终取代张氏掌握归义军政权。归义军曹氏统治者在婚姻、施政政策等方面都体现出粟特文化的特征，曹氏统治者积极寻求可以依托的高门大姓，不用敦煌本地曹氏的彭城郡郡望，而择取门第更为高贵的谯郡郡望，使其跻身于五代宋初瓜沙大族之林。这正好说明曹议金家族不可能是汉时入迁敦煌的彭城曹

---

① （日）池田温《8世紀中葉における敦煌のソグド人聚落》，《ユ-ラシア文化研究》第1号，1965年。

② 郑炳林《唐五代敦煌粟特人与归义军政权》，《敦煌研究》1996年第4期；陆庆夫《唐宋间敦煌粟特人之汉化》，《历史研究》1996年第6期；郑炳林《唐五代敦煌的粟特人与佛教》，《敦煌研究》1997年第2期；郑炳林、王尚达《吐蕃统治下的敦煌粟特人》，《中国藏学》1996年第4期；陆庆夫、郑炳林《唐末五代敦煌的社会与粟特人聚落》。以上5 篇文章均收入郑炳林主编《敦煌归义军史专题研究》，兰州：兰州大学出版社，1997年。

氏。谯郡曹氏在历史上很少迁徙至敦煌，曹议金家族冒充谯郡曹氏，显示了粟特族人在对郡望的择取上，只求最为著名。虽然归义军曹氏是粟特人后裔，但是他们很大程度上已经被汉文化所同化。曹议金与甘州回鹘、于阗实行政治联姻，为维系归义军与周边民族政权的友好关系奠定了基础，通过一系列战争，扭转了张承奉时期敦煌政权与甘州回鹘之间“父子之国”的关系。在经过吐蕃统治和张氏归义军与周边势力的争斗以后，粟特曹氏建立的归义军政权维持了敦煌地区100多年的社会稳定，百姓基本不受战争摧残，使得当地的多种文化得以保存，并呈现出多姿多彩的局面，可以说贡献巨大①。后李并成、解梅根据《曹通神道碑》关于唐初谯郡曹通家族因官居于瓜州，且屡立军功、荫及子孙，遂成为瓜沙颇为显赫的大族等记载，认为归义军节度使曹议金很可能为曹通家族后裔，并且认为从归义军曹氏之婚姻关系、曹氏统治时期粟特后裔的地位及其影响等分析，都无法证明曹氏为粟特后裔。莫高窟一些洞窟中绘有曹议金的大幅供养画像和题记，为汉族面貌，因此认为归义军曹氏统治者为汉族谯郡后裔②。沙武田认为《曹通神道碑》以及P.4638《曹良才邈真赞并序》，为曹氏家族的谯郡郡望提供了依据，但是考虑到中古时期来华的九姓胡人，为了融入当地的汉人社会，像这样攀附汉族高门大姓、篡改自己族望者比比皆是，在历史文献和出土墓志等胡人资料中广泛存在。如果归义军曹氏确系来自曹通一族，为何在后来的记述中只字不提？因此，敦煌石窟中曹议金及其子孙的画像相貌，

① 荣新江《敦煌归义军曹氏统治者为粟特后裔说》，《历史研究》2001年第1期，第65—72页；冯培红《敦煌曹氏族属与曹氏归义军政权》，《历史研究》2001年第1期，第73—86页。

② 李并成、解梅《敦煌归义军曹氏统治者果为粟特后裔吗——与荣新江、冯培红先生商榷》，《敦煌研究》2006年第6期，第109—115页。

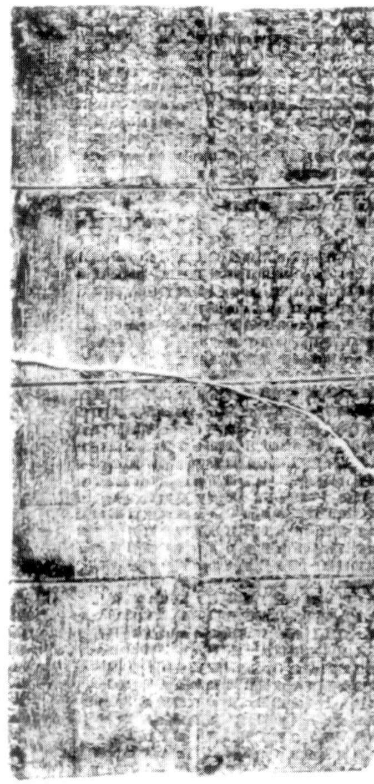

图1 《曹全碑》碑阳

是他们家族几个世纪以来与汉族及其他民族通婚的结果，到五代、北宋呈现出汉式相貌，已经不足为怪[①]。沙武田还根据曹家窟内女供养人像着回鹘民族服饰的现象，推论曹氏族源或为粟特族属[②]。综合以上可知，粟特曹氏家族虽然已经汉化，但是其粟特后裔的族属判定为多数学者接受。

2.历任节度使及相关史实的研究

对于曹氏归义军的首任节度使，传世文献记载为曹议金，而敦煌文献P.3239、P.4638V出现了节度使曹仁贵，时间比曹议金要早。罗振玉《瓜沙曹氏年表》以曹议金为归义军首任节度使，同时提到了“石室本《沙州长史曹仁贵书状》”，但未对曹仁贵与曹议金的关系做具体的说明[③]。1948年劳榦据P.4638V提出“仁贵为义金的前一代无疑”[④]。藤枝晃也采用了曹仁贵为曹氏归义军首任节度使的观

① 沙武田《敦煌石窟归义军曹氏供养人画像与其族属之判别》，中央文史研究馆、敦煌研究院、香港大学饶宗颐学术馆编《庆贺饶宗颐先生九十五华诞敦煌学国际学术研讨会论文集》，北京：中华书局，2012年，第144、164页。

② 沙武田《五代宋敦煌石窟回鹘装女供养像与曹氏归义军的民族特性》，《敦煌研究》2013年第2期，第74—83页。

③ 罗振玉《瓜沙曹氏年表》，陈国灿、陆庆夫主编《中国敦煌学百年文库》（历史卷）1，第12页。

④ 劳榦《唐五代沙州张曹两姓政权交替之史料》，《申报》1948年1月17日“文史”版。

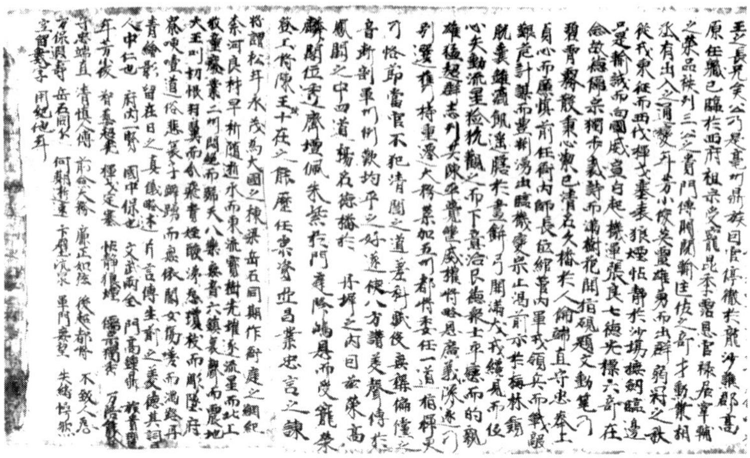

图2 敦煌文书P.4638《曹良才邈真赞并序》

点[①]。唐耕耦《曹仁贵节度沙州归义军始末》据P.4044a《乾宁六年（899）使检校吏部尚书兼御史大夫曹使帖》中的“使检校吏部尚书兼御史大夫曹”，P.4470《乾宁二年（895）三月十日归义军节度使张承奉、副使李弘愿疏》中提到的“长史”，P.3239《甲戌年（914）十月十八日归义军节度兵马留后使曹仁贵牒》后署“使检校吏部尚书兼御史大夫曹仁贵”，P.4638V《权知归义军节度兵马留后守沙州长史曹仁贵状》中的两篇文书（《曹仁贵上令公状》和《曹仁贵献玉状》）均署“权知归义军兵马留后、守沙州长史、银青光禄大夫、检校吏部尚书、兼御史大夫、上柱国曹仁贵状上”等认为继张承奉出任归义军节度使的吏部尚书是曹仁贵，在位时间为914—920（或922）年[②]。荣新江《沙州归义军历任节度使称号研究》同意唐说，并确认曹仁贵任职时间为

① （日）藤枝晃《敦煌オアシスと千仏洞》，《敦煌·シルクロード》（每日グラフ别册），东京：每日新闻社，1977年，第66页。

② 唐耕耦《曹仁贵节度沙州归义军始末》，《敦煌研究》1987年第2期，第14—19页。

914—920年[①]。苏莹辉《朱梁时曹仁贵继张氏为沙州归义军节度使说》亦主张曹仁贵是接替张承奉出任节度使；在《瓜沙史事述要》中认为曹仁贵是曹议金的兄长辈[②]。贺世哲《试论曹仁贵即曹议金》认为仁贵、议金是由“仁义贵如金”而来，一个是名，一个是字，922年以后，曹仁贵以字行，称曹议金[③]。李正宇结合P.2945文书，推断曹仁贵即曹议金，认为在曹氏归义军通梁之后，节度使曹仁贵为避朱有珪的名讳，于918年更名为曹议金[④]。郑雨亦认为，曹仁贵权知留后不久即改名曹议金[⑤]。郑炳林《敦煌碑铭赞辑释》检录大量曹议金时期的文书，认为曹议金、曹仁贵为同一人[⑥]。荣新江从曹仁贵之兄长曹仁裕的角度，论证曹仁贵即曹议金[⑦]。至此，基本上可以确定曹仁贵与曹议金为同一人。马德《尚书曹仁贵史事钩沉》一文考察了S.6417等文书，并结合曹氏时期石窟考古资料，认为“尚书”曹仁贵是曹议金的儿子，

① 荣新江《沙州归义军历任节度使称号研究》，中国敦煌吐鲁番学会编《敦煌吐鲁番学研究论文集》，上海：汉语大词典出版社，1991年。

② 分别载《大陆杂志》第68卷第1期，《汉学研究》第4卷第2期。

③ 贺世哲《试论曹仁贵即曹议金》，《西北师大学报》（社会科学版）1990年第3期，第40—46页。

④ 李正宇《曹仁贵归奉后梁的一组新资料》，武汉大学历史系魏晋南北朝隋唐史研究室编《魏晋南北朝隋唐史资料》第11期，武汉：武汉大学出版社，1991年，第274—281页；李正宇《曹仁贵名实论——曹氏归义军创始及归奉后梁史探微》，中国台湾汉学研究中心编《第二届敦煌学国际研讨会论文集》，台北：中国台湾汉学研究中心，1991年，第551—569页。

⑤ 郑雨《莫高窟第九十八窟的历史背景与时代精神》，《九州学刊》1992年第4卷第4期，第38、43页。冯培红对主要观点的异同、先后问题做了细致的梳理，参见冯培红《敦煌的归义军时代》，第248页。

⑥ 郑炳林《敦煌碑铭赞辑释》，第375—381页。

⑦ 荣新江《关于曹氏归义军首任节度使的几个问题》，《敦煌研究》1993年第2期，第46—53页。

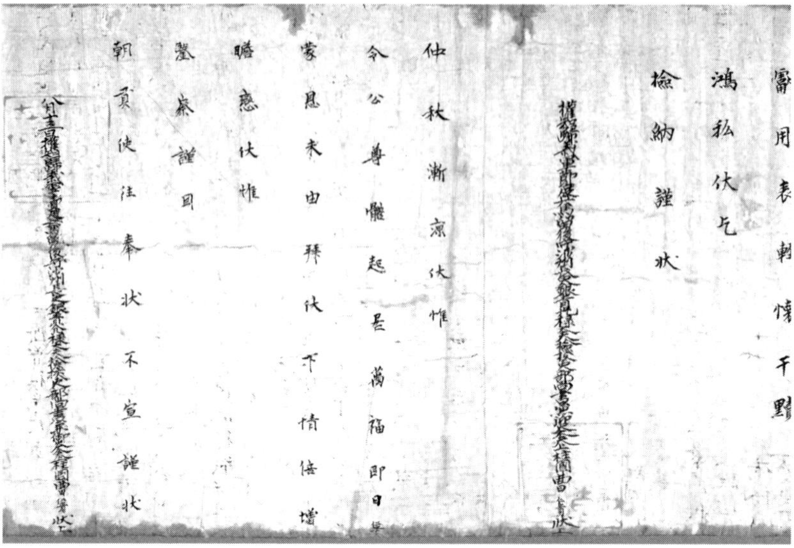

图3 P.4638V《权知归义军节度兵马留后守沙州长史曹仁贵状》①

为曹议金与天公主所生②。此说看似难以成立，实则揭示出曹氏归义军时期敦煌文献所涉人物称号问题的复杂性，相关研究有必要继续推进。

曹氏取代张氏执掌归义军政权的史事，正史的记载在时间上较混乱。苏莹辉、唐耕耦、徐晓丽据P.4044残存文字记载，认为曹仁贵可能在899年就已执掌归义军政权③。李正宇、荣新江认为

---

① 此处正背面关系以《法国国家图书馆藏敦煌西域文献》（第32册，第235页）标注为准。不过敦煌遗书P.4638V《权知归义军节度兵马留后守沙州长史曹仁贵状》钤有印章，应为正式书状或其备份。

② 马德《尚书曹仁贵史事钩沉》，《敦煌学辑刊》1998年第2期，第10—17页。

③ 苏莹辉《瓜沙史事述要》，原载《汉学研究》1986年第4卷第2期；此据苏莹辉《敦煌文史艺术论丛》，台北：新文丰出版公司，1987年，第86—87页。唐耕耦《曹仁贵节度沙州归义军始末》，《敦煌研究》1987年第2期，第15页。徐晓丽《曹议金与甘州回鹘天公主结亲时间考——以P.2915卷为中心》，《敦煌研究》2001年第4期，第114—116页。

P.4044中相关文字记载的是张承奉[①]。贺世哲、孙修身考证P.3239文书是914年有关曹议金任节度使的记载[②]。冯培红认为P.4044文书中“使、检校吏部尚书、兼御史大夫曹”非“乾宁六年（899）帖”的内容，不能说明曹议金899年就已经执掌归义军政权。而据P.3239文书可知曹议金在914年已经取代张氏政权，掌握了实际的权力。又据S.1643文书可知张承奉的西汉敦煌国在914年也确实存在，那么二者的交替时间当在914年。同时，结合陈祚龙、苏莹辉等“P.4638V与P.3239文书同属甲戌年（914）”的判断，冯培红认为在914年中秋节前夕，曹议金取代张承奉成为了瓜沙地区的统治者[③]。劳榦认为张、曹的交替似非武力的篡夺[④]。郑雨、荣新江指出曹议金执掌归义军政权后，更加强了统治基础的建设。从曹议金所建莫高窟第98窟现存内容可以看到，有张、索、曹历任节度使，曹氏女眷，文武官员与僧官大德等。这一做法是试图通过视觉图像强化统治的向心力，以达到巩固政权的目的。同时，这些供养人像也反映了曹氏归义军政权的基

① 李正宇《曹仁贵名实论——曹氏归义军创始及归奉后梁史探微》，中国台湾汉学研究中心编《第二届敦煌学国际研讨会论文集》，第552页；荣新江《归义军改元考》，《文史》第38辑，北京：中华书局，1994年，第49页。

② 贺世哲、孙修身《〈瓜沙曹氏年表补正〉之补正》，《甘肃师大学报》1980年第1期，第72页。

③ 冯培红《敦煌的归义军时代》，第236、240—243页；苏莹辉《敦煌文史艺术论丛》，台北：新文丰出版公司，1987年，第85页；陈祚龙《迎头赶上，此其时也——敦煌学散策之二》，《敦煌学园零拾》（下册），台北：台湾商务印书馆，1986年，第422页。此外，唐耕耦《曹仁贵节度沙州归义军始末》（第15—17页）亦对甲戌年（914）P.3239等文书做了细致考证。

④ 劳榦《唐五代沙州张曹两姓政权交替之史料》，《申报》1948年1月17日“文史”版。

础[①]。冯培红认为张氏归义军后期曹姓人物通过与张氏、索氏等大族联姻，逐渐崛起，并在归义军政权内担任重要官职，为夺取政权奠定了基础。98窟供养人中数量最为庞大的是归义军官员，主要是把人数众多的基层官员节度押衙绘入功德窟，并且把人数众多的基层僧官法律绘入窟中，表明曹议金的政权建设抓住了僧俗亲信要职，以宗教媒介凝聚人心，聚合幕僚势力营建政权[②]。范鹏针对98窟供养人画像规制、经变画内容分析，指出洞窟政治性与集团性色彩明显，具有极强的现世意义，并将其定性为“政治祠堂”[③]。

曹议金卒后，其子元德、元深、元忠相继上台，这种兄终弟及的统治方式有力地保证了割据型藩镇的有效统治，尤其曹元忠统治时代，使曹氏归义军的势力臻于极盛，成为五代、宋初西北丝绸之路上的重要政权[④]。曹元德没能与后晋朝廷建立联系，文书中常称其为归义军留后节度。森安孝夫辑录了有关“归义军印”的文献，认为其全部属于曹元德时期[⑤]。这枚“归义军印”是曹元德自行铸造的，比一般的节度、观察使印略小，显示出实

① 郑雨《莫高窟第九十八窟的历史背景与时代精神》，《九州学刊》1992年第4卷第4期，第35—43页；荣新江《关于曹氏归义军首任节度使的几个问题》，《敦煌研究》1993年第2期，第49—52页；荣新江《归义军史研究——唐宋时代敦煌历史考索》，第241—243页；邵强军《敦煌曹议金第98窟研究》，兰州大学博士学位论文，2017年，第55—82页。

② 冯培红《敦煌的归义军时代》，第237—238页。

③ 范鹏《曹氏归义军初期敦煌洞窟营建中折射出的价值观——以莫高窟第98窟为例》，《敦煌研究》2016年第2期，第1—7页。

④ 参苏莹辉《曹元德、元深、元忠事迹考略》，苏莹辉《敦煌文史艺术论丛》，第154—168页；荣新江《敦煌历史上的曹元忠时代》，《敦煌研究》2006年第6期，第92—96页。

⑤（日）森安孝夫《河西帰義軍節度使の朱印とその編年》，《内陸アジア言語の研究》XV，2000年，第27—31、64—71页。

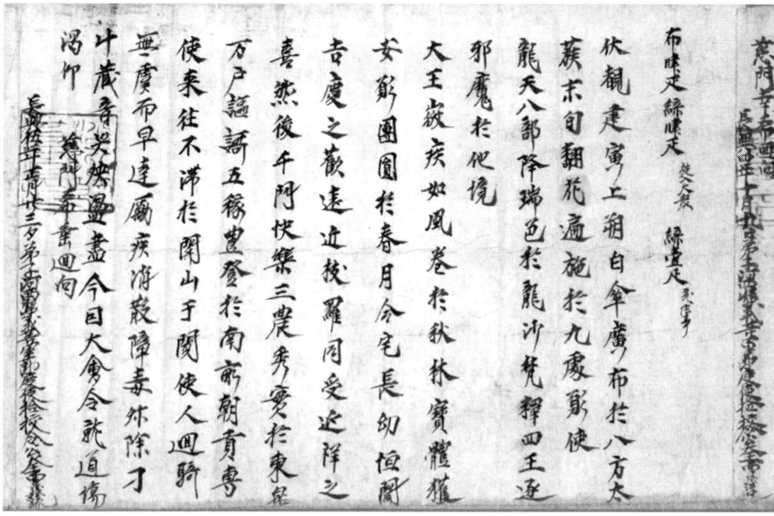

图4 P.2704所钤“沙州节度使印”

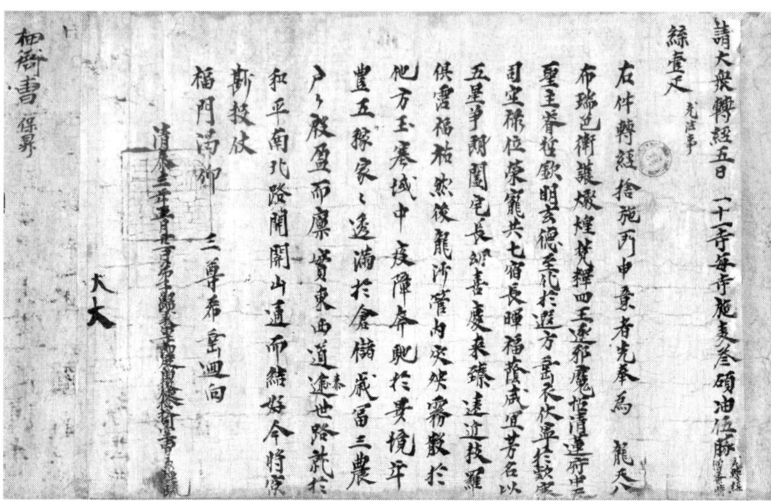

图5 P.3556所钤“归义军印”

际控制瓜、沙二州的归义军是中原王朝的一个地方藩镇[①]。曹元深继任节度使位后，于943年被后晋任命为归义军节度使，并于944年去世[②]。曾出任瓜州刺史的曹元忠于944年曹元深去世后继任节度使，执政30余年，并始终与中原王朝保持密切联系，对维护敦煌乃至河西地区的稳定做出了重要贡献。

曹氏归义军统治时期，对敦煌地区的制度做了一些调整。曹氏归义军初期继承了张氏时代的十一乡建制，陈国灿考证这十一乡是敦煌、莫高、神沙、龙勒、玉关、洪池、洪闰、效谷、平康、慈惠、赤心[③]。除此之外，还有通颊、退浑两个部落。元德上台后，废除部落制，将通颊、退浑部落改为乡，部落的汉化与曹元德的统治政策密切相关[④]。刘进宝进一步推断在通颊乡出现前后，退浑乡也正式出现[⑤]。陈菊霞认为曹氏时期将退浑、通颊二部落改为乡，十三乡制一直持续至归义军灭亡[⑥]。冯培红认为曹氏中后期的文献中多次出现了“十乡”，不同于以往出现的“一十一乡”，这十乡究竟是指哪十乡，需要进一步讨论[⑦]。关于

---

① 冯培红《敦煌的归义军时代》，第397页。
② 荣新江《归义军史研究——唐宋时代敦煌历史考索》，第110—114页。
③ 陈国灿《唐五代敦煌县乡里制的演变》，《敦煌研究》1989年第3期，第39—50页。
④ 荣新江《通颊考》，《文史》第33辑，北京：中华书局，1990年，第136页。
⑤ 刘进宝《试谈归义军时期敦煌县乡的建置》，《敦煌研究》1994年第3期，第80—81页。
⑥ 陈菊霞《归义军中后期敦煌县非十乡制》，《敦煌研究》2008年第3期，第97页。
⑦ 冯培红《归义军时期敦煌县诸乡置废申论》，《敦煌研究》2000年第3期，第100页。

归义军的军镇制度，学界有很多研究[①]。冯培红做了总结：张氏归义军后期有新城、紫亭、雍归、悬泉、寿昌、玉门、常乐等七镇，西汉金山国征服楼兰后，又增设了石城镇，共有八镇，但石城镇不久就丢失，玉门镇升格为军；到曹氏前期，遂形成为新城、紫亭、雍归、悬泉、寿昌、常乐等六镇，曹元忠时又新设会稽、新乡二镇，更演变成八镇[②]。

974年，曹元忠去世后，控制着瓜州军政的曹元忠之侄曹延恭继任节度使，然仅仅两年延恭便去世了，曹元忠之子曹延禄继任为节度使。1001年，宋真宗封延禄为“谯郡王”，然次年，曹

① 陈国灿《唐五代瓜沙归义军军镇的演变》，陈国灿《陈国灿吐鲁番敦煌出土文献史事论集》，上海：上海古籍出版社，2012年，第633—642页；李并成《归义军新城镇考》，《北京图书馆馆刊》1997年第4期，80—82页；李并成《归义军会稽镇考》，季羡林等主编《敦煌吐鲁番研究》第3卷，北京：北京大学出版社，1998年，第226—227页；郑炳林《晚唐五代敦煌归义军行政区划制度研究（之二）》，《敦煌研究》2002年第3期；向达《记敦煌石室出晋天福十年写本〈寿昌县地境〉》，向达《唐代长安与西域文明》，石家庄：河北教育出版社，2001年，第425—428页；（日）榎一雄主编《講座敦煌》第2卷《敦煌の歴史》V《帰義軍（唐後期·五代·宋初）時代》（土肥义和撰），东京：大东出版社，1980年，第244—246页；史苇湘《丝绸之路上的敦煌与莫高窟》，敦煌文物研究所编《敦煌研究文集》，兰州：甘肃人民出版社，1982年，第90—92页；黄盛璋《沙州曹氏二州六镇与八镇考》，敦煌文物研究所编《1983年全国敦煌学术讨论会文集（文史·遗书编·上）》，兰州：甘肃人民出版社，1987年，第269—281页；卢向前《关于归义军时期一份布纸破用历的研究——试释伯四六四〇背面文书》，北京大学中国中古史研究中心编《敦煌吐鲁番文献研究论集》第3辑，北京：北京大学出版社，1986年，第429—434页；孙修身《伯4640号卷背归义军〈布、纸破历〉的研究》，《西北民族研究》1990年第2期，第275—284页。

② 冯培红《归义军镇制考》，季羡林、饶宗颐主编《敦煌吐鲁番研究》第9卷，北京：中华书局，2006年，第245—294页。

延禄从子曹宗寿勾结甘州回鹘[1]发动政变，杀害曹延禄、曹延瑞。可能正因为此故，归义军政权逐渐“回鹘化”，1030年，为沙州回鹘所取代[2]。

3.曹氏归义军与周边政权的关系研究

曹议金重建归义军政权，摈弃了张承奉割据称王的政策，重新奉中原王朝正朔。关于曹氏初期通使后梁一事，李正宇据P.4638V、P.2945记载，认为曹仁贵两次通使后梁，916年的朝贡因为嗢末的劫掠未能成功，贞明三年或四年（917或918）春夏归义军再次通使后梁成功[3]。荣新江也认为贞明四年曹议金遣使入朝，到达后梁[4]。郑雨据P.3781中“龙节虎旌”的记载认为不仅归义军有朝贡后梁的使节，后梁还可能给曹仁贵册封了官职[5]。然杨宝玉、吴丽娱却认为虽然曹仁贵试图通使后梁，但终梁之世始终未能朝贡成功[6]。冯培红认为P.2945中只说梁使西来敦煌，并未提到归义军使节到达梁都开封之事；且曹仁贵派使节随梁使东归入京之行，也没有成功到达的记载；而郑雨文中提到的“龙

① 钱伯泉《回鹘在敦煌的历史》，《敦煌学辑刊》1989年第1期，第74页；陆庆夫认为曹宗寿勾结的是辽朝，参《归义军晚期的回鹘化与沙州回鹘政权》，《敦煌学辑刊》1998年第1期，第21页。

② 冯培红《敦煌的归义军时代》，第453页。

③ 李正宇《曹仁贵归奉后梁的一组新资料》，武汉大学历史系魏晋南北朝隋唐史研究室编《魏晋南北朝隋唐史资料》第11期，第274—281页。

④ 荣新江《关于曹氏归义军首任节度使的几个问题》，《敦煌研究》1993年第2期，第49页。

⑤ 郑雨《莫高窟第九十八窟的历史背景与时代精神》，《九州学刊》1992年第4卷第4期，第39—40页。

⑥ 杨宝玉、吴丽娱《P.2945书状与曹氏归义军政权首次成功的朝贡活动》，中国敦煌吐鲁番学会等编《敦煌吐鲁番研究》第11卷，上海：上海古籍出版社，2009年，第289—291页；杨宝玉、吴丽娱《梁唐之际敦煌地方政权与中央关系研究——以归义军入贡活动为中心》，《敦煌学辑刊》2010年第2期，第71—73页。

节虎旌”虽指节度使旌节，但可能是保存在敦煌节楼中的晚唐赐予的旧节；传世史籍中亦无后梁与归义军的交往记录。可知曹议金虽然努力朝贡，但可能未能到达梁都，梁朝也只是派使节来视察，可能未授予曹议金归义军节度使之旌节[①]。

杨宝玉、吴丽娱指出曹氏归义军入朝中原成功与后唐庄宗对地方势力不遗余力的招引政策密切相关[②]。对于曹氏政权获得正式节度使册封的时间，冯培红据传世文献记载，认为是在后唐庄宗同光二年（924）[③]。924年的朝贡，曹议金顺利地获得了归义军节度使的正授，随即在924—925年初发动了对甘州回鹘的战争并取胜，改变了归义军与甘州回鹘之间的“父子”关系，加强了归义军与中原王朝的联系。此后曹氏归义军政权一直与中原王朝保持相对友好的关系，引荐并促成于阗进奉中原，发挥了“达外国之梯航”的作用[④]。

曹氏归义军时期，契丹在中国北方建立辽国。汤开建考证辽派韩橁出使沙州、册封曹恭顺为敦煌王的时间为开泰八年（1019）[⑤]。杨富学、邓浩认为曹氏敦煌政权与辽朝关系的密切，一方面与曹氏政权的积极入贡有关，另一方面，辽朝与甘州回鹘为宿敌，为了巩固辽阔的疆域，需要加强与敦煌政权的关系[⑥]。

---

① 冯培红《敦煌的归义军时代》，277—278页。

② 杨宝玉、吴丽娱《梁唐之际敦煌地方政权与中央关系研究——以归义军入贡活动为中心》，《敦煌学辑刊》2010年第2期，第71—73页。

③ 冯培红《敦煌的归义军时代》，第284页。

④ 杨宝玉《达外国之梯航——曹氏归义军与五代时于阗首次入贡中原之关系再议》，《敦煌研究》2019年第1期，第1—6页。

⑤ 汤开建《韩橁出使敦煌年代考》，《社会科学》（甘肃）1983年第4期，第44—45页。

⑥ 杨富学、邓浩《略论辽朝的西疆经略》，《社会科学辑刊》1998年第4期，第107—111页。

陆庆夫把曹氏敦煌政权与辽的交往分为两个时期，一是辽太宗耶律德光执政期间（927—947），二是辽圣宗耶律隆绪时期（983—1031）。对归义军而言，前一时期属曹元德、曹元深时期（935—944），后一时期属曹宗寿、曹贤顺时期（1002—1036）[①]。冯培红详细搜罗《辽史》《契丹国志》《续资治通鉴长编》《全辽文》等资料中的相关内容，认为曹宗寿、曹贤顺执政的归义军晚期，曹氏政权加强了与辽朝的交往。尤其到了曹贤顺时期，敦煌与中原通道不畅，且1017年甘州回鹘得到宋廷的支持，同年，末任节度使曹贤顺亲赴辽都朝觐辽圣宗，结果是辽朝加强了对甘州回鹘的军事打击[②]。此外，中外学者如毕素娟、葛雾莲（Marilyn Grilyn）、杨富学、沙武田等都注意到敦煌与辽在佛教文化上的密切交流[③]。

甘州回鹘处于敦煌与中原交流的重要通道上，曹氏归义军政权非常注重与甘州回鹘的关系。曹议金最迟在918年之前娶甘州回鹘可汗女为妻[④]，并于916、918年在仁美可汗的允许及关照下

① 陆庆夫《归义军与辽及甘州回鹘关系考》，《兰州大学学报》（社会科学版）1998年第3期，第73—79页。

② 冯培红《敦煌的归义军时代》，第294—295页。

③ 毕素娟《辽代名僧诠明著作在敦煌藏经洞出现及有关问题——敦煌遗书P.2159V1研究》，段文杰等编《敦煌学国际研讨会文集·石窟考古编》，沈阳：辽宁美术出版社，1995年，第165—177页；（美）葛雾莲著，杨富学译《榆林窟回鹘画像及回鹘萧氏对辽朝佛教艺术的影响》，敦煌研究院编《1994年敦煌学国际研讨会文集——纪念敦煌研究院成立五十周年：石窟考古卷》，兰州：甘肃民族出版社，2000年，第288—295页；杨富学、杜斗城《辽鎏金双龙银冠之佛学旨趣——兼论辽与敦煌之历史文化关系》，《北方文物》1999年第2期，第25页；沙武田《敦煌藏经洞封闭原因再探》，《中国史研究》2006年第3期，第61—73页。

④ 荣新江《归义军史研究——唐宋时代敦煌历史考索》，第310—311页。

入贡后梁。曹议金与甘州回鹘结亲，使得张承奉时期与甘州回鹘可汗屈辱性的“父子”关系，变为以姻亲关系为纽带的“父子”关系，多少扭转了政治上的被动局面①。曹议金并未满足于此，他积蓄力量，于924年秋冬和925年初，亲自率军发动了对甘州回鹘的战争，主要包括两次战役，第一次在甘州，第二次在玉门、肃州。双方经过惨烈的战斗，最终曹议金的军队取得胜利，使得敦煌通使中原的道路更加通畅②。之后曹议金将他的女儿东嫁甘州回鹘新任可汗阿咄欲为妻，双方结成了双向性的世代婚姻，曹氏归义军政权也摆脱了甘州回鹘的控制，雄居瓜、沙二州③。徐晓丽认为敦煌石窟中有许多回鹘天公主的供养像，其中就有东嫁之曹仁贵之女④。

西汉金山国时，张承奉娶于阗公主为妻，这种友好的和亲关系被曹氏统治者继承。荣新江、朱丽双详细搜罗了敦煌与于阗交

---

① 孙修身《试论瓜沙曹氏与甘州回鹘之关系》，段文杰等编《敦煌学国际研讨会文集·石窟史地、语文编》，沈阳：辽宁美术出版社，1995年，第100页。

② 荣新江《曹议金征甘州回鹘史事表微》，《敦煌研究》1991年第2期，第8页；杨宝玉、吴丽娱《跨越河西与五代中原世界的梯航——敦煌文书P.3931校注与研究》，中国社会科学院历史研究所学刊委员会编《中国社科院历史研究所学刊》第6集，北京：商务印书馆，2010年，第155—162页；杨宝玉、吴丽娱《梁唐之际敦煌地方政权与中央关系研究——以归义军入贡活动为中心》，《敦煌学辑刊》2010年第2期，第71—76页；李军《晚唐五代肃州相关史实考述》，《敦煌学辑刊》2005年第3期，第90—100页；冯培红《敦煌的归义军时代》，第331页。

③ 荣新江《曹议金征甘州回鹘史事表微》，《敦煌研究》1991年第2期，第1—12页；冯培红《敦煌的归义军时代》，第332页；王艳明《瓜州曹氏与甘州回鹘的两次和亲始末——兼论甘州回鹘可汗世系》，《敦煌研究》2003年第1期，第75页。

④ 徐晓丽《敦煌石窟所见天公主考辨》，《敦煌学辑刊》2002年第2期，第76—85页。

往的文献记载，考察了于阗王朝与归义军政权世代友好、多代联姻的现象，对曹议金时期、曹延禄时期敦煌与于阗的联姻等都做了详细的研究[①]。赤木崇敏还考证了曹元忠时期与于阗的联姻，进而提出了敦煌内部存在着甘州回鹘系与于阗系的斗争[②]。

曹氏归义军时期和西州回鹘也保持着密切的交往。荣新江对923—993年间归义军与西州回鹘的交往做了研究，可以看出二者关系较好，政治、经济、文化往来频繁[③]。冯培红指出曹氏归义

图6 莫高窟第61窟东壁南侧回鹘及于阗装女性供养人像

① 荣新江、朱丽双《于阗与敦煌》第五章《于阗与沙州归义军的交往》、第六章《于阗与沙州归义军的婚姻关系》。

②（日）Akagi Takatoshi（赤木崇敏）"The Genealogy of the Military Commanders of the Guiyijun from Cao Family", *Dunhuang Studies: Prospects and Problems for the Coming Second Century of Research*（ed. by Irina Popova and Liu Yi）, St. Petersburg: Institute of Oriental Manuscripts, Russian Academy of Sciences, 2012, pp.8—13；（日）赤木崇敏《10世紀コータンの王統·年号問題の新史料——敦煌秘笈　羽686文書》，《内陸アジア言語の研究》XXVII，2013年，第101—128页。

③ 荣新江《公元十世纪沙州归义军与西州回鹘的文化交往》，中国台湾汉学研究中心编《第二届敦煌学国际研讨会论文集》，第583—603页。

军致力于结好西州回鹘王国和伊州政权，保障了敦煌、吐鲁番两地之间的经济、文化交流①。

关于曹氏归义军晚期敦煌周边的沙州回鹘，学者做了大量研究。森安孝夫指出沙州回鹘隶属于西州回鹘政权，他认为，最晚在11世纪初叶，敦煌地区就出现了一个沙州回鹘集团，此回鹘集团一开始操纵以曹贤顺为节度使的归义军政权，但是在1023年，便取代了曹氏归义军政权②。杨富学则认为，10世纪初，沙州回鹘集团的势力就开始逐步壮大，并且控制沙州，沙州回鹘是指以沙州为中心，统治着瓜沙地区的那一部分回鹘，与西州回鹘互不隶属③。陆庆夫认为曹氏归义军在974年曹元忠去世后不久，便出现了回鹘化倾向，且1002年曹宗寿杀害曹延禄的政变就是在沙州回鹘挟持下发动的④。李正宇认为“沙州回鹘即沙州归义军政权”⑤。杨富学也认为“到曹贤顺统治期间，瓜、沙归义军政权

---

① 冯培红《Дх.1335〈归义军都虞候司奉判令追勘押衙康文达牒〉考释》，（俄）波波娃、刘屹主编《敦煌学：第二个百年研究视角与问题》，圣彼得堡：俄罗斯科学院东方文献研究所，2012年，第52—54页。冯培红《敦煌的归义军时代》，第365页。

② （日）榎一雄主编《講座敦煌》第2卷《敦煌の歷史》VI《ウィグルと敦煌》（森安孝夫撰），东京：大东出版社，1980年，第233—338页；（日）森安孝夫《チベット文字で書かれたウィグル文仏教教理問答（P.t.1292）の研究》，《大阪大学文学部紀要》第25卷，1985年，第1—85页；（日）森安孝夫《敦煌と西ウイグル王国——トウルファンからの書簡と贈り物を中心に》，《東方学》第74辑，1987年，第58—74页；（日）森安孝夫《沙州ウイグル集団と西ウイグル王国》，《内陸アジア史研究》第15号，第21—35页。

③ 杨富学《沙州回鹘及其政权组织——沙州回鹘研究之一》，段文杰等编《敦煌学国际研讨会文集·石窟史地、语文编》，第175—200页。

④ 陆庆夫《归义军晚期的回鹘化与沙州回鹘政权》，《敦煌学辑刊》1998年第1期，第18—24页。

⑤ 李正宇《悄然湮没的王国——沙州回鹘国》，段文杰等编《敦煌学国际研讨会文集·石窟史地、语文编》，第150—151页。

干脆就将自己称作‘沙州回鹘’了”[①]。冯培红根据《辽史》的记述，认为归义军末任节度使曹贤顺被视为沙州回鹘首领，说明归义军政权发展到最后阶段，回鹘化倾向越来越严重[②]。刘人铭通过剖析第310窟男性供养人像身着回鹘服饰的反传统现象，指出曹氏归义军晚期回鹘势力已全面渗透归义军政权，二者呈现相互融合的局面[③]。敦煌文献关于曹氏归义军后期的资料保存较少，正史的记载亦显笼统，所谓“沙州回鹘”，是曹氏归义军的代称？抑或是沙州一带独立的部落？现有文献语焉不详。目前所谓沙州回鹘的相关图像、文献史料，或局限于描述统治阶层某个面向的特征，或来自他者的叙述，因此曹氏归义军政权“回鹘化”这一说法略显笼统。至于11世纪时期，敦煌基层社会、民众身份呈现怎样的演变趋势，因缺少史料的支撑，论断仍需谨慎。

除了上文提到的研究成果之外，亦有论著对曹氏归义军时期的文书、人物、史实等做过考证。笔者仅就曹氏归义军史上的几个问题做了回顾，限于搜罗所及，难免挂一漏万。整体上看，已有研究对曹氏归义军时期敦煌历史的政治线索做了完整梳理，对敦煌与周边政权的关系做了系统研究，对相关史实做了大量深入考证，为系统、完整地构建曹氏归义军时期敦煌的历史脉络奠定了坚实基础。下一步的工作，需要将敦煌文献的细读与归义军历史演进过程的探讨相结合，更加丰富地呈现曹氏归义军历史细节，庶几方能推进曹氏归义军史的相关研究。接下来笔者尝试对

---

① 杨富学《回鹘与敦煌》，第258页。

② 冯培红《敦煌的归义军时代》，第450页。

③ 刘人铭《莫高窟第310窟回鹘供养人画像阐释——兼论曹氏归义军的回鹘化》，沙武田主编《丝绸之路研究集刊》第3辑，北京：商务印书馆，2019年，第318—334页。

曹氏归义军史研究的旨趣做一阐发。

二、曹氏归义军史研究的旨趣

(一) 问题与视角

曹氏归义军政权是10世纪初至11世纪前期的敦煌地方性政权。这一时期，唐王朝灭亡，继而是五代十国政权的割据林立，河西地区诸政权之间纷争频仍。粟特曹氏家族统治敦煌时期，中原王朝已经丧失了对河西地区的控制能力。以中原文化为核心的敦煌归义军政权，面临着巨大挑战。其最大的威胁是东面的甘州回鹘政权，敦煌政权经历了与甘州回鹘政权长期的斗争与共存，而与西面的于阗始终保持着良好的关系。这一时期，虽然唐王朝已经灭亡，但是中原王朝在西北地区的号召力却一直绵延存在。西北诸邦都希望通过丝绸之路与中原政权建立联系，这反映了华夏文明已经形成了巨大的向心力。10世纪敦煌政权的性质是独立的邦国，然而其存在的意义不止于此，它是西北诸邦中最为向往中原的政权，是西北地区中原文化的代表者。曹氏统治者努力争取在丝绸之路上的主导地位，为丝路的畅通以及中原与西北诸邦的交流做出了重要贡献。

曹氏家族建立的归义军政权之所以能够长期存在，是因为曹氏统治者既能够适应以中原文化为主导的敦煌地区的政治形势，又能够较好地处理与西北诸政权之间的关系。曹氏归义军历史的进程，与唐宋之际西北地区政治形势、历史趋势等有重要关涉。粟特曹氏政权如何在诸邦林立的河西走廊赢得自己的立足之基，又如何在复杂多变的历史背景下谋求长期的生存与发展，这些问题的探讨必须充分考虑曹氏归义军历史发展的阶段性特征，最大限度回归历史情境，挖掘文献、事件背后的实质问题，揭示历史发展规律。

近年来，曹氏归义军史的研究方面又提出了新的问题。首先，是对曹氏归义军政权内部派系的研究。赤木崇敏通过对敦煌汉、藏文书的考察，试图还原曹氏归义军节度使谱系。他认为由于敦煌曹氏家族与东西两政权相互通婚，归义军政权内部也出现了甘州回鹘系、于阗系两派交替执政的现象，前者有曹元德、曹元深、曹延恭、曹宗寿、曹贤顺，后者有曹元忠、曹延禄[①]。赤木崇敏的观点引起了学者的讨论[②]，冯培红指出："曹延恭当为曹元德或曹元深之子，他的上台说明归义军的统治权从于阗一派又回到了甘州回鹘一派。"[③]因此，用回鹘派系与于阗派系来划分曹氏归义军节度使世系，似乎成为探究归义军政治演进规律的重要途径之一。然而，笔者经过对大量文献的释读、比较后发现，"回鹘派系"与"于阗派系"理论虽然构思精巧且颇具魅力，但难以用于统摄整个曹氏归义军历史进程。即便如此，该理论的价值仍然重大。曹氏归义军的历史演进、政治变迁，确有规律可循。对此，笔者拟逐章节予以探讨，并在本卷末予以阐释。

其次，我们在研究过程中还发现，虽然张曹继代期间敦煌并未发生大的矛盾冲突，但是曹氏归义军政权的建立与巩固，伴随着新兴大族对传统敦煌大族的整体取代的过程，该过程历时较久。笔者从曹氏归义军节度使对外联姻、曹氏家族与敦煌本地大族联姻两个方面来研究曹氏归义军家族势力演变的过程。因此，本卷对曹氏归义军的联姻关注较多，对多位节度使夫人做了研

---

① （日）Akagi Takatoshi（赤木崇敏），"The Genealogy of the Military Commanders of the Guiyijun from Cao Family"，*Dunhuang Studies: Prospects and Problems for the Coming Second Century of Research*（ed. by Irina Popova and Liu Yi），pp. 8—13.

② 荣新江、朱丽双《于阗与敦煌》一书中多次讨论了赤木崇敏的观点，如该书第164、170页。冯培红《敦煌的归义军时代》一书并未完全接受赤木崇敏的观点，但非常重视。

③ 冯培红《敦煌的归义军时代》，第424页。

究，比如：曹议金的甘州回鹘天公主、“国太夫人”索氏，曹元忠的于阗公主夫人（曹延禄时期称“国太公主”）、翟氏夫人（曹延禄时期称“国太夫人”），以及曹延禄的于阗公主夫人（敦煌文书中称“国母夫人”），这是前人研究不够充分的地方。

再次，荣新江《归义军史研究——唐宋时代敦煌历史考索》一书按照时间的顺序对归义军历任节度使的称号逐一做了考证。此后归义军史的研究，多是就相关专题进行集中探讨。笔者试图纵向地展开曹氏归义军史研究，曹氏归义军自曹议金至曹贤顺，一共经历了八任节度使的统治，其中曹议金、曹元忠两位节度使各列一章，曹元德、曹元深的统治时期列为一章，曹延恭、曹延禄两任节度使列为一章，曹贤顺、曹宗寿时期列为一章，最后尝试探索曹氏归义军历史演进规律，共六章，作为主体部分。本卷按照时间的顺序进行撰写，并不意味着平铺直叙，在每一个章节，笔者试图在前辈学者的研究基础之上提出新的问题。比如第一章，即对“国太夫人”索氏的地位，以及“司空”与“尚书”争夺节度使位继承权的问题做了探讨，这是前人的研究中未涉及的。第二章的内容中，曹元德对甘州回鹘系的清理，曹元德、曹元深、曹元忠节度使之位兄终弟及的过程，也是在这一问题上新的看法。第三章研究新兴家族对传统大族整体取代的过程。第四章是对曹氏归义军“瓜、沙二州之争”“偏安敦煌一隅”趋势的研究。第五章提出归义军与沙州回鹘的联盟关系，都是以新的视角解读曹氏归义军历史的尝试。第六章为本卷内容的总结。基于敦煌文献的细节分析、深入解读，从具体问题出发展开系统研究，使深度揭示曹氏归义军历史发展规律成为可能。

（二）体系的构建

历史的发展是动态的、不断变化且有规律可循的，因此敦煌曹氏归义军史研究的推进，需要在具体问题、相关专题的研究基础之上，构建起一个完整的体系。从史料上看，敦煌文献内涵极其丰富，为已有框架的不断丰盈、完善提供了可能。从历史进程上看，敦煌历史是中古西北地区历史进程的缩影。自汉代以来，敦煌逐渐形成了具有地方特征的家族网络，历经魏晋北朝隋唐的发展，地方大族势力虽有起伏，但整体上处于相对稳定的状态，汉代以来的张氏、宋氏、索氏、李氏、曹氏、氾氏、令狐氏等家族的势力一直延续下来。曹氏归义军自914年建立，至1030年灭亡，延续了一个多世纪。曹氏家族的统治，一方面在维持内部各个大族势力平衡的基础上巩固了政权，一方面较成功地应对了来自外部的威胁。然而曹氏归义军时期各个家族、阶层之间的关系也并非完全协调，有时甚至发展为内部矛盾与直接冲突。若要全面、准确、深入地把握曹氏归义军历史，首先，应从曹氏家族的内外联姻去审视曹氏归义军历史上的重大问题。重视曹氏归义军政权与外部联姻的同时，也要重视粟特曹氏家族与敦煌当地大族的联姻。甘州回鹘、于阗对归义军的影响是否达到了左右归义军政局的程度？也是我们需要思考的问题。其次，研究曹氏归义军历史上各个阶段的主要矛盾，追寻各种矛盾的转化与演变过程。比如，曹议金与慕容归盈虽然分治沙州、瓜州，但是二者的关系表现出来的是和谐的一面，而到了曹氏归义军中后期，瓜、沙二州之间的矛盾渐渐显现出来，其过程与原因需要我们深入探究。笔者试图构建起曹氏归义军立体、动态的历史体系，反映曹氏归义军历史发展的趋势，具体的讨论将贯穿于本卷的各个部分。希望通过研究，能够初步将曹氏归义军时期的权力争夺、派系划分、政治演进的具体细节与整体趋势清晰呈现。

第一章

曹氏归义军政权的创立

唐王朝907年灭亡之后，张氏归义军政权最后一任节度使张承奉于909年建立西汉金山国。张承奉试图恢复归义军首任节度使张议潮时期敦煌的繁盛局面，立志开疆扩土，发动了对敦煌周边政权的战争。然而此时的河西走廊政权林立，在失去了中原王朝的强大支持后，敦煌政权很难有大的作为。由于张承奉错误判断了当时的形势，采取了冒进的军事行动，消耗了西汉金山国的有限力量，最终在与甘州回鹘的战争中彻底失败。911年，西汉金山国与甘州回鹘缔结了和约，结为“父子之国”，敦煌政权才得以保全。

曹氏家族通过与敦煌索氏、宋氏、张氏等大族联姻，家族地位亦得到提升。曹议金本人在张承奉时期的对外战争中立下重要的功劳，P.3128V《望江南·曹公德》中载其“尽忠孝，向主立殊勋，靖难论兵扶社稷，恒将筹略定妖氛”[①]。同时，曹议金和一批军事将领建立了良好的关系。因此，曹议金在没有经过激烈冲突的情况下，取代张承奉执掌敦煌。914年，曹氏归义军政权建立起来。敦煌文书P.3239《甲戌年（914）十月十八日归义军节度兵马留后使曹仁贵牒》可证在914年十月十八日之前，曹氏归义军已经建立。另P.4638V《权知归义军节度兵马留后守沙州长史曹仁贵状》中有：“八月十三日，权知归义军节度兵马留后、守沙州长史、银青光禄大夫、检校吏部尚书、兼御史大夫、上柱国曹仁贵状上。”[②]此文书的年代若在甲戌年（914），那么914年

① 《法国国家图书馆藏敦煌西域文献》第21册，第352页。

② 《法国国家图书馆藏敦煌西域文献》第32册，第235页。

中秋节前夕，曹氏就已经取代张氏成了瓜沙地区的统治者[①]。曹议金成为曹氏归义军的第一任节度使。

曹氏归义军政权建立初期，首要的任务就是维持一个相对稳定的外部环境，改变张承奉后期敦煌政权的被动局面。因此，曹议金与甘州回鹘联姻，并且在甘州回鹘的协助下成功通使中原。同时，曹议金与西面的于阗国也建立了良好的关系，曹议金女儿嫁给于阗国王李圣天，文献中称这位李圣天的夫人为“天皇后”。曹议金针对归义军政权面临的各种危机，采取了一系列有力措施，恢复和发展了敦煌地区的社会经济，并且在与东面甘州回鹘的力量对比中逐渐占据了上风。敦煌政权在张承奉西汉金山国时期已经摇摇欲坠，至曹氏归义军时期成为10世纪西北丝绸之路上的重要政权之一，曹氏归义军首任节度使曹议金，在敦煌政权重新崛起的过程中是功不可没的。

① 张、曹继代的研究，可参见冯培红《敦煌的归义军时代》，第233—243页。

第一节　曹氏政权的初创与巩固

曹氏家族长期在敦煌地区经营其家族关系。曹议金与钜鹿索氏联姻后，张议潮成为曹议金的“外父王”[①]，为曹议金就任归义军节度使职位奠定了合法性；联姻南阳张氏更减少了曹议金取代张承奉执掌敦煌政权过程中的阻力，张氏家族成员在战场上为曹议金效忠，也成为其他官员的榜样。曹氏家族联合了敦煌地区的实力派家族，如阎氏、李氏、阴氏、罗氏等，扩大了曹氏政权的统治基础。曹议金提拔了一批普通家族的子弟，从而加强了基层统治，形成了对豪宗大族力量的遏制；一些出身比较低微但是有才能的子弟，在曹氏归义军政权中的地位得到了提升。曹议金还大力扶持佛教，利用佛教在敦煌百姓中的影响巩固了敦煌归义军政权。张氏与曹氏政权的交替过程，实质上是家族实力消长变化的过程。曹氏取代张氏能够平稳过渡，是曹氏家族长期经营的结果。初期的曹氏归义军政权，实际上形成了以曹氏家族为中心，各大家族联合统治瓜、沙的政治格局。

---

① 贺世哲《从供养人题记看莫高窟部分洞窟的营建年代》，敦煌研究院编《敦煌莫高窟供养人题记》，第217页。

一、曹议金执掌归义军政权的“合法性”

曹氏取代张氏执掌归义军的过程中，敦煌政权内部没有出现大规模的军事冲突及政变[①]。不过亦有学者认为曲子词《望江南》是关于张曹继代历史过程的反映，笔者拟结合敦煌文献对相关史实做进一步的分析。敦煌文献关于曲子词《望江南》的记载主要有以下几篇：

P.3911《望江南（平）》包含：《娘子面》《龙沙塞》《敦煌郡》[②]；

P.2809《望江南》包含：《娘子面》《龙沙塞》《敦煌郡》[③]；

① 学者多认为张曹继代是一个和平过渡的过程，参见荣新江《敦煌归义军曹氏统治者为粟特后裔说》，《历史研究》2001年第1期，第68页；冯培红《敦煌的归义军时代》，第68页。不过亦有学者持不同观点，苏莹辉认为张曹继代是诉诸武力了的。参见苏莹辉《论敦煌本〈望江南〉杂曲四首之写作时代》，《新社学报》（新加坡）第5期，1973年，收入苏莹辉《敦煌论集续编》，台北：台湾学生书局，1983年，第122、126页。杨富学提出，张承奉自立为帝，曹议金奉梁朝为正朔，二者执政理念有根本冲突，因此张曹之间的易代绝非不流血的和平过渡。杨文赞同苏莹辉的观点，认为《望江南》曲子词中的“向主立殊功”，只能指曹议金归附后梁皇帝，因而“靖难论兵”“略定妖氛”即平定西汉金山国之乱。参见杨富学《曹议金奉天靖难及其与甘州回鹘之关联》，《敦煌学辑刊》2019年第1期，第187—195页。然而，曹氏归义军时期，敦煌文书中不乏称张承奉为“金王”“帝”“先王”的文书，所谓“尽忠孝”，若将其看作曹议金继位之初笼络人心之言论，亦未尝不可。即便“尽忠孝”指曹议金效忠后梁，也不能证明曹议金对张承奉采取了武力行动，“靖难论兵”“略定妖氛”亦可能指对张承奉左右“奸佞”“宠臣”的清除，而非针对张承奉本人。因此，《望江南》曲子词《曹公德》中“尽忠孝，向主立殊功”以及“靖难论兵扶社稷”两句的真正意涵尚难定论。

②《法国国家图书馆藏敦煌西域文献》第29册，第208页。

③《法国国家图书馆藏敦煌西域文献》第18册，第343—344页。

S.5556《望江南》包含：《边塞苦》《龙沙塞》《曹公德》[①]；

P.3128V《望江南》包含：《曹公德》《敦煌悬》《龙沙塞》《边塞苦》[②]。

对于曲子词《望江南》的内容，王重民等对其进行过细致的录文[③]，在此基础上，学者还做了深入的讨论。笔者首先以曲子词的篇目为单位逐一进行分析。《望江南·敦煌郡》的内容如下：

> 敦煌郡，四面六蕃围。生灵苦屈青天见，数年路隔失朝仪，目断望龙墀。
>
> 新恩降，草木总光辉。若不远仗天威力，河湟必恐陷戎夷，早晚圣人知。

该曲子词，P.3911、P.2809作《敦煌郡》，P.3128V作《敦煌悬》，除个别字词的差别外，几个写卷中《敦煌郡》《敦煌悬》的内容基本一致。至于其创作时代，有张淮深时期、曹议金时期、曹元忠时期等不同观点。任二北考证《敦煌郡》的创作年代在后晋出帝开运元年（944），即曹元忠即位初期[④]。苏莹辉认为其创作年代在曹议金时期[⑤]，杨富学亦赞同此观点，认为该词与曹元忠无涉，应作于曹议金当政之初[⑥]。汤涒认为其为张淮深时代的作

① 《英藏敦煌文献（汉文佛经以外部分）》第8卷，第10—11页。

② 《法国国家图书馆藏敦煌西域文献》第21册，第352页。

③ 王重民《敦煌曲子词集（修订本）》，上海：商务印书馆，1956年，第41—44页。

④ 任二北《敦煌曲初探》，上海：上海文艺联合出版社，1954年，第258页。

⑤ 苏莹辉《论敦煌本〈望江南〉杂曲四首之写作时代》，苏莹辉《敦煌论集续编》，第120页。

⑥ 杨富学《曹议金奉天靖难及其与甘州回鹘之关联》，《敦煌学辑刊》2019年第1期，第189页。

品[1]。伏俊琏综合P.3911写卷上下文内容，认为该写卷为咸通八年（867）至十三年（872）前后的作品[2]。从该曲子词的文意上看，其内容讲述的是敦煌与中原王朝经历了长期隔绝后，中原使者终于到达敦煌的情景，但根据“若不远仗天威力，河湟必恐陷戎夷，早晚圣人知”一句的内容可知，中原与敦煌虽然建立起联系，但是敦煌面临的危机似乎未发生根本性的转变。总之，《敦煌郡（悬）》一篇缺少标志时间的准确信息，作为文学作品，其内容既可以用来形容张淮深时期的情形，又可以形容曹议金去世后十年间的政治形势。

《望江南·曹公德》的内容如下：

> 曹公德，为国托西关。六戎尽来做百姓，压坛河陇定羌浑，雄名远近闻。
>
> 尽忠孝，向主立殊勋。靖难论兵扶社稷，恒将筹略定妖氛，愿万载作人君。

P.3128V、S.5556文书中存曲子词《曹公德》，其中，P.3128V中的“托西关”三字，在S.5556中作“拓边西”。王重民指出该内容述归义军曹氏功德，不似在曹元忠以后，疑当在曹议金时代[3]。任二北根据曹议金“托西大王”称号等，认为《曹公德》歌颂者应是曹议金[4]。苏莹辉考《曹公德》等其余几首望江南曲子词的写作时期，都是在贞明六年（920）至同光元年（923）之间，其

---

① 汤涒《敦煌曲子词与河西本土文化》，《中国俗文化研究》2004年第2辑，第193页。

② 伏俊琏等《敦煌文学写本研究》，上海：上海古籍出版社，2021年，第286页。

③ 王重民《敦煌曲子词集（修订本）》，第16页。

④ 任二北《敦煌曲初探》，第257页。

所记内容与张、曹两姓的政权交替有关。“靖难论兵”说明两者的交替是诉诸武力了的，“妖氛”指西汉金山国时期的“妖孽气氛”[①]。杨富学同意苏莹辉的观点，同时认为苏莹辉“曹氏乃以金山国余孽为仇寇”的观点显然是一个扩大化的结论，只能说金山国叛逆集团之首恶在曹氏时期已悉数被清除[②]。详观前述几位先生的论述以及《曹公德》词文内容，除了“靖难论兵”“妖氛”这样的影射之语，并无直接内容记叙张、曹继代的过程。如果仅就《曹公德》内容本身而言，相关结论仍有探讨余地。《曹公德》称曹公“为国托西关”或者“为国拓边西”，与曹议金“托西大王”“拓西大王”的称号有关，根据研究，曹议金长兴二年（931）始称“大王”，清泰二年（935）去世后亦有“托西大王”或“拓西大王”称号[③]。那么《曹公德》创作的时间可能在清泰二年以后了。汤涒认为《曹公德》一词歌颂曹议金事迹，其内容创作于934—935年之间[④]。此时距张、曹继代已经20余年，因此即便“妖氛”是指张承奉时期的政治氛围，或许也不是曹议金为张承奉时代定性之辞。相关记载很难证明曹议金取代张承奉的过程是一场血腥政变。此外，曹元忠在966年以后也有“托西大王”“西平王”称号，《曹公德》有无歌颂曹元忠的可能呢？似乎也不能完全排除。对此，笔者将在后文做一综合讨论。

《望江南·龙沙塞》的内容如下：

---

① 苏莹辉《论敦煌本〈望江南〉杂曲四首之写作时代》，苏莹辉《敦煌论集续编》，第122、126页。

② 杨富学《曹议金奉天靖难及其与甘州回鹘之关联》，《敦煌学辑刊》2019年第1期，第194页。

③ 荣新江《归义军史研究——唐宋时代敦煌历史考索》，第107页。

④ 汤涒《敦煌曲子词与河西本土文化》，《中国俗文化研究》2004年第2辑，第193页。

龙沙塞，路远隔烟波。每恨诸蕃生留滞，只缘当路寇雠多，怨屈争那何。

皇恩溥，圣泽遍天涯。大朝宣差中外使，今因绝塞暂经过，路远合通和。

P.3911、P.2809、P.3128V、S.5556皆存《龙沙塞》。任二北认为，后晋高祖天福三年（938）遣使赴于阗，使者过沙州时，曹元深郊迎，《龙沙塞》所记或为此事[①]。苏莹辉认为此次使者是为了处理沙州政变，并授予曹议金归义军节度使留后[②]。杨富学亦取此说，认为或是后梁王朝对曹议金清除张承奉等的嘉奖[③]。汤涒认为《龙沙塞》歌颂曹元深事迹，其间提到了天福五年（940）二月曹元深郊迎天子册封于阗使节、问天子起居事，故其写作于天福五年与开运四年（947）之间[④]。该曲子词创作时间或许就在后晋天福四年（939），且在是年十一月底之前完成[⑤]。根据“今因绝塞暂经过”一句，可知中原王朝使者并不是专门册封曹议金的，《龙沙塞》的创作时间很可能在天福四年底。

《望江南·边塞苦》的内容如下：

边塞苦，圣上合闻声。背蕃归汉经数岁，常闻大国作长城。今牓有加名。

① 任二北《敦煌曲初探》，第257—258页。
② 苏莹辉《敦煌论集续编》，第121页。
③ 杨富学《曹议金奉天靖难及其与甘州回鹘之关联》，《敦煌学辑刊》2019年第1期，第195页。
④ 汤涒《敦煌曲子词与河西本土文化》，《中国俗文化研究》2004年第2辑，第193页。
⑤ 李青青《S.5556〈望江南〉三首曲子词所涉人事及创作时间考订》，《陇东学院学报》（社会科学版）2017年第6期，第18页。

太保化，永报更延龄。每抱沉机扶社稷，一人有庆万家荣。早愿拜龙旌。

P.3128V、S.5556文书中存《边塞苦》，后半段中的人物称号，P.3128V作“太傅”，S.5556作“太保”。王重民据“背蕃归汉经数岁”，认为《边塞苦》歌颂敦煌人民起义归唐事，应当创作于张氏归义军时期[①]。任二北根据“太傅”称号，认为《边塞苦》歌颂的是曹元忠，时代在开运年间（944—946）[②]。苏莹辉认为如果是“太保”，当指张议潮；如果是“太傅”，当指曹议金[③]。张议潮卒后，诏赠太保[④]，根据《边塞苦》中所出现的“太保”，可知其创作于张议潮去世以后了，该曲子词可以形容张氏归义军时期的情形。此外“太保”又作“太傅”，此“太傅”应当用于歌颂曹氏归义军时期的节度使，至于具体指谁，下文将在综合考察诸篇内容的基础上试做判断。

根据不同篇目的内容以及学者对《望江南》曲子词反映的历史事实的分析，可知目前学界对相关问题尚未形成一致的观点。笔者认为，通过结合曲子词的内容与功用进行综合研究，对于相关问题的深入考察可能有所裨益。饶宗颐认为曲子词的兴起在五代至宋初，其功能不是单纯抒情的，而是兼具实用与说理的[⑤]。因此，《望江南》几首曲子词的创作年代虽不能遽定，但根据每

① 王重民《敦煌曲子词集（修订本）》，第16页。
② 任二北《敦煌曲初探》，第259页。
③ 苏莹辉《敦煌论集续编》，第121页。
④ 参《张淮深碑》等文书，荣新江《归义军史研究——唐宋时代敦煌历史考索》，第72—78页。
⑤ 饶宗颐《从敦煌所出〈望江南〉〈定风波〉申论曲子词之实用性》，见饶宗颐《敦煌曲续论》，台北：新文丰出版公司，1996年，第158页。

个曲子词的特征可知，《望江南》曲子词中，《曹公德》无疑属于曹氏归义军时期，《龙沙塞》与曹元深郊迎中原使臣一事极其相合，至少后半段“皇恩溥”部分应该创作于曹元深时期。《边塞苦》《敦煌郡》两篇的创作年代难以确定，其内容不一定创作于曹氏归义军时期，或许张氏归义军时期就已经有这两首曲子词。结合曲子词、词集及其所属写卷的整体特征，可以进一步判断不同写卷时代背景。

P.3911《望江南》包含《娘子面》《龙沙塞》《敦煌郡》几首。《龙沙塞》记录的是天福四年（939）的情形，根据《敦煌郡》中“新恩降”一句，可知《敦煌郡》亦可以用来形容天福四年后不久敦煌归义军面临的实际情况。这一组《望江南》是在曹元深统治时期使用的。后晋使臣张匡邺到达沙州后，沙州军民欢欣鼓舞，因而用这一组《望江南》表达其喜悦之情。

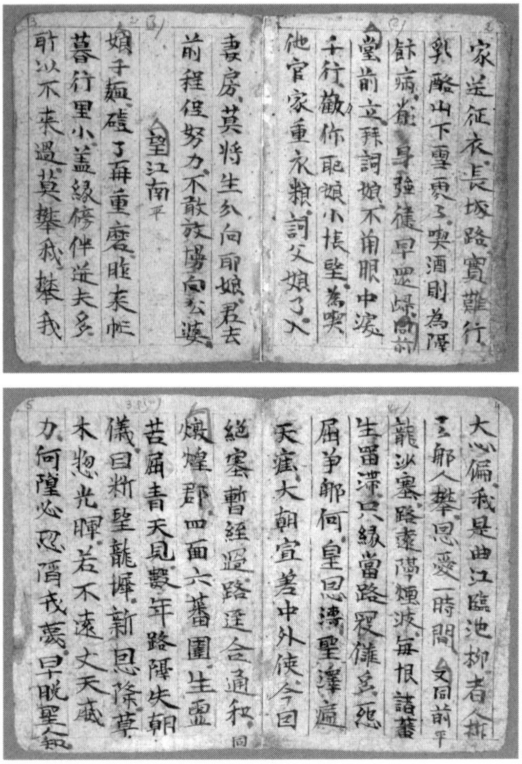

图1-1（a）P.3911《望江南》曲子词（1）

P.2809《望江南》亦出现《娘子面》《龙沙塞》《敦煌郡》，说明该写卷的时代也在天福四年（939）后不久，即曹元深时期。《娘子面》《龙沙塞》《敦煌郡》可能是经常

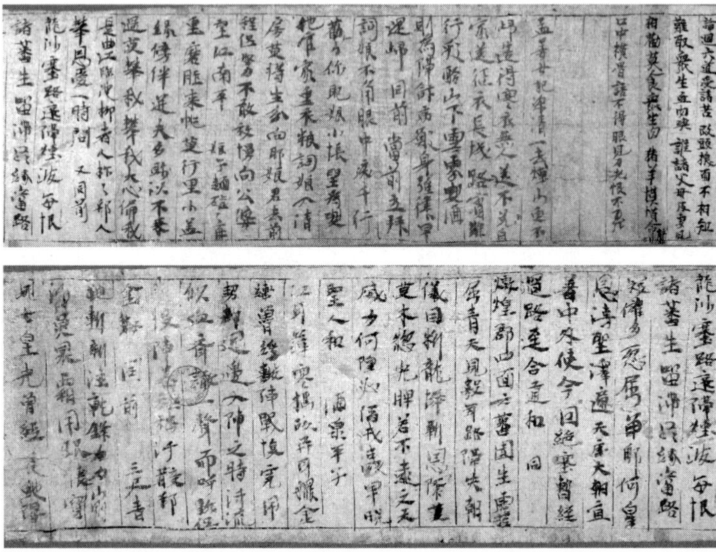

图1-1（b）P.2809《望江南》曲子词（2）

使用的一组固定的曲子词组合。

S.5556《望江南》包含《边塞苦》《龙沙塞》《曹公德》，《龙沙塞》为天福四年的作品，那么即便《边塞苦》创作于张氏归义军时期，而出现在该写卷中，其作用也是歌颂曹氏归义军节度使。根据“太保”称号，可知其有可能形容曹议金、曹元德、曹元忠[①]。《曹公德》中出现“拓西边”，前文笔者已经分析，该段可能指称曹议金或曹元忠。对于S.5556这组《望江南》的创作时代，很难给出最终的论断。不过，结合P.3128V《望江南》的情况，我们可以尽可能给出一个相对合理的解释。

P.3128写卷年代在948年以后，此据该写卷正面存“戊申年七月十三日”题记。任二北认为“戊申年七月十三日”题记指后

① 曹氏归义军前中期，曹议金、曹元德、曹元忠有“太保”称号。荣新江《归义军史研究——唐宋时代敦煌历史考索》，第132页。

图1-1（c）S.5556《望江南》曲子词（3）

汉隐帝乾祐元年（948）①。荣新江考证曹元忠在947到949年称“太傅”，那么《边塞苦》中出现的“太傅”应指曹元忠。P.3128V写卷的年代较晚，该曲子词中的这组《望江南》很可能是经过编撰者加工整理的，《曹公德》《敦煌悬》《龙沙塞》《边塞苦》四首曲子词或是依照时间顺序排列，《曹公德》歌颂的是曹议金，《敦煌悬》《龙沙塞》记叙曹元德末年、曹元深初年中原使臣到访沙州的情形，《边塞苦》即歌颂太傅曹元忠。那么，S.5556中这组《望江南》曲子词或许与P.3128V写卷所歌颂的对象相类，S.5556中《边塞苦》的年代即在947年曹元忠称“太保”时期，《龙沙塞》《曹公德》则分别属于曹元深、曹议金两个时期。P.3128V、S.5556两个写卷是歌颂曹议金、曹元德、曹元深、曹元忠父子四人的统治。

综合以上讨论，《望江南》曲子词与张、曹继代的历史并无紧密的联系，其中有可能记录曹议金取代张承奉历史的只有《曹

① 任半塘《敦煌歌辞总编》，上海：上海古籍出版社，2006年，第456—473页。不过饶宗颐认为“戊申”为唐僖宗文德元年（888），饶宗颐《敦煌曲》，巴黎：法国远东学院，1971年，第233页。因文书中出现《曹公德》一篇，兹取乾祐元年说。

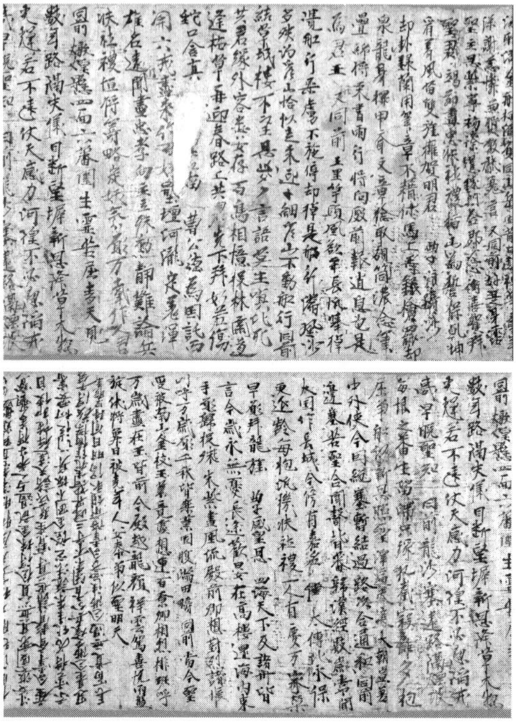

图1-1（d）P.3128V《望江南》曲子词（4）

公德》，不过，《曹公德》应形成于曹议金称“大王”以后了，其时距离张、曹继代已经20余年。这样看来，“靖难论兵扶社稷”也与张、曹继代无直接联系，只有“恒将筹略定妖氛”或是直接歌颂曹议金改变了张承奉时期政治氛围这一功绩。不过，若细致检索敦煌文献，可知“妖氛”的内涵也不一定是对张承奉时代的影射。兹取敦煌文献中提到“妖氛”的几篇文书做一考察。

S.2146《行城文》记载：“唯愿增威力，益神通，并妖氛，驱疫疠。次持胜福，奉用庄严，我圣神赞普。”[①]该文书时代在吐蕃统治时期[②]。

① 黄征、吴伟《敦煌愿文集》收录了S.2146《行城文》等的相关文书。杨富学、李吉和亦做了完整录文，参见杨富学、李吉和《敦煌汉文吐蕃史料辑校》第1辑，兰州：甘肃人民出版社，1999年。

② 陆离《有关吐蕃太子的文书研究》（《敦煌学辑刊》2003年第1期，第29—41页）认为文书所载的吐蕃王子为墀德松赞与没卢妃莽布支所生长子臧玛，大约798—815年间来到敦煌。

P.2569《儿郎伟》记载："扫瘴尽妖氛。夫人寿万岁。郎君爵禄增勋。小娘子如初月。"[①]文中提到"太夫人""李郡君"，应是张氏归义军时期文书。P.2569与P.3552文书中部分内容相同，李正宇考订其为李氏家族执掌敦煌时期的文献，年代在893年底[②]。

P.2058《发愿文》记载："殄疫难，却妖氛，鬼魅逐千里之余。"[③]后文提到河西节度使令公、都僧统和尚、都衙以下诸官吏。该文书应属于曹议金称"令公"时期。

S.5639《亡文范本等》记载："结胜坛以静妖氛，转真言而祈祥福。"[④]文中提到了节度使司空和国母天公主，应为曹元德时期的文书。

此外还有P.2255、S.4624、S.5637、P.2854等文书亦出现"妖氛"，根据敦煌文书记载，诸如"妖氛""妖气"等词汇为常用词，并非特指张承奉时期的政治氛围。其使用的场景往往在举办大型仪式的时候，表达祛灾祈福的愿望，可能与疫病、战争、灾荒等有关。综合以上讨论，我们很难将《望江南》曲子词与曹议金发动政变取代张承奉政权联系起来。根据笔者考察，敦煌文书S.3914《河西节度使尚书结坛发愿文》或许反映了张曹继代之际的情况。因文书内容重要，兹录文如下：

> 盖□（闻）我佛应化，悲愿起于三千。救苦兴慈，巡历

---

① 黄征、吴伟《敦煌愿文集》，第946页。

② 李正宇《索勋、张承奉更迭之际史事考》，郝春文主编《敦煌文献论集——纪念敦煌藏经洞发现一百周年国际学术研讨会论文集》，沈阳：辽宁人民出版社，2001年，第126页。

③《法国国家图书馆藏敦煌西域文献》第3册，第368页；黄征、吴伟《敦煌愿文集》，第1319页。

④ 黄征、吴伟《敦煌愿文集》，第219页。

状接八万。独尊利现，示教多门。感圣扬雄，神力难测者也。厥今九秋来至，建胜会于寿昌。七日清斋，置随求于西角。幡花备席，乐奏八音，供养三时，梵呗无暇。两上巡绕，香汤遍洒于六街。经呪真言，演畅声□（驰）于四陌。钱银数贯，奉献土地灵神。玉馔香飡，供佛延僧请圣。阖城士庶女弟童男牧野村人咸称乞告者，为谁施作？时则有我河西节度使尚书先奉为金山圣迹，以定遐蕃。玉女渥洼，保清社稷。江神海兽，护一界之民民。欢喜龙王，顺风调而应节。人无楚忉，不染分介之灾。牛马六畜驼羊，疫毒时消时散。亦乃当今帝主，福被遐陬，四海趋风，八方顺化。尚书宝位，千年崇镇于河隍。永耀麾旌，万载抚安于陇右。国母公主，宠泰不失于琼宫。刺史郎君，雅志芳能而继嗣。小娘子桂质，弃垢而贞。内外城隍，咸昌宁谧之福会。伏惟我尚书天才降世，雄气神资，按星剑而羌虏魂惊，杖韬略而诸蕃胆丧。临机运筹，善韩白之深谋。匡济生灵，扇尧年之大化。近睹灾侵入界，妖祸邻人，恐害民民。邀僧仗佛，所以遥瞻大觉，置道场于金山。远望神威，延圣凡于西角。故得像敷，月面辉八相之灵光。经赞无为，佛声骤九顶之上空。遂使随蕃落井，伤煞孤魂，失土离乡，奔波绝户；或是从军北战，殁殒沙场；或谓讨掠南征，身埋弃世，奉公东使，逢贼云亡；或是远遣西游、他州违（遗）骨，断亲绝嗣，不葬幽灵，客鬼巡门，越乡移界；或是山丘野泽，落水火烧，牧放牛羊，狼残虎咬；或是贫寒冻煞，缺食乏衣，春夏秋冬，居巢住穴；或谓犯龙蛇，触海兽风神。为复七魄先亡，为是近时怀恨，并愿听经声来就道场，逐铃音而降法会。沾福沾利，领受钱财。灯光照引于善途，呗梵通驰于香积。转生天路，速处莲花。

> 莫惉害我敦煌，弃灾星于境外，愿祸消灭三况。是时也，经收宝箧，像卷银筒。舍七珍已（以）殄妖灾，仰三尊乞加保护。即使吉神吉将，主善族坚守川园。凶将凶神，趁非邪他乡远走。帝皇永寿，凤闺延春，四海恩波，八方频泽。尚书禄位，同峻岳之嵩高。节政遐陬，誓押关西之境。国母公主，播美理于深闱。匡顺民民，保贞松之莫变。刺史郎君兄弟，雄才芳佐于□君。六艺转清，福比筠篁之岁久。应小娘子内外，闺兰茂实于香车。玉树金枝，不变寒云之色。又持胜福，次用庄严，则寿昌都衙副使监使押衙都知以（与）水官兵马使等，伏愿文武备晓，弓裘永佐于谯王。福峻禄深，班位常增而清吉。安人抚域，不失于规模。边上忠勤，保贵恒昌于万载。阖城大小，贤者以优婆夷清信女男表里上下。伏愿心恒佛日，福俹嵩山，意切宗乘，财盈满室。六畜强盛，家家贵富而新荣。七宝来庭，户户丰添而海藏。蝗飞避境，猛虎移川，庄野燕歌，牧童舞寿，芝泉郁茂，草芥丰林，社庙灵祇，绕坚廓宇。然后休戈罢甲，戒马亭衔。五谷时收，岁稔成□□[①]

文书中出现“尚书”“国母公主”，笔者认为曹氏归义军时期有两位节度使夫人称“国母”夫人，分别是曹议金夫人回鹘公主、曹延禄夫人于阗公主，S.3914《河西节度使尚书结坛发愿文》中出现“谯王”[②]，可知该文书反映的是曹议金时期的情况。此文书应写于甘州回鹘公主嫁到敦煌不久。回鹘公主起初被称为“国

---

① 《英藏敦煌文献（汉文佛经以外部分）》第5卷，第200—201页。

② “谯王”常见于曹议金时期的文书，并不一定是曹议金称“大王”以后的称号。

母公主”，尚未称“天公主”。该文书中，两次出现“金山”，第一处为“时则有我河西节度使尚书先奉为金山圣迹，以定遐蕃”，第二处为“邀僧仗佛，所以遥瞻大觉，置道场于金山”；且文书称曹议金为“河西节度使尚书”，而未称“归义军节度使”，可知该文书创作时，曹议金代替张承奉执掌敦煌的时间不长。此文书创作时代或许是曹议金自甘州回鹘迎娶回鹘公主返回敦煌后不久，继承张承奉之位伊始。此时曹议金尚未通使中原王朝，敦煌政权也还未恢复“归义军”称号。文书中的确提到了敦煌曾经面临的灾祸，即“近睹灾侵入界，妖祸邻人，恐害民民”，不过在随后段落，文书用大量篇幅为南征北伐、东征西游的亡者，以及身处苦难中的敦煌百姓发愿祈福。因为法会举办的地方在寿昌，因此文书还用较多篇幅为寿昌官员祈福，包括寿昌都衙、副使、监使、押衙、都知、水官、兵马使等，反映了曹议金对基层官吏的重视与笼络。该段文书创作之时，以“金山”为敦煌的代称，表明敦煌地区尚未完成政权更替，或许张承奉此时并未去世。根据S.3914《河西节度使尚书结坛发愿文》，可知敦煌在与甘州回鹘的战争中受到沉重打击，尚未恢复实力，百姓生活比较艰难，如此情境之下，张曹继代的过程似乎并未经历残酷的政治清洗。至于张曹继代的历史细节，尚待更多的文献来说明。据曹氏前期的相关文献可知，当时未出现对张承奉时期僚属采取大规模打击排挤的迹象。曹氏政权对张氏政权的替代过程或许暗流汹涌，但表现出来的却是一场和平的过渡。正因如此，归义军政权实力得以保存，内外压力也得到缓冲，最终曹议金积蓄力量，打败甘州回鹘政权，保障了敦煌归义军政权的长期稳定。

曹氏家族的联姻策略为敦煌统治权的和平过渡奠定了政治基础。粟特曹氏家族很重视姻亲关系的经营，曹议金同辈兄弟姊妹就已经和敦煌大族联姻。曹议金的妹妹第十六小娘子出适南阳张氏的记载，见于莫高窟第98窟供养人题记[①]。第108窟为曹议金妹夫修建，马德认为此洞窟很可能就是敦煌研究院藏《辛亥年（951）十二月八日□□□社人遍窟燃灯分配窟龛名数》中称为张都衙窟的洞窟[②]。P.2482《张怀庆邈真赞并序》载：

> 家门继俸于钧衡，己族联亲于台庙。清贞守节，州府久任于主持。端直居怀，乃选居官而恤物。伏遇谯王降世，擢荐贤良。公缘有会于君临，从侍匡扶于肘腋。数年毗佐，通申不受于私情。累载沾恩，奉法无亏于公格。郡侯叹美，转次崇阶。职任中筵，位齐宾幕。而又翘情向主，倾心共治而分忧。严诫自身，信义乃留于终始。遂曾东西讨伐，南北奔驰。陪元戎复静于河湟，事旌幢剪除于凶丑。交锋列阵，唯励磨鳞。愿陈百战之功，不顾一生之命。陶镕亲

① 第98窟关于曹氏家族姻亲的记载有：“故婆沙州诸军事夫人氾氏”“故王母太夫人武威阴氏”“故姊第十一小娘子出适慕容氏”“妹第十四小娘子出适氾氏”“故妹第十五小娘子出适阎氏”“妹第十六小娘子出适张氏”“妹第十七小娘子出适罗氏”“郡君太夫人钜鹿索氏”“郡君太夫人广平宋氏”；曹议金子侄辈的姻亲主要有：“故女第十一小娘子出适翟氏”“女第十二小娘子出适阴氏”“女第十三小娘子出适邓氏”“故女第十四小娘子出适翟氏”“女第十五小娘子出适陈氏”“女第十六小娘子出适慕容氏”“新妇小娘子索氏”“新妇小娘子张氏”“新妇小娘子阎氏”“新妇小娘子张氏”“新妇小娘子李氏”“新妇小娘子索氏”“新妇小娘子翟氏”“第十一小娘子延胜出适阴氏”“第十二小娘子延荫出适阴氏”“故侄娘子广平宋氏”“故新妇娘子翟氏”“故新妇娘子阎氏”“侄女小娘子出适李氏”“侄女小娘子出适氾氏”。敦煌研究院编《敦煌莫高窟供养人题记》，第32—48页。以上题记，后文重复出现时不再一一注出。

② 马德《莫高窟张都衙窟及有关问题》，《敦煌研究》1996年第2期，第30—36页。俄玉楠、郑怡楠《敦煌写本P.3550〈都押衙镌大龛功德记〉考释》（《敦煌学辑刊》2013年第4期）一文认为108窟窟主身份仍然不能确定。

见，数赐优劳。累受荣迁，已登班首。[①]

张怀庆出身南阳张氏，或与张议潮同族，赞文中称其“己族联亲于台庙”，说明张怀庆与曹议金家族有姻亲关系。曹议金执政后，张怀庆获重用，“数年毗佐”，“累载沾恩”，“职任中筵，位齐宾幕”。怀庆感激知遇之恩，倾心共治，严守忠信，为曹氏政权出力甚多。又P.3718《张明集写真赞并序》载：

> 郎君讳明集，字富子，即今河西节度曹太保亲外甥也，都头知内亲从张中丞长子矣。公以门传轩冕之宗，莲府琼枝，家承阀阅……南山偷路，公乃先行。对阵临锋，前荡后出。凶（匈）奴胆慑，波迸星流。因兹雄名声震，美播寰中。太保酬劳，赏迁重叠。去载大军开路，公常佐在台前，昼夜不离，谏陈异计。张掖城下，效勇非轻，左旋右抽，曾何介意……孝家中（忠）国，纳力殷勤。割己赈下，扶济孤贫。箭调四羽，弯弧六钧。武申绝妙，文学日新。太保爱惜，何藉珍珠。两骥虽杰，不侔一麟。[②]

张明集与张议潮同属南阳张氏，跟随曹议金征战甘州回鹘，随后病卒，他是曹议金的亲外甥，对曹议金的辅佐可谓尽心尽力。为曹议金效力的张姓人物很多，另有P.3518V《张保山邈真赞并序》：

> 侍历两政，谨专一途。金王会临，超先拔选。东陲大

① 郑炳林、郑怡楠《敦煌碑铭赞辑释（增订本）》，第1135页。
② 郑炳林、郑怡楠《敦煌碑铭赞辑释（增订本）》，第973—974页。

> 镇，最是要关。公之量宽，佥然委任。新城固守，已历星霜……上悦帝心，转加宠袟，得授左散骑常侍兼御史大夫。回骑西还，荐兹劳绩，当佥左马步都虞候。一从注辖，五载有余。内外告泰安之声，囹圄止讹斜（邪）之迹。水清月皎，六衔无奸盗之非。防险虑虞，百坊叹长年之庆。谯公秉节，倾慕忠贞。公之英奇，颇能携荐。辕门指拓（挥），须凭盛族之良。军府杞材，仍藉有功之士。转迁右马步都押衙……爪牙之将，世所稀逢。闺门甲第，乃有我公。谦谦君子，慎思守恭。宽弘得众，刚柔处中。事亲竭力，事君尽忠。文武双备，六艺俱通。二十入事（仕），提戈辅戎。金王奖擢，百战摧凶。立身苦节，蓄抱礼容。弓裘继世，素慕登庸。曾任雄镇，改俗移风。谯公委重，钤辖无容。肃清内外，不染针锋。孤云独秀，行比贞松。张掖再复，挺剑先冲。五回奉使，亲入九重。[①]

张保山在金山国时任新城镇使，曹氏归义军时期，任右马步都押衙，是归义军东征甘州回鹘的主要军事统帅之一。除此之外，这篇文书还透露出一些重要的信息，该文书抄写于曹氏归义军时期，同时文书言“金王会临”“上悦帝心”，仍然用“金王”或“帝”来称呼张承奉；又张保山在曹议金时期官衔进一步升迁，张承奉时期任“左马步都虞候”，曹议金时期升任“右马步都押衙”以及“左马步都押衙”，这也证明曹议金上台以后对张承奉及其旧属采取了比较宽容的态度。又据P.3718《张良真生前写真赞并序》，张良真曾为紫亭镇使，后随罗通达征楼兰有功，升迁为应管内外都牢城使，曹议金时期被委以重任。又P.3718《张明

---

① 郑炳林、郑怡楠《敦煌碑铭赞辑释（增订本）》，第1149—1150页。

德邈真赞并序》载："输忠累制，先王独委边城。玉门故军，再矗千门献主。遂使权机奉化，赋税民无告劳。六教居怀，三端恒备于己。实乃奇功出众，府主诏就于阶庭。别擢崇班，内燕全欢而偏奖。门承地义，一爨五代无殊。"[①]其中称张承奉为"先王"，说明张明德在张承奉时期就已经任职军中，至曹氏归义军时期地位亦显。据98窟供养人题记，曹议金的子媳亦有出自张氏者，说明张曹两大家族的联系甚密。曹、张两大家族的联姻减少了曹氏替代张氏执掌敦煌政权过程中的阻力，张氏家族中的一批成员为曹议金在战场上效忠，也成为其他官员的榜样。

曹议金还娶了一位宋氏夫人，莫高窟第98窟东壁门北侧第五身女供养人画像题记："郡君太夫人广平宋氏一心供养。"第53窟南壁西向第二身："敕授广平郡夫人宋氏一心供养，出［适曹氏］。"[②]第61窟主室东壁门南侧第四身："故慈母敕受广平郡宋氏一心供养。"[③]宋氏在敦煌的势力很大，张议潮的夫人也是广平宋氏。莫高窟第156窟中，与《张议潮出行图》相对，有《宋国河内郡夫人宋氏出行图》[④]，甬道北壁西向第一身"敕宋国河内郡太夫人广平宋氏一心供养"[⑤]。94窟北壁中段第一身"叔母宋国郡太夫人宋氏"[⑥]。广平宋氏，因与归义军创始人张议潮联姻的缘故，在敦煌地区不仅仅是一般大族，而可以称得上是豪宗望族。曹氏时期，不仅曹议金娶宋氏为妻，98窟中还有"故侄娘子广平宋氏供养"，说明曹氏与宋氏姻亲关系紧密。98窟中还有

---

① 郑炳林、郑怡楠《敦煌碑铭赞辑释（增订本）》，第1056页。
② 敦煌研究院编《敦煌莫高窟供养人题记》，第16页。
③ 敦煌研究院编《敦煌莫高窟供养人题记》，第21页。
④ 敦煌研究院编《敦煌石窟内容总录》，北京：文物出版社，1996年，第61页。
⑤ 敦煌研究院编《敦煌莫高窟供养人题记》，第73页。
⑥ 敦煌研究院编《敦煌莫高窟供养人题记》，第31页。

“节度押衙银青光禄大夫检校国子祭酒兼御史中丞宋国忠”“节度押衙银青光禄大夫检校太子宾客兼监察御史宋法真”[①]，宋氏成员也得到了曹议金的重用。张议潮夫人即广平宋氏，曹氏与宋氏的联姻，无疑也是一种身份的象征。通过与广平宋氏的联姻，曹氏家族在敦煌地区的社会地位得到巩固与提升。

曹议金的第一夫人应为索氏夫人[②]，第98窟供养人像中索氏列于宋氏之前，题记为“郡君太夫人钜鹿□索氏一心供养”，缺字被认为是“故”[③]，索夫人在洞窟供养人像绘制之前就已经去世。曹元忠是宋氏所生，年纪最小。曹元德、曹元深是索氏夫人所生[④]。曹议金娶索氏之女，成为索勋的女婿，与处于归义军政权核心的索氏家族建立起直接的姻亲关系。索勋为张议潮女婿，曾任归义军节度使。张氏时期，索勋为光复河西立过功勋，他参与了收复凉州的战争，并且可能在乾符六年（879）接替康使君出任瓜州刺史，至景福元年（892）出任归义军节度使，担任瓜州刺史十四年，是归义军前期任瓜州刺史时间最长、政绩最显著的一位。索勋对张氏家族尽职尽忠，张淮深被杀后，索勋曾暗中收养张淮深的女儿。张怀鼎亡后，托孤张承奉于索勋[⑤]。索勋任归义军节度使之后，并未有像后来李氏家族掌权时的排除异己等举动。在莫高窟第9窟中，窟中甬道北壁供养人像第一身就是张承奉，称号为“光禄大夫检校司徒同中书门下平章事食……万户

① 敦煌研究院编《敦煌莫高窟供养人题记》，第35、46页。

② 本章第二节对此有专门辨析。

③ 敦煌研究院编《敦煌莫高窟供养人题记》，第32页。

④ 姜亮夫认为曹元深为索氏所生（姜亮夫《瓜沙曹氏世谱》，《浙江学刊》1983年第1期，第106页）；马德认为曹元德、曹元深皆为索氏所生（马德《尚书曹仁贵史事钩沉》，《敦煌学辑刊》1998年第2期，第13—14页）。

⑤ 郑炳林《〈索勋纪德碑〉研究》，《敦煌学辑刊》1994年第2期，第61—76页。

侯赐紫金鱼袋南阳郡开国公张承奉一心供养”；第二身供养人像是当时的瓜州刺史李弘定，题名“瓜州刺史……光禄大夫检校左散骑常侍兼御史大夫上柱国陇西郡李弘定一心供养”[①]；第三身才是索勋本人供养像，可知，索勋对于张承奉关照有加，对李氏家族也是非常敬重。索勋在瓜、沙二州享有很高的威望，根基深厚。曹议金娶索氏女为妻，为其在归义军政权内的仕途打开了通道。李氏家族掌权后，安插其家族亲信出任瓜、沙要职，夺权之意图显露无遗。张承奉为了夺回权力，自然会利用索勋的旧势力。曹议金作为索勋的女婿，也会得到重用。敦煌文献P.3128V曲子词《望江南·曹公德》中载其“尽忠孝，向主立殊勋，靖难论兵扶社稷，恒将筹略定妖氛，愿万载作人君”[②]，“靖难”即指平定变乱，这就意味着张承奉时期，曹议金或曾立下过特殊功劳。另据S.619《悬泉镇遏使行玉门军使曹子盈状》知曹氏家族门望并不高，通过军功起家，得到节度使张承奉的提拔，擢任悬泉镇遏使行玉门军使。P.4640V《己未年至辛酉年（899—901）归义军军资库司布纸破用历》有“支与押衙曹光进助葬粗纸两帖”的记载。文书中还提到曹光嗣，也是张承奉政权中的一位重要人物，说明张氏后期曹姓人士逐渐得到重用[③]。曹议金作为索勋的女婿，得到了张承奉的信任。

西汉金山国与甘州回鹘之间的战争动摇了张承奉统治的根基。冯培红详细考察了战争过程，认为双方主要战役有四次，分别是肃州金河之战、敦煌城东之战、敦煌便桥之战、敦煌城下之

① 敦煌研究院编《敦煌莫高窟供养人题记》，第6页。

② 《法国国家图书馆藏敦煌西域文献》第21册，第352页。

③ 冯培红《敦煌曹氏族属与曹氏归义军政权》，《历史研究》2001年第1期，第79—80页。

图1-2 莫高窟第98窟甬道北壁张议潮、索勋等供养像

战[1]。张承奉最终如何与甘州回鹘议和，又为何让出归义军节度使之位，敦煌文献中没有相关记载。P.3633《辛未年（911）七月日沙州百姓等一万人上回鹘大圣天可汗状》对金山国战败后的谈判过程有记载：

> 口云索和，此亦切要。遂令宰相、大德、僧人兼将顿递迎接，跪拜言语，却总□□。狄银令天子出拜，即与言约。城隍、耆寿、百姓，再三商量：可汗是父，天子是子。和断若定，此即差大宰相、僧中大德、敦煌贵族、耆寿，赍持国信、设盟文状，便到甘州。函书发日，天子面东拜跪。因是本事，不敢虚诳。岂有未拜□耶，先拜其子？恰似不顺公格。罗通达所入南蕃，只为方便打叠吐蕃。甘州今已和了，请不□来，各守疆界，亦是百姓实情……天子所勾南蕃，只为□人欺屈，大丈夫之心，宁无怨恨？天子一时间

① 冯培红《敦煌的归义军时代》，第220—225页。

> 憬憬发心，百姓都来未肯。况食是人天，沙州□□亦是天生人民，不省曾与天可汗有煞父害母之仇，何故频行劫煞？万姓告天，两眼滴血……伏望天可汗，信敬神佛，更得延年，具足百岁，莫煞无辜百姓。上天见知，耆寿、百姓等誓愿依凭。□圣可汗不看吐蕃为定，两地既为子父，更莫信谗。今且先将百姓情实，更无虚议。乞天可汗速与回报，便遣大臣僧俗一时齐到。已后使次，伏乞发遣好人。若似前回长使，乞不发遣。百姓东望指挥，如渴思浆，如子忆母。伏乞□（天）可汗速赐详断，谨录状上。
>
> 辛未年七月日沙州百姓一万人状上。[①]

通过状文，可以大致总结谈判的进程：1.先是甘州回鹘派遣了一位使节来和谈，但未谈成功，西汉金山国方面请求勿再派他来，即“已后使次，伏乞发遣好人”。这说明此使节态度蛮横，甚至有可能当众羞辱了西汉金山国君臣。2.甘州回鹘提出了苛刻的条件，勒令“天子出拜”，才同意谈判。双方初步达成了“可汗是父，天子是子”的条件。3.张承奉不同意出城向狄银跪拜，而是提出待可汗答复同意和谈之后，派大宰相、高僧、贵族、耆寿等前往甘州，并且在“函书发日，天子面东拜跪”。

上状之后，甘州回鹘可汗如何答复，和西汉金山国除了结成“父子之国”外还采取了什么制裁措施，因敦煌文献缺载不得而知。但是如果我们遵循P.3633《状》文中提供的线索，可以推测甘州回鹘在答复时很有可能提出了比较苛刻的条件，即天子张承

① 冯培红《敦煌的归义军时代》，第224—225页；《法国国家图书馆藏敦煌西域文献》第26册，第156—158页。

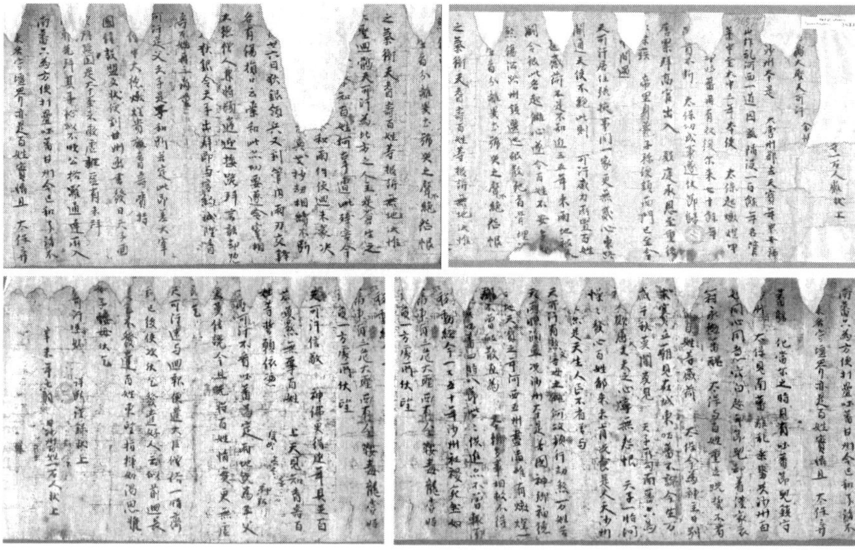

图1-3 P.3633 《辛未年（911）七月日沙州百姓等一万人上回鹘大圣天可汗状》

奉亲往甘州，并迎娶甘州回鹘可汗女，以明确“父子之国”的关系。张承奉很难接受这样的条件，在内忧外患的巨大压力下，他退出执掌归义军，之后敦煌政权许是和平地交到曹议金手中，抑或是曹议金依靠政治阴谋上位，总之在911至914年之间张氏政权过渡到了曹议金手中。曹议金娶回鹘可汗女，应该就是为了完成“父子之国”的和谈协约。若是这样，曹议金与甘州回鹘可汗女结亲的时间应该在911至914年之间[①]。曹议金在当时是担任归义军节度使的最合适人选。首先，曹议金先后娶钜鹿索氏、广平宋氏。索勋在瓜、沙长期任职，根基深厚，还曾经出任归义军节度使。宋氏在敦煌地位颇高，张议潮的夫人就是广

① 荣新江认为，“其（回鹘天公主）下嫁沙州曹氏至晚在后梁贞明四年（918）之前”，《归义军史研究——唐宋时代敦煌历史考索》，第310—311页。

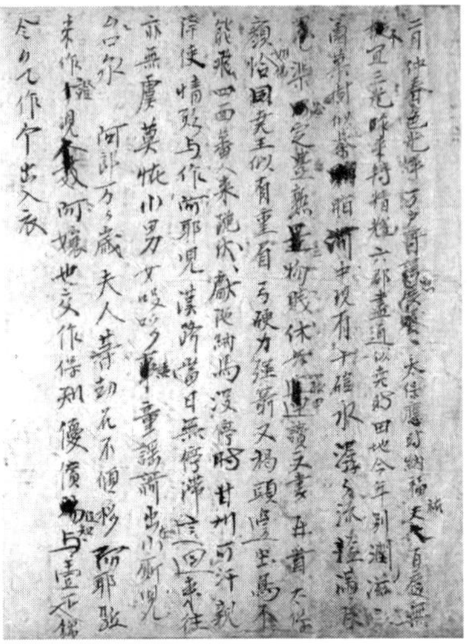

图1-4 敦煌文书P.3500V《七言诗》

图1-5 莫高窟第61窟东壁南侧天公主像

平宋氏。曹议金称张议潮为外父王，即他以张议潮外孙自居，而张承奉是张议潮之孙。可见曹氏家族的姻亲政策为曹议金执掌归义军政权奠定了合法性。其次，他在张承奉时期立下赫赫战功，又担任吏部尚书一职，通过长期的经营，他在归义军政权内部的威望很高，我们将在本节第二、三部分对此做深入分析。在当时金山国的忧患局面下，各大家族达成了妥协，使得曹议金能够较顺利地接替张承奉执掌敦煌。这既是曹氏家族长期经营的结果，亦是当时的形势使然。论实力、论威望，曹议金是执掌敦煌的合适人选。

曹议金在上台之后，励精图治，最终打败甘州回鹘，并且迫使甘州回鹘“情愿与做阿耶儿”（P.3500V），而敦煌与甘州之间的“父子”关系也是通过结亲确定。曹议金子曹元忠开凿的功德窟莫高窟第61窟中，有“姐甘州圣天可汗天公主”供养人像，曹议金的这个女儿大概就是嫁给阿咄欲的，曹议金通过此举名正言顺地成为甘州回鹘的岳父[1]。据此我们也可以推断，之前甘州回鹘与金山国订立“父子之国”的盟约时，很有可能订立了结亲的条件。曹议金打败甘州回鹘后，扭转了敦煌与甘州回鹘的地位。

二、曹议金与敦煌地区实力派家族联姻

曹氏家族除了与敦煌豪宗望族联姻，也与敦煌的地方实力派大族建立起紧密的姻亲关系。98窟中有曹议金子媳“阎氏”，61窟北壁第八身供养人题名“敕受太原郡夫人阎氏一心供养”[2]，第55窟东壁北侧第四身供养人题名“敕受宋国夫人太原阎氏一心供养”[3]。阎氏家族在敦煌地位很高，P.4660《阎英达邈真赞并序》记载：“元戎大将，许国分忧。助开河陇，秘策难俦。先施百战，后进七州。功藏府库，好爵来酬。圣恩高奖，宠寄无休。晋昌太守，墨离之侯。”[4]P.3481《释门杂文》云：“则我大檀越大蕃部落使、河西节度、太原阎公。”[5]张氏归义军时期，阎英达为光复河陇做出过重要贡献，曾任部落使、瓜州刺史之要职，被尊称为阎公，阎氏家族在瓜沙地区的势力深厚。曹氏家族与阎氏家族联姻，使得两家建立起良好的关系，阎氏成员在曹议金执掌政权过程中效力。据P.3718《阎子悦生前写真赞并序》：

> 二八之临，顿获忠贞之节……独对皇朝，雅合元戎之恻……仿设云龙之势，拒破楼兰。决胜伊吾之前，凶徒胆裂。

---

① 荣新江《归义军史研究——唐宋时代敦煌历史考索》，第327页。
② 敦煌研究院编《敦煌莫高窟供养人题记》，第24页。
③ 敦煌研究院编《敦煌莫高窟供养人题记》，第18页。
④ 郑炳林、郑怡楠《敦煌碑铭赞辑释（增订本）》，第456页。
⑤《法国国家图书馆藏敦煌西域文献》第24册，第310页。

东西奉使，无思路间之忧。南北输忠，擅播亚夫之勇。君亲惬美，每念膺贤之勋。锡治鸿波，愿酬勳重之哲。仍加管内都营田使，兼擢右班之领。一从任位，清廉不侔于异常。恳守严条，溥洽甘汤而有伏。遂使三农秀实，万户有鼓腹之欢。嘉露无乖，一人获康宓之庆。是时府主曹公，德同尧帝，功臣变现有期。业蹈舜君，自降云仙辅及。前贤逝已，公庭亏都衙之荣。举郡诠升，孰莫迨芳兰之将。即委一州颢务，实惧鹊喧之名。三端早就于躬怀，六教常垂于众类。恒施要法，不愠熔铸之颜。赋税和平，当迹调风易俗。人伦谈善，内外无告怨之声。君臣赞羡于一时，恪清预彰于古昔……幼掌乡闾，不染非钱。都权兵将，纳效累年。五制侍主，转任高迁。金王之世，奉命朝天。亲跻玉砌，对诏（所奏）周圆。曹公之代，拣异多缘。委均流泽，溉遍千田。殊功已就，馨名盛传。都衙之列，当便对宣。一从受位，无傥无偏。三端晓备，六艺俱悬。久岁殊宠，不冒王愆。①

阎子悦在张承奉时期就在征楼兰之役中立下战功，并且奉命出使。曹氏归义军时期，阎子悦仍旧被重用，担任都押衙之要职，并享受优渥的待遇。

曹议金子媳中亦有李氏，李氏家族曾经执掌归义军大权，后被张承奉推翻，实力受到打击。但是到了曹议金时期，李氏家族成员仍然效力于曹氏政权。P.3718《李绍宗邈真赞并序》：

府君讳绍宗（旁注：润晟），字继祖，即前河西一十一

① 郑炳林、郑怡楠《敦煌碑铭赞辑释（增订本）》，第1001—1002页。

州节度使张太保［外］孙、使持节墨釐（离）军诸军事守瓜州刺史银青光禄大夫检校左散骑常侍兼御［史］大夫李公长子矣……年芳小俊而出群，弱冠东征而西敌。加以挥戈塞表，为国纳效于沙场。提剑军前，拔帜当锋而独立。破南山，公托隘寇，众赖沾功。扫羌戎，白刃相交，不贪躯命。后乃张掖城下，立万载之高名。酒泉郡前，播雄声于千古。念兹劳绩，佥奖荣班。一举节度押衙，兼迁敦煌乡务……生之异俊，忠孝两全。挥戈塞表，怗伏狼烟。张掖城下，勇猛贞坚。酒泉阵上，拔帜冲先。临机捷计，如同走丸。弯弧动矢，霜雁声喧。由基莫比，贯虱心穿。东征西敌，沙碛长眠。登危处险，不辞艰难。念兹劳绩，佥擢乡官。①

图1-6 莫高窟第98窟北壁东侧新妇娘子像

文书记载李绍宗在曹议金时期对回鹘的战争中立下军功，并且担任地方长官。他是张议潮女婿李明振次子李弘定的儿子，对曹议

① 郑炳林、郑怡楠《敦煌碑铭赞辑释（增订本）》，第1068—1069页。

金能够竭力侍奉，说明曹议金笼络了一批甘于为他效忠的将领。

莫高窟第98窟供养人题记中有“故婆沙州诸军事夫人氾氏供养”“妹第十四小娘子一心供养出适氾氏”“姪女小娘子出适氾氏”，说明曹氏与氾氏家族姻亲关系密切。P.4640C《大唐宗子陇西李氏再修功德碑记》载：“亡妣氾氏［太］夫人，龙沙鼎鼐，盛族孤标，庭训而保子谋孙，轨范而清资不乏。承家建业，荐累代而扬名。阀阅联绵，长绪帝王之室。今乃逝矣，佳誉存焉。”[①]敦煌文书还有S.1889《敦煌氾氏人物传》，可知氾氏家族在敦煌地区势力很大。905—917年氾福高和尚出任都僧统一职[②]。98窟中还有许多氾姓官员：“节度押衙银青光禄大夫检校太子宾客兼监察御史氾留德”“节度押衙知左厢子弟虞候银青光禄大夫检校国子祭酒兼御史中丞上柱国氾文进”“节度押衙银青光禄大夫检校国子祭酒兼御史中丞上柱国氾弘□”“节度押衙银青光禄大夫检校国子祭酒兼御史中丞上柱国氾意泉”，说明曹议金执掌敦煌政权，得到氾氏家族的有力支持。归义军节度使曹宗寿还娶氾氏女为妻，并且氾氏夫人被宋廷册封为“济北郡夫人”[③]，可知氾

① 郑炳林、郑怡楠《敦煌碑铭赞辑释（增订本）》，第229页。

② 荣新江以文书S.1604b《天复二年（902）四月廿八日都僧统贤照帖僧尼寺纲管徒众》为“贤照”任职最晚的文书，认为氾福高任职年份应在902年前后，参见《归义军史研究——唐宋时代敦煌历史考索》，第283—284页。另有学者根据P.3556《都僧统氾福高和尚邈真赞并序》、山东省博物馆藏敦煌文献LB.052《都僧统贤照都僧录谈广等上仆射状告》、S.2575（3）《唐天复五年（905）八月灵图寺徒众上座义深等大行充寺主状并都僧统判辞》等文书，判断天复五年（905）八月后不久，氾福高任都僧统。参见（日）竺沙雅章《中國佛教社會史研究》，京都：朋友书店，1982年，第348—349页；魏睿骜《10世纪前期归义军诸都僧统交替年代三题》，《敦煌学辑刊》2020年第3期，第177—178页。

③［宋］李焘《续资治通鉴长编》卷五二“咸平五年（1002）”条，北京：中华书局，1995年，第1147页。

氏家族在曹氏归义军时期的地位不断提高。

98窟中有“故王母太夫人武威阴氏”“女第十二小娘子出适阴氏”“第十一小娘子延胜出适阴氏”“第十二小娘子延荫出适阴氏”，其中“延胜”“延荫”应是曹议金孙辈，说明两家世代联姻。阴氏家族在武威、敦煌的势力很大，张议潮起义之时，阴氏家族加入推翻吐蕃统治者斗争行列，成为张议潮的主要支持者之一。阴文通参加了从起义到收复凉州的所有重要战役，并娶张议潮女为妻。之后，阴氏家族又嫁女张议潮子张怀鼎。张承奉时期，阴季丰帮助张承奉重新夺权后被任命为凉州防御使①。阴氏家族中有一位非常著名的军事将领，P.2970《阴善雄邈真赞并序》：

> 曹王秉节，挺赤心而膺昌期。苦处先登，效忠贞而能定国。久倍（陪）军幕，作我主之腹心。百战沙场，几番生于龙塞。常乐贵县，国之要冲。睹公良能，鷪迁莅职……达怛犯塞，拔拒交锋。统领军兵，临机变策。立丈夫儿之志节，一人独勇而当千。星散云飞，异类横尸而遍野。东收七郡，意气侔樊哙之功。西定六蕃，用军有烧牛之策。雄豪无敌，不顾微躯。下壁拔城，累彰臣节。通申内外，不恋货财。”②

阴善雄在曹氏时期官至常乐县令，虽然职位不高，却担负很大的责任。据P.2482V《常乐副使田员宗启》记载，瓜州之南山人若

① 张景峰《敦煌阴氏家族与莫高窟阴氏家窟研究》，兰州大学硕士学位论文，2008年，第61—65页。

② 郑炳林、郑怡楠《敦煌碑铭赞辑释（增订本）》，第1097页。

劫掠沙州，须经常乐镇管界，常乐乃沙州东道要冲。赞文中载阴善雄曾力战达怛部，作战英勇，平定了周围部落之乱。阴善雄还能够安抚周旋于蕃部，做到“通申内外，不恋货财”。

曹议金妹第十七娘子嫁归义军应管内外诸司马步军都指挥使罗盈达，P.2482《罗盈达墓志铭并序》中载罗盈达兄弟罗通达、罗文达、罗文通、罗进通、罗通信、罗通顺。据S.4654《罗通达邈真赞并序》及P.4640V《己未年至辛酉年（899—901）归义军军资库司布纸破用历》，在己未年或者更早，罗通达已任归义军衙前都押衙，负责处理归义军日常支出账目，至金山国时期，位至“国相之班”，兼排阵使之职，训练士卒，率以前西征石城的仲云，占取两城，又北征伊吾。其兄罗文达，任节度押衙，卒于901年；罗文通，任节院军使，负责统辖各州、将各州情报报告归义军节度使衙；罗进通任御史中丞；罗通信任蕃部落使，应负责管理瓜州至玉门关一带的吐蕃人[①]。罗氏兄弟在张承奉时期都位居要职。罗盈达卒于天福八年（943），在世时任马步军都指挥使，据P.3224《行城文》，都指挥与总管、都衙地位同，仅次于节度使，是节度使衙僚属高级领导。P.3461《斋文一篇》中，在“使主”“国母天公主”“刺史”之后，提到“指挥”“都衙”，以下才是“僧录”“僧政”等诸官吏。罗盈达在曹议金时期地位颇高。

曹氏家族与一批实力派家族联姻，这些家族在张氏时期拥有一定的根基，许多家族成员在张氏时期担任重要官职、军事将领。通过与这些家族的联合，曹议金拥有了一批政治上的支持者，使曹氏家族在敦煌地区的地位得以巩固；这些家族的子弟能够甘心为曹议金效命，使曹议金在战场上获得了一批重要军事将领的拥护。

---

① 郑炳林《敦煌碑铭赞辑释》，第492—493页。

三、曹议金对基层官员的提拔

曹议金修建的98窟，其甬道与主室的下方现存200余身供养人画像，不仅有节度使及其家族成员，还囊括了曹议金当政时期的文武官员与僧官大德。曹议金这样做的目的是使敦煌的社会力量被最大程度地调动起来。荣新江认为，这是曹议金巩固其政权的重要措施，这些供养人像也反映了曹氏归义军的政权基础[①]。供养人中数量最为庞大的是归义军基层官员节度押衙，说明曹议金政权基础的核心部分，即是这些基层的文武官员。曹议金将大量基层僧官绘入自己的功德窟，这一方面说明曹氏归义军得到了广大僧官的支持，另一方面更突出了曹议金主要抓住数量颇多，且在寺院生活中居于核心地位的法律这个僧官，将自己的权力之手伸到诸寺[②]。通过98窟中的供养人题记，我们看到曹议金提拔了一批普通家族的子弟，我们拟从与曹氏家族有姻亲关系的邓氏、陈氏入手来做进一步分析。

根据莫高窟第98窟中的题记“女第十三小娘子出适邓氏”，可知曹氏家族还与邓氏家族结为姻亲。据张氏归义军时期敦煌文书中的记载，邓姓人士在归义军府衙任职的不多，可知邓氏家族在敦煌势力一般。曹氏归义军时期邓氏子弟任官者数量大大提升，曹议金政权中邓氏任职者，据莫高窟第98窟供养人题记，有节度押衙邓存庆、节度押衙邓弘嗣、节度押衙邓再升、节度押衙邓益子[③]。敦煌文书记载的邓氏官员，职位稍高的主要有都衙、都头、都知、马步长、押衙、县令等。邓都衙出现于S.4700+S.4121+S.4643+北图新1450《甲午年（994）五月十五日阴家婢

① 荣新江《归义军史研究——唐宋时代敦煌历史考索》，第243页。

② 冯培红《敦煌的归义军时代》，第263—264页。

③ 敦煌研究院编《敦煌莫高窟供养人题记》，第32—48页。

子小娘子荣亲客目》中。P.3942文书中出现邓都衙、邓守清都头，S.4525中出现邓都知，P.3942、S.4525文书中许多人名亦出现于S.4700+ S.4121+S.4643+北图新1450文书中，可知几篇文书年代相近，邓都衙、邓守清都头、邓都知都是曹氏归义军时期的官员。P.2985有马步长邓长顺、邓判官，文书写有“开宝三年（970）”。S.4120《壬戌年—甲子年（962—964）布褐等破历》中也记载有邓马步[①]，S.5039、P.4215、P.4635等曹氏时期文书中还有邓县令、邓使君、邓队头。曹氏归义军时期，邓氏家族不再默默无闻，而是出任了很多基层官职。

据98窟供养人题记“女第十五小娘子出适陈氏”，曹议金与陈氏家族也有联姻。98窟有“节度押衙银青光禄大夫检校国子祭酒兼御史中丞上柱国陈万通一心供养”。据统计，陈氏在归义军中任职较少，当为敦煌稀姓[②]。曹氏归义军中陈氏任职者主要有都押衙陈，见于S.2472（文书年代为981年），以及P.3152、S.4252（文书年代为992年），都在曹氏归义军时期。还有左马步都押衙陈彦汇（罗振玉《石室秘录》所收之《天福五年（940）陈彦汇端午献礼状》），P.3152、S.5696文书中的内亲从都头陈守定，P.2032文书中的陈指挥（后晋时期），此外还有P.4909（年代为981年）、P.3367（年代为969年）等文书中的陈押衙，以及S.4121、S.1153中的陈县令，都任职于曹氏归义军时期。

邓氏和陈氏家族在敦煌只能算是普通的家族，但是曹议金与

① 同时文书中又出现索僧统，荣新江考P.3340文书中出现索僧统，另外954—966年即氾光惠和法嵩之间的都僧统记载留有空缺，参荣新江《归义军史研究——唐宋时代敦煌历史考索》，第279—292页。如果敦煌果真有一位索姓都僧统，他很有可能在963年前后任职。

② 郑炳林《敦煌碑铭赞辑释》，第383页。

图1-7 莫高窟第98窟中心佛坛背屏后壁曹氏归义军僚属供养像

他们联姻，任用了一批普通家族出身的官员，以加强曹氏政权在基层的统治力量，同时也遏制了敦煌豪宗大族势力的过分膨胀。这些普通家族的崛起与敦煌传统大族形成了较好的制衡机制，使得曹氏归义军时期不见有张氏时期异姓家族篡权的局面发生。邓氏、陈氏等家族成为曹氏归义军统治敦煌基层民众的重要力量。与此同时，一些非实力派的家族也通过与曹氏的联姻逐渐成为曹氏敦煌政权中举足轻重的力量，比如翟氏与慕容氏家族。

曹议金儿子曹元忠与浔阳翟氏联姻。如果将张氏、曹氏时期敦煌文书中翟氏官员的数量、级别进行比较，可以发现，曹氏归义军时期翟氏家族的地位要远高于张氏归义军时期。张氏时期，翟氏多在军队中任职，并且多是基层官员。据陈菊霞考察，张氏归义军时期翟氏出任节度押衙的有4人，兵马使2人，衙官1人。曹氏归义军时期，翟氏任都指挥使、衙推、镇使、副镇使、都头、押衙等武职的有20余人，还有担任都渠泊使、水官、县令、知马官者若干。曹氏中后期有一位翟使君，可见于文书P.3721、

S.5039等，归义军政权中被称为使君者多指瓜州刺史，如阎使君、康使君、索使君、慕容使君。曹氏时期瓜州刺史一职在慕容归盈之后鲜有外姓人担任。据考证，翟使君是10世纪中后期沙州地区的一位地位仅低于刺史，而高于指挥、都衙的重要人物[①]。翟氏家族与曹氏家族姻亲关系密切，98窟题记中载有“故女第十一小娘子出适翟氏”“故女第十四小娘子出适翟氏”“新妇小娘子翟氏”等，可知通过与曹氏的联姻，翟氏家族提升了本族的势力与地位。

曹议金时期执掌瓜州军政的慕容家族，也是曹氏家族的姻亲，莫高窟98窟主室南壁东端东向第四身榜题为“故姉第十一小娘子一心供养”，下有双行小字“出适慕容氏”。虽然张承奉时期，慕容归盈家庭比较富裕，P.3418中记载其欠枝量多于一般民户[②]。但是慕容归盈起初尚未担任高级别官职，他的发迹是在张承奉时期立下军功，故而很有可能与曹议金是同僚，从慕容家与曹家的姻亲关系来看，两人的交情笃厚[③]。P.3016V《厶乙致令公状》中归盈称议金为“令公尊兄”[④]。曹议金对归盈信任有加，慕容家族在曹议金初期主政瓜州。瓜州军政大权在归盈之后顺利交予曹氏，与曹、慕容两大家族的姻亲有很大关系，当然最根本的原因是曹议金家族通过经营，已经在瓜沙地区建立了稳定的政

① 陈菊霞《敦煌翟氏研究》，北京：民族出版社，2012年，第117—135页。

② 冯培红《从敦煌文献看归义军时代的吐谷浑人》，《兰州大学学报》（社会科学版）2004年第1期，第27页。

③ 郭锋《略论慕容归盈出任归义军瓜州刺史前的身世》，《敦煌研究》1991年第4期，第89—95页。

④ 杨宝玉、吴丽娱《P.3016V〈厶乙致令公状〉考释》，《敦煌研究》2006年第3期，第100页。

权基础。曹议金时期两家通过联姻奠定了姻亲基础，使得两家关系一直稳定并持续下去。曹议金的小女儿第十六小娘子出适慕容氏。第454窟窟主之一即曹延恭夫人慕容氏①，窟内南壁有供养像及沥粉堆金题记："窟主即清河郡夫人慕容氏。"可知曹议金的孙子曹延恭，曹氏归义军第五任节度使，同样娶慕容氏为妻。曹氏归义军后期，S.1153《诸杂人名一本》中，排在翟使君、索指挥之后的是慕容都衙，此处慕容都衙即慕容长政，后来他还可能接替翟使君职位，被称作慕容使君②。可知慕容家族在曹氏时期的势力很大，曹氏家族与慕容家族的联姻客观上提升了慕容家族的实力与地位。

四、曹议金对佛教的扶持

曹议金一方面与敦煌各阶层的家族广泛结成姻亲，为其权力谋得了坚实的支撑。另一方面，曹议金崇信佛教并大力扶持佛教的发展，开凿大窟，重修三界寺，抄写大批佛经，这是他在文化上巩固统治的有力措施。

曹议金担任节度使期间修建莫高窟第98窟，该窟又称"大王窟"。第98窟窟型为中心佛坛式，主室东西15.2米，南北12.8米，高10米，总共200多平方米，是莫高窟巨型窟。莫高窟第100窟，学者认为也是曹议金时期修建，始建于曹议金执政晚期931—935年间，完成时间在曹元德任职时期，窟主为曹议金夫妇，100窟是曹议金的家族窟③。曹议金僚属也在莫高窟修建了洞窟，如莫

① 郭俊叶《莫高窟第454窟窟主再议》，《敦煌研究》1999年第2期，第21—24页。
② 陈菊霞《再议P.5032（9）〈沙州阇梨保道致瓜州慕容郎阿姊书〉的定年及相关问题》，《敦煌研究》2007年第2期，第72页。
③ 米德昉《敦煌莫高窟第100窟窟主及年代问题再议》，《敦煌研究》2012年第4期，第61—66页。

高窟第108窟。

曹氏时期，归义军节度使及其僚属家族在莫高窟修建或重修了很多洞窟，这一时期所新建的洞窟近百个，加上重修的洞窟，共修建了洞窟200多个[①]。曹氏归义军时期，莫高窟的修建达到了莫高窟营造史的高峰。敦煌文书Φ.263V、Φ.326V《河西节度使大王曹议金造大寺功德记》记载了曹议金父子修造大寺的情形，文书记载：

厥今三秋已末，大王钦慕于伽蓝。玄英欲临，官人倾心

图1–8 莫高窟第98窟西壁

① 郑炳林、沙武田《敦煌石窟艺术概论》，兰州：甘肃文化出版社，2005年，第274页。

> 而恳切。顿舍真（珍）才，发胜心修大寺。启嘉愿者，有谁施作？时则有我河西节度使大王，先奉为龙天八部，拥军国以定灾殃。四大天王，押鬼魅而清管界。大唐圣帝，永治乾坤。愿照西垂（陲），恩加无滞。次伏惟我大王己躬延寿，以彭祖而命年。公主、夫人，保坤仪合其德。副使司空雄勇，尽忠孝以奉明王。诸幼郎君，拔俊才，探百艺，光扬大业。小娘子姊妹，受训桂彰（珪璋）。应是枝罗，长在大荫之福会也……是以先陈至恳，相鹫领而倾心。克意岸修，创建大寺。[①]

通过内容可知该文书记载的是河西节度使大王曹议金及其子曹元德等人发愿造寺的功德，学者通过考察大量相关文书，以及Φ.263V、Φ.326V《河西节度使大王曹议金造大寺功德记》中反映的净土思想，认为该文书记载的事件即曹议金重修三界寺，三界寺的修建反映了净土思想在敦煌地区的流传[②]。三界寺是归义军节度使曹元深生活学习过的寺院，S.707《孝经》载："同光三年（925）……三界寺学仕郎郎君曹元深写记。"[③]把儿子送到三界寺进行培养，可见曹议金非常重视佛教寺院。

曹议金时期海龙王信仰非常流行，P.3149文书中的《新岁年旬上首于四城角结坛文》记载："厥今旧年将末，新岁迎初。结坛遍四门四隅，课念满七晨七夜……时则有我河西节度使厶公，

① 郑怡楠《敦煌写本〈河西节度使大王造大窟功德记〉考释》，《敦煌学辑刊》2013年第4期，第28页。

② 郑怡楠《敦煌写本〈河西节度使大王造大窟功德记〉考释》，《敦煌学辑刊》2013年第4期，第27—35页。

③ 郝春文等《英藏敦煌社会历史文献释录》第3卷，第542页；《英藏敦煌文献（汉文佛经以外部分）》第2卷，第123页。

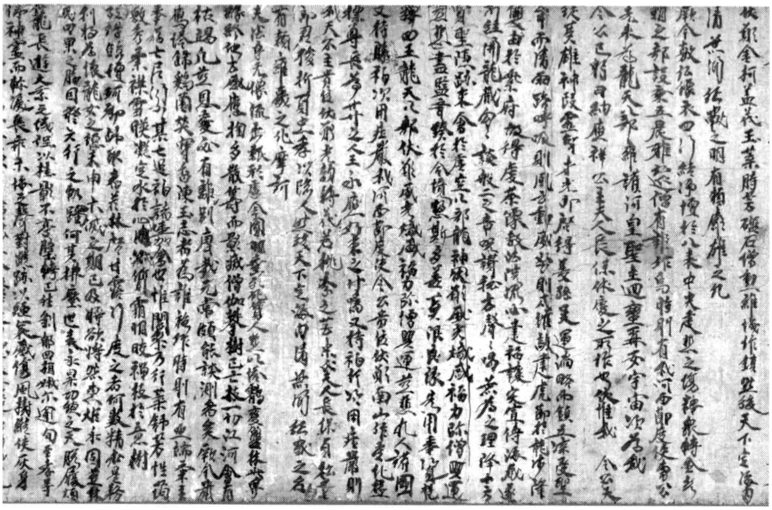

图1-9 P.2058《发愿文》

先奉为龙天八部，护卫敦煌。梵释四王，镇安神境……先用庄严，梵释四王、龙天八部，伏愿云云。使龙王雨主，九夏疽无伤苗。海圣风神，三秋霜无损谷。敦煌永泰，千门唱舜日之歌。莲府恒昌，万户舞尧年之喜。”①

P.2058《发愿文》：“厥今敷佛像衣（于）四门，结净坛于八表……时则有我河西节度使曹公，先奉为龙天八部……先用奉资，梵释四王、龙天八部，伏愿威光炽盛，福力弥增。兴运慈悲，救人护国”②“时则我节度使曹公，先奉为龙天八部，拥护疆场。四天大王，荡除灾孽……先用庄严，梵释四王、龙天八部、散诸大将、护界善神，伏愿威光炽盛，神力弥增。兴运慈

① 黄征、吴伟《敦煌愿文集》，第103页；《法国国家图书馆藏敦煌西域文献》第22册，第41页。

② 黄征、吴伟《敦煌愿文集》，第334页；《法国国家图书馆藏敦煌西域文献》第3册，第369—370页。

悲，救人护国。遂使年消九横，月殄三灾。万姓饶丰乐之祥，合境无伤离人（之）厄”[①]。敦煌地区佛教兴盛，作为佛教护法的龙王受到敦煌民众的崇拜，龙作为主施雨之神灵，可保佑风调雨顺。宣扬龙王信仰，可以起到收买民心的作用。同时，龙又与“真龙天子”“转轮圣王”有关，因而受到曹氏时期节度使的推崇，说明敦煌地方最高统治者是期望将自己与龙王等同，使统治敦煌地区的“龙王之位”永保[②]。以曹氏归义军节度使为首的曹氏家族抄写供养了很多《佛名经》[③]，为归义军节度使曹议金及其家族常燃庆吉，为城隍安泰、百姓康宁，而抄经发愿。曹议金还积极主持和参与各种佛事活动，施舍了大量物品和经帙[④]，如P.2704《后唐长兴四年、五年（933、934）归义军节度使曹议金回向疏》记载了他转经、设斋、施舍等佛事活动。正如马德所言，曹议金等曹氏家族成员不遗余力地进行佛教活动，是为了笼络人心，维护和保障其在敦煌的统治[⑤]。

曹议金大力笼络佛教僧官，P.3556《都僧统陈法严邈真赞并序》云：“爰至吏部尚书秉政莲府，大扇玄风，封赐内外都僧统之班，兼加河西佛法主之号。遂邀和尚，请就花台，四部畏威，倍敬国师之礼。虔迎顶送，出入钟鼓而交鸣。信受奉［口］，往来乐音而合韵。师子座上，广济群生。阎浮案前，牢笼末代。承

---

① 黄征、吴伟《敦煌愿文集》，第338页。

② 党燕妮《晚唐五代敦煌地区的海龙王信仰》，郑炳林主编《敦煌归义军史专题研究三编》，兰州：甘肃文化出版社，2005年，第271—291页。

③（日）池田温《中國古代寫本識語集錄》，东京：东京大学东洋文化研究所，1990年，Nos.2182-2196，第459—463页。

④ 孔令梅《敦煌大族与佛教》，兰州大学博士学位论文，2011年，第185—186页。

⑤ 马德《曹氏三大窟营建的社会背景》，《敦煌研究》1991年第1期，第19—24、144页。

图1-10 莫高窟第98窟窟顶东南角“东方天王”

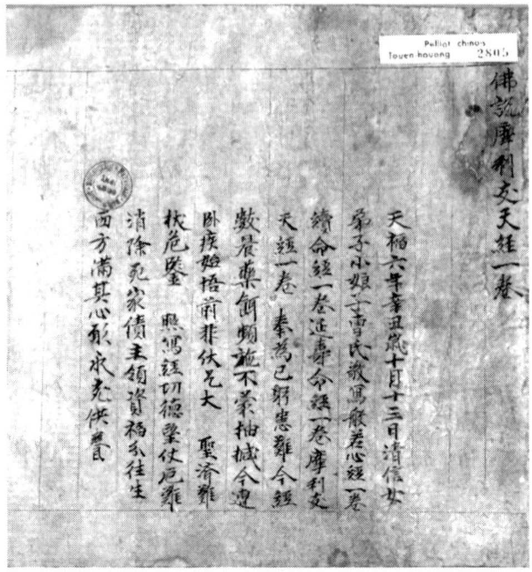

图1-11 敦煌文书P.2805曹氏所抄《佛说摩利支天经》

恩任位，近经十有余年。”①可知当时的都僧统为陈法严，他与节度使曹议金关系密切。据P.3720《河西都僧统阴海晏墓志铭并序》中“孙节度押衙充壮武将军银青光禄大夫检校国子祭酒兼御史中丞上柱国陈（阴）子升，则府主托西大王曹公弟（第）十三（二）之子婿也”②，可知曹议金与都僧统阴海晏关系更加紧密，阴海晏的孙辈即是曹议金的女婿。曹议金时期，归义军政权对佛教教团实行管理和监督。归义军政权定期巡视寺院活动，如S.2575《天成三年（928）七月十二日都僧统阴海晏为七月十五日庄严道场配借诸寺幡伞等帖》载：“右常例七月十五日应官巡寺，必须并借幢伞，庄严道场。”③据考，归义军政权对僧官任

① 郑炳林、郑怡楠《敦煌碑铭赞辑释（增订本）》，第915页。
② 郑炳林、郑怡楠《敦煌碑铭赞辑释（增订本）》，第672页。
③《英藏敦煌文献（汉文佛经以外部分）》第4卷，第96页；郝春文等《英藏敦煌社会历史文献释录》第12卷，第366页。

命和升迁的控制，经历了张氏归义军时期僧官须由节度使上奏朝廷，然后由中央任命，到曹氏归义军时期僧官不经中央同意，而由节度使直接任命的阶段[①]。曹议金崇信佛教，积极主持修建大窟，修造佛寺，抄写大量佛经，举办各种佛事活动。通过这些举措，曹议金笼络了敦煌的佛教界势力。敦煌地区的佛教信仰，世俗化程度较高，且具有一定的社会基础，曹议金对佛教的重视显示出曹氏归义军政权对文化建设的重视。

综合以上论述，可知曹议金能够执政敦煌，是曹氏家族在敦煌地区长期经营的结果。首先，他们联络了张氏、索氏、宋氏等敦煌豪宗望族，抬高了曹氏家族的声望，为曹议金执掌敦煌政权奠定了政治基础。曹议金与索氏联姻，张议潮成为曹议金的“外父王”，为曹议金的登台奠定了合法性；广平宋氏乃敦煌望族，曹氏与之联姻无疑也有助于提升家族声望；曹氏家族与南阳张氏家族的联姻则减少了曹氏替代张氏执掌敦煌政权过程中的阻力，张氏家族等敦煌大族成员为曹议金在战场上效忠，某种程度上增强了敦煌曹氏家族的凝聚力。其次，曹氏家族联合了敦煌地区的实力派家族，如阎氏、李氏、阴氏、罗氏，都是张氏时期地位很高的家族，在敦煌地区的根基深厚，通过与他们联姻，曹议金的政权获得了有力的支撑，并且笼络了一批为曹氏政权效忠的将领。同时，曹议金大力扶持佛教，利用佛教在敦煌百姓中的影响巩固了政权。曹议金一方面大量抄写佛经，修建石窟，修造寺院，慷慨施舍供奉；另一方面增强了对佛教教团的控制，曹氏时期的都僧统由节度使直接任命。曹议金吸取张氏归义军后期政局不稳的教训，增强了在基层的控制力量。他提拔了一批普通家族

① 郑炳林《晚唐五代归义军政权与佛教教团关系研究》，《敦煌学辑刊》2005年第1期，第1—15页。

的子弟，巩固了基层的统治基础，形成了对豪宗大族力量的牵制。一些实力一般的家族，通过与曹氏家族联姻，地位得到了提升，更加效忠于曹氏统治者。从98窟供养人身份的统计可以知道，基层的押衙与僧官法律，是曹议金掌控基层权力的核心力量。

张氏归义军中后期，大族争权，内部矛盾重重，归义军自身力量大大削弱。张承奉执政后，采取了一些冒进的策略，加之外部环境凶险，使得敦煌政权陷入危机，丧失了民心。张氏与曹氏政权的交替，其背后的实质是家族实力的消长变化。曹氏取代张氏能够平稳过渡，是曹氏家族长期经营的结果。金山国时期的将领，到了曹议金时期仍然得到重用，而且都能尽心竭力，根本在于曹氏家族在敦煌已经建立了牢固的权力根基。通过98窟中供养人的考察，我们可以从整体上观察曹议金构建的统治网络，他重视基层僧俗官员，最大限度地调动起能够服务于曹氏政权的力量。敦煌文献中也有这方面的体现，S.1181文书背面在为大王曹议金等发愿后，又云："又持胜福，次用庄严，阎都衙、董都衙、诸都头贵位，伏愿奇才出众，武艺超伦，归怀戎物之能，共助明王之道，然后天下定，海内清，无闻征战之名，有赖拥为之□。"[①]可知，初期的曹氏归义军，实际上形成了以曹氏家族为中心，各大家族联合统治瓜、沙的政治格局。

---

① 郑炳林《敦煌碑铭赞辑释》，第426页；《英藏敦煌文献（汉文佛经以外部分）》第2卷，第253页。

第二节　曹议金第一夫人辨析

曹议金有三位夫人，莫高窟第98窟中曹议金三位夫人的题名分别为“敕授汧国公主是北方大回鹘圣天可□（汗）……”“郡君太夫人□（故）钜鹿索氏”“郡君太夫人广平宋氏”[①]。第100窟甬道北壁第一身供养人像题记为“圣天可汗的子陇西李氏一心供养”[②]，对面南壁第一身供养人像即曹议金，说明甘州回鹘天公主政治地位很高。此点在文献中也有体现，P.3781《河西节度使尚书曹议金修大窟功德记》记载：“伏用庄严，我河西节度使尚书贵位……天公主宝朗，常荣松柏之贞。”[③]S.1137《道场发愿文》记载：“尚书应灵，延长宝祚……公主吉庆，无闻怨切之音。”[④]P.3800V《愿文》记载：“伏用庄严，我尚书贵位，伏愿五岳同寿……次用庄严天公主贵位。”[⑤]从文书中天公主的排名可

① 敦煌研究院编《敦煌莫高窟供养人题记》，第32页。

② 敦煌研究院编《敦煌莫高窟供养人题记》，第49页。

③《法国国家图书馆藏敦煌西域文献》第28册，第38页；郑炳林、郑怡楠《敦煌碑铭赞辑释（增订本）》，第1246—1247页。

④《英藏敦煌文献（汉文佛经以外部分）》第2卷，第235页。

⑤《法国国家图书馆藏敦煌西域文献》第28册，第90页。

知，天公主的地位很高，仅次于归义军节度使。曹议金的甘州回鹘夫人在敦煌文献中常被称为“天公主”，是遵循回鹘的习俗，《新五代史·四夷附录三》“回鹘”条记载：“其可汗常楼居，妻号天公主。”[1]这位甘州回鹘天公主的父亲到底是谁，学界尚有不同观点。苏北海、周美娟、孙修身、朱悦梅、杨富学认为当是英义可汗仁美[2]。土肥义和考890—904年间有一位天睦可汗，见于唐末杨钜《翰林学士院旧规》以及敦煌S.8444文书记载；荣新江、赤木崇敏、冯培红亦认为回鹘天公主的父亲是唐末受到册

图1-12 榆林窟第16窟甬道曹议金及其回鹘夫人供养像

① 《新五代史》卷七四《四夷附录三》“回鹘”条，北京：中华书局，1974年，第916页。

② 苏北海、周美娟《甘州回鹘世系考辩》，《敦煌学辑刊》1987年第2期，第71—73、78页；孙修身《试论瓜沙曹氏与甘州回鹘之关系》，段文杰等编《敦煌学国际研讨会文集·石窟史地、语文编》，第99—100页；朱悦梅、杨富学《甘州回鹘史》，北京：中国社会科学出版社，2013年，第167—169页；杨富学《回鹘与敦煌》，第206页。

封的天睦可汗[①]。

甘州回鹘天公主嫁到敦煌，对改善曹氏归义军与甘州回鹘之间的关系有很大的促进作用，这场政治联姻客观上给曹议金在敦

---

① 甘州回鹘可汗仁美见于正史记载，《旧五代史》卷一三八《外国传二》“回鹘”条载：“同光二年四月，其本国权知可汗仁美遣都督……来贡方物，并献善马九匹。庄宗召对于文明殿，乃命司农卿郑绩、将作少监何延嗣持节册仁美为英义可汗。至其年十一月，仁美卒。”北京：中华书局，1976年，第1842页。可知仁美可汗在位时间在924年以前。P.3931文书记载：“自后回鹘语唐朝代为亲眷，贡输不绝，恩命交驰。一从多事已来，道途榛梗。去光化年初，先帝远颁册礼及恩赐无限信币，兼许续降公主，不替懿亲。”可知光化年间（898—901）甘州回鹘还有一位可汗。S.8444《唐昭宗某年内文思院为甘州回鹘贡品回赐会计历》中提及天睦可汗，该文书年代在889年。又杨钜《翰林学士院旧规》载：“回鹘天睦可汗书头云，皇帝舅敬问回鹘天睦可汗外甥。”该作品写于894—904年之间。敦煌藏文文献P.t.1082《登里埃部可汗回文》中的可汗亦为汉文文献中的天睦可汗。中和四年（884）的S.389《肃州防戍状》中提到回鹘王、可汗，此应为甘州回鹘的第一位可汗，这位可汗是否就是天睦可汗，尚难确定。不过，甘州回鹘立国于乾宁元年（894）以后，天睦可汗应为甘州回鹘政权建立后的首位可汗。甘州回鹘政权建立后，稳步发展，打败西汉金山国，应与天睦可汗的统治有关。相关研究参见以下论著：（日）土肥义和《敦煌発見唐·回鶻間交易関係漢文文書断簡考》，栗原益男先生古稀记念论集编集委员会编《中国古代の法と社会　栗原益男先生古稀記念論集》，东京：汲古书院，1988年，第406、418页；刘芳译文载《西北民族研究》1989年第2期，第196—203页；荣新江《甘州回鹘与曹氏归义军》，《西北民族研究》1993年第2期，第61—62页；荣新江《甘州回鹘成立史论》，《历史研究》1993年第5期，第32—39页；陆庆夫《甘州回鹘可汗世次辨析》，《敦煌学辑刊》1995年第2期，第31—40页；黄盛璋《汉于阗吐蕃文献所见“龙家”考》，郑炳林、樊锦诗、杨富学主编《丝绸之路民族古文字与文化学术讨论会文集》，西安：三秦出版社，2007年，第248页；（日）Akagi Takatoshi（赤木崇敏），“The Genealogy of the Military Commanders of the Guiyijun from Cao Family”, *Dunhuang Studies: Prospects and Problems for the Coming Second Century of Research* (ed. by Irina Popova and Liu Yi), pp.8—13；冯培红《敦煌的归义军时代》，第312页。

煌的统治提供了重要的政治保障，因此甘州回鹘天公主的地位很高。学者们通常认为，甘州回鹘天公主一直以曹议金第一夫人的身份出现。但是，通过对敦煌文献的考察，笔者发现在曹议金称“太保”时期，有一位“国太夫人”排在了天公主之前，学界对此讨论不多。下文即对“国太夫人”的身份及相关问题做一考察。

一、S.5957、S.663文书中的“国太夫人”为索氏夫人

甘州回鹘天公主在曹氏归义军初期的地位很高，既然如此，谁又能够在敦煌文书中排在回鹘天公主之前呢？笔者认为是曹议金的索氏夫人。曹氏归义军政权之所以能够取代张承奉的西汉金山国，外部与甘州回鹘的联姻固然重要，但最根本的因素是曹氏家族在敦煌地区长期的经营。曹议金与索氏、宋氏联姻是其执政敦煌的根基[①]。由于曹议金索氏夫人去世较早，敦煌文书中关于索氏夫人的记载很少，但也并非完全没有。S.5957文书中提到的“国太夫人”，我们认为应该就是索氏夫人。S.5957文书，册页装，内容为《文样》，包括愿文、二月八日文、启请文、开经文等[②]。记载索氏夫人的相关内容如下：

> 北方圣天公主居闺，助治安跪（危）。寿等贞松，桃李芳颜不变。广平夫人宋氏入阁，忠谏弘舒，月桂仙娥，劫石长存，保美中承。郎君兄弟忠孝，艺备三明。小娘姉妹花蘂婉顺，善贞四德。诸宅至亲眷属，山岳固而恒荣。内外沐荫宗枝，江海涌而不竭。亦愿先亡幽魂尊重承莲，早

① 杜海《曹议金权力枝系考》，《敦煌学辑刊》2014年第2期，第10—21页。
② 《英藏敦煌文献（汉文佛经以外部分）》第9卷，第233—234页。

座玄宫。近故国太夫人福感，速登佛果。[①]

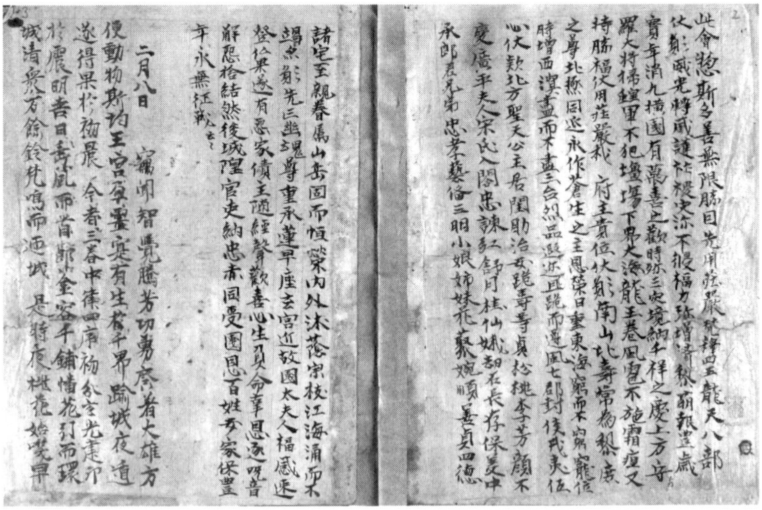

图1-13 S.5957文书

文书中出现“北方圣天公主”和“广平夫人宋氏”[②]，即曹议金的两位夫人，“近故国太夫人”只能是曹议金已经去世的夫人索氏[③]。S.5957文书中第二篇《二月八日文》中有“河西节度使尚书”称号，最后一篇发愿文出现“太保”称号，说明这篇文书的年代应该在曹议金称“尚书”“太保”期间。此外，S.663文书中也出现了“国太夫人”的记载：

---

① 黄征、吴伟《敦煌愿文集》，第590页。

② “北方圣天公主”即甘州回鹘天公主，“广平夫人宋氏”的生平可参P.4638《曹大王夫人宋氏邈真赞并序》。

③ 莫高窟第98窟中曹议金三位夫人的题名分别为“敕授汧国公主是北方大回鹘圣天可□（汗）……”“郡君太夫人□（故）钜鹿索氏”“郡君太夫人广平宋氏”。参见敦煌研究院编《敦煌莫高窟供养人题记》，第32页。

> 又持是福，伏用庄严，我太保贵位，伏愿福如海岳，承虎节而延祥。禄及江淮，治河西而世代。国太吉庆，比日月而渐圆。公主、夫人恒昌，保芳颜而永洁。刺史、尚书等固受（寿），愿接踵而绍隆。诸小娘子延长寿，贞兰而皎皎。①

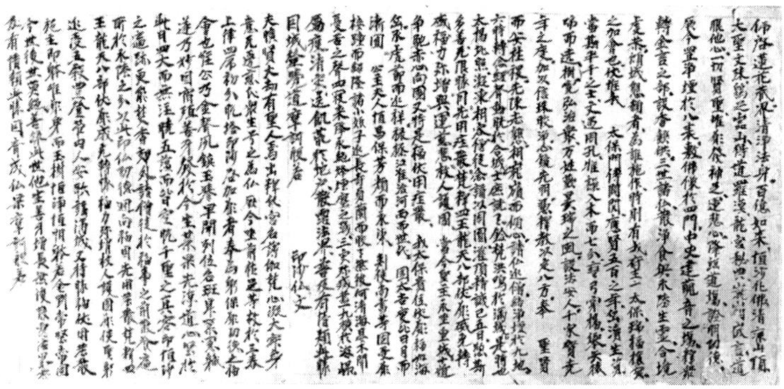

图1-14 S.663文书

“国太”在这篇文书中再次出现，文书中还有“太保”“公主”“夫人”“刺史”“尚书”等称号，“公主”应即回鹘天公主，“夫人”为宋氏夫人。可知该文书时代是曹议金称“太保”时期，“国太”的排位在“公主”之前，表明其在敦煌备受尊宠。综合S.5957、S.663文书中“国太夫人”索氏的记载，我们认为，曹议金称“太保”时期，“国太夫人”索氏比“天公主”的地位高，索氏夫人在曹议金称“太保”时期去世。关于曹议金称“太保”的年代，荣新江研究认为，同光三年（925）曹议金已经开始称“太保”，“太保”称号使用时间不晚于928年②。又据S.5957文书中“近故国太夫人”的记载，可知索氏夫人去世的时

① 郝春文等《英藏敦煌社会历史文献释录》第3卷，第466页；《英藏敦煌文献（汉文佛经以外部分）》第2卷，第112页。

② 荣新江《归义军史研究——唐宋时代敦煌历史考索》，第100—103页。

间应该在925—928年之间。

索氏夫人被称为“国太夫人”，在石窟题记中也有体现。莫高窟98窟题记“郡君太夫人钜鹿□索氏一心供养”，缺字被释作“故”[①]，莫高窟108窟主室东壁门南侧供养人像列北向第二身题名：“□君□夫人钜鹿郡索氏一心供养。”同列第三身题名：“□君太夫人广平郡宋氏一心供养。”[②]此处索夫人的题名可补作“郡君太夫人钜鹿郡索氏一心供养”。“国太夫人”指称索氏的意义不止于此一称谓，更让我们重新思考索氏夫人、甘州回鹘天公主在曹议金时期的地位变迁及其背后的政治意涵。

二、“国太夫人”索氏是曹元德生母

“国太夫人”索氏是最早嫁给曹议金的夫人。以往研究对曹议金的几位夫人多有涉及，但观点不尽相同。姜亮夫认为曹元德为天公主生子，索氏夫人生子为曹元深[③]。王尧、陈践认为“曹议金四妻：长妻张氏，子元瑞早亡；次妻为回鹘夫人李氏，生子元德；次为索氏，生子元深；次为宋氏，生子元忠”[④]。马德认为元德、元深均为议金之结发妻子索氏夫人所生，曹议金执掌归义军政权时，索氏可能已经下世[⑤]。赤木崇敏认为继承曹议金节度使之位的曹元德及其后的节度使曹元深都是天公主的儿子[⑥]。

---

① 敦煌研究院编《敦煌莫高窟供养人题记》，第32页。

② 敦煌研究院编《敦煌莫高窟供养人题记》，第61页。

③ 姜亮夫《瓜沙曹氏世谱》，第105—106页。

④ 王尧、陈践《归义军曹氏与于阗之关系补证——P.t.1284号吐蕃文书译释》，《西北史地》1987年第2期，第62页。

⑤ 马德《尚书曹仁贵史事钩沉》，《敦煌学辑刊》1998年第2期，第10—17页。

⑥（日）Akagi Takatoshi（赤木崇敏），“The Genealogy of the Military Commanders of the Guiyijun from Cao Family”，*Dunhuang Studies: Prospects and Problems for the Coming Second Century of Research*（ed. by Irina Popova and Liu Yi）,p.9.

几位学者未就此问题做充分的论证。而冯培红提出了具体的依据，在莫高窟61窟中，曹元忠称天公主“故母”，称宋氏夫人为“故慈母”，因此曹元忠可以确定为宋氏夫人的生子；曹元德、曹元深称天公主为“国母天公主”，可能为回鹘天公主所生[①]。学界对于曹元忠生母为宋氏夫人这一看法没有太大争议，笔者亦表示赞同，但曹元德、曹元深生母为天公主这一观点，则有待进一步考量。首先，在曹议金去世后、甘州回鹘天公主去世前，天公主一直被称为“国母公主”，不仅曹元德、曹元深时期如此，曹元忠也如此称呼。据荣新江研究，P.2178《破魔变文》末尾的诗句以曹元忠口气书写，称天公主为“国母圣天公主”[②]。因此“国母”只是一种称号，并不能作为其他依据。其次，曹议金时期，由于“尚书某官”（“尚书”为天公主儿子）与曹元德之间的矛盾，天公主的数位儿子同时遇害[③]，被害者包括年幼的诸郎君，可知加害者针对的不仅是“尚书”一人，而是包括回鹘天公主及其所生诸子这一势力集团。

笔者认为索氏夫人、宋氏夫人在曹议金担任归义军节度使以前应该就已经嫁给曹议金，且正是因为曹氏家族的姻亲关系，才使得曹议金能够较顺利地接替张承奉执掌敦煌政权[④]。甘州回鹘

---

① 冯培红《敦煌的归义军时代》，第312—314页。在此基础上，盖佳择、杨富学亦根据“国母（圣）天公主”的记载，认为曹元德是天公主生子，同时认为曹元德是宋氏夫人生子的可能也并非没有凭据，但两种主张都无确凿证据；不知为何没有提及S.663号文书的相关记载。参见盖佳择、杨富学《归义军史上三起人伦悲剧疑云剖析》，敦煌市博物馆编《第三届丝绸之路与敦煌历史文化学术研讨会论文集》，沈阳：万卷出版公司，2021年，第73—83页。

② 荣新江《归义军史研究——唐宋时代敦煌历史考索》，第114页。

③ 郑炳林、杜海《曹议金节度使位继承权之争——以“国太夫人”、“尚书”称号为中心》，《敦煌学辑刊》2014年第4期，第6页。

④ 杜海《曹议金权力枝系考》，《敦煌学辑刊》2014年第2期，第10—21页。

天公主嫁到敦煌的时间应该是在914—918年，或稍早一些[①]。甘州回鹘天公主之所以在石窟及文献中常位列于三位夫人之首，是基于其政治地位。通过深入分析相关文书还可以发现，继承节度使之位的曹元德应当不是甘州回鹘天公主所生。P.4638《曹大王夫人宋氏邈真赞并序》记载：

> 夫人者，即前河西陇右一十一州节度使曹大王之夫人也……辞天公主，嘱托偏照于孤遗。别男司空，何世再逢于玉眷。郎君躃踊，二州天地而苍黄。小娘子悲啼，百鸟同哀而助泣。厶等谨奉旨命，略述数言，驻笔念悲，乃为赞曰：广平鼎族，晢诞河湟。禀灵山岳，降下遐方。年当丱岁，淑德恒彰。豪宗求娉，出事侯王。母仪婉顺，妇礼寻常。冰姿皎洁，桃李争芳。操越秋妇，德亚恭姜。谋孙育子，训习忠良。方保受荫，岳石延长。何兮祸逼，卞璧沉湘。辞天公主，偏照孤孀。执司空之手，永别威光。郎君躃踊，寸断肝肠。小娘子叫切，此世难望。[②]

《赞》文中称曹议金为“前河西陇右一十一州节度使曹大王”，说明此时曹议金已经去世。据学者研究，曹议金的去世时间在

① 荣新江指出曹议金与甘州回鹘天公主结亲在918年以前，参见荣新江《归义军史研究——唐宋时代敦煌历史考索》，第310—311页。冯培红虽然没有明确说曹议金与甘州回鹘联姻是在914年以后，但从其叙述来看应持是观点：“914年秋，曹议金上台，重建归义军，他颇有策略地采取了与甘州回鹘联姻的政策”，参见冯培红《敦煌的归义军时代》，第310页。笔者认为可能在911—914年，曹议金已经与甘州回鹘天公主结亲，参见杜海《曹议金权力枝系考》，《敦煌学辑刊》2014年第2期，第14页。

② 郑炳林、郑怡楠《敦煌碑铭赞辑释（增订本）》，第596—597页。

935年[①]。文书称“辞天公主”，说明此时天公主还健在，而天公主去世的时间可能在天福八年（943）末[②]。那么该文书的写作时间在曹议金去世之后天公主去世之前，约在935—943年间。文书记载了宋氏夫人去世前夕的情形，那么宋氏夫人去世的时间也可以限定在935—943年之间，在这期间，称“司空”者只有曹元德（935—938）、曹元深（940—941）[③]。荣新江、郑炳林认为“司空”称号是指曹元德[④]。冯培红在推断曹元忠是宋氏夫人儿子的基础上，进一步指出P.4638文书中宋氏夫人是和其生子曹元忠辞别[⑤]。那么，该文书中的“司空”到底是指曹元德、曹元深、曹元忠之中的哪一位呢？检索曹元德任节度使时期的相关文书，可以发现宋氏夫人在曹元德执掌归义军时期已经去世。如S.4245文书为曹元德时期的《造窟功德记》[⑥]，出现的人物称号有“司空”“故父大王”“国母圣天公主”等，没有宋氏夫人。

---

① 荣新江《归义军史研究——唐宋时代敦煌历史考索》，第104页。

② 徐晓丽认为记载国母天公主生前最晚的文书是P.2178《破魔变文》，参见徐晓丽《敦煌石窟所见天公主考辨》（《敦煌学辑刊》2002年第2期，第76—85页）一文注释④。据荣新江研究，P.2178写作时间约在天福八年（943）末，参见荣新江《归义军史研究——唐宋时代敦煌历史考索》，第113—114页。

③ 荣新江考证曹元德935年后称“司空”，曹元深940—941年称“司空”，参见荣新江《归义军史研究——唐宋时代敦煌历史考索》，第107—113页。笔者认为最迟在939年以后，曹元德可能进称“司徒”，参见杜海《曹元德称“司徒”考》，《敦煌研究》2015年第4期，第50—54页。

④ 荣新江《归义军史研究——唐宋时代敦煌历史考索》，第108页。郑炳林《敦煌碑铭赞辑释》，第228页。

⑤ 冯培红指出，“宋氏去世以后，李氏受嘱托照顾其遗孤曹元忠”，参见冯培红《敦煌的归义军时代》，第314页。

⑥ 荣新江《归义军史研究——唐宋时代敦煌历史考索》，第109页。马德《敦煌莫高窟史研究》，第128页。

图1-15 莫高窟第98窟东壁北侧曹议金夫人李氏、索氏供养像

P.3550《都押衙镌大龛功德记》也是曹元德时期的文书[①]，文中出现“司空”“国母天公主”“刺史”，亦未提及宋氏夫人。可证宋氏夫人在曹元德称“司空”时期已经去世，那么P.4638文书中的“司空”不可能是曹元深、曹元忠，只能指曹元德。据文书可知，宋氏夫人去世之前曾经托孤于回鹘天公主，《赞》文中的“孤遗”“孤孀”应具体指后文出现的“司空”“郎君”“小娘子”，“司空”被称为“孤遗”，而此时天公主仍然在世，说明“司空”应该不是天公主亲生的儿子。而宋氏夫人生子可以确知为曹元忠，因此“司空”很有可能是“国太夫人”索氏所生。也就是说，“司空”曹元德不是天公主或宋氏夫人所生，而是索氏夫人生子。

综合以上研究，可知S.5957、S.663文书中的“国太夫人”即曹议金夫人索氏，索夫人最早嫁给曹议金，S.663文书中的“刺史”是曹元德；P.4638中“司空”是指曹元德，曹元德应该非天公主生子，而是“国太夫人”索氏所生。下一节笔者即考证甘州

① 马德《敦煌莫高窟史研究》，第129页；俄玉楠、郑怡楠《敦煌写本P.3550〈都押衙镌大龛功德记〉考释》，《敦煌学辑刊》2013年第4期，第27—35页。

回鹘天公主生子“尚书”等在一次政治斗争中全部遇害。如果能够确定曹元德不是甘州回鹘天公主生子，则可以确定曹元德为“国太夫人”索氏所生。

至此，我们可以梳理出曹议金时期第一夫人的情况，曹议金执政伊始，甘州回鹘天公主以曹议金第一夫人的身份出现在各种场合，但是之后有一段时间出现了异常的情况，即约在曹议金称“太保”时期，“国太夫人”索氏成为曹议金的第一夫人。笔者认为这种情况的出现应该与曹议金时期归义军政权内部的政治斗争有关，甘州回鹘天公主派系势力的不断发展，威胁到了曹氏家族在敦煌地区的统治。为了制约回鹘天公主一系的势力，曹议金以曹元德为沙州刺史、封曹元德生母索氏夫人为“国太夫人”，并以她取代甘州回鹘天公主第一夫人的位置。虽然“国太夫人”索氏很快就去世了，但是索氏夫人的儿子曹元德在曹议金的扶持下成为归义军节度使的接班人。索氏夫人去世以后，甘州回鹘天公主仍以第一夫人的身份出现在文书中。

第三节　曹议金节度使位继承权之争

914年前后，曹议金迎娶甘州回鹘可汗之女，贞明二年（916）曹议金在甘州回鹘的许可下遣使中原[①]，甘州回鹘天公主在曹氏归义军前期政治地位很高。既然曹元德的生母是“国太夫人”索氏，不是回鹘天公主，那么敦煌文献中关于甘州回鹘天公主的儿子有没有记载呢？马德指出，在S.6417文书中，被追念者包括天公主的儿子“尚书”及诸郎君[②]。检索资料，笔者发现此说颇有道理。马德认为“尚书”是曹议金的儿子曹仁贵，此观点固然不能成立，但是他对天公主的儿子“尚书”的考察值得重视。天公主亲生子“尚书”的地位与曹氏归义军前期的政治形势密切相关。笔者认为，“尚书”是曹议金与天公主所生的儿子，

---

① 甘州回鹘让曹议金遣使入朝，很可能因为曹议金娶了甘州回鹘可汗之女，重新确立了与甘州回鹘可汗的“父子”关系，参见荣新江《归义军史研究——唐宋时代敦煌历史考索》，第310—311页。杨富学、路虹亦认为曹议金与回鹘公主的和亲时间在914—916年之间的可能性较大，参见杨富学、路虹《甘州回鹘天公主再考》，《石河子大学学报》（哲学社会科学版）2019年第2期，第93—94页。

② 马德《尚书曹仁贵史事钩沉》，《敦煌学辑刊》1998年第2期，第13—14页。

且在天公主的扶持下，这位“尚书”亦觊觎归义军节度使之位。

一、天公主生子“尚书”

笔者通过检索敦煌文书中的相关资料，发现在文书记载中，天公主儿子“尚书”多次出现，且他的地位一直很高。S.6417《国母天公主奉为故男尚书诸郎君百日追念文》记载：

> 时则有我国母天公主奉为故男尚书诸郎君百日追念之福会也。伏惟故尚书，天资直气，岳降英灵，怀济物之深仁，蕴调元之盛业。故得分符千里，建节百城……致使国母悲深丧目，庭亏问礼之踪。痛切肝肠，尝绝献甘之迹。空遣书剑，有苗不实芳兰。更想形仪，泣断趋庭之诲。①

从文书中可以明确知道，“尚书”是国母天公主的儿子，国母天公主因为“尚书”的去世“悲深丧目，庭亏问礼之踪。痛切肝肠，尝绝献甘之迹”，可知，丧子之痛对国母天公主精神上的伤害难以弥补，以至患上眼疾、食不甘味。据文书内容可知，这位已故的尚书曾经“分符千里，建节百城”，说明尚书可能曾经担任较高的职务，虽然不一定是实职，但其地位一定很高。敦煌文书中，甘州回鹘天公主生子身份比较明确的还有P.2850《厶官燃灯祈愿文》，其文曰：

> 时则有坐前持炉厶官，先奉为龙天八部，拥护流沙。梵释四王，保持玉塞。中天帝主，永镇仾那。莲府大王，遐延久载。亲征张掖，统鸿军以静东羌。讨伐狼徒，愿清平

---

①《英藏敦煌文献（汉文佛经以外部分）》第11卷，第58页。

而归西国。慈母公主永荫长春，小娘子、郎君中外康吉，诸福会也。伏惟厶官天资正气，神授韬志（钤），仰玄门虑城为与钳。怀所（佐）国之宏规，韫安边之上略。加以情归文教，侵人思郡，为月厄之患。遂乃延凡请圣，结胜坛于中庭。唱佛转经，邀尊容于内阁。真言罢启，宝偈收还。散食清斋，福陈资国。是日也，霜秋弃迹，黄叶离枝。建福坛而会兴祯［□］，去灾非奔驰于异域。总斯善者，先用庄严，奉为龙天八部，伏愿加威神力，晏陇道一方之（之一方）。善深冥状，引鸿军却归西塞。大王保寿，共天地而俱存。上下康宁，尽贺欢呼之契庆。公母夫人清泰，转甲子以延龄。小娘子桂叶芬芳，守宫闱而大宠。坐前郎君昆［季］，竭忠赤佐明王……时则有坐前厶官，先奉为龙天八部、护国护人……刀兵罢散，四海［通］还。疾疫不侵，欃枪永灭。又愿我大王宝位，以（与）五岳齐高。夫人、郎君等春松而竞答（茂）。亦愿厶官合家福延万叶，诸福会也。惟厶官乃天生英俊，异性标奇。文武双全，忠孝兼备。[①]

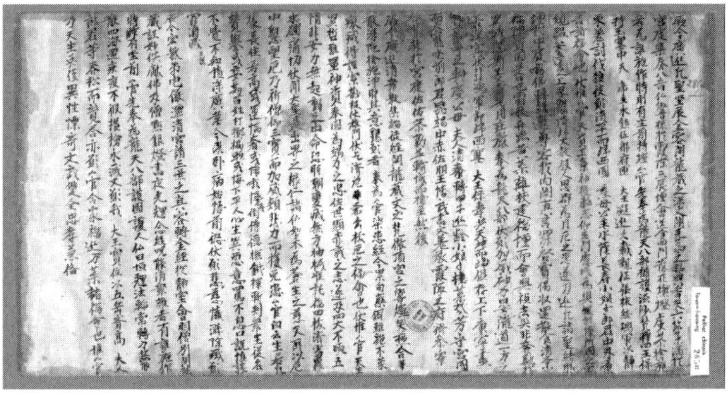

图1-16 P.2850《厶官燃灯祈愿文》

① 黄征、吴伟《敦煌愿文集》，第279—280页。

文中“莲府大王”“亲征张掖”等内容，即曹议金率军至甘州回鹘之史实①。文末在为“大王”曹议金、夫人、郎君发愿后言“亦愿厶官合家福延万叶诸福会也”，知“厶官”是节度使家庭的成员。“厶官”称国母天公主为“慈母公主”，可以推知“厶官”的生母有可能是天公主。且文书前部提到的称号有“大王”“慈母公主”，文末亦只提到“大王”“夫人”（“夫人”排在曹议金后，即指天公主夫人），全篇未言及其他夫人。说明这里的“厶官”应即天公主生子。

关于“慈母”的问题，前述曹元忠亦称其生母为“慈母”，见于莫高窟第61窟中。该窟中，曹元忠称回鹘天公主“故母北方大回鹘国圣天的子敕授秦国天公主陇西李……”②，称索夫人“故母钜鹿郡君夫人索氏一心供养”③，称其母宋氏“故慈母敕受广平郡太夫人宋氏一心供养”④，可见宋氏夫人被曹元忠称为“故慈母”，区别于回鹘天公主、索氏夫人的“故母”，说明曹元忠与宋氏夫人感情深厚，曹元忠当为宋氏所生。

这一点，与《唐律疏议》中的记载不符，《唐律疏议》卷六《名例律》载：“其嫡、继、慈母，若养者，与亲同。【疏】议曰：嫡谓嫡母，左传注云：‘元妃，始嫡夫人，庶子于之称嫡。’继母者，谓嫡母或亡或出，父再娶者为继母。慈母者，依

---

① 根据P.2992V《曹议金致顺化可汗状》记载：“自去年兄大王当便亲到甘州，所有社稷久远之事，共弟天子面对商议。”说明930年曹议金曾亲赴甘州，P.2850文书或与曹议金此次行动有关。但是根据目前研究，930年曹议金称号或仍为令公。（荣新江《归义军史研究——唐宋时代敦煌历史考索》，第103页）但P.2850文书称曹议金为“大王”，或说明930年以后，曹议金或亦有出征甘州回鹘之行动。

② 敦煌研究院编《敦煌莫高窟供养人题记》，第21页。

③ 敦煌研究院编《敦煌莫高窟供养人题记》，第22页。

④ 敦煌研究院编《敦煌莫高窟供养人题记》，第21页。

礼：‘妾之无子者，妾子之无母者，父命为母子，是名慈母。’非父命者，依礼服小功，不同亲母。‘若养者’，谓无儿，养同宗之子者。慈母以上，但论母；若养者，即并通父。故加‘若’字以别之，并与亲同。”也就是说，根据《唐律疏议》的记载，称“慈母”者，应该只是名义上的母子关系。但是，“慈母”出现在唐代及其以后的文学作品中时，已经逐渐不再符合《唐律疏议》的规定。这种趋势，在敦煌地区尤其明显。敦煌本《王梵志诗》有“子细审三思，慈母莫生我”[①]，“遣儿我受苦，慈母不须生”[②]。敦煌文书、石窟题记中，“慈母”应即亲生母亲。

又据S.6417《国母天公主奉为故男尚书诸郎君百日追念文》中提到天公主的儿子有“尚书”“长史”“司马”等，其中“尚书”的地位与P.2850文书中天公主儿子“厶官”的地位相符，S.6417中称“尚书”“分符千里，建节百城”，P.2850中称“厶官”“怀所（佐）国之宏规，韫安边之上略”。所以P.2850文书中的“厶官”与S.6417中的天公主生子“尚书”很可能是同一人，都是甘州回鹘天公主的亲生子“尚书”。

S.6417《国母天公主奉为故男尚书诸郎君百日追念文》与P.2850《厶官燃灯祈愿文》两篇文书告诉我们，曹议金时期天公主生子“尚书”地位很高，下面我们即尝试对曹议金时期记载这位“尚书”的文书做一全面搜罗。S.663《某官佛事斋文》云：

> 又持是福，伏用庄严，我太保贵位，伏愿福如海岳，承虎节而延祥；禄及江淮，治河西而世代。国太吉庆，比日

① [唐] 王梵志撰，项楚校注《王梵志诗校注》，上海：上海古籍出版社，1991年，第115页。

② [唐] 王梵志撰，项楚校注《王梵志诗校注》，第115页。

> 月而渐园（圆）。公主、夫人恒昌，保芳颜而永洁。刺史、尚书等固受（寿），愿接踵而绍隆。诸小娘子延长，寿贞兰而皎皎。①

这篇文书是曹议金称“太保”时期的文书，即925—928年。文书中的“刺史”列在曹议金、公主、夫人之后，很可能是曹元德，他在执掌归义军节度使之位以前担任沙州刺史②。文书中“尚书”排列在“刺史”之后，地位次于节度使曹议金和刺史曹元德③，应指天公主的儿子。值得注意的是，在曹议金称“令公”时期，“尚书”的地位进一步提高。P.2058文书云：

> 又持胜福，次用庄严，河西节度使令公贵位，伏愿敷弘至道，济育苍生。宝位以（与）乾像而不倾，遐寿共坤仪而不易。又持胜福，次用庄严，常（尚）书郎君贵位，伏愿金柯益茂，玉叶常荣。磐石增高，维城作固。天公主助治，以（与）秋月而长圆。夫人应祥，保闺颜而永泰。④

这篇文书的时代在曹议金称“令公”时期，即928—931年。其中

① 《英藏敦煌文献（汉文佛经以外部分）》第2卷，第112页。

② 马德认为“刺史”指曹元德、曹元深，参见马德《尚书曹仁贵史事钩沉》，《敦煌学辑刊》1998年第2期，第12页。曹元深是在曹元德执政晚年任沙州刺史，参见荣新江《归义军史研究——唐宋时代敦煌历史考索》，第110页。此处“刺史”可能指沙州刺史曹元德。在P.6006文书中，曹元德被称为“刺史司空”。

③ 有两种可能性：1.将“刺史尚书”视作一人，“刺史尚书”可能指称曹元德；2.根据此句意思，校作“刺史、尚书等固受（寿）”，“刺史”指曹元德，“尚书”指甘州回鹘天公主生子，我们倾向于此种可能。

④ 黄征、吴伟《敦煌愿文集》，第338—339页。

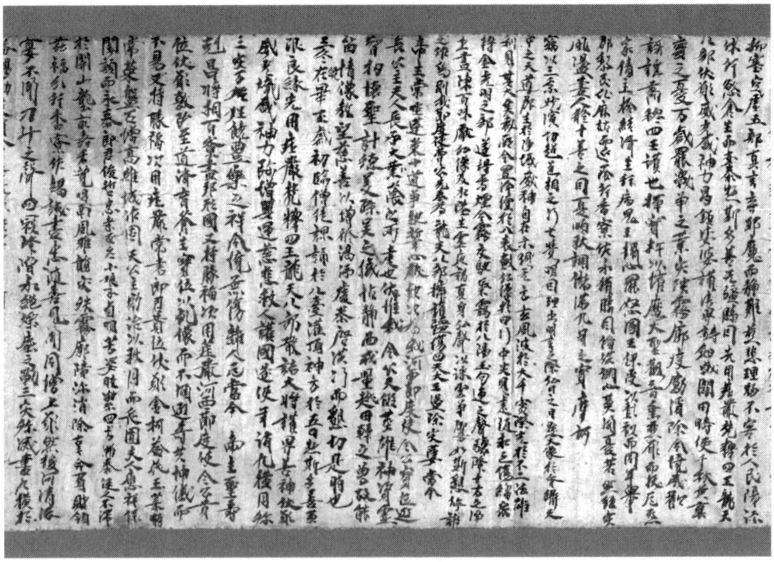

图1-17 P.2058

"尚书"列于"令公"曹议金之后、天公主之前，同时文书又云"天公主助治"，可推测天公主对"尚书"寄予厚望，试图扶持其子，以期在节度使位继承权的争夺中占据优势。至曹议金称"大王"时期，"尚书"地位依然很高。S.1181文书记载：

> 大王保位，宠禄日新。等五岳而齐高，比劫□□不替。天公主永泰，并桃李而芬芳。夫人乂安，以春花而恒茂。□□尚书俊舆（异?），□□武之全才。诸幼郎君，负忠孝而许国。小娘子姊妹，承妙治而居闺。合宅枝罗，保欢颜而纳庆。

尾题载有"长兴二年"。又S.1181V载：

> 次用庄严，我河西节度使大王贵位。伏愿南山比寿，

北极标尊。长为菩萨之人王，永应如来之付嘱。又持胜福，次用庄严，我河西都僧统和尚贵位。伏愿敷扬政述，镇遏玄门。色力坚于丘山，惠命延于遐□。又持胜福，次用庄严，指挥尚书贵位。伏愿金柯永茂，玉叶时芳。磐石增薰，维城作镇……大众虔诚，一切普颂。□□□□僧官道真念记。①

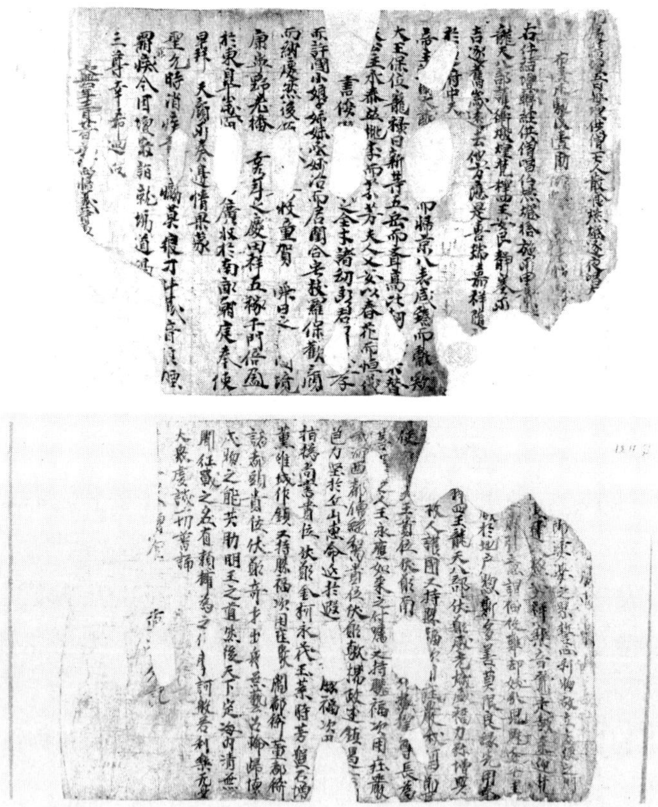

图1-18 S.1181正、背面

① 《英藏敦煌文献（汉文佛经以外部分）》第2卷，第253页。

据S.1181文书正面“大王”“天公主”的称号以及尾题“长兴二年”，可知该文书是曹议金称“大王”时期的文书，抄写时间即在长兴二年（931）。S.1181V出现“大王”称号，末尾题记中有“道真 念记”，“道真”还见于北图329及敦煌研究院藏345号《长兴五年（934）三界寺比丘道真藏经目录》[1]，可知S.1181正反两面抄写时代相近。郑炳林《敦煌碑铭赞辑释》认为该卷正、背面为同一时代[2]。因此文书正面的“□□尚书”和背面的“指挥尚书”应是同一人。“尚书”此时任职指挥使，官职低于曹元德[3]，但根据该文书中“尚书”的排名，可以看出“尚书”俨然位列曹议金之后。通过S.663、P.2058、S.1181文书中一系列关于“尚书”的记载[4]，可以推测这些文书中的“尚书”应是甘州回

① 道真前期的活动主要是主持三界寺经藏的收藏与编目工作，参郑炳林《敦煌碑铭赞辑释》，第517页。

② 郑炳林《敦煌碑铭赞辑释》，第425—426页。

③ 曹议金称“大王”时，曹元德为刺史，文书中还称元德为“节度副使”，参文书P.6006、P.4976。

④ 曹议金称“大王”之初，同时使用“尚书”称号的可能有两个人，即曹议金兄曹仁裕、天公主生子“尚书”。荣新江认为，S.1181文书中的“指挥尚书”应是曹议金兄长曹仁裕，因为据P.4638《曹良才邈真赞并序》记载，曹仁裕曾任都指挥使。参见荣新江《归义军史研究——唐宋时代敦煌历史考索》，第236页。P.2049V《后唐长兴二年（931）正月沙州净土寺直岁愿达牒》中记载“麦一，送令公东行时回迎尚书日诸老宿买胡饼用”；“粟三，送路令公及回迎尚书等用”。王使臻认为，其中的“令公”指曹议金，“尚书”指曹仁裕。王使臻《敦煌遗书中的唐宋尺牍研究》，兰州大学博士学位论文，2012年，第312页。不过，据P.2058文书中“尚书郎君”可知，曹议金称“令公”时期，“尚书郎君”较年幼，应为曹议金儿子。S.1181文书正面在“尚书”之后，紧接着又出现诸郎君，因此，这位尚书很可能是指曹议金的儿子，而非兄长。S.1181V中出现的“尚书”指称曹议金儿子的可能性较大；不过，“尚书”前加“指挥”二字，是否有可能专门与“尚书郎君”区别开来，也有待考证。又据S.5952V、P.2638等文书记载，曹仁裕在长兴三年（932）后就已经开始使

鹘天公主生子，在天公主的扶持下，他的地位一步步提高。但是，最终“尚书”没能继承节度使的位置。下面，我们就对继承曹议金节度使之位的曹元德做一研究。

二、节度使位继承者“司空”曹元德

曹元德继位时使用“司空”称号，荣新江对曹元德称“司空”的文书做过详细的搜罗①，认为曹元德长兴四年（933）就用节度副使检校“司空”，清泰二年（935）继任节度使后仍用此称谓，执政末年又由中央王朝诏赠“太保”②。然而，通过对敦煌文书的检索，可以发现在曹议金称“令公”时期（928—931），曹元德已称“司空”。比如P.3149《新岁年旬上首于四城角结坛文》记载：

> 时则有我河西节度使厶公先奉为龙天八部，护卫敦煌。梵释四王，镇安神境。次伏为某公己躬延寿，同五岳而齐崇。天公主、小娘子、郎君，比四溟而不竭，诸所作也。伏惟我令公神姿杰世，天纵英雄。圣武动而星流，龙笔捐而月落。故得安危济弱，河西效德政之功。易俗移风，鹁首建拓边之节……伏持胜福，司空云云。次用庄严，天公主贵位，伏愿宠颜日厚，门来纳庆之珍。重若瑚琏，永贵镇祥之璧。夫人恒茂，恋花萼之芬芳。郎君神聪，慕忠贞而

用更高级别的“仆射”称号（荣新江《归义军史研究——唐宋时代敦煌历史考索》，第236页），而曹议金称“大王”的时间在931年后了，因此“大王”“尚书”同时出现时，“尚书”指称曹仁裕的可能性不大。笔者更倾向于认为，即S.1181V、P.2049V等文书中的“尚书”皆指称天公主生子。

① 荣新江《归义军史研究——唐宋时代敦煌历史考索》，第107—109页。

② 荣新江《归义军史研究——唐宋时代敦煌历史考索》，第110页。

治物。小娘子婉顺，守雍礼而居闺。诸宅姻亲，转鸿恩而久室。①

该文书中出现“令公”“天公主”称号，可知文书中的河西节度使“厶公”，即“令公”曹议金，文书还出现了“司空”，该“司空”应即曹元德。此外，文书中还出现“夫人”“小娘子”“郎君”等，应为曹议金宋氏夫人以及曹议金子女。除此之外，还有相关记载见于文书P.3765V：

时则有我府主令公，先奉为龙天八部，护塞表而恒昌。梵释四王，雍赴龙沙而永泰。令公宝位，等劫石而齐坚。夫人花颜，比贞松而不变。司空等诸郎君昆季，常增磐石之荣。应小娘子以（与）内外金枝，恒辉争春之貌，之福会也。伏惟我府主令公，天资凤骨，地杰龙胎……又持胜

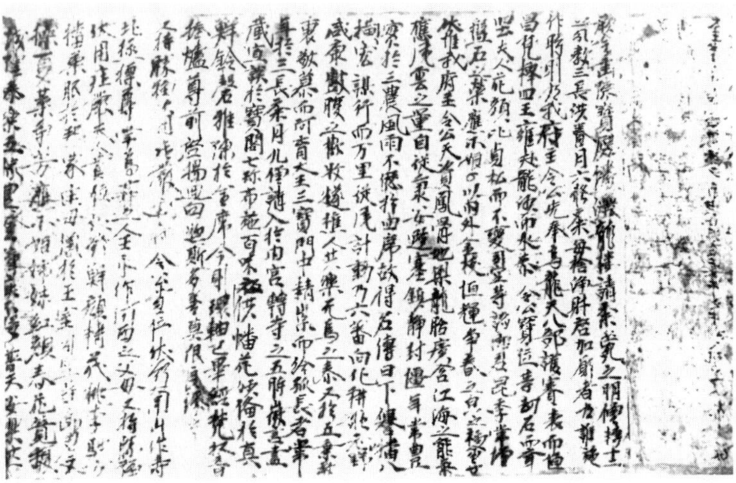

图1-19 P.3765V

① 《法国国家图书馆藏敦煌西域文献》第22册，第41—42页。

> 福，次用庄严，我府［主］令公贵位。伏愿南山作寿，北极标尊。常为菩萨之人王，永作河西之父母。又持胜福，伏用庄严，夫人贵位。伏愿鲜颜转茂，桃李驰芳。播柔服于邦家，匡母仪于王室。司空等郎君，文操夏叶争芳。应小娘姊妹，红颜春花竞馥。①

以及P.3567文书，其相关内容为：

> 令公宝位，等劫石而齐坚。夫人花颜，比贞松而不变。司空等诸郎君昆季，常增磐石之乐。应小娘子以（与）内外金枝，恒耀争春之貌，之福会也。伏惟我府主令公，天资凤骨，地杰龙胎……又持胜福，次用庄严，我府主令公贵位。伏愿南山作寿，北极标尊。常为菩萨之仁王，永作河西之父母。又持胜福，次用庄严，我国母夫人贵位，伏愿鲜颜转茂，桃李驰芳。播柔服于邦家，匡母仪于王室。司空等郎君，文採夏叶争芳。应小娘子姊妹，红颜春花竞馥。②

文书中出现的“令公”应指曹议金③，“司空”位列“令公”之后，应当指称曹元德。根据以上几则材料，曹元德使用“司空”

---

① 《法国国家图书馆藏敦煌西域文献》第27册，第340页。

② 《法国国家图书馆藏敦煌西域文献》第25册，第342页。

③ “令公”称号曹议金曾经使用；曹元忠、曹延禄时期也曾经使用。“国母夫人”称号指称的人物亦有两种可能：曹延禄时期，其夫人常常被称为“国母夫人”；曹议金、曹元德、曹元深时期，天公主也被称为“国母”（参S.3914、S.6417等文书）。不过，曹元忠、曹延禄时期的发愿文中，常常将瓜州刺史一同写入，P.3765V、P.3567文书的行文风格不符合曹元忠、曹延禄时期的特征。此处，我们倾向于将这两篇文书置于曹议金时期。虽然如此，P.3765V、P.3567两篇文书是否可以确定为曹议金时期，还需要更多资料才能说明。

称号的时代可以提前到曹议金称“令公”时期，即最晚在931年曹元德已经号称“司空”。

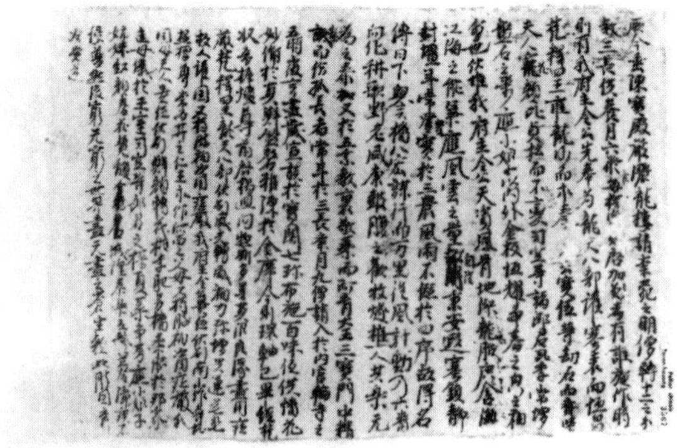

图1-20 P.3567

曹议金称“大王”时期，P.6006文书中曹元德被称为“刺史司空”：

> 伏惟我大王云云，故得威稜赫奕，疑兜率而初来……天公主、夫人恒泰，瞽播美于宫闱。小娘子姊妹欢颜，每宠同于金燧。刺史司空昆季，永继绍于河湟。①

P.2704《后唐长兴四年、五年（933、934）归义军节度使曹议金回向疏》中已经出现“司空助治”：

> 大王受宠，台星永曜而长春。功播日新，福寿共延于海岳。天公主抱喜，日陈忠直之谋。夫人陈欢，永阐高风之训。司空助治，绍倅职于龙沙。诸幼郎君，负良才而奉国。小娘子姊妹，恒保宠荣。②

① 《法国国家图书馆藏敦煌西域文献》第34册，第337页。
② 荣新江《归义军史研究——唐宋时代敦煌历史考索》，第104页。

图1-21 莫高窟第98窟甬道南壁曹议金父子供养像

P.4976《儿郎伟》称呼元德为“副使司空”：

> 伏承大王重福，河西道泰时康……天公主善心不绝，诸寺造佛衣裳……夫人心行平等，寿同劫石延长。副使司空忠孝，执笔七步成章。①

P.2704中的“司空助治”与前引P.2058文书中“天公主助治”形成鲜明的对比。P.2704、P.4976文书中的“司空助治”“副使司空”等语句说明此时曹元德已经成为曹议金选定的继承人。

通过以上论述，可知曹议金称“令公”时期，曹元德已经成为“司空”，级别比“尚书”高。但是前面记载“尚书”的一系列文书中，其排名仅次于节度使曹议金，且相关文书中只出现“尚书”而没有出现“司空”，因此“司空”与“尚书”的关系或存在不和谐的一面。

三、“司空”“尚书”之争

S.663文书中有“刺史、尚书等固受（寿）”一句，我们认为“刺史”“尚书”分别指曹元德以及甘州回鹘天公主生子“尚

① 荣新江《归义军史研究——唐宋时代敦煌历史考索》，第104页。

书”。但是有没有可能“刺史尚书”单独指称甘州回鹘天公主生子“尚书”？下面稍做分析。

甘州回鹘天公主之子“尚书”在敦煌文书中出现时，地位都比较高，前文我们已经有论述，其中S.6417文书中记载“尚书”时提到他曾经“分符千里，建节百城”，此即暗示“尚书”已经任一州之长[①]，因此，我们不能排除“尚书”担任刺史的可能。P.2058文书记载这位天公主的儿子时，称其“怀所（佐）国之宏规，韫安边之上略”，但是没有出现“刺史”之称呼。而在S.1181文书背面的文献中出现了“指挥尚书”称号，说明“尚书”的官职为“指挥使”，级别低于“刺史”。S.1181V是在曹议金称“大王”时期的931年之后，那么在曹议金称“太保”时期，“刺史尚书”不太可能单独指称“尚书”，因此“刺史”应该指称曹元德。曹元德被称为“刺史”的记载还见于文书P.6006《二月八日祈愿文》：

> 伏惟我大王云云……天公主、夫人恒泰，誉播美于宫闱。小娘子姊妹欢颜，每宠同于金燧。刺史司空昆季，永继愿于河湟。[②]

文书中的“大王”即曹议金，“刺史司空”即曹元德[③]。

---

① 《新唐书》卷四《百官志一》：“凡上之逮下，其制有六：一曰制……六曰符，省下于州，州下于县，县下于乡。”北京：中华书局，1975年，第1185页。

② 《法国国家图书馆藏敦煌西域文献》第34册，第337页。

③ 敦煌文书中人物称号连用的情况经常出现，有时分别指不同的人物，有时是指一个人，需要根据文书上下文内容讨论。曹议金称“大王”时期，曹元德已经被定为节度使继承人，如P.2704记载“司空助治”、P.4976记载“副使司空”，因此“刺史司空”应当指称曹元德一人。

S.663文书“刺史、尚书等固受（寿）”分别指称曹元德、天公主生子“尚书”。既然二人同时出现，我们可以做出判断，即在曹议金称“太保”时期，“国太夫人”索氏生子曹元德和甘州回鹘天公主生子“尚书”之间的争夺并不明显，而在曹议金称“令公”及以后的文书中，“司空”曹元德与天公主儿子“尚书”就很少出现在同一篇文书之中了。曹议金执政早期，即曹议金称“尚书”时期，忙于处理敦煌政权内外事务，给与天公主极尊宠的地位，且诸子较年幼。因此，相关文书中呈现出比较和谐的家庭氛围，如Дx.2171《归义军节度使于沙州城西南角设道场功德记》载：

> 亦愿道场，护我敦煌一境及我尚书、公主合宅长幼。①

敦煌文书中许多抄写于贞明六年（920）的《佛名经》，其题记基本相同②。BD06824《佛名经》题记：

> 府主尚书曹公已躬永寿，继绍长年；合宅枝罗，常然庆吉。③

可知“司空”与“尚书”的争夺，可能在曹议金称“太保”时期，或者稍后开始。自曹议金称“令公”时期，矛盾已经公开，通过下面的表格可以更直观地看出“司空”曹元德与“尚书”之间的争夺。

---

① 荣新江《归义军史研究——唐宋时代敦煌历史考索》，第99页。
② 荣新江《归义军史研究——唐宋时代敦煌历史考索》，第99页。
③《国家图书馆藏敦煌遗书》第93册，第296页。

表1 “尚书”与“司空”

称号 时代	司空	尚书
曹议金称“太保”时期(925—927)	S.663：刺史（曹元德）、尚书	S.663：刺史（曹元德）、尚书
曹议金称“令公”时期（928—931）	P.3765：司空； P.3567：司空	P.2058：常（尚）书郎君、天公主助治
曹议金称“大王”时期（931—935）	P.6006：刺史司空；P.2704：司空助治；P.4976：副使司空	S.1181：指挥尚书； P.2850：厶官（尚书）、慈母公主

综上可知，曹议金时期存在着围绕节度使位继承权的争夺，可能这种争夺还很激烈，以上关于“司空”“尚书”的文书可以给我们提供这种斗争的线索。但是曹议金在世时期，争夺继承权的斗争只能暗地里进行，因此这一时期的文书可能不能充分反映斗争的过程。但是在曹议金去世以后，过去隐藏在私底下的争斗便趋于白热化，S.6417的记载就是这场斗争结果的真实反映，由于政变发生在曹元德时期，笔者将在本文第二章第二节做进一步的分析。

通过以上论述，可以推测曹议金本人可能就已经开始打压甘州回鹘天公主的势力，曹元德不过是继承了其父亲的统治策略。从曹氏归义军前期敦煌与甘州回鹘的关系看，早期曹议金通过与甘州回鹘联姻，缓解了敦煌的外部威胁，并且在甘州回鹘的周旋下与中原王朝建立起联系，但是之后曹议金就试图摆脱甘州回鹘的制约。同光二年（924）曹议金被册封为归义军节度使①，同年年底，曹议金趁甘州回鹘内乱之机发兵征讨。925年击败甘州回鹘可汗狄银后，曹议金嫁女给甘州回鹘新任可汗阿咄欲，确立了曹议金为父、甘州可汗为子的新格局②。另据学者研究，曹议金去世前夕的清泰元年（934）前后，归义军与甘州回鹘的关系变得非常紧张③，甘州回鹘频频给敦煌使者等制造麻烦。曹元德执政后，亲自率兵出征甘州，P.4638V《清泰四年（937）十一月十八日都僧统龙辩都僧录惠云都僧政绍宗等牒》载："自从司空出境，天暖似觉重寒……伏望回军西陲，司空高悬玉镜……清泰四年十一月十八日。"④可知曹元德在曹议金去世之后陈兵东界，以震慑甘州回鹘。

---

①《旧五代史》卷三二《后唐庄宗纪六》："（同光二年五月）乙丑，以权知归义军留后曹义金为归义军节度使、沙州刺史、检校司空。"第436页。又［宋］王钦若等《册府元龟》卷一七〇《帝王部·来远》："后唐庄宗同光二年五月，以权知归义军节度兵马留后、金紫光禄大夫、简较（检校）尚书左仆射、守沙州长史、兼御史大夫、上柱国曹义金，为简较（检校）司空、守沙州刺史，充归义军节度、瓜沙等［州］观察处置、管内营田、押蕃落等使。瓜沙与吐蕃杂居，自帝行郊礼，义金间道贡方物，乞受西边都护，故有是命。"北京：中华书局，1960年，第2057页。

② 荣新江《归义军史研究——唐宋时代敦煌历史考索》，第313—327页；冯培红《敦煌的归义军时代》，第315—323页。

③ 杨宝玉、吴丽娱《P.2992V书状与清泰元年及长兴元年归义军政权的朝贡活动》，《敦煌学辑刊》2007年第1期，第15—28页；杨宝玉《清泰元年曹氏归义军入奏活动考索》，《敦煌学辑刊》2011年第3期，第21—30页。

④《法国国家图书馆藏敦煌西域文献》第32册，第237页。

第四节　曹氏归义军初期的东西通使

907年唐朝灭亡后，朱温建立后梁，中国历史进入五代十国时期，中原王朝丧失了对西北地区的控驭能力，曹氏归义军政权虽然号称“归义军”，名义上是中原王朝的西北藩镇，但实际上敦煌已经成为相对独立的地方政权。

张承奉约在909年建立了西汉金山国，并称“金山白衣天子”①。然而张承奉的政治理想没能实现，他统治时期采取了一些冒进的策略，东征西战，于911年在与甘州回鹘的战争中失败，使得敦煌政权陷入危机，丧失了民心。曹氏家族之所以能够取张氏而代之，是因为曹议金灵活的施政方针与对外策略，他更善于处理当时西北地区诸政权林立的复杂局面。曹议金上台伊始，便审时度势，一方面拉拢甘州回鹘，迎娶甘州回鹘天公主为妻，并且将其奉为归义军政权第一夫人；另一方面，改弦更张，放弃张

① 杨宝玉、吴丽娱《归义军朝贡使张保山生平考察与相关历史问题》，《中国史研究》2007年第4期，第51—67页；杨宝玉《金山国建立时间再议》，《敦煌学辑刊》2008年第4期，第44—52页；杨宝玉、吴丽娱《梁唐之际敦煌地方政权与中央关系研究——以归义军入贡活动为中心》，《敦煌学辑刊》2010年第2期，第65—76页；冯培红《敦煌的归义军时代》，第200页。

承奉称王建国的政策，重新使用“归义军”称号，奉中原王朝正朔。前一策略成功地稳住了归义军当时面临的最大威胁——甘州回鹘，敦煌军民得到了休养生息的机会，后一策略迎合了敦煌民众的心理，缓和了内外矛盾。曹议金时期一系列的对外策略，为曹氏政权的发展壮大营造了良好的外部环境，以下我们将对曹议金时期归义军政权的对外关系做系统论述。

一、曹议金通使中原的努力

曹议金执政以后，就试图与中原政权建立联系。P.2945文书中记载：“伏以边荒古戍，元本以（与）朔北通烟，十五年来路鲠，艰危阻绝……窃聆使臣经过贵府，深沐恩私。邀宴赏于红楼，动经宵夜。拽鹦鹉之金杯，重添玉烛。仰羡不及，空劳梦魂。”[①]从中可以窥知曹议金对中原的向往之情。P.3262文书《河西节度使尚书曹议金造窟功德记》记载：“时则有我河西节度使尚书，先奉为神沙西裔，龙天拥护于其中……大梁帝主，永治乾坤，愿照边陲，恩加无滞。”[②]又P.3781《河西节度使尚书曹议金修大窟功德记》云：“大梁帝主，永坐蓬莱，十道争驰，誓心献款。又持胜福，伏用庄严，我河西节度使尚书贵位，伏愿荣高一品，同王母之延龄。位兼五侯，比麻姑之远寿。东开凤阁，□圣主之腹心。西定戎烟，镇龙沙而永固。”[③]通过文书中的内容，可以知道曹议金执政以后急切希望与中原王朝建立起联系。

---

① 《法国国家图书馆藏敦煌西域文献》第20册，第188页；杨宝玉、吴丽娱《归义军政权与中央关系研究——以入奏活动为中心》，第66页。

② 《法国国家图书馆藏敦煌西域文献》第22册，第324页；郑炳林、郑怡楠《敦煌碑铭赞辑释（增订本）》，第1279页。

③ 《法国国家图书馆藏敦煌西域文献》第28册，第38页；郑炳林、郑怡楠《敦煌碑铭赞辑释（增订本）》，第1246—1247页。

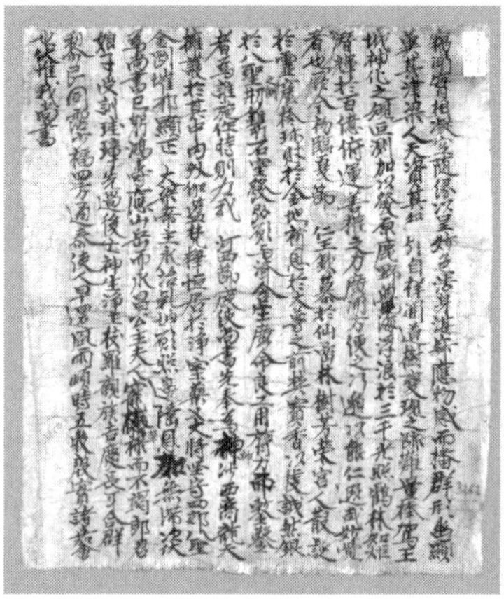

图1-22 敦煌文书P.3262《河西节度使尚书曹议金造窟功德记》

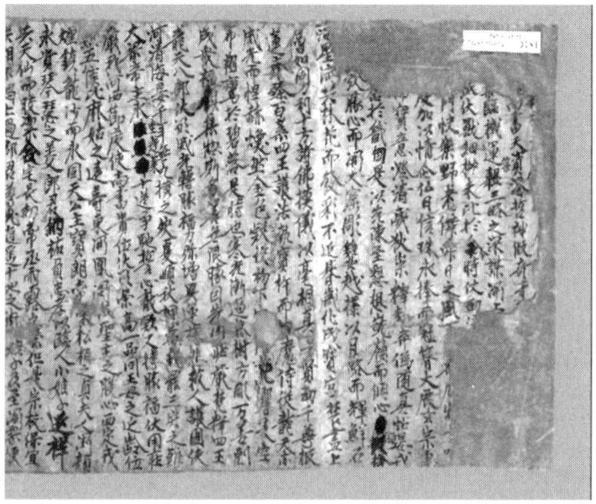

图1-23 敦煌文书P.3781 《河西节度使尚书曹议金修大窟功德记》

曹议金最初朝贡中原的记载，可见于文书P.4638V《权知归义军节度兵马留后守沙州长史曹仁贵状》两通，一为献物状：

> 玉一团重一斤一两，羚羊角五对，硇砂五斤。
>
> 伏以碛西遐塞，戎境枯荒，地不产珍，献无奇玩。前物等，并是殊方所出，透狼山远届敦煌，异域通仪，涉瀚海来还沙府，辄将陈献，用表轻怀，干黩鸿私。伏乞检纳。谨状。
>
> 权知归义军节度兵马留后、守沙州长史、银青光禄大夫、检校吏部尚书、兼御史大夫、上柱国曹仁贵状上。[①]

二为上令公状：

> 仲秋渐凉，伏惟令公尊体起居万福，即日仁贵蒙恩，未

① 《法国国家图书馆藏敦煌西域文献》第32册，第235页。

> 由拜伏，下情倍增瞻恋，伏惟鉴察。谨因朝贡使往，奉状不宣。谨状。
>
> 八月十三日，权知归义军节度兵马留后、守沙州长史、银青光禄大夫、检校吏部尚书、兼御史大夫、上柱国曹仁贵状上。①

这两件文书上钤有官印，为归义军政权的官文书，是为了朝贡之用。陈祚龙、苏莹辉、唐耕耦认为P.4638状文的年代在乾化四年（914），但是李正宇认为此文书年代在贞明二年（916），同时指出状文中所言使命最终未完成②。荣新江认为贞明二年（916），曹议金首次遣使入贡中原王朝，但是使人在凉州被嗢末劫掠，中途返回，P.4638书状也被原样带回沙州③。杨宝玉、吴丽娱认为这两件文书没能送出，滞留敦煌，表明曹议金朝贡后梁的努力失败④。冯培红认为这两件文书撰于914年仲秋前夕，曹议金一上台就向后梁派出使节，然因道路阻绝，未获得成功⑤。总之，这是曹氏归义军政权最早朝贡中原的努力，虽然未获成功，但是表达出远在西陲的敦煌政权对中原王朝的急切向往之情。

P.2945《权知归义军节度兵马留后使曹议金状》中，保存了一组曹议金通使后梁的文书，文书前七件是曹议金上某节度使相

---

① 《法国国家图书馆藏敦煌西域文献》第32册，第235页。

② 李正宇《曹仁贵名实论——曹氏归义军创始及归奉后梁史探微》，中国台湾汉学研究中心编《第二届敦煌学国际研讨会论文集》，第560页。

③ 荣新江《归义军史研究——唐宋时代敦煌历史考索》，第238页。

④ 杨宝玉、吴丽娱《梁唐之际敦煌地方政权与中央关系研究——以归义军入贡活动为中心》，《敦煌学辑刊》2010年第2期，第72页。

⑤ 冯培红《敦煌的归义军时代》，第278页。

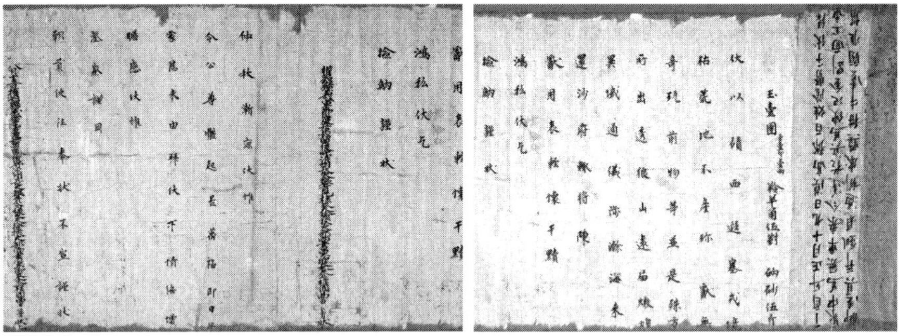

图1–24 敦煌文书P.4638V《权知归义军节度兵马留后守沙州长史曹仁贵状》

公的文书，该相公当是作为使相的朔方节度使韩洙①。最后一件则是上给凉州仆射，五代初，“自梁太祖时，尝以灵武节度使兼领河西节度，而观察甘、肃、威等州，然虽有其名，而凉州自立守将”②。然而，对于这件文书所记载的敦煌与中原的通使一事发生的年代，学者有不同的看法。我们先看P.2945（5）《又别纸》中的相关信息：

> 伏以边荒古戍，元本以（与）朔北通烟，十五年来路鲠，艰危阻绝。昨者，深思仁重，遣边吏于雄藩，贵达方音，申阳关之宁谧。恃赖相公恩照，兼蒙泽漏（露）西天，诏宣荒裔。窃聆使臣经过贵府，深沐恩私……伏惟鉴察。谨状。权知归义军节度兵马留后某乙启。③

文书中称“十五年来路鲠，艰危阻绝”，说明在此之前，敦煌至中原的通使已经断绝了十五年的时间。李正宇认为状文中所说的

① 《新五代史》卷四〇《韩逊传》记载：“贞明中（915—921），逊卒，军中立其子洙为留后，梁即以为节度使。至庄宗时，又以洙兼河西节度。”第438页。

② 《新五代史》卷七四《四夷附录三》，第914页。

③ 《法国国家图书馆藏敦煌西域文献》第20册，第188页。

路梗阻绝的十五年，落实下来，是指唐天祐元年（904）到后梁贞明四年（918）[1]。而杨宝玉、吴丽娱则认为这十五年应从908年张保山入贡后梁以后算起，因此状文记载的通使发生在923年，并认为曹议金在923年向后唐派出朝贡使团，924年四月抵达后唐，五月获得了归义军节度使的正式任命[2]。冯培红则认为，若定为923年，那么第八件文书中记载“前载可汗旨教，始差朝贡专人”的“前载”即921—922年，也就是后梁时期，因此不取923年说[3]。虽然杨宝玉、吴丽娱的“后唐时期，曹议金始成功朝贡中原王朝”的说法很有道理，但是仅就P.2945这一组文书来说，笔者倾向于李正宇、冯培红的观点，即这一组文书保存的是后梁时期曹议金试图与中原通使情形的相关记录。

我们可以根据文书的具体记载分析当时的情况，P.2945（3）《又贺别纸》：

> □使西回，伏奉荣示，词旨稠叠，愧悚实深。厶乙忝权留□（后），暂总军戎，未奉奏闻天颜，岂憶（意）圣造泽漏（露）天西，诏□（宣）遐外，此皆相公恩威，非次顾录，被（倍）受宠荣，悚□兢惶，不任感惧。碛漠纡回，未由拜谒，谨差节度押衙张进诚□状陈谢，伏惟照察。谨状。

① 李正宇《曹仁贵名实论——曹氏归义军创始及归奉后梁史探微》，中国台湾汉学研究中心编《第二届敦煌学国际研讨会论文集》，第557页。

② 吴丽娱《再析P.2945书仪的年代与曹氏归义军通使中原》，《敦煌研究》2002年第3期，第74—80页。杨宝玉、吴丽娱《归义军朝贡使张保山生平考察与相关历史问题》，《中国史研究》2007年第4期，第51—68页。杨宝玉、吴丽娱《P.2945书状与曹氏归义军政权首次成功的朝贡活动》，中国敦煌吐鲁番学会等编《敦煌吐鲁番研究》第11卷，第281—284页。

③ 冯培红《敦煌的归义军时代》，第277页。

权知归义军节度兵马留后使。[①]

从“未奉奏闻天颜”一语可知，曹议金尚未能成功入贡中原，且文书中称曹议金为“权知归义军节度兵马留后使”，说明中原王朝尚未授予曹议金节度使旌节。但是文书中又云“□使西回，伏奉荣示”“岂憶（意）圣造泽漏（露）天西，诏□（宣）遐外”，说明中原使者抵达过敦煌，但是只是诏慰，未授予节度使之职。而中原王朝的使臣之所以能够抵达敦煌，则是灵武节度使韩洙的功劳，此即文书中所说“此皆相公恩威，非次顾录，被（倍）受宠荣，悚□兢惶，不任感惧”。又上引P.2945（5）中记载：“恃赖相公恩照，兼蒙泽漏（露）西天，诏宣荒裔。”[②]这里的内容也可证明，在灵武节度使韩洙的周旋之下，使得“天使”到达敦煌。同时文中还提到使臣在经过灵武境内时，与韩洙关系甚为亲密，即“窃聆使臣经过贵府，深沐恩私。邀宴赏于红楼，动经宵夜。拽鹦鹉之金杯，重添玉烛。仰羡不及，空劳梦魂”。另一个方面，也反衬出使臣在敦煌时，与归义军统治者还保持着一定的距离。P.2945（4）《又别纸》云：

今者使臣回辙，兼差贺恩使人，伏望相公鸿恩垂造，□育边虻（氓）。般次傥遂前程，住（往）回无患，莫代（大）于此，何敢忘焉？[③]

以及P.2945（8）《凉州书》云：

---

① 《法国国家图书馆藏敦煌西域文献》第20册，第188页。
② 《法国国家图书馆藏敦煌西域文献》第20册，第188页。
③ 《法国国家图书馆藏敦煌西域文献》第20册，第188页。

> 专使西上，捧奉荣缄，戴悚周旋，诚难荷负蒙恩。星使降临，不任感惧。伏惟仆射文武全材，业优三略；智深韩白，七纵在怀。抚镇而羌龙畏威，权谋而戎夷自廓，使夙燧不经于朝野，狼烟泯灭于兰山。非师长之荣，即睹秉台之贵。今者使臣回撤，当军兼差使人，路次经过大蕃，岂敢辄无状达？前载得可汗旨教，始差朝贡专人。不蒙仆射恩泽，中途被嗢末剽劫。今乃共使臣同往，望仆射以（与）作周旋，得达前程，往回平善。此之恩得（德），何敢忘焉？①

从上述两篇文书提供的线索，我们大致可以了解到，中原使者从敦煌返回时，曹议金派使者跟随中原使臣入朝。同时，由于之前归义军派出的使者在凉州一带受到嗢末的劫掠，因此这次曹议金写信给凉州仆射，希望他能保护使臣顺利抵达中原。

图1-25 莫高窟第98窟壁画《中原帝王图》

① 《法国国家图书馆藏敦煌西域文献》第20册，第189页；相关录文参见杨宝玉、吴丽娱《归义军政权与中央关系研究——以入奏活动为中心》，第62—69页。

P.2945（8）《凉州书》记载："前载得可汗旨教，始差朝贡专人。不蒙仆射恩泽，中途被嗢末剽劫。"[①]据此可知，在使臣到达敦煌之前的一年，曹氏归义军与甘州回鹘曾一起派出使节，但是在凉州被嗢末劫掠。李正宇指出，"前载"是916年，也即P.4638V所记载的那次朝贡，曹议金得到甘州回鹘旨意，派使臣入朝，但是在凉州地界被嗢末人劫掠，未能完成使命。后来在917或918年，再次通使后梁，并成功迎来了后梁使臣[②]。笔者认为，李正宇对"前载"朝贡时间的判断是准确的，但是后来"在917或918年，归义军遣使后梁成功，并迎来了后梁使臣"，这一说法还有待进一步考证。根据P.2945文中的一系列记载，如"厶乙忝权留口（后），暂总军戎，未奉奏闻天颜，岂憶（意）圣造泽漏（露）天西"，可以知道，在P.2945中记载的使臣到达敦煌之前，曹议金未能成功朝贡中原。

关于曹氏归义军与后梁的通使，比较重要的一件文书是P.3781（4）《转经设斋文》，文书中记载：

> 梁朝圣帝……清光表瑞，照西夏，远戍阳关；龙节虎旌，宠高品，新恩降塞。[③]

这篇文书中的"清光表瑞""龙节虎旌"等内容，引起了学者们的讨论。郑雨据此考证中原王朝于920年授予曹议金河西节度使一职，且莫高窟第98窟的建造，就是为授节成功而举行的一系列

---

① 《法国国家图书馆藏敦煌西域文献》第20册，第189页。

② 李正宇《曹仁贵归奉后梁的一组新资料》，武汉大学历史系魏晋南北朝隋唐史研究室编《魏晋南北朝隋唐史资料》第11期，第277—278、280页。

③ 《法国国家图书馆藏敦煌西域文献》第28册，第40页。

庆祝活动之一[①]。荣新江认为，后梁任命曹议金为归义军节度使的年代在918年[②]。杨宝玉、吴丽娱经过一系列研究，认为后梁时期曹议金与后梁未能建立起联系，P.2945状文所叙为归义军朝贡后唐之事[③]。冯培红认为，P.3781《转经设斋文》中的“龙节虎旌”指节度使旌节当无疑义，但是由于史籍中对这次册封毫无记载，此旌节可能是旧时所赐，需要慎重对待[④]。总之，P.3781中“龙节虎旌”的相关记载，由于没有可靠的文献资料加以佐证，很难充分说明后梁时代的曹议金获得了中原王朝册封。但是笔者认为，后梁使臣应当抵达过敦煌，至于是否给曹议金授予节度使旌节，还需更多史料证明。敦煌文书中对后梁使臣到达敦煌的记载，除了前文提到的P.2945、P.3781文书之外，还有P.3566《二月八日逾城文》。该文书中对后梁使臣到达敦煌的相关记载如下：

> 我当今大梁贞明圣主贵位，伏愿圣寿延昌，淳风永播……妖氛肃清，保宁宗社。又持胜福，此用庄严，我河西节度使贵位，伏愿佐天利物，助圣安人。福将山岳与齐高，受（寿）等海泉如深院（远）。又持胜福，次伏庄严，伏惟

---

① 郑雨《莫高窟第九十八窟的历史背景与时代精神》，《九州学刊》1992年第4卷第4期，第39—40页。

② 荣新江《归义军史研究——唐宋时代敦煌历史考索》，第238页。

③ 杨宝玉、吴丽娱《P.2945书状与曹氏归义军政权首次成功的朝贡活动》，中国敦煌吐鲁番学会等编《敦煌吐鲁番研究》第11卷，第289—291页；《梁唐之际敦煌地方政权与中央关系研究——以归义军入贡活动为中心》，《敦煌学辑刊》2010年第2期，第71—73页；《跨越河西与五代中原世界的梯航——敦煌文书P.3931校注与研究》，中国社会科学院历史研究所学刊编委会编《中国社会科学院历史研究所学刊》第6集，第155页。

④ 冯培红《敦煌的归义军时代》，第275页。

使臣仆射福同山岳，万里无危。奉诏安边邦，再归帝释。又持胜福，次用庄严，则我河西都僧统和尚、内僧统等贵位，伏愿长垂帝释，为灌顶之国师。永镇台阶，赞明王之利化。又持胜善，此用庄严，都衙已（以）下诸官吏等，伏愿金柯盖茂，王业时芳。磐石增勋，维城作镇。然后天下定，海内清，无闻征战之明，有类雍雄诸化。①

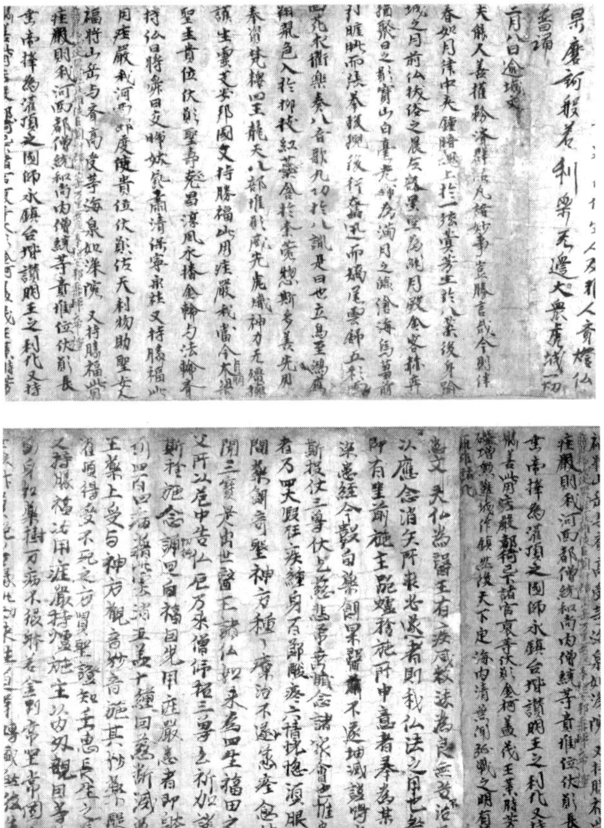

图1-26 P.3566《二月八日逾城文》

① 《法国国家图书馆藏敦煌西域文献》第25册，第335页。

文中提到“我当今大梁贞明圣主贵位”，以及“伏惟使臣仆射福同山岳，万里无危。奉诏安边邦，再归帝释”，进一步说明了后梁使臣确实曾经到达过敦煌，但是文中同样没有提到后梁授予曹议金节度使旌节一事。

综合以上考察，可知曹议金继承归义军节度使位后不久，即准备朝贡后梁的事宜，P.4638V《权知归义军节度兵马留后守沙州长史曹仁贵状》所载内容，应是曹氏归义军最早的一次入贡活动，可能发生在914年至916年之间，但是朝贡活动未能成功。后在朔方节度使韩洙的努力下，后梁使臣成功到达敦煌，但是使臣或只是负责宣慰，未带来中原王朝的册封。在使臣东返的时候，曹议金派出使节随行，并致书凉州仆射，希望保护使臣的安全。最终曹议金派出的使节是否随中原使臣一起到达了后梁王朝，敦煌文献和传世史籍中都无记载。同时，关于后梁王朝授予曹议金节度使旌节一事，只有P.3781文书中“龙节虎旌”等记载有所体现，未有其他确凿的证据加以佐证。

曹议金迫切希望与中原王朝建立联系，并且派遣使者入贡中原，这说明曹议金具有非凡的政治眼光。首先，敦煌地区中原文化底蕴深厚，自张议潮收复河西以来，敦煌一直是西北地区中原文化的代表，因此与中原王朝建立联系是敦煌地区的民心所向；其次，敦煌远悬西陲，自唐王朝衰落以后，河西诸民族政权纷纷独立，甘州回鹘、凉州嗢末等势力的崛起，对敦煌归义军政权造成了巨大的威胁，因此，与中原王朝建立起良好的关系，是对甘州、凉州等地诸政权的威慑和制约。虽然史书中没有关于后梁正式授予曹议金节度使旌节的记载，但是通过敦煌文书可知，后梁时期，在朔方节度使韩洙的周旋与联络下，中原王朝的使臣已经到达了敦煌，并且曹议金也派使者随后梁使臣入朝。曹议金最终获得中原王朝册封的时间，从史籍的记载来看，应该是在后唐时期。

新旧《五代史》记载：“至唐庄宗时，回鹘来朝，沙州留后曹义金亦遣使附回鹘以来，庄宗拜义金为归义军节度使、瓜沙等州观察处置等使。”[①]《旧五代史·后唐庄宗纪六》记载：“［同光二年（924）五月］乙丑，以权知归义军留后曹义金为归义军节度使、沙州刺史、检校司空。”[②]《册府元龟》记载：“后唐庄宗同光二年五月，以权知归义军节度兵马留后、金紫光禄大夫、简较（检校）尚书左仆射、守沙州长史、兼御史大夫、上柱国曹义金为简较（检校）司空、守沙州刺史，充归义军节度、瓜沙等［州］观察处置、管内营田、押蕃落等使。瓜沙与吐蕃杂居，自帝行郊礼，义金间道贡方物，乞受西边都护，故有是命。”[③]又“后唐同光中，长史曹义金者遣使朝贡，灵武韩洙保荐之，乃授沙州刺史，充归义军节度使，瓜沙等州处置使”[④]。通过以上记载，可知曹议金在同光二年（924）获得了后唐朝廷的正式册封，这是曹议金多年来不遗余力朝贡中原的结果，同时也和后唐王朝对西北诸蕃的招徕政策有关。杨宝玉、吴丽娱即指出，曹氏归义军再入中原是与后唐庄宗对地方势力的招徕密切相关的。P.3931《书仪》中记载：

> 别纸。闻青云干吕，汉通聚窟之民。白雉呈祥，周贡越裳之俗。即知明君御宇，重译宾王（至）。谅夷夏之相须，历古今而无别。方今圣上，心同白水，德辅皇天。会涂山

① 《旧五代史》卷一三八《外国传二》“吐蕃”条，第1840页；《新五代史》卷七四《四夷附录三》“吐蕃”条，第915页。

② 《旧五代史》卷三二《后唐庄宗纪六》，第436页。

③ ［宋］王钦若等《册府元龟》卷一七〇《帝王部·来远》，第2057页。

④ ［宋］王钦若等《册府元龟》卷九八〇《外臣部·通好》，第11522页。

> 而万国俱来，师牧野而诸侯自至。一昨既宁中土，乃眷朔方。爰命矩才，远临当道。知金石之诚永固，为蛮貊之邦可行。切谕丝纶，俾安玉塞。盖欲北和冒顿，西接大宛，书（尽）有归心，咸来稽颡。然则旅獒入贡，天马兴歌。国家稍藉其声光，部族不妨于货易。而又防送须差兵甲，往来皆备资粮。所贵怀柔，讵论经费？而况某官，从来向阙，最长诸蕃。诚青海之舟航，乃玉关之锁钥。骁（枭）雄之外，忠孝唯多。且某与某官，同风叶义。道路虽遥于千里，恩知岂异于一家？彼有所求，此无爱惜。此如奉托，彼望依从。则势合辅车，情孰鲁卫。今后或是经过，请祛雠隙。贵道傥闻流滞，弊蕃不免效尤。愿弘招诱之仁，共赞雍熙之化。①

杨、吴二位根据此文书中“乃眷朔方”“远临当道”之语，认为“后唐向朔方节度使韩洙派出了使臣，积极招引西北藩镇”，并且要进一步达到“北和冒顿，西接大宛，书（尽）有归心，咸来稽颡”的目的，“这种招诱措施还包括了‘防送须差兵甲，往来皆备资粮。所贵怀柔，讵论经费’等实质性的内容，对于沟通中原与西北的联系起到了重要的保证”②。冯培红指出这封信的发信人是朔方节度使韩洙，收件人是“从来向阙，最长诸蕃”之甘州回鹘可汗仁美③。可以知道，朔方节度使韩洙在促使甘州回鹘以及敦煌归义军政权通使中原的过程中发挥了重要的作用，前文

① 冯培红《敦煌的归义军时代》，第282—283页。杨宝玉、吴丽娱《归义军政权与中央关系研究——以入奏活动为中心》，第244页。

② 杨宝玉、吴丽娱《梁唐之际敦煌地方政权与中央关系研究——以归义军入贡活动为中心》，《敦煌学辑刊》2010年第2期，第74—76页。

③ 冯培红《敦煌的归义军时代》，第283页。

提到的P.2945文书也记载了朔方节度使韩洙为敦煌使者通使中原所做的运筹与周旋。最终，在同光二年（924），甘州回鹘的朝贡使臣到达了中原[①]，敦煌使者也一同到达[②]。同时韩洙也因为招徕之功受到了后唐庄宗的褒奖[③]，史载“以朔方、河西等军节度使韩洙依前检校太傅、兼侍中，充朔方、河西等军节度使，灵、盐、威、警、雄、凉、甘、肃等州观察使”[④]。

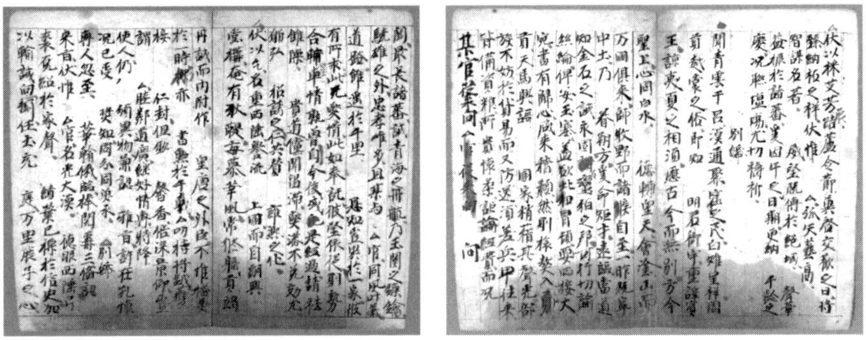

图1–27 敦煌文书P.3931《书仪》

通过以上论述，可知曹议金一直不遗余力地遣使中原，至后唐时期，庄宗皇帝采取了积极招徕西北诸蕃的政策，在朔方节度使韩洙的帮助下，敦煌使者成功入贡中原。此外，在传世史料以及敦煌文献的记载中，皆可以发现在敦煌通往中原的道路上，甘州回鹘政权起着至关重要的作用。上引P.3931文书记载到朔方节度使韩洙反复劝说回鹘：“道路虽遥于千里，恩知岂异于一家？

---

① 《旧五代史》卷一三八《外国传二》“回鹘”条记载：“后唐同光二年（924）四月，其本国权知可汗仁美遣都督李引释迦、副使铁林、都监杨福安等共六十六人来贡方物，并献善马九匹。”

② ［宋］王钦若等《册府元龟》卷九七二《外臣部·朝贡五》，第11420页。

③ 冯培红《敦煌的归义军时代》，第279—284页。

④ 《旧五代史》卷三一《后唐庄宗纪五》，第433页。

彼有所求，此无爱惜。此如奉托，彼望依从。则势合辅车，情敦鲁卫。今后或是经过，请祛衅隙。贵道傥闻流滞，弊蕃不免效尤。愿弘招诱之仁，共赞雍熙之化。”通过文书内容及语气，可以看出中原王朝官员试图促成曹氏归义军政权的入贡，而甘州回鹘曾经阻滞中原与敦煌的沟通。在下一节，笔者将讨论曹议金时期敦煌与甘州回鹘政权的关系。

二、曹议金时期归义军与甘州回鹘的关系

914年前后，甘州回鹘可汗之女下嫁曹氏[①]，贞明二年（916）曹议金在甘州回鹘的许可下遣使中原，因此，甘州回鹘天公主在曹氏归义军前期政治地位很高。曹议金通过与甘州回鹘天公主和亲，缓和了与甘州回鹘的关系，为敦煌使者顺利出使中原打下了基础。荣新江指出：“甘州回鹘之所以让曹议金在贞明二年时独自遣使入朝，很可能是因为曹议金娶了甘州回鹘可汗之女，重新确立了与甘州回鹘可汗的‘父子’关系，但是曹议金也通过这一和亲活动与中原王朝取得了联系，这对于壮大归义军的势力有着决定性的意义，而对于要垄断丝绸之路贸易的甘州回鹘来说，不一定是件好事。”[②]诚如学者所论，曹议金与甘州回鹘天公主和亲，认回鹘可汗作父，都是一时的权宜之计。曹议金和亲甘州回鹘这一策略，是其复兴敦煌归义军政权和稳固曹氏家族在敦煌统治的重要举措。首先，曹氏政权取得了甘州回鹘的信任，因此甘州回鹘政权允许敦煌派出使者朝贡中原，甘州回鹘减少了对曹氏归义军的限制。其次，稳定了敦煌地区的民心，孙修身指出，曹

---

① 荣新江指出曹议金与甘州回鹘天公主结亲在918年以前，参见荣新江《归义军史研究——唐宋时代敦煌历史考索》，第310—311页。

② 荣新江《归义军史研究——唐宋时代敦煌历史考索》，第311页。

议金虽然称甘州回鹘英义可汗（当为天睦可汗）为父，但是与张承奉时期和甘州回鹘缔结的屈辱、被迫性的“父子之国”关系不同，曹议金时期敦煌与甘州回鹘“父子之国”的关系是建立在姻亲关系之上的[①]。这是曹议金灵活、务实的对外策略的体现。通过联姻，敦煌与甘州回鹘之间的关系得以缓和。再次，从当时敦煌周边的政治形势看，甘州回鹘政权是曹氏归义军面临的最大威胁，然而和亲政策使得这一威胁最小化，曹氏政权则获得了宝贵的休养生息的机会。曹议金把主要精力用于处理敦煌的内部事务，以恢复敦煌社会经济，发展壮大其军事力量。经过坚持不懈的努力，同光二年（924）曹议金被后唐朝廷正式册封为归义军节度使[②]，已经积蓄了足够力量的曹氏归义军政权，于该年年底趁甘州回鹘内乱之机，发兵征讨[③]。

曹议金与甘州回鹘发生战争的原因是敦煌与中原道路不通畅。通过笔者前文论述可知，后唐正式册封曹议金为节度使是在韩洙的努力周旋下实现的。P.3931文书表明甘州回鹘并不友好，

---

① 孙修身《试论瓜沙曹氏与甘州回鹘之关系》，段文杰等编《敦煌学国际研讨会文集·石窟史地、语文编》，第100页。

②《旧五代史》卷三二《后唐庄宗纪六》记载：“（同光二年五月）乙丑，以权知归义军留后曹义金为归义军节度使、沙州刺史、检校司空。”（第436页）又［宋］王钦若等《册府元龟》卷一七〇《帝王部·来远》记载：“后唐庄宗同光二年五月，以权知归义军节度兵马留后、金紫光禄大夫、简较（检校）尚书左仆射、守沙州长史、兼御史大夫、上柱国曹义金，为简较（检校）司空、守沙州刺史，充归义军节度、瓜沙等［州］观察处置、管内营田、押蕃落等使。瓜沙与吐蕃杂居，自帝行郊礼，义金间道贡方物，乞受西边都护，故有是命。”第2057页。

③《旧五代史》卷一三八《外国传二》“回鹘”条记载：“［同光二年（924）］十一月，仁美卒，其弟狄银嗣立。”第1842页。冯培红认为，“仁美的去世、狄银的上台，对归义军的对外关系产生了不利的影响，使曹议金千辛万苦建立起来的与中央王朝的政治关系中断了”。参见《敦煌的归义军时代》，第316页。

因此虽然曹议金娶甘州回鹘天公主为妻，并且在924年归义军政权与甘州回鹘一起成功朝贡中原，但是在可汗狄银上台之后，敦煌与甘州回鹘的关系恶化。荣新江指出，“归义军出兵的目的，就是要打通这条平直易行的河西老道”[①]。

在924—925年间，敦煌向东的通路被甘州回鹘阻滞，S.5139V《乙酉年（925）六月凉州节院使押衙刘少宴上归义军节度使状》中称：“从年余以外（来），甘州回鹘兵强马装（壮），不放凉州使人拜奉沙州。胙此回鹘三五年来自乱，计作三朋，兼及吐番（蕃），二人会兵劫取凉州。”[②]荣新江指出，从925年上推五年为贞明六年（920），此时甘州发生内乱，分裂为三派势力，可能与天睦可汗去世有关[③]。根据史料记载，924年甘州回鹘可汗仁美与曹议金同时遣使至中原朝贡[④]，可知，仁美可汗在回鹘内部的争夺中取得优势，成为甘州回鹘可汗，并促成了敦煌使节朝贡中原。然而，据《旧五代史·外国传二》“回鹘”条记载，“[同光二年（924）] 十一月，仁美卒，其弟狄银嗣立”[⑤]。又P.3633《辛未年（911）七月日沙州百姓等一万人上回鹘大圣天可汗状》记载：“岂有未拜其耶，先拜其子。”[⑥]文书P.3633中的天睦可汗之子，即924年上台的可汗狄银，他是当年攻打西汉金山国的统帅[⑦]。狄银

---

① 荣新江《归义军史研究——唐宋时代敦煌历史考索》，第323页。

②《英藏敦煌文献（汉文佛经以外部分）》第7卷，第25页。

③ 荣新江《归义军史研究——唐宋时代敦煌历史考索》，第311—313页。

④《旧五代史》卷一三八《外国传二》，第1842页；［宋］王钦若等《册府元龟》卷九七二《外臣部·朝贡五》，第11420页。

⑤《旧五代史》卷一三八《外国传二》“回鹘”条，1842页。

⑥《法国国家图书馆藏敦煌西域文献》第26册，第156页。

⑦ 荣新江《归义军史研究——唐宋时代敦煌历史考索》，第325页。冯培红《敦煌的归义军时代》，第316页。

的上台，使得敦煌与甘州的关系迅速恶化，因而便有了S.5139V《乙酉年（925）六月凉州节院使押衙刘少宴上归义军节度使状》中记载的甘州回鹘兵强马壮，不放凉州使人拜奉沙州一事。而924—925年，敦煌归义军政权在曹议金多年的经营之下，实力大大增强，曹议金在924年获得了中原王朝的册封，政治威望进一步提升。于是曹议金趁狄银可汗立足未稳之机，发动了对甘州回鹘的大规模战争。荣新江考察了一批曹议金麾下军事将领的相关文书，认为曹议金出兵的时间是在925—928年前后，战争分为两个阶段，一是攻打肃州之战，二是攻打张掖城之战，归义军在作战中损失了重要的将领，但是战争取得了胜利，打通了经甘、肃二州通往中原的道路[①]。冯培红对此次战争的过程，看法稍有不同，他认为，"从整个战争来看，经历了一年多的时间，前后分为两个阶段，第一阶段是归义军军队轻易地攻陷了甘州回鹘的国都张掖，虽然向东到达了焉支山，但也马上撤兵；第二阶段是过了将近一年的时间，甘州回鹘联合达怛西向反扑，归义军与之血战于玉门，并且进一步攻打到肃州城，浑子盈战死沙场，归义军与甘州回鹘议和休兵，曹议金东征甘州回鹘就此结束"[②]。冯培红将曹氏归义军与甘州回鹘之间张掖之战、酒泉之战的时间顺序做了调整，但是对于曹议金发动东征甘州回鹘之役的年代，二位所论基本一致。荣新江引用了大量的文书加以论证，认为这批文书记载的曹议金征甘州回鹘的战争基本上可以限定于925—928年之间，最后根据S.5139V《乙酉年（925）六月凉州节院使押衙刘少宴上归义军节度使状》的内容，认为"曹议金之征甘州回鹘应在同光二年（924）秋冬和同光三年（925）

---

① 荣新江《归义军史研究——唐宋时代敦煌历史考索》，第323—324页。

② 冯培红《敦煌的归义军时代》，第331页。

初”[①]。笔者同意曹议金在924年秋冬以及925年初发动了征甘州回鹘的战争，但是从许多文书的记载来看，曹氏归义军政权与甘州回鹘战争的时间跨度比较长，因此有必要进一步考察各文书所记载之时间。下面我们重新对相关的文书记载做一考察。曹议金在924—925年之间，趁甘州回鹘内乱，发动了对甘州回鹘的战争，确切的记载主要有P.3270《儿郎伟》：

> 河西是汉家旧地，中隘猃狁安居。数年闭塞东路，恰似小水之鱼。今遇明王利化，再开河陇道衢。太保神威发愤，遂便点缉兵衣。略点精兵十万，各各尽擐铁衣。直至甘州城下，回鹘藏举（弃）无知。走入楼上乞命，逆者入火坟（焚）尸。大段披发投告，放命安□城除（池）。已后勿愁东路，便是尧舜之日。内使新降西塞，天子曲慰名师。[②]

文书写于曹议金称“太保”时期，即925—928年[③]。其内容记载了曹议金率大军征讨甘州回鹘，于甘州城下取得了大捷。记载到这次战争的文书还有P.4011《儿郎伟》：

> 自从太保□□，千门喜贺殷勤。甘州数年作贼，直拟欺负侵凌。去载阿郎发愤，点集兵甲军人。亲领精兵十万，围绕张掖狼烟。未及张弓拔剑，他自放火烧燃。一齐披发归伏，献纳金银城川。遂便安邦定国，永世钦伏于前。不经一岁未尽，他急逆乱无边，准拟再觅寸境，便共龙家相

① 荣新江《归义军史研究——唐宋时代敦煌历史考索》，第320页。
② 《法国国家图书馆藏敦煌西域文献》第22册，第333页。
③ 荣新江《归义军史研究——唐宋时代敦煌历史考索》，第320页。

> 煎。又动太保心竟，叵耐欺负仁贤。缉练精兵十万，如同铁石心肝。当便充山进路，活捉猃狁狼烟。未至酒泉山前，他自魂胆不残。便献飞龙白马，兼及绫罗数般。王子再相慈教，散发纳境相传。因兹太保息怒，善神护我川原。河西一道清泰，天子尉曲西边。[①]

这篇文书也是写于曹议金称“太保”时期（925—928），记载了曹议金东征甘州回鹘的战争，以及第二年与甘州回鹘在酒泉发生的战争。相关记载还见于S.5448《浑子盈邈真赞并序》：

> 方欲尽忠竭节，向主公勤。何期宿业来缠，桑榆竟逼。肃州城下，报君主之深恩。白刃相交，乃魂亡于阵下……荣迁将务，治理周旋。东收张掖，左入右穿。玉门破敌，血满平田。明闲轨则，传译蕃言。能降突厥，押伏南山。肃州城下，擐甲冲先。天何不祐，魂归逝川。[②]

荣新江据文书提供的信息，指出这篇文书作于后唐初年，即925年前后。文书记载了浑子盈东征甘州，破敌于玉门，战死在酒泉的事迹[③]。P.3718《张明集写真赞并序》记载：

> 太保酬劳，赏迁重叠。去载大军开路，公常佐在台前，昼夜不离，谏陈异计。张掖城下，效勇非轻。左旋右抽，曾何介意……太保爱惜，何藉珍珠。[④]

---

① 《法国国家图书馆藏敦煌西域文献》第30册，第342页。
② 郑炳林、郑怡楠《敦煌碑铭赞辑释（增订本）》，第849—850页。
③ 荣新江《归义军史研究——唐宋时代敦煌历史考索》，第315页。
④ 郑炳林、郑怡楠《敦煌碑铭赞辑释（增订本）》，第973—974页。

以上文书内容，可以确认为924—928年之间归义军政权对甘州回鹘发动的战争。通过这次战争，曹议金沉重打击了甘州回鹘的势力，回鹘狄银可汗也在战争中死去，此役最终扭转了曹氏归义军与甘州回鹘的关系[①]。

敦煌文书还记载了曹议金称“令公大王”时期对甘州回鹘发动的战争。P.2058V《儿郎伟》记载：

> 况缘敦煌胜境，四邻戎丑纵横，三五年间作贼，令公亲自权兵，一讨七州厌伏，从兹贼［寇］平宁。家家贮积殷实，门门快活丰盈。[②]

P.2058V文书是一系列曹议金称“令公”时期文书的汇编，其末尾一页记载“水则道场，次三界寺……”[③]，或是在为曹议金祈福的法会等场合中使用的。还有P.2850《厶官燃灯祈愿文》，其文曰：

> 莲府大王，遐延久载。亲征张掖，统鸿军以静东羌。讨伐狼徒，愿清平而归西国……伏愿加威神力，晏陇道一方之（之一方）。善深冥状，引鸿军却归西塞。大王保寿，共天

① 《新五代史》卷七四《四夷附录三》“回鹘”条云：“同光四年（926），狄银卒，阿咄欲立。”第916页。杨宝玉、吴丽娱认为：“阿咄欲登上可汗之位，既然得益于归义军的军事胜利，战后与归义军一同入贡以向后唐报告甘州回鹘可汗的变化情况自然是顺理成章之事。”参杨宝玉、吴丽娱《同光年间甘州回鹘的可汗更替与入贡中原》，中央文史研究馆、敦煌研究院、香港大学饶宗颐学术馆编《庆贺饶宗颐先生九十五华诞敦煌学国际学术研讨会论文集》，第465页。

② 黄征、吴伟《敦煌愿文集》，第943页。

③ 《法国国家图书馆藏敦煌西域文献》第3册，第372页。

地而俱存。上下康宁，尽贺欢呼之契庆。①

根据文书的记载，曹议金称“令公大王”时期也曾发动对甘州回鹘的战争。P.3718《归义军节度押衙曹盈达写真赞并序》也有相关记载：

公讳盈达，字盈达，则故敦煌郡首张公第十六之子婿矣……公乃英门杰族，膺台宿而诞形。百艺明怀，自龆年而出众。刚柔备体，忠孝不舍于晨昏。素性清高，恭勤每存于邻傥。故得乡传别俊，大王闻之纳心。累度遐瞻，观颜惬其上识。当聘金枝之女，玉叶相承。虽乃宠厚荣深，不失谦恭之操。处于平怀贵侣，常抱伯桃之谋。诲顺家庭，不愠尊卑之色。石渠案下，顿晓七步之才。鹅观场中，累纳亚夫之勇。狼峤山下，军前输效而应时。金河之郊，执稍决胜于此日。况乃天命有分，变灭难更。四大不顺于胸怀，枕疾俄经于岁月。病加肓内，饵验难蠲。甘泉先竭于人伦，良才早摧于林秀。遂使四邻罢务，店肆停弦。宗枝伤悼而声悲，云雁哀鸣而响彻。庭荆顿折，四鸟相离。三虎一殇，痛将何极。生前仪貌，逝已奔驰。死后真容，丹青仿佛。俊以不才之器，敢当金石之言，纰缪无诚，乃为颂曰……②

关于本篇的撰写时间，郑炳林《敦煌碑铭赞辑释》有详细的研究：本篇署名灵俊撰，张灵俊天成三年（928）撰《释门法律毗尼刘庆力和尚生前邈真赞并序》，天成四年（929）撰《都牢城使

① 黄征、吴伟《敦煌愿文集》，第279页。
② 郑炳林、郑怡楠《敦煌碑铭赞辑释（增订本）》，第1009页。

张良真生前写真赞并序》《阎子悦写真赞并序》，署名相同，又据《范海印和尚写真赞并序》可知长兴二年（931）正月张灵俊已升任僧政，本篇应作于931年之前。本篇称曹议金为“大王”，荣新江认为曹议金928—931年称“令公”，931—935年称“令公大王”。但所引曹议金称“令公”最晚文书是929年三月（S.2575号文书），称“大王”最早是长兴二年十二月初六。从929年三月以后至长兴二年十二月以前无文书证实，所以《曹盈达写真赞并序》只能撰写于929年三月至长兴二年十二月间[①]。根据文书中“金河之郊，执矟决胜于此日”一句[②]，可知曹盈达参加了归义军与甘州回鹘在酒泉附近的战争，而随后便逝世，文中云“况乃天命有分，变灭难更。四大不顺于胸怀，枕疾俄经于岁月。病加肓内，饵验难蠲。甘泉先竭于人伦，良才早摧于林秀”，这篇赞文即作于此后不久。因此曹盈达参加的这次对甘州回鹘的战争，其时间可能在929—930年前后。P.3718《李绍宗邈真赞并序》中，也记载了曹议金东征甘州回鹘的战争，内容是：

> 府君讳绍宗（旁注：润晟），字继祖，即前河西一十一州节度使张太保［外］孙、使持节墨釐（离）军诸军事守瓜州刺史银青光禄大夫检校左散骑常侍兼御［史］大夫李公长子矣……年芳小俊而出群，弱冠东征而西敌。加以挥戈塞表，为国纳效于沙场。提剑军前，拔帜当锋而独立。破南山，公托隘寇，众赖沾功。扫羌戎，白刃相交，不贪躯命。后乃张掖城下，立万载之高名。酒泉郡前，播雄声于千古。念兹劳绩，金奖荣班。一举节度押衙，兼迁敦煌乡

---

① 郑炳林《敦煌碑铭赞辑释》，第430页。

② 金河又名会水，亦名呼蚕水，即今流经酒泉之北大河。

> 务……挥戈塞表，怗伏狼烟。张掖城下，勇猛贞坚。酒泉阵上，拔帜冲先。临机捷计，如同走丸。弯弧动矢，霜雁声喧。由基莫比，贯虱心穿。东征西敌，沙碛长眠。登危处险，不辞艰难。念兹劳绩，佥擢乡官。均平苦乐，人唱长延。在务清慎，无党无偏。忽染疴疾，药饵难痊。魂归异路，魄逐飞仙。哀妻号叫，血泪如泉。孤子闷绝，寸断肠肝。今晨永别，更无会颜。丹青邈影，留传他年。于时大晋天福七年五月癸未朔十四日丙申题记。①

文书作于后晋天福七年（942），李绍宗是曹氏归义军时期重要的武将之一，参加了对南山的战争，以及发生在张掖、酒泉的战争。同时莫高窟第98窟中没有关于李绍宗的记载，说明李绍宗可能参加的是929—930年前后曹议金称“令公大王”时期与甘州回鹘的战争。天福八年（943）P.2482《罗盈达墓志铭并序》中记载：

> 府君讳盈达，字胜迁。珪璋雅韵，日角仙姿。膺世而与凡不同，间生而殊常杰众。禀人龙之正气，洞宏海之遐源。上膺星辰，下符岳渎……因兹军州慎选，注任辕门。擢委班资，始沾将务。故能训齐士卒，可谓如虎如貔。部领军机，每有前盈后胜。重迁宠秩，委任步军都知。而又盛绩双彰，殊勋克著。塞上之雄豪无敌，沙场之猛气过人。誉播衙庭，兼受极任。紫亭贵镇，葺理边城。抚育疲徒，如同父母。又迁上品，委任马步都权。统领洪军，共收河西陇右。而乃名标三杰，功盖八元。位列崇高，远沾渥泽。播白氏输

① 郑炳林、郑怡楠《敦煌碑铭赞辑释（增订本）》，第1068—1069页。

秦之筹策，掩萧何佐汉之声华。威振八宏，名扬九极。岂期天禄将逼，忽掩夜台。七州恸哭而云雁愁容，五郡含悲而星光暗。军门痛惜，主上伤嗟。[①]

据文书内容可知，罗盈达累任都知兵马使、紫亭镇使、马步都指挥使。P.3875《□子年（928）修造事宜油面帐》记载："面一□，油半升，罗都知、翟都头、张乡官等三团□□木人夫食用。"可知，罗盈达928年任都知兵马使，那么他出任马步都指挥使的时间当在928年之后。而罗盈达"统领洪军，共收河西陇右"的事迹应当是在其出任马步都指挥使以后了，或许反映的也是929、930年前后这场对甘州回鹘的战争。因此，罗盈达参加的这次东征河西、陇右之役，应该也是曹议金称"令公大王"时期。P.2970《阴善雄邈真赞并序》记载：

府君讳善雄，字良勇……曹王秉节，挺赤心而膺昌期。苦处先登，效忠贞而能定国。久倍军幕，作我主之腹心。百战沙场，几番生于龙塞。常乐贵县，国之要冲。睹公良能，鷵迁莅职。故得仁风载扇，政风远流。［驱］鸡之善不遗，弹琴之名无怠……达怛犯塞，拔拒交锋。统领军兵，临机变策。立丈夫儿之志节，一人独勇而当千。星散云飞，异类横尸而遍野。东收七郡，意气侔樊哙之功。西定六蕃，用军有烧牛之策。雄豪无敌，不顾微躯。下壁拔城，累彰臣节。通申内外，不恋货财。摄念冰情，宛然公道。将谓岳石齐固，抱壮智以佐君威。何乃天降妖灾，逐风灯而沉逝路。明王恋惜，举郡伤嗟。一道泣血而声哀，九族攀号

① 郑炳林、郑怡楠《敦煌碑铭赞辑释（增订本）》，第1115—1116页。

> 而蹡踊。继恩谨奉上命，难免固辞。驻笔含悲，乃为颂曰……张掖再复，独立殊庸。酒泉郡下，直截横冲。威传四境，名透九重。将谓永寿，岳石长隆。何乃逝逼，水火皆空。甘泉早竭，良木先崩。黄云暗惨，天戴愁容。一郡废业，坊巷停春。六亲无望，洒泪连郁。千秋之后，永播高功。①

文中称“张掖再复，独立殊庸。酒泉郡下，直截横冲”，尔后云“将谓永寿，岳石长隆。何乃逝逼，水火皆空”，说明在参加过东征甘州回鹘的战争后，阴善雄去世。据P.2482《阴善雄墓志铭并序》记载，阴善雄于清泰四年即天福二年（937）去世，因此阴善雄参加的这次东征甘州回鹘的战争很可能发生在曹议金称“令公大王”时期。

通过以上材料，可以发现曹议金时期与甘州回鹘的战争在张掖、酒泉以及玉门都有发生，而且战争的时间不局限于924—925年，曹议金称“令公大王”时期应该还发生过对甘州回鹘的战争，这次战争的时间或在929—930年前后。记载924—925年那次战争的文书，多称曹议金为“太保”，而记载曹议金称“令公大王”期间的战争时，文书中又常常称“再收张掖”，如P.3518V《张保山邈真赞并序》中称：“不辞寝甲，皓首提戈。常进智谋，再收张掖。”②张保山以年迈之躯出征，说明这次“再收张掖”之役规模不小。荣新江认为关于曹议金称“令公大王”时期东征甘州回鹘的记载，可能是后人抄写时更换了称号，所记载的

① 郑炳林、郑怡楠《敦煌碑铭赞辑释（增订本）》，第1097页。
② 郑炳林、郑怡楠《敦煌碑铭赞辑释（增订本）》，第1149页。

图1-28 莫高窟第409窟东壁回鹘装供养人

内容仍然是曹议金称“太保”时期发动的战争[①]。由于邈真赞记述的战争经过并不详细，对于战争的时间我们也只能根据人物、历史背景等信息来推测，因此曹议金时期到底发动了哪几次对甘州回鹘的战争，还需要更多、更确切的记载来说明。通过敦煌文书中大量记载的曹议金东征甘州回鹘的情形，可以看到曹议金为了打通朝贡中原的道路，做出了巨大努力，归义军政权与甘州回鹘围绕河西走廊西段的控制权，进行了反复的争夺。曹议金时期的敦煌文书中对其战胜甘州回鹘的事迹多有歌颂，如天福六年（941）P.3718《薛善通邈真赞并序》载：“伏自谯王秉政，收复甘、肃二州。”[②]P.2482《张怀庆邈真赞并序》载：“伏遇谯王降世，擢荐贤良……遂曾东西讨伐，南北奔驰。陪元戎复（伏）静于河湟，事旌幢剪除于凶丑。交锋列阵，唯励磨鳞。愿陈百战之功，不顾一生之命。”[③]虽然曹议金没能彻底打败甘州回鹘，但

① 荣新江《归义军史研究——唐宋时代敦煌历史考索》，第322—323页。
② 郑炳林、郑怡楠《敦煌碑铭赞辑释（增订本）》，第1064页。
③ 郑炳林、郑怡楠《敦煌碑铭赞辑释（增订本）》，第1135页。

是主动的军事进攻，反映了归义军政权的上升势头，也体现出曹议金重建霸业的决心。一系列的战争给了甘州回鹘以巨大的震慑，从而使曹议金的后继者们得以安享与甘州回鹘和平共处的局面。

三、曹议金时期与于阗的关系

在张承奉时期，敦煌与于阗就已经建立起了联系。P.4640V《已未年至辛酉年（899—901）归义军军资库司布纸破用历》记载："辛酉年（901）三月十一日，支与于阗使押衙张良真画纸一帖。十二日，又都押衙罗通达传［处分］，支与于阗使梁明明等一行细纸一束八帖。"[①]S.4359V中有《开于阗·谒金门》一篇："开于阗，绵绫家家总满。奉戏生龙及玉碗，将来百姓看。尚书座客典，四塞休征罢战。但阿郎千秋岁，甘州他自离乱。"[②]荣新江认为《开于阗·谒金门》一篇的创作时间在901年，内容即敦煌文人称颂节度使打通了与于阗国的交往之路[③]。张承奉为了使通往于阗的道路更加畅通，于天复十年（910）秋，发动了对璨微部落的战争。此外，学者研究认为P.3633V《龙泉神剑歌》中的"结亲"之事可能指张承奉与于阗的联姻[④]。可以看出，在张承奉时期，于阗与敦煌就保持着良好的关系。曹氏归义军建立之

① 《法国国家图书馆藏敦煌西域文献》第32册，第266页。

② 饶宗颐《敦煌曲》，第237页。

③ 荣新江、朱丽双《于阗与敦煌》，第111页。

④ 钱伯泉《有关归义军前期历史的几个问题——〈周故南阳郡娘子张氏墓志铭并序〉研究》，《敦煌学辑刊》1987年第1期，第86页；杨秀清《敦煌西汉金山国史》，兰州：甘肃人民出版社，1999年，第135—136页；冯培红《敦煌的归义军时代》，第218页。

后，敦煌与于阗更是积极加强相互之间的联系。

敦煌文献中记载于阗与敦煌交往的材料很多，荣新江对此做了详细的搜罗[①]。曹议金时期敦煌与于阗建立了姻亲关系，成为两国友好关系的重要基础。莫高窟第98窟主室东壁门南侧第一、二身供养人画像题记为“大朝大宝于阗国大圣大明天子……即是窟主”“大朝大于阗国大政大明天册全封至孝皇帝天皇后曹氏一心供养”[②]。敦煌莫高窟第61窟主室东壁门南侧第三身题名为“姊大朝大于阗国大政大明天册全封至孝皇帝天皇后一心供养”[③]。第61窟窟主为曹元忠，他的姐姐即出嫁于阗的天皇后。敦煌文书中与这次和亲活动有关的记载主要有：P.3718（2）长兴二年（931）正月十三日敦煌沙门灵俊撰《范和尚写真赞并序》，记载范和尚“东游五岳，奏对朝天。西通雪岭，异域传芳。盂（于）阗国主，重供珍琏”[④]。可知931年沙州僧范海印出使于阗。在这次出使之后，于阗使者随后便至敦煌商议结亲之事。可以推测，范海印和尚的出使可能已经与于阗国初步商议结亲事宜。P.2704《后唐长兴四年、五年（933、934）归义军节度使曹议金回向疏》第一篇记载：“紫盘龙绫袄子一领、红宫锦暖子一领、大紫绫半臂一领，其袄子，于阗宰相换得……已上施入大众。”[⑤]荣新江认为带盘龙纹的丝织品只有王者才能使用，因此这位宰相来敦煌的使命非同一般，应该就是为了于阗与敦煌结亲一事而来[⑥]。敦煌出土回鹘文文书P.2998V：“马年（934）五月，我等金国使者到来

① 荣新江、朱丽双《于阗与敦煌》，第113—149页。

② 敦煌研究院编《敦煌莫高窟供养人题记》，第32页。

③ 敦煌研究院编《敦煌莫高窟供养人题记》，第21页。

④ 郑炳林、郑怡楠《敦煌碑铭赞辑释（增订本）》，第978页。

⑤《法国国家图书馆藏敦煌西域文献》第17册，第314页。

⑥ 荣新江、朱丽双《于阗与敦煌》，第154页。

沙州，乞得百（?）王之女为［皇］偶。我等已获聘此女。”哈密顿据此认为，曹议金在934年嫁女给大宝国于阗可汗[①]。曹议金的女儿嫁到于阗，被尊称为天皇后。荣新江详细统计了于阗与曹氏归义军往来的文献记载[②]，其中敦煌文书记载了许多关于天皇后的信息，主要有Дx.1380《某年（934—935年间）归义军节度使曹议金致女于阗皇后书》：“今大王信，摩睺罗锦一匹，小绫一匹，夫人楼机……”P.2628《后唐清泰三年（936）六月沙州僦司教授福集等状》：“楼机绫一匹，寄上于阗皇后用。”P.4638V《丙申年（936）正月马军武达儿状》：“右伏以达儿先送皇后年。”又同卷《马军宋和信状》：“右和信，先辛卯年，有六岁骆驼一头，押衙氾润宁雇将于阗充使。”P.3016V《于阗天兴七年（956）十一月于阗回礼使内亲从都头前寿昌县令索子全状》多次提到“皇后”“圣后”，当即李圣天之夫人曹氏。P.4518《天寿二年（964）五月日宝胜状》“天皇后圣颜”，964—966年间P.3804《斋文》“伏惟我天皇后……即我天皇后之德也”。

曹议金通过与于阗的结亲，扩大了敦煌政权的影响力，客观上也巩固了粟特曹氏家族在敦煌地区的统治。通过曹氏归义军政权的不断努力，于阗进奉使马继荣于天福三年（938）顺利抵达后晋都城开封。在后晋天福三年到后汉乾祐元年（948）间，于

---

① （法）J.Hamilton，*Manuscrits ouïgours du IXᵉ—Xᵉ siècle de Touen—houang*，*Paris*：*Peeters*，*1986*；“On the Dating of the Old Turkish Manuscripts from Tun-huang”，*Turfan*，*Khotan und Dunhuang*：*Vortäge der Tagung*“*Annemarie v. Gabain und die Turfanforsch—ung*”（herausgegeben von Ronald E.Emmerick，Werner Sundermann，Ingrid Warnke und Peter Zieme），Berlin：Akademie Verlag，1996，p.142；荣新江、朱丽双《于阗与敦煌》，第155页。

② 荣新江、朱丽双《于阗与敦煌》，第113—149页。

图1-29 莫高窟第98窟东壁于阗国王及皇后曹氏供养像

阗使者前后四次抵达中原[①]。不仅如此，西域僧人也经归义军政权的周旋，访问中原。P.2703曹元忠给于阗皇帝的一封信件记载："今西天大师等去，辄附音书。其西天大师到日，希望重叠津置，疾速发送。……舅归义军节度使、特进、检校太师、兼中书令敦煌王曹状。"[②]这是西天大师从中原返回经过敦煌时的记载。可知，曹氏归义军政权在摆脱了甘州回鹘的制约之后，促成了于阗等西域国家的使者、僧人进入中原，在西域与中原的通使过程中发挥了重要作用，成为丝路交通上的重要一环。

① 冯培红《敦煌的归义军时代》，第336页。

② （日）藤枝晃《沙州歸義軍節度使始末（四）》，《東方学報》（京都）第13册第2分，1943年，第65—66页；荣新江《敦煌文献所见晚唐五宋初的中印文化交往》，李铮、蒋忠新主编《季羡林教授八十华诞纪念论文集》，南昌：江西人民出版社，1991年，第964页。

小　结

粟特曹氏家族通过在敦煌地区经营其家族的姻亲关系，使得家族实力和政治声望逐步提升。曹议金在张承奉时期凭军功崛起，并联络了相当一部分基层力量，914年，曹议金取代张承奉执政敦煌，建立曹氏归义军政权。曹议金掌权后采取了一系列灵活、务实的政策，稳定了归义军政权的内部统治，改善了与周边政权的关系，并且获得了中原王朝的册封，为敦煌政权的长期存在打下了基础。

总体上说，曹议金执政初期，敦煌归义军政权面临一系列内外困境，既需要维持内部各个大族共同统治敦煌的局面，又需要面对外部甘州回鹘的威胁。内部的敦煌大族、外部的甘州回鹘，既是曹议金积极合作、拉拢的对象，也是曹议金在稳定了敦煌政局之后，重点遏制的对象。在处理与敦煌本地大族的关系方面，曹议金本人积极与他们联姻，而曹议金的几个儿子虽然亦与传统敦煌大族联姻，但是出自这些传统敦煌大族的妻子都不是他们的第一夫人，传统敦煌大族的影响力因此逐渐减弱[①]。与甘州回鹘

① 后文有详细论述。

的矛盾是曹议金时期面临的最大威胁，在处理与甘州回鹘的关系上，曹议金最初是通过和亲缓解了二者的矛盾。和亲的意义不仅仅在于改善了归义军政权与甘州回鹘的关系，还在于通过迎娶甘州回鹘天公主并将其奉为第一夫人，某种程度上也是对敦煌本地大族的震慑。曹议金还发动对甘州回鹘的战争，并且取得了战争的胜利，从而摆脱了甘州回鹘的制约。

曹议金实行了一系列务实的政策，曹氏归义军政权建立以后，随即取消了张承奉时期的帝号，重新奉中原王朝正朔，并努力通使中原。这是符合敦煌地区民众的心理追求的，也是曹氏归义军得以在敦煌乃至河西地区立足的政治基础。曹议金还与西面的于阗建立起良好的关系，于阗视敦煌为中原王朝的代理人。

曹议金的功绩在于他缔造了曹氏归义军政权的基础，他不仅是创立者，更是奠基者。曹议金敏锐地注意到敦煌地区的各种矛盾。归义军政权内部，敦煌传统大族仍旧有着巨大的影响力，归义军政权内部的矛盾之一即新兴曹氏等家族与传统大族的矛盾；归义军政权外部，甘州回鹘是敦煌政权最忌惮的政治势力，那么归义军政权的外部矛盾主要是与甘州回鹘的矛盾；曹议金时期归义军政权与甘州回鹘的矛盾，在曹议金与回鹘公主的联姻之后，进而转化为内部矛盾，即曹元德派系与甘州回鹘派系（回鹘天公主及其生子的势力）的矛盾。对于归义军政权面临的种种困境，曹议金采取了积极的应变措施，包括奉中原王朝正朔、联姻甘州回鹘、册封索氏为“国太夫人”、东征甘州回鹘、嫁女于阗等。这一系列措施，对于平衡敦煌内部的政治势力、改善敦煌的外部环境、赢取敦煌民众的支持等都产生了积极的影响。曹议金洞察敦煌地区的形势，为归义军政权营造了良好的内外环境，为敦煌政权的长期延续奠定了基础。

第二章

曹元德、曹元深执政时期

曹议金执政时期，通过和亲、战争等一系列务实的政策，稳定了敦煌的内外局势，并且努力通使中原，获得了后唐朝廷的册封。曹议金去世前后，清泰元年（934）前后，归义军与甘州回鹘的关系又变得非常紧张[①]。曹元德、曹元深时期，如何处理与甘州回鹘等周边民族的关系，是归义军政权面临的棘手问题。

另外，通过第一章对甘州回鹘天公主生子“尚书”以及“国太夫人”索氏生子“司空”的考察，可知曹议金最终选择了“司空”曹元德继承归义军节度使之位，或许曹议金在有意识地限制归义军政权内部甘州回鹘派系的势力。曹议金去世以后，甘州回鹘天公主在归义军政权中依然有着显赫的地位，那么曹元德如何处理敦煌内部甘州回鹘派系的势力呢？这也是曹议金时代遗留下来的问题。

曹元德、曹元深执政时间不长，曹元德即位之时，敦煌的政局并不稳定，而在10年之后曹元忠继任节度使时，敦煌的内外形势趋于好转，敦煌社会经济再现繁荣的局面。可见，曹元德、曹元深时期归义军政权实现了平稳的过渡。

曹议金采取了各种有力的措施使得曹氏归义军政权得以稳固和发展，然而曹氏归义军政权毕竟处于初创阶段，敦煌周边诸政权也在观望、试探曹议金继任者的实力。笔者认为，曹元德、曹元深时期是一个重要的过渡阶段，其父曹议金执政时期的一系列政策与成果能否延续以及巩固，是曹元德、曹元深面临的重要考验，因此笔者称曹元德、曹元深时代为“后曹议金时代”。

---

① 杨宝玉、吴丽娱《P.2992V书状与清泰元年及长兴元年归义军政权的朝贡活动》，《敦煌学辑刊》2007年第1期，第15—28页；杨宝玉《清泰元年曹氏归义军入奏活动考索》，《敦煌学辑刊》2011年第3期，第21—30页。

第一节 曹元德、曹元深称号辨析

关于曹氏归义军统治敦煌时期的节度使称号，前贤已经做了详尽细致的研究。曹元德、曹元深兄弟在935—944年执掌归义军政权，“曹元德于长兴四年（933）以节度副使检校司空，清泰二年（935）至天福四年（939）任节度使，其间一直称司空，末年又由中央王朝赠太保，所以也以检校司空兼太保。曹元深天福五年（940）初任节度使时称司空，天福七、八年称司徒，天福九年（944）初接受后晋诏赠的太傅称号，然而不久即去世”[①]。荣新江通过对曹元德、曹元深时期大量敦煌文献的梳理研究，厘清了二位节度使的称号。但是由于曹元德、曹元深两位节度使在位时间较短，有些称号二者可能都曾经使用过，所以难免会有一些混淆，本节试图对相关文献再做梳理，希望能对相关研究有所补益。

一、曹元德的称号

曹元德继位时使用“司空”称号，荣新江对曹元德称“司

① 荣新江《归义军史研究——唐宋时代敦煌历史考索》，第107—113页。

空”的文书做过详细的搜罗[①]，认为曹元德长兴四年（933）就称节度副使检校“司空”，清泰二年（935）继任节度使后仍用此称谓，末年又由中央王朝诏赠“太保”[②]。然而，通过对敦煌文书的检索，可以发现在曹议金称“令公”时期（928—931），曹元德已称“司空”，天福三年（938）以后，曹元德可能开始称“司徒”。曹元德去世以后，朝廷诏赠元德“太保”称号。

（一）曹元德称“司空”

曹元德称“司空”的时间较早，笔者认为曹元德称“司空”的时间开始于曹议金称“令公”时期（928—931），“司空”称号至少使用到938年。因前文亦有论述，下面仅列出相关文书，并简要做一说明。曹议金称“令公”时期，曹元德称“司空”的记载如下。P.3149《新岁年旬上首于四城角结坛文》记载：“伏惟我令公神姿杰世，天纵英雄……伏持胜福，司空云云。次用庄严，天公主贵位，伏愿宠颜日厚，门来纳庆之珍。重若瑚琏，永贵镇祥之璧。夫人恒茂，恋花萼之芬芳。郎君神聪，慕忠贞而治物。”[③]P.3765V记载：“令公宝位，等劫石而齐坚。夫人花颜，比贞松而不变。司空等诸郎君昆季，常增磐石之荣……又持胜福，次用庄严，我府［主］令公贵位。伏愿南山作寿，北极标尊。常为菩萨之人王，永作河西之父母。又持胜福，伏用庄严，夫人贵位，伏愿鲜颜转貌，桃李驰芳。播柔服于邦家，匡母仪于王室。司空等郎君，文操夏叶争芳，应小娘姊妹，红颜春花竞馥。”[④]以及P.3567文书，其相关内容为：“令公宝位，等劫石而

① 荣新江《归义军史研究——唐宋时代敦煌历史考索》，第107—109页。
② 荣新江《归义军史研究——唐宋时代敦煌历史考索》，第110页。
③《法国国家图书馆藏敦煌西域文献》第22册，第41—42页。
④《法国国家图书馆藏敦煌西域文献》第27册，第340页。

齐坚。夫人花颜，比贞松而不变。司空等诸郎君昆季，常增磐石之乐……又持胜福，次用庄严，我府主令公贵位。伏愿南山作寿，北极标尊。常为菩萨之仁王，永作河西之父母。次用庄严，我国母夫人贵位，伏愿鲜颜转貌，桃李驰芳，播柔服于邦家，匡母仪于王室。司空等郎君，文採夏叶争芳。应小娘子姉妹，红颜春花竞馥。”[①]P.3765V与P.3567两则文书中重复的内容较多，较为明显的不同是P.3567文书中出现了“国母夫人”[②]，可能指称甘州回鹘天公主。以上两则文书中出现的“令公”即指曹议金，“司空”位列“令公”之后，应当指称曹元德。根据这三则材料，笔者认为曹元德称“司空”的时代可以提前到曹议金称“令公”时期，即最晚在931年曹元德已经号称“司空”。

除了以上文书之外，在Φ.263、Φ.326文书背面有《河西节度使司空及天公主造三界大像头冠胸衣功德记》《河西节度使大王曹议金造大寺功德记》等一批关于“司空”的文书，文书中的“司空”当指曹元德。该文书正面《转经文》中还出现了“令公”称号，

图2-1 莫高窟第100窟甬道南壁曹议金父子供养像

① 《法国国家图书馆藏敦煌西域文献》第25册，第342页。

② 曹议金在世时，天公主一般不称为“国母夫人”，此处“国母”或为误抄。此外，前一章已经指出，这两篇文书虽然具有曹议金时期的特征，但还需要更多材料的支持。

我们先看Φ.263、Φ.326《转经文》中关于“令公”的记载：

> 则我令公，先奉为国泰人安，无闻征战之名……伏愿我令公，抚运龙飞，垂乾御宇。上膺青光赤符之瑞，下披流虹绕电之祯……又持是福，伏用庄严，我令公贵位，愿垂阐化，四海一家。广扇人（仁）风，三边镇静。然后天下定，海内清，天地尽而福不穷……则我令公，先奉为国泰人安，次为己躬，圣寿无疆，诸所建也。伏惟我令公，膺天明命，握符而理金浑。［运］属璿枢，启天心而承霸业……又持胜善，伏用庄严，我令公贵位，伏愿形同大地，福极西江，广阐真宗，牢增佛日。然后河清海晏，不闻刁斗之声。四寇降阶，久绝烟尘之战……则我令公先奉为国泰人安，刀兵永罢。次为己躬，福山不坏，诸所建也。伏惟我令公，积因感德，乘权降灵。受灌顶而垂衣，膺转轮而驭寓……又持胜善，伏用庄严，我令公贵位，伏愿敷弘至道，济育苍生。①

从文书中“上膺青光赤符之瑞，下披流虹绕电之祯”“膺天明命，握符而理金浑”的记载来看，此时“令公”曹议金可能刚获得朝廷的册封。史载后唐长兴二年（931）春正月，“以沙州节度使曹义金兼中书令”②。这篇文书有可能就写于931年曹议金被册封之后、曹议金称 “大王”之前的一段时间。发愿文中很多文字是歌颂曹议金平定西土之功劳，反复称赞其降服“四寇”的功绩，说明敦煌经历了较大规模的战争，军民士气高涨。Φ.263V、Φ.326V中还出现了关于河西节度使“司空”的记载，

---

①《俄藏敦煌文献》第5册，第44—46页；郑炳林、郑怡楠《敦煌碑铭赞辑释（增订本）》，第1295—1297页。

②《旧五代史》卷四二《后唐明宗纪》，第575页。

即第二篇《河西节度使司空及天公主造三界大像头冠胸衣功德记》，其文曰：

> 夫法身凝寂，非色相之可观。宝智圆明，岂人天之所测。不生不灭，越三界已若尊。无去无来，运六通而自在……厥今则有天公主、司空，乃见三界大像，建立年深，破坏增多，人不敬信。所以割舍真（珍）异，广发胜心，创造头冠，胸衣别制。并已功毕，庄饰侔仪。跪炉虔诚，仰凭福力者，先奉为龙天八部，何（呵）护疆场。梵释四王，安边定难。次为司空宝位，地久天长。国母天公主，保仪吉庆。郎君小娘子，福禄转新。内外宗枝，长承福乐。四方开泰，使人早还。夏顺秋调，农夫贺庆，诸嘉会也。伏惟我司空雄时神资（姿），英骨天与，燕颔为相，猿臂标奇。得孙吴之谋，履张陈之计。三军暗会，千里坐平。七纵七擒，百发百胜。加以倾心佛日，再辟周星。每岁迎新，大崇福力。头冠则梵天取样，胸衣乃七宝庄成。串穿同初下宝阶，旋绕八十种好。造之者除殃万劫，睹之者灭罪尘沙。以斯敬造功德，回向福因，先用奉资，我司空贵位，伏愿福如山海，不动不移。命等江河，无枯无竭。六根调（惆）怅，四大伏仪。灾障云消，功德圆满。又持胜福，次用庄严，天公主郎君小娘子贵位，伏愿金刚蜜迹，卫护身心。才器日兹，声名岁延。施云施雨，为龙为光。凡厥亲姻，并皆荣乐。然后上通有顶，傍括十方。俱沐芳因，齐登佛果。[①]

① 《俄藏敦煌文献》第5册，第52页；郑炳林、郑怡楠《敦煌碑铭赞辑释（增订本）》，第1301页。

这篇文书中出现了“国母天公主”“司空”等称号，通读文书可知，“司空”很有可能是指曹元德。文书反映的是曹议金去世以后，曹元德初任归义军节度使时的情形。Φ.263V、Φ.326V还保存有《河西节度使大王曹议金造大寺功德记》，文书记载：

> 厥今三秋已末，大王钦慕于伽蓝。玄英欲临，宫人倾心而恳切。顿舍真（珍）才，发胜心而修大寺。启嘉愿者，有谁施作？时则有我河西节度使大王，先奉为龙天八部，拥军国以定灾殃。四大天王，押鬼魅而清管界。大唐圣帝，永治乾坤。愿照西垂（陲），恩加无滞。次伏惟我大王己躬延寿，以彭祖而齐年。公主、夫人，保坤仪合其德。副使司空雄勇，尽忠孝以奉明王。诸幼郎君，拔俊才，探百艺，光扬大业。小娘子姊妹，受训桂彰（珪璋）。应是枝罗，长在大荫之福会也。①

据“大唐圣帝”可知此功德记记载的是后唐时期的事件，“大王”即曹议金，“副使司空”即曹元德。据此，也可以推测Φ.263V、Φ.326V中其他文书中的“司空”就是曹元德。Φ.263V、Φ.326V中其他关于“司空”的记载有：

> 有谁施作，时则有我司空，先奉为龙天八部，护莲府，却殄灾殃。梵释四王，伏刀兵而清内外。当今帝主，永带天冠，十道澄清，八方倾化。司空己躬鸿寿，千年永荫于河湟。故父大王承福力，生十方净土。国母天公主夫人，

① 《俄藏敦煌文献》第5册，第53页；郑炳林、郑怡楠《敦煌碑铭赞辑释（增订本）》，第1293页。

图2-2 榆林窟第38窟东壁《龙王礼佛图》

誓同助治。郎君小娘子，继踵超先……伏惟司空，膺天文备，凤骨雄才……千家报三宝之恩，万户贺司空之德。

又有：

我府主司空慈悲，并化雨曜齐明。造功德而岂罢朝昏……安边定难，常怀韩信之沉识。抚弱凌强，休说张良之秘略。［□□］置德，狼烟自息，戎虏休征。

后有倒书：

时则有我河西节度使司空，先奉为龙天八部，愿降临谨莲府苍生，梵释四王，伏魔军而摧［邪］显正。遐澄迩肃，四方无爟火之虞。社泰恒安，八表有输琛之款。当今皇帝，保祚长隆，十道三边，竞来献工（贡），司空已躬保寿。

又有《发愿文》云：

> 伏惟我当今皇帝，祚承大业，圣备无疆，克修永图，诞应天命，威加四海，恩侠八难，流演一乘，以安万［姓］。故得皇储赞翼，忠谏纳于良规。正理明朝，匡绍奇于补佐。伏惟我河西节度使司空，龙胎挺特，膺文星统握河湟；凤骨奇能，禀武宿再清陇右。机行获泰，五郡复值而烟销。计动无亏，四寇休征而跪伏……则我司空之德也。次则伏惟天公主夫人，间生异德，弘妇道于宫门；夙蕴之攒，播母仪于王室。次伏惟我诸郎君，天生凤骨，异世英灵；怀七德之深谋，播六韬之大略。[①]

以上是Φ.263V、Φ.326V中关于"司空"的记载，《河西节度使大王曹议金造大寺功德记》中的"司空"可以确定为曹元德，那么整件文书中的"司空"应该都是指称曹元德。郑炳林指出，Φ.263V、Φ.326V文书的时间在曹议金末年、曹元德初年，是"司空"曹元德接任归义军节度使前后的一批文书[②]。文书中出现曹议金妻子"国母天公主"，根据文书中相关记载，如"国母天公主夫人，誓同助治""天公主郎君小娘子贵位"，可以推测，这一系列文书创作于曹议金、曹元德节度使位交替之际，此时天公主儿子"尚书"尚未去世。关于曹元德的文书，还有P.3461《斋文一篇》值得注意：

---

① 《俄藏敦煌文献》第5册，第51—57页；郑炳林、郑怡楠《敦煌碑铭赞辑释（增订本）》，第1304页。

② 郑炳林、郑怡楠《敦煌碑铭赞辑释（增订本）》，第1303页。

厥今青阳上朔，官僚钦仗于仙岩。太簇中旬，士庶崇投于圣谷。燃灯玉树，食献银盘。供万佛于幽龛，奉千尊于查窟。八音清亮，遍□□以旋行。六珠馨香，望能人而注□。启加愿者，为谁施作，时有我归义军节度使厶官，先奉为龙天八部，降瑞福于敦煌。梵释四王，注休祯于黑水。东途开泰，父子早见于团圆。西路无危，人使速还于桑梓。当今帝主，治辅人凑于八荒。班佐公卿，侍主永延于五等。次为使主厶官延祐，皇□以佛荫而加新。国母天公主长年宠深，共仙颜而转秀。牧黧（墨离?）刺史，磐石□固无乖。娘子郎君，永祧之叶方大。两班大将，长承雨露之恩。一郡□□，永奉重天之化。凶神怪鬼，奔归海之南隅。疫病非灾，送趣山之西伴，□□□也。伏惟我厶官，乃龙胎挺特，膺文星统握河隍。凤骨奇能，操禀□宿再清陇右。机行获泰，五郡复值而烟消。计动无亏，四寇休征而跪伏。遂得加以倾心奈苑，敬佛教而汉梦思真。惠镜居怀，崇法门而周照□阐……又持是福，次用庄严，当今帝主贵位，伏愿永垂阐化，四海一家。尧云重起于金阶，虎节偏达于玉塞。又持是福，次用庄严，使主厶官贵位，伏愿百神助佑，千圣呈祥。长为丘岳之尊，永作关西之主。又持是福，次用庄严，国母天公主贵位，伏如松之盛，似桂之贞，同劫石镇定金楼，等沧溟而安主室。又持是福，次用庄严，刺使厶官贵位，伏愿四神降祉，八圣来光。怀敬顺钦仰四时，蕴骁雄伏清东道。又持胜福，次用庄严，小娘子郎君贵位，伏愿娘子仙娥保朗，长隆鱼水之欢。郎君玉貌时芳，永受如殊之宠。又持是福，次用庄严，诸都指挥都衙等贵位。①

---

①《法国国家图书馆藏敦煌西域文献》第24册，第277页。

图2-3 P.3461《斋文一篇》

这篇文书中提到“使主厶官”，马德认为“使主厶官”是指曹元德，“刺史”指曹元深[①]，这篇文书中的一些内容和前述Φ.263V、Φ.326V中的部分句子内容相近，比如Φ.263V、Φ.326V中“伏惟我河西节度使司空，龙胎特挺，膺文星统握河湟；凤骨奇能，禀武宿再清陇右。机行获泰，五郡复值而烟销。计动无亏，四寇休征而跪伏”，P.3461中则云：“伏惟我厶官，乃龙胎挺特，膺文星统握河隍。凤骨奇能，操禀□宿再清陇右。机行获泰，五郡复值而烟消。计动无亏，四寇休征而跪伏。”两句话内容几乎一致，应该是指称同一人。且写卷中“伏惟我厶官，乃龙胎挺特”一句中，“厶官”有修改痕迹，“厶”字原似写作

① 马德《尚书曹仁贵史事钩沉》，《敦煌学辑刊》1998年第2期，第12页。

“司”字，可知此卷或为草稿或抄本，故改“司”为“厶”。因此，P.3461文书中的“使主厶官”应该是指“司空”曹元德。根据文书内容可知，曹元德在任时曾经再次出征甘州回鹘。

曹议金称“大王”时期，P.6006文书中曹元德被称为“刺史司空”：“伏惟我大王云云……天公主、夫人恒泰，誓播美于宫闱。小娘子姊妹欢颜，每宠同于金燧。刺史司空昆季，永继绍于河湟。”[①]P.2704《后唐长兴四年、五年（933、934）归义军节度使曹议金回向疏》则出现“司空助治”：“大王受宠，台星永曜而长春。功播日新，福寿共延于海岳。天公主抱喜，日陈忠直之谋。夫人陈欢，永阐高风之训。司空助治，绍倅职于龙沙。诸幼郎君，负良才而奉国。小娘子姊妹，恒保宠荣。”[②]P.4976《儿郎伟》称呼元德为“副使司空”：“伏承大王重福，河西道泰时康……天公主善心不绝，诸寺造佛衣裳……夫人心行平等，寿同劫石延长。副使司空忠孝，执笔七步成章。”[③]

以上是曹元德早年称“司空”的一些记载。通过对敦煌文献的检索，笔者发现曹元德具有“司空”称号的文书，最早的在曹议金称“令公”时期，而曹元德称“司空”最晚的文书则在938年。在此，笔者不一一讨论，仅将曹元德称“司空”的相关文献（包括敦煌石窟题记和敦煌文献中的记载）简要列出，以便读者全面掌握曹元德称“司空”的时间。

曹议金称“令公”时期，即928—931年，曹元德已经号称“司空”，相关的记载有：第244窟甬道南壁底层第一身：“……伊西……节度使检校中书令曹……〔议金〕。”甬道北壁底层第一

① 《法国国家图书馆藏敦煌西域文献》第34册，第337页。

② 荣新江《归义军史研究——唐宋时代敦煌历史考索》，第104页。

③ 荣新江《归义军史研究——唐宋时代敦煌历史考索》，第104页。

身：“男敕河西归义军节度押……国……曹元德一心供养。”[①]

P.3149《新岁年旬上首于四城角结坛文》：“伏惟我令公神姿杰世，天纵英雄……伏持胜福，司空云云。次用庄严天公主贵位，伏愿宠颜日厚，门来纳庆之珍。”

P.3765V：“令公宝位，等劫石而齐坚……司空等郎君昆季，常增磐石之荣。”

P.3567：“令公宝位，等劫石而齐坚……司空等诸郎君昆季，常增磐石之乐。应小娘子，以内外金枝恒耀，争春之貌，之福会也。”

Φ.263、Φ.326《转经文》出现“令公”称号，同时文书背面也出现曹元德称“司空”的记载，如：“今则有天公主、司空，乃见三界大像，建立年深，破坏增多，人不敬信。”

曹议金称“令公大王”时，即931—935年，关于曹元德称“司空”的记载有：P.2704《曹议金回向疏》：“司空助治，绍倅职于龙沙。”[②]

P.4976《儿郎伟》：“副使司空忠孝，执笔七步成章。”[③]

Φ.263V、Φ.326V《河西节度使大王曹议金造大寺功德记》：“时则有我河西节度使大王……公主、夫人……副使司空雄勇。”

曹元德继任节度使之后，继续使用“司空”的称号。Φ.263、Φ.326文书中的一批文献，是“司空”曹元德接任归义军节度使

---

① 敦煌研究院编《敦煌莫高窟供养人题记》，第108页。

② 《法国国家图书馆藏敦煌西域文献》第17册，第314页。“司空”指曹元德，此时已辅佐曹议金助治敦煌。

③ 《法国国家图书馆藏敦煌西域文献》第33册，第327页。曹议金任归义军节度使后期，任命曹元德为节度副使。

前后的一批文书①。其背面相关记载如："司空已躬鸿寿，千年永荫于河湟。故父大王承福力，生十方净土""我府主司空慈悲，并化雨曜齐明""伏惟我河西节度使司空，龙胎挺特"。

图2-4 莫高窟第108窟甬道南壁曹议金供养像

此外还有以下记载：敦煌莫高窟第108窟甬道南壁西向第一身"敕河西陇右伊西庭楼兰金满等州节度使□□□□□□□西大王讳议金供养"，第二身"敕河西归义等军节度押蕃落等使检校司空谯郡开国公曹元德一心供养"②。

第100窟甬道南壁西向第一身"故敕授河西陇右伊西庭楼兰金满等州节度使检校中书令……大……讳议金"，第二身"敕河西归义军节度押蕃落等使检校司空谯郡开国公曹元德一心供养"③。

P.3556《清泰三年（936）正月二十一日曹元德回向疏》记载："司空禄位，荣宠共七宿长晖；福荫咸宜，芳名以（与）五星争朗。"后署名"归义军节度留后使检校司空曹元德"④。

P.3260《某年十二月二日曹元德状》署："归义军节度留后使检

① 郑怡楠《敦煌写本〈河西节度使大王造大寺功德记〉考释》，《敦煌学辑刊》2013年第4期，第33页。
② 敦煌研究院编《敦煌莫高窟供养人题记》，第51页。
③ 敦煌研究院编《敦煌莫高窟供养人题记》，第49页。
④《法国国家图书馆藏敦煌西域文献》第25册，第256—257页。

校司空曹元德。”[①]此件文书中曹元德的署名与上一件（P.3556）相同，既然称“归义军节度留后”，那么其即位时间不长。

P.4638V《丙申年（936）正月马军武达儿状》亦称曹元德为“司空”。

P.4638V《清泰四年（937）十一月十八日都僧统龙辩都僧录惠云都僧政绍宗等牒》：“司空五才神将，降世以定龙沙，七德变通，护六州而治莲府……自从司空出境，天暖似觉重寒……司空高悬玉镜，愿照众情。”[②]

S.4291《清泰五年（938）月十日敕归义军节度使牒》后署：“使检校司空兼御史大夫曹元德。”[③]

P.3347《后晋天福三年（938）十一月五日敕归义军节度使牒》后署：“检校司空兼御史大夫曹。”[④]

以上文书中的“司空”身份可以大致确定为曹元德，文书年代在928—938年之间。最晚的一件曹元德称“司空”的文书在938年十一月。学者认为此“司空”称号一直沿用到曹元德去世，直至中原王朝诏赠曹元德“太保”。但是，我们通过检索相关文书记载，发现在938年之后，曹元德的称号可能又有晋升。

（二）曹元德称“司徒”

关于曹元德的称号何时从“司空”晋升“司徒”，哈密顿在《五代回鹘史料》一书中提到，“曹元德在936年二月称司徒”[⑤]，

---

① 《法国国家图书馆藏敦煌西域文献》第22册，第323页。

② 《法国国家图书馆藏敦煌西域文献》第32册，第237页。

③ 《英藏敦煌文献（汉文佛经以外部分）》第6卷，第22页。

④ 《法国国家图书馆藏敦煌西域文献》第23册，第257页。

⑤ （法）J. R. 哈密顿著，耿昇、穆根来译《五代回鹘史料》，乌鲁木齐：新疆人民出版社，1986年，第130页。

但是并没有说明原因，而且在936年以后还可以见到曹元德称“司空”的记载，所以他的观点没有引起学界的关注。然而笔者根据敦煌文献相关记载，认为曹元德有可能称“司徒”，现试做论证。

首先看P.3269《司徒发愿文》，其中的“司徒”是曹元德还是曹元深，需要进一步探讨，文书记载：

> 有谁施作？时则有河西节度使司徒，先奉为龙天八部，护莲府却殄灾非。梵释四王，静欃枪而安社稷。当今帝王，永镇皇图。十道澄清，八方顺义。司徒鸿寿，宝位定千载遐隆。国母天公主延龄，禄宠厚万年莫竭。刺使（史）郎君英俊，负忠孝理于王庭。小娘内外，芳颜永荫，长荣于闺阁之福会也。伏惟我司徒千年降质，神授英奇。定河州而万里烟销，押六蕃而兆民有获……复用庄严，我今皇帝贵位，永调玉烛，常保金浑（辉）。延凤还（历）于千秋，继龙图于万岁。又持胜福，次用庄严，秋（我）府主司徒贵位，伏愿［□］干备德，宝位以（与）五岳［而］斋（齐）坚。坤极治民，宠禄并三台而永固。又持胜福，复用庄严，我国母天公主贵位……①

文书中多次出现“司徒”这一称号，但因为没有具体表明年代的相关信息，其归属也不能确定。根据“国母天公主”这一称号，可以大致推知文书的年代②，即曹议金去世，曹元德或曹元深执政的年代。荣新江据发愿文中提到的“司徒”“国母天公主”

① 黄征、吴伟《敦煌愿文集》，第526页；《法国国家图书馆藏敦煌西域文献》第22册，第332页。

② 荣新江《归义军史研究——唐宋时代敦煌历史考索》，第109页。

“刺史郎君”“小娘子”几个人物之间关系，认为其中“司徒”即指曹元深，“刺史”指曹元忠[①]。但是也不能排除“司徒”指曹元德，而“刺史”指曹元深的可能。

在曹元德任归义军节度使时期，敦煌文书中经常以“刺史”来称呼曹元深。P.3461《斋文一篇》载：

> 次为使主厶官延祐，皇□以佛荫而加新。国母天公主长年宠深，共仙颜而转秀。牧黧（墨离?）刺史，磐石□固无乖。娘子郎君，永桃之叶方大。[②]

文书中的“使主厶官”，前文笔者经过比定，已经确定为曹元德[③]，“刺史”即曹元深。

曹元德病重直至去世的一段时间里，曹元深以沙州刺史身份兼任归义军节度使留后。P.2692《天福五年（940）三月归义军节度留后疏》中的“节度留后”经荣新江考证，即是指曹元深[④]。《新五代史·四夷附录三》中关于天福四年（939）冬的一条记载为“其刺史曹元深等郊迎”[⑤]，可知曹元深在939年确有“刺史”称号。

P.3461文书中排在“国母天公主”后的“刺史”指曹元深，

---

① 荣新江《归义军史研究——唐宋时代敦煌历史考索》，第112—113页。

② 《法国国家图书馆藏敦煌西域文献》第24册，第227页。

③ 前文提到，P.3461中的一些内容和Φ.263V、Φ.326V中的部分句子内容相近，根据文书内容，这位“司空”（“使主厶官”）在任时曾经再次出征甘州回鹘，符合曹元德在位时的情况。而P.3269《司徒发愿文》亦记载“定河州而万里烟销，押六蕃而兆民有获”，或许也是反映曹元德时期的情况。

④ 荣新江《归义军史研究——唐宋时代敦煌历史考索》，第111页。

⑤ 《新五代史》卷七四《四夷附录三》“于阗”条，第918页。

《新五代史》中曹元深也被称作“刺史”，据此可知，P.3269《司徒发愿文》中的“刺史”可能也是指称曹元深，如果这样的话，P.3269中的“司徒”即指曹元德。

此外，文书P.2992V所抄的第一封书状出现“司徒”称号，此“司徒”指的是何人，学界历来存有争论，哈密顿在《五代回鹘史料》中指出：此封书状可能是曹元德写于937年或938年，也许是曹元深写于940至943年间[①]。此后学者们对此书状到底是属于曹元德还是曹元深时代做了许多讨论，杨宝玉、吴丽娱认为：“P.2992V第一封书状所记载的事情即清泰二年（935）二月，曹元德请求甘州回鹘允许人使梁幸德西返一事。”[②]杨、吴二位在文章中指出曹元德可能使用过“司徒”称号，但是没有足够的证据解决这一问题，最后遵从哈密顿的观点，“这些经卷可能在曹元深时代经过重抄，抄写人因习惯而用元深的‘司徒’称号臆代元德的‘司空’称号”[③]。荣新江考证此状为曹元深所写，并认为撰写时间为天福八年（943）二月某日[④]。冯培红同意荣新江的观点，认为该年正月庚寅，后晋任命曹元深为归义军节度使，旌节官告国信使张匡邺在西行途中写信致曹元深，即P.2213P《某年二月五日金紫光禄大夫检校司空兼御史大夫上柱国张匡邺致太傅曹元深状》[⑤]。但是由于P.2213P内容残损较为

① （法） J. R. 哈密顿著，耿昇、穆根来译《五代回鹘史料》，第121、130页。

② 具体史实可参考杨宝玉、吴丽娱《P.2992V书状与清泰元年及长兴元年归义军政权的朝贡活动》，《敦煌学辑刊》2007年第1期，第15—28页。

③ 杨宝玉、吴丽娱《P.2992V书状与清泰元年及长兴元年归义军政权的朝贡活动》，第21—22页。杨宝玉、吴丽娱《归义军政权与中央关系研究——以入奏活动为中心》，第130页。

④ 荣新江《归义军史研究——唐宋时代敦煌历史考索》，第334—335页。

⑤ 冯培红《敦煌的归义军时代》，第403页。

严重，很多关键信息缺失，因而相关结论还有待进一步探讨。况且P.2213P与P.2992V两篇文书中曹元深分别被称为“太傅”“司徒”，旌节官在西行路上写信给太傅曹元深，说明此事不可能在944年以前，而曹元深的“司徒”称号在942—943年，因此文书称号与史实亦存在相互抵牾之处。现在我们对文书内容再做考察，P.2992V《某年二月归义军节度兵马留后检校司徒兼御史大夫曹厶状》云：

> 众宰相念以两地社稷无二，途路一家，人使到日，允许西回，即是恩幸。伏且朝庭路次甘州，两地岂不是此件行使，久后亦要往来。其天使般次，希垂放过西来。近见远闻，岂不是痛热之名？幸矣！今遣释门僧政庆福、都头王通信等一行，结欢通好。众宰相各附白花绵绫一十匹、白緤一匹，以充父大王留念。到日检领。况众宰相先以（与）大王结为父子之分，今者纵然大王奄世，痛热情义，不可断绝。善咨申可汗天子，所有世界之事，并令允就，即是众宰相周旋之力。不宣，谨状。二月日，归义军节度兵马留后使、检校司徒、兼御［史］大夫曹。①

根据文书中的内容，“况众宰相先以（与）大王结为父子之分，今者纵然大王奄世，痛热情义，不可断绝”，说明这篇文书的写作时间距离曹议金去世的时间并不是太久。且P.2992V还保存有一篇《曹议金致顺化可汗状》，云：“伏唯弟顺化可汗天子，……自去年兄大王当便，亲到甘州，所有社稷久远之事，共弟天子面

① 《法国国家图书馆藏敦煌西域文献》第20册，第360页。

对商仪（议）平稳已讫。”据哈密顿考证，“兄大王”指的是曹议金（仁贵）[①]。P.2992V同时存录的两件状文的时间不会相隔太远，而且，在曹元德时期，中原使者的旌节一直没有到达敦煌，与这件文书所述中原使者被困于甘州回鹘之情形恰好符合。因此笔者认为，这篇文书当写于曹元德时期，前文已经指出曹元德“司空”称号一直沿用至938年十一月，那么P.2992V书状很可能抄写于939年曹元德称“司徒”以后，至曹元德去世之前。

曹元德在939年去世，由于他称“司徒”的时间不长，保存下来的相关文书比较少，曹元德去世以后，还有关于他“太保”称号的记载。

（三）曹元德称“太保”

曹元德执政末年由朝廷诏赠“太保”[②]，P.4065《表文》记载：

> 臣某言：旌节官告国信使、副某至，奉宣圣旨，赐臣手诏一封，赠臣亡父官告一道，告身一通，焚黄一道；故兄赠太保官告一通，告身一道，焚黄一道者，泽降丹宵，恩及下土。[③]

从文书中我们可以知道，曹元德的“太保”称号是由中央王朝诏赠。同时荣新江还指出曹元德晚年“以检校司空兼太保”[④]。之所以得出曹元德“以检校司空兼太保”的结论，是基于S.4245《造窟功德记》中的记载，文书中同时出现了“太保”和“司空”称号。笔者认为该文书中出现的人物称号有待进一步考订，

---

① （法）J. R. 哈密顿著，耿昇、穆根来译《五代回鹘史料》，第122页注②。

② 荣新江《归义军史研究——唐宋时代敦煌历史考索》，第110页。

③ 《法国国家图书馆藏敦煌西域文献》第31册，第69页。

④ 荣新江《归义军史研究——唐宋时代敦煌历史考索》，第109页。

图2-5 P.4065《表文》

图2-6 莫高窟第100窟窟顶东北角《东方天王》

由于S.4245文书涉及称号较多，兹录全文如下：

厥今广崇释教，固谒灵岩，舍珍财于万像之前，炳金灯于千龛之内。炉焚百宝，香气遍谷而翔空。乐奏八音，妙响遐通于林薮。国母圣天公主，亲诣弥勒之前。阖宅娘子郎君，同增上愿。倾城道俗，设净信于灵崖。异域专人，念鸿恩于宝阁者，有谁施作？时则有我河西节度使司空，先奉为龙天八部……亦愿当今帝主，等北辰而永昌。将相百僚，应五星而顺化。故父大王，神识往生菡萏之宫。司空宝位遐长，等乾坤而合运。天公主、小娘子，誓播美于宫闱。两国皇后乂安，比贞松而莫变。诸幼郎君昆季，福延万春。都衙等两班官僚，输忠尽节之福会也。伏惟太保云

> 云，加以云云，割舍珍财，敬造大龛一所。其窟乃雕纹刻镂，绮饰分明云云。是以无上慈尊，疑兜率而降下。每闻庆喜，等金色以漂怡。四天大王，排彩云而雾集。密迹护世，乘正觉以摧邪。药师如来，应十二之上愿。文殊之像，定海难以济危。普贤真身，等就峰之胜会。阿弥陀则西方现质，东夏化身，十念功圆，千灾殄灭。不空羂、如意轮菩萨，疑十地以初来小界，声超六通之第一。八部龙神，护释梵于色空。天仙竞凑于云霄，宝树光华而癸兰（灿烂）。上来变相（后缺）。①

因为文中出现了“故父大王”“国母圣天公主”“司空”“太保”等称号，许多学者认为这篇文书是莫高窟第100窟的修建功德记②。

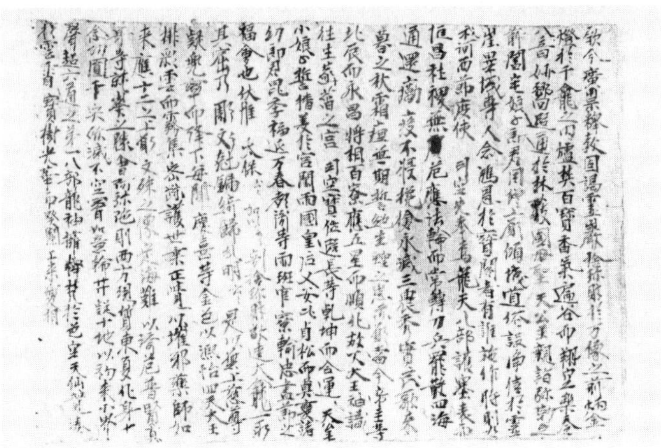

图2-7 S.4245《造窟功德记》

① 黄征、吴伟《敦煌愿文集》，第394页。

② 贺世哲、孙修身《〈瓜沙曹氏年表补正〉之补正》，《甘肃师大学报》1980年第1期，第72—81页；贺世哲《从供养人题记看莫高窟部分洞窟的营建年代》，敦煌研究院编《敦煌莫高窟供养人题记》，第194—236、217—219页。

也有学者认为S.4245只是曹元德的一篇造窟功德文，与100窟无关[①]。文书中的“司空”以及“太保”通常被认为同指曹元德[②]。然而据P.4065《表文》内容可以知道曹元德去世以后由中央王朝诏赠“太保”称号。又据《旧五代史·后晋高祖纪五》记载：“（天福五年）二月丁酉朔，沙州归义军节度使曹义金卒，赠太师，以其子元德袭其位。”[③]可知后晋朝廷直到天福五年（940）才知道曹议金去世的消息，并任命曹元德为归义军节度使，后晋王朝并不知道曹元德此时已经去世[④]。后晋诏赠曹元德为“太保”的时间，应该晚于天福五年，那么也一定在曹元德去世之后。曹元德在世时，是否称“太保”，尚无确凿信息佐证。因此，S.4245《造窟功德记》出现“太保”称号，说明文书写作年代可能在曹元德去世之后了。文书中的“司空”“太保”称号同时出现，并不一定说明曹元德同时称“司空”兼“太保”，而极有可能分别指曹元深、曹元德。笔者认为，S.4245文书中提到的石窟应该是在曹元德时期开始修建，曹元德在位时间短，石窟直到元德去世以后才完工，此时元德已经不在人世，“国母圣天公主”“司空”曹元深等前往发愿，之后又提及“太保”曹元德“割舍珍财，敬造大龛”之事。

---

① 王惠民《曹元德功德窟考》，《敦煌研究》1995年第4期，第163—168页；米德昉《敦煌莫高窟第100窟窟主及年代问题再议》，《敦煌研究》2012年第4期，第61—66页。

② 荣新江《归义军史研究——唐宋时代敦煌历史考索》，第109页。

③《旧五代史》卷七九《后晋高祖纪五》，第1038页。

④ 冯培红《敦煌的归义军时代》，第285页。

另一件文书P.2032V《净土寺破历》也有曹元德被称为“太保”的记载：

第404行：“司空患时还马价付众僧用”；
第410行：“司空患时燃灯用”；
第469行：“太保亡时吊公主郎君小娘子等用”；

其中的“司空”“太保”称号也被学者认为同指曹元德，并被作为曹元德晚年以检校“司空”兼“太保”的证据。学者在使用P.2032文书时，多注意到404行与410行的两处“司空”和469行的“太保”，并指出文书在内容上为一年的流水账，净土寺这一年账目中的“司空”“太保”同指曹元德，账目记载了他从患病到死亡的时间，可以认为是曹元德去世前后的最后实录[①]。但是我们重新检索文书，发现在469行“（十一月底至十二月初）太保亡……”记载之后，又有以下内容：

> 面九斗，油四升半，十二月城上转［经］僧解斋斋时及神佛食用。莲（连）麸面五升，女人食用。面二斗八升，油六合，粗面一斗，剪行廊及抽梁子木匠及僧食用。粟一斗，卧酒河头乞沙用。粟二斗，面二斗三升，油八合，赠云氾法律用。面三斗二升、油一升造食，十五日将窟上用。粟一斗，十五日纳官用。布四百六十九尺，粟四十四石一斗，付当寺僧司空患时马价用。[②]

① 荣新江《归义军史研究——唐宋时代敦煌历史考索》，第110页；谭蝉雪《曹元德曹元深卒年考》，《敦煌研究》1988年第1期，第53—55页。

② 唐耕耦、陆宏基《敦煌社会经济文献真迹释录》第3辑，北京：全国图书馆文献缩微复制中心，1990年，第480—481页。

“太保亡”之后再次出现了“司空”称号，即在“太保”亡去之后，“司空”又患病。说明文书中的“司空”“太保”不是指同一人，“太保”如果是曹元德，那么在他去世前后有“司空”称号的当是指曹元深。可以推知，元深身体状况不佳，也患病。

S.4245、P.2032V两篇文书中的“司空”“太保”称号，前人在研究过程中一直认为是指曹元德[①]。笔者提出“司空”指曹元深、“太保”指曹元德的可能，主要有两点考量：其一，敦煌文献中曹元德称“司空”的确切记载最晚在938年十一月，939年曹元德的称号无法考证，但是根据相关文书，可知曹元德有可能在939年称“司徒”。曹元德的“太保”称号是在其本人去世以后由中原王朝诏赠，因此文书中同时出现“司空”和“太保”称号，就很难确定为同时指称曹元德。其二，曹元深在继承归义军节度使初期也称“司空”，曹元深此称号可能在曹元德晚年已经开始使用，因此在曹元德晚年的文书中出现的“司空”称号，有理由被认为是指称曹元深。

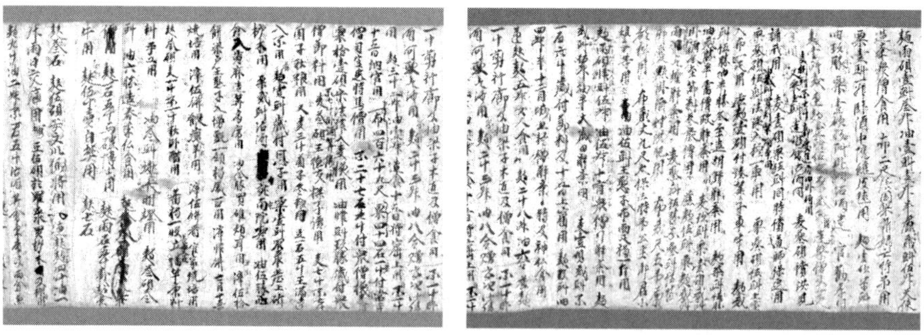

图2-8 敦煌文书P.2032V《净土寺破历》

① 谭蝉雪《曹元德曹元深卒年考》，《敦煌研究》1988年第1期，第53—55页；荣新江《归义军史研究——唐宋时代敦煌历史考索》，第110页。

二、曹元深的称号

（一）曹元深称“司空”

荣新江已经指出，在曹元德去世以后，其兄弟曹元深接替曹元德执掌节度使政权，如P.2692《天福五年（940）三月归义军节度留后疏》称曹元深为“司空”：“伏惟我府主司空德荷乾像，道契坤仪……司空永保于千秋，公主延年于万寿，郎君则寒松并秀，小娘子而（如）柏恒青。”后署“弟子归义军节度留后检校司空曹”[①]。

荣新江还指出，由于曹元德常用“司空”称号，使人们容易把这里的“司空”当作曹元德，但天福五年曹元德已经去世，因此文书中被称作“留后使”的“司空”只能是曹元深。同时还指出了另一个曹元深称“司空”的证据，即莫高窟第412窟所写功德记有“府主司空延祥”的记载，后题“时天福五年庚辰（子）四月廿六日题记”[②]，因此确定曹元深在940年继承节度使之位初期，使用的称号为“司空”。

在此基础上，笔者认为曹元深的“司空”称号在曹元德晚年就已经开始使用。P.2040V《后晋时期净土寺诸色入破历算会稿》记载：“面一斗五升，造小食送路候司空用。又一斗，送友住用。面三石五升，造送路尚书顿定用。”[③]陈晓强《敦煌契约文书语言研究》、郑炳林《敦煌碑铭赞辑释》皆认为该文书属于后晋时期。文书中出现了“已亥年西仓粟利入”“已亥西仓豆

① 荣新江《归义军史研究——唐宋时代敦煌历史考索》，第110—111页。

② 敦煌研究院编《敦煌莫高窟供养人题记》，第154页。

③ 唐耕耦、陆宏基《敦煌社会经济文献真迹释录》第3辑，第401页。

入”，后晋时期（936—947）的已亥年恰好在939年，因此可以确定该文书的时代即已亥年（939）。这时曹元德病重，曹元深则代替曹元德临时执掌归义军政权，且曹元深的称号已经晋升“司空”。

曹元深称“司空”的记载还见于P.3457《河西节度使司空造大窟功德记》，该文书的内容如下：

> 厥今白藏将末，仁王钦慕于仙岩。玄英欲临，官人散诞于灵窟。舍珍财于金地，祈恩于六尊之前。焚宝香以虔诚，燃银灯八圣之侧。创镌石室，发愿以济含灵。广命良工，用膂力而錾凿。才施彩绘，内收毕功，启加礼者，有谁施作？时则有我河西节度使司空，先奉为龙天八部，护莲府却殄灾殃。梵释四王，静欃枪而安社稷。当今帝主，永带天冠。十道澄清，八方顺化。次为司空己寿，以（与）彭祖而齐年。国母天公主，保坤仪而同助治。郎君娘子，受训珪璋。先过后亡，神生净土。枝罗亲族，吉庆长年。合郡人民，同沾少福之加会也。伏惟我司空，千年降质云云。加以情企佛日，信珠永捧而冠簪（信珠永捧，惠镜居怀），大展玄宗，惠镜长怀而宝意。是以先陈志恳，想鹫岭而倾心。顿舍珍财，发胜心而开大窟。彫镌越样，似月路而辉鲜。石洛（落）星流，共林花而竟彩。不延期岁，化成宝宫。装画毕功，如同刀利。其窟乃嵯峨贞石，錾凿崆峒。透耀星流，声通上界。彩绘图形，光辉映日。释迦四会，了了分明。贤劫顶生，威光自在。四天护世，振定遐方。菩萨声闻，证成实相。报恩寻思获果，仰法花诱童蒙，金光明劝念甚深，思益通逍万里。天请随问开诀，花严谈法果之宗。楞枷顿舍高心，药师发十二上愿。降魔伏诸外道，

归正舍邪。维摩示病示身，舍利佛宣阳空教。龙天八部，助势加威。四大天王，延祥膺福。观音菩萨，随累现形。如意宝轮，寻求获果。不空羂索，济养众生。文殊普贤，会同集圣。云楼架迥，似丹露而相连。梁栋栴檀，约明堂而趣样。彫文刻镂，似麟凤而争鲜。宝铎永昂，随风声而应响……方丈室内，化尽十万。一窟之中，宛然三界。①

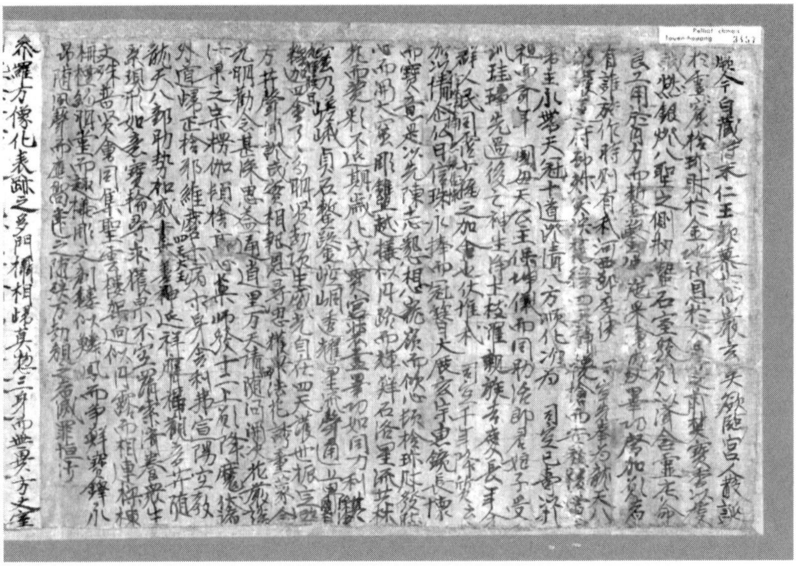

图2-9 P.3457《河西节度使司空造大窟功德记》

马德《曹氏三大窟营建的社会背景》认为公元939年曹元德死，其弟曹元深继任曹氏归义军第三任节度使，与其父兄一样，元深也在莫高窟修建一大窟，敦煌遗书P.3457《司空建大窟功德赞文

① 《法国国家图书馆藏敦煌西域文献》第24册，第272页。

（拟）》就是曹元深的开窟功德记[①]。此外，上一节笔者提到S.4245、P.2032V文书中同时出现的“司空”“太保”，其中“太保”当指曹元德，而“司空”更有可能指曹元深。据S.4245文书记载：

> 国母圣天公主，亲诣弥勒之前……有谁施作？时则有我河西节度使司空，先奉为龙天八部……故父大王，神识往生菡萏之宫。司空宝位遐长，等乾坤而合运。天公主、小娘子，誓播美于宫闱……伏惟太保云云，加以云云，割舍珍财，敬造大龛一所。[②]

P.2032V《净土寺破历》载：

> 司空患时，还马价付众僧用……司空患时燃灯用……太保亡时吊公主、郎君、小娘子等用……司空患时马价用。[③]

这两篇文书都是在曹元德去世以后写的，此时曹元深已经继任归义军节度使。在曹元深初期，中原王朝诏赠曹元德“太保”称号的消息已经传达到敦煌，因此这两篇文书中的“司空”指曹元深，“太保”指曹元德。曹元德、曹元深两任节度使执掌敦煌的时间只有十年，就先后去世，而且P.2032V文书记载曹元德去世以后，曹元深也患病，这可能与曹元德、曹元深的年纪较大有关，且根据文献记载，这一时期敦煌地区疫病流行，或是导致曹

---

① 马德《曹氏三大窟营建的社会背景》，《敦煌研究》1991年第1期，第24页。
② 黄征、吴伟《敦煌愿文集》，第394页。
③ 唐耕耦、陆宏基《敦煌社会经济文献真迹释录》第3辑，第480—481页。

元德、曹元深先后去世的原因。上博48号《曹元深祭神文》记载：

> 维大唐清泰四年岁次丁酉（937）八月辛巳朔十九日己亥，孤子归义军行军司马、银青光禄大夫、检校国子祭酒、兼御史大夫、上柱国、谁（谯）郡曹元深等……主人再拜，行酒上香。重启诸神百官等，今既日好时良，宿值天仓，主人尊父大王灵柩，去乙未年（935）二月十日，于此沙州莫高乡阳开之里，依案阴阳典礼，安厝宅兆，修荣（营）坟墓。至今月十九日毕功葬了。[1]

刘屹根据《地理新书》认为，“假如曹元德真的在八月十九日这一天以丧家‘孤子’的身份在曹议金正式的葬礼上亮过相，则在接下来的‘葬后谢墓’仪式中，其弟曹元深以仅次于曹元德的另一‘孤子’身份亮相是完全可以理解的。也就是说，如果承认两个仪式几乎是在同一天接续着举行的，那么曹元德和曹元深很可能分别以‘孤子’的身份出现在正式的葬礼和葬礼之后的‘谢墓’仪式中”[2]。曹元深在曹元德后期曾经独自在大的仪式上出现，说明这时曹元德身体状况不好，曹元深在归义军政权内发挥着重要的作用。天福四年（939）时，后晋使臣张匡邺、高居诲出使于阗路过敦煌，曹元深即以“刺史”身份迎接中原使臣，《新五代史·四夷附录三》记载：“刺史曹元深等郊迎，问使者

① 上海古籍出版社、上海博物馆《上海博物馆藏敦煌吐鲁番文献》第2册，上海：上海古籍出版社，1993年，第46页。

② 刘屹《上博本〈曹元深祭神文〉的几个问题》，国家图书馆善本特藏部敦煌吐鲁番学资料研究中心编《敦煌学国际研讨会论文集》，北京：北京图书馆出版社，2005年，第158页。

天子起居。”①

（二）曹元深称“司徒”

曹元深在曹元德晚年就已经代替病重的曹元德管理归义军政权事务，曹元深担任“节度使留后”时使用的是“司空”称号。不久之后，其称号晋升为“司徒”，时间最迟在942年，荣新江对此做了详细的考察②。曹元深称“司徒”的相关文书记载主要有S.4363《天福七年（942）七月二十一日敕归义军节度使牒》题署：

使检校司徒兼御史大夫曹。③

P.4046《天福七年十一月二十二日曹元深回向疏》：

司徒宝位，宠禄日新，同劫石而长荣，并江淮而不竭。尾题“弟子归义军节度使检校司徒兼御史大夫曹元深”。④

S.8583《天福八年二月十九日河西都僧统龙辩牓》：

自从司徒秉政，设法再役，河西政俗，□风专慕，弘扬佛日。⑤

P.2871V《释门文范》：

---

①《新五代史》卷七四《四夷附录三》“于阗”条，第918页。
② 荣新江《归义军史研究——唐宋时代敦煌历史考索》，第111页。
③《英藏敦煌文献（汉文佛经以外部分）》第6卷，第46页。
④《法国国家图书馆藏敦煌西域文献》第31册，第35页。
⑤《英藏敦煌文献（汉文佛经以外部分）》第12卷，第164页。

> 则我河西节度使府主司徒天资间气，神授英通。怀七纵之横谋，蕴六奇之秘略。[①]

《旧五代史·后晋少帝纪一》记载，天福八年（943）正月十一日下诏任命“沙州留后曹元深加检校太傅，充沙州归义军节度使”[②]。但是诏命未及时传达到敦煌，直到天福九年（944）才看到曹元深称“太傅”的记载[③]。荣新江对相关文献做了详细的搜罗，此不赘述。

在已有研究基础上，我们通过考察曹元德、曹元深时期的文书，提出了以下可能性。早在曹议金称“令公”时期，曹元德已经号称“司空”，935年曹元德出任归义军节度使后，沿用之前的“司空”称号。敦煌文献中曹元德称“司空”的文书，最晚在938年底。相关文书也说明曹元德有可能在939年时称“司徒”。在曹元德晚年时期，曹元深可能已经开始使用“司空”称号。曹元德去世以后，由中原王朝诏赠“太保”称号。940年曹元深即位之初，仍使用“司空”称号，942年曹元深晋升为“司徒”，943年后晋册封曹元深为“太傅”，但是直到天福九年（944），才看到曹元深称“太傅”的记载。曹元德、曹元深两任节度使在位时间总共有十年左右，或都曾经使用“司空”“司徒”的称号，因此相关文书的年代容易引起混淆。笔者对一些容易引起歧误的文书做了厘定和考察，或有不当之处，还请方家指正。

根据敦煌文献的记载，曹元德去世后，曹元深的身体状况也不好，所以他在位时间不长也去世了。虽然如此，在曹元德、曹

① 《法国国家图书馆藏敦煌西域文献》第19册，第219页。
② 《旧五代史》卷八一《后晋少帝纪一》，第1075页。
③ 荣新江《归义军史研究——唐宋时代敦煌历史考索》，第112页。

元深执政的十年时间里（935—944），面对曹议金去世后敦煌地区较紧张的形势，归义军政权实现了平稳的过渡，一方面牢牢地掌控了敦煌归义军政权的统治权力，另一方面积极争取并最终建立了与后晋王朝的联系，同时改善了与甘州回鹘的关系。至下一任节度使曹元忠时期，敦煌地区社会呈现出长时间的繁荣局面，这与曹元德、曹元深时期的平稳过渡有很大关系。曹元德、曹元深、曹元忠兄终弟及的统治模式也为曹氏政权的长期稳定开辟了良好的局面。

第二节 对甘州回鹘派系的清洗

曹氏归义军政权内部的甘州回鹘派系问题，由赤木崇敏提出，他试图还原曹氏归义军节度使谱系，绘制了“曹氏归义军节度使世系表”，并且进一步指出由于敦煌曹氏与东西两国相互通婚，归义军政权内部也出现了甘州回鹘系、于阗系两派交替执政的现象，前者有曹元德、曹元深、曹延恭、曹宗寿、曹贤顺，后者有曹元忠、曹延禄[①]。这种划分固然令人一目了然，但是，单纯以甘州回鹘系和于阗系的斗争贯穿曹氏归义军历史上的所有矛盾，很难动态反映曹氏归义军历史上诸多矛盾的消解与转化。笔者通过对一系列敦煌文书的考察后发现，在曹议金时期，确实存在着曹元德与甘州回鹘派系之间的斗争，在曹议金去世以后，曹元德就发动政变，甘州回鹘天公主的儿子“尚书”“长史”“司马”等一并被杀害，甘州回鹘派系在曹元德之后也就不复存在。

---

① （日）Akagi Takatoshi（赤木崇敏），“The Genealogy of the Military Commanders of the Guiyijun from Cao Family”，*Dunhuang Studies: Prospects and Problems for the Coming Second Century of Research*（ed. by Irina Popova and Liu Yi），pp.8—13.

因此，贯穿于整个曹氏归义军时期的政治斗争虽然存在，但实际上不是甘州回鹘派系和于阗派系的斗争那么简单。笔者会对曹氏归义军历史上不同时期的内外部矛盾的转化分别论述，在此部分仅就甘州回鹘派系被清洗的过程做一考察。

本卷第一章第三节《曹议金节度使位继承权之争》中，笔者对索夫人的儿子曹元德与甘州回鹘天公主生子“尚书”争夺节度使位继承权的相关史实做了研究。曹议金时期，“司空”曹元德与“尚书”之间的争夺就已经很激烈，但是由于曹议金还在世，争夺节度使位继承权的斗争是在暗地里进行的。因此在曹议金时期的文献中找不到直接材料来说明这一斗争的情况，我们是通过对相关文书加以充分的比较分析后，才发现“司空”与“尚书”之间可能存在的矛盾。前文对此有详细论述，此处仅列出表格来说明“司空”与“尚书”之间的争夺。

表1 “司空”与“尚书”

称号 时代	司空	尚书
曹议金称“太保”时期(925–927)	S.663：刺史、尚书	S.663：刺史、尚书
曹议金称“令公”时期（928–931）	P.3765：司空； P.3567：司空	P.2058：常（尚）书郎君、天公主助治
曹议金称“大王”时期（931–935）	P.6006：刺史司空； P.2704：司空助治； P.4976：副使司空	S.1181：指挥尚书； P.2850：某官（尚书）、慈母公主

曹议金去世以后，曹元德继任归义军节度使。此时，积累已久的矛盾一触即发。敦煌文书S.6417即明确体现出这次政治斗争

的结果，下面我们对敦煌文书S.6417的内容做具体分析，文书相关内容如下：

> 时则有我国母天公主奉为故男尚书诸郎君百日追念之福会也。伏惟故尚书，天资直气，岳降英灵。怀济物之深仁，蕴调元之盛业。故得分符千里，建节百城。常彰龚遂之风，户叹吴忠之化。长史乃文星曜质，豹变资神。司马书剑辟才，英猷独步。诸郎君俊哲，皆含梦锦之花（龙）。雅量超伦，武备由基之略。理应棣萼相映，玉树莲（连）青。何图一日千秋，杳然冥寞。所恨孔怀恚重，天轮俄逝于重泉。同气情深，手足顿倾于厚夜。潺溪绿水，幽台增涕泗之悲。苍萃青松，箫飒助凄凉之韵……致使国母悲深丧目，庭亏问礼之踪。痛切肝肠，尝（堂）绝献甘之迹。空遣书剑，有苗不实芳兰。更想形仪，泣断趋庭之诲。阳升阴谢，昧去明来。斋为钦仪，俄临百日。其从男云云。于是清吟梵匣，供备重食。命真子于鹿园，构纯陀于鹫岭。①

这篇文书是对曹议金去世以后敦煌政权内部一次激烈政治斗争的真实反映。文中称亡故的“尚书”曾经“分符千里，建节百城”，可见这位“尚书”曾经地位很高。不难看出“尚书”就是国母天公主的亲生儿子。马德指出，“能让天公主急瞎双眼者，除非是自己的亲生儿子”②。文书中记载，在政变中去世者包括“尚书”“长史”“司马”等，应都是天公主的亲生儿子，据文书中所言“理应棣萼相映，玉树莲（连）青。何图一日千秋，杳然冥

① 马德《尚书曹仁贵史事钩沉》，《敦煌学辑刊》1998年第2期，第13页。
② 马德《尚书曹仁贵史事钩沉》，《敦煌学辑刊》1998年第2期，第13—14页。

图2-10 S.6417《国母天公主奉为故男尚书诸郎君百日追念文》

寞”，以及“所恨孔怀恚重，天轮俄逝于重泉。同气情深，手足顿倾于厚夜”，说明文书中记载到的天公主的几个儿子，全部在这次政变中被害。这对天公主的打击非常大，通过文书，我们可以深切感受到天公主的悲痛之情，以及这次政治斗争的残酷。除了记载国母天公主“悲深丧目”外，文书还提到天公主的“从男”，“从男”不是天公主生子①，应指曹元德。“从男”态度既然被省略，说明他对这场重大的变故没有过于悲伤。其实，文书记载的这次政治清洗，应即由继任曹议金归义军节度使之位的曹元德发动。同时，天公主的其他儿子没有参与这次悼念活动，

① 从男：非天公主亲生子，因此称“从男”。曹氏归义军后期，曹延禄被其“从子”曹宗寿杀害，曹宗寿应是曹延禄的侄子，史载“延禄、延瑞为从子宗寿所害”，参见《宋史》卷四九〇《外国六·沙州传》，北京：中华书局，1977年，第14124页。由于S.6417文书中只提到天公主“从男”的态度，说明天公主的亲生儿子可能全被杀害，否则应出现在该追福文中对其兄弟表示哀悼。

图2-11 莫高窟第100窟甬道北壁回鹘天公主供养像

更加说明他们是全部被杀害了。

结合前一章节的研究，我们可以梳理这次政变的整个过程。曹议金执政时期，斗争双方的矛盾积累了很久。“司空”曹元德与“尚书”的争夺，可能在曹议金称“太保”时期，或者稍后开始。自曹议金称“令公”时期，矛盾已经公开，前文的表格即提供了相关线索。由于斗争是围绕“继承归义军节度使之位”这一目的，因此曹议金在世时，虽然一直存在着争夺，但斗争是在暗地里进行，而曹议金去世后，这一矛盾便突然爆发。综上，可知曹议金去世以后，敦煌政权内部发生了一起针对甘州回鹘派系的政变，政变的发动者即继任曹议金节度使位的曹元德。甘州回鹘天公主儿子“尚书”等的势力在斗争中被清洗。根据一系列文书的佐证，这一政治斗争的整个过程可以说是昭然若揭，此后的敦煌政权中已经不存在甘州回鹘派系。

若进一步分析，曹议金册封曹元德母亲索氏夫人为“国太夫人”，以及后来曹议金任命曹元德为节度副使的做法，表明曹议金是支持曹元德一派势力的。曹议金不愿意看到甘州回鹘派系势力在敦煌政权内部壮大，因为一旦甘州回鹘天公主的儿子掌权，敦煌归义军政权就有沦为甘州回鹘政权附庸的危险。或许在曹议金生前，就已经决定要打压甘州回鹘派系的势力。

曹议金去世前夕，清泰元年（934）前后，归义军与甘州回鹘的关系一度变得非常紧张[①]，甘州回鹘频频给敦煌使者等制造麻烦。曹元德执政后，亲自率兵出征甘州，P.4638V文书记载："自从司空出境，天暖似觉重寒……伏望回军西陲，司空高悬玉镜……清泰四年（937）十一月十八日。"[②]归义军军队向东进军，目标直指甘州回鹘[③]。可知甘州回鹘政权在曹议金晚年确实对敦煌曹氏政权造成了较大的威胁，但是曹元德很好地掌控了局面，他不希望与甘州回鹘的关系彻底破裂，虽然对甘州回鹘天公主的儿子进行了"清洗"，但是仍然将天公主捧至很高的地位，称其为"国母天公主"。

---

① 杨宝玉、吴丽娱《P.2992V书状与清泰元年及长兴元年归义军政权的朝贡活动》，《敦煌学辑刊》2007年第1期，第15—28页；杨宝玉《清泰元年曹氏归义军入奏活动考索》，《敦煌学辑刊》2011年第3期，第21—30页。

② 《法国国家图书馆藏敦煌西域文献》第32册，第237页。

③ 冯培红《敦煌的归义军时代》，第399页。

第三节　曹元德、曹元深、曹元忠节度使位的兄终弟及——以P.2642文书为中心

一、P.2642文书校释

P.2642文书，尺寸为29.3~30.4cm×471.8cm，由14纸粘合而成。正面：第1纸抄写《河西节度使太保结坛发愿文》，第2、3纸抄写《河西节度使太保为过往太傅追福文》，第4纸抄写《河西节度使太保发愿文》，第5、6纸抄写《河西节度使太傅为小娘子病患发愿文》，第7纸抄写《夫人患文》，第8纸抄写《亡文范本》，第9纸抄写《河西节度使太保、夫人患文》，第10纸抄写《府主太保患文》，第11纸抄写《僧患文》，第12纸抄写《僧患文、为亡兄弟追福文》，第13纸抄写《脱服文（为亡父太保追福文)》，第14纸抄写《亡妣文、难巷文（都头、官吏、信士为患太保发愿文)》。

背面：《河西节度使太保为过往太傅追福文》《年代不明［10世纪］诸色斛斗破用历》《散食发愿文》以及杂写若干。这件敦煌文书是将前代的若干文献再次整理，并汇集在一起。根据内容可以判断，在二次整理之前，文书第2、3纸为同一写本，

5、6纸为同一写本，第11—14纸也应该为同一写本。同时，整个文书又可以分为三部分：第一部分为1—4纸，属于曹元忠时期；第二部分为5—8纸，属于曹元深时期；第三部分为9—14纸，属于曹元德时期。该文书反映了敦煌地区一场瘟疫的流行，以及曹元德、曹元深、曹元忠几位节度使之间兄终弟及的接替过程。该文书反映了敦煌曹氏归义军时期的重要史实，很可能是某人特意汇编并粘连保存的。首先，我们对P.2642文书进行校释，录文依据P.2642文书原卷图版录文①，为了便于读者核对录文内容，我们在每行前标明行号。对于文中的俗体字、异体字等，凡可确定者，一律改为通行简化字。限于篇幅，根据内容，酌情出校。录文中上标号“［1］［2］［3］……”为录文注释序号。

（一）P.2642文书正面

第1纸《河西节度使太保结坛发愿文》

1.厥今虔恭奉圣，广阐真场。结净坛于八方，奣金
2.容于九地。邀僧柰苑，圣会祇园。经开无相之宗，呪
3.念有为之句。是以炉焚百宝，乐奏八音，散食燃灯，
4.连朝夜不绝者，有谁施作？时则有我河西节度
5.使云云。当今帝主，等北辰而永昌。府主太保[1]，膺
6.五星而顺化。夫人宝体，同桂月而恒芳。诸幼郎君、
7.小娘子[2]，比松筠而不变。两班大将，各尽节于辕门。
8.内外宗枝，长承厚荫之福会也云云。加以情企智
9.觉，钦仰能仁，每岁年终，广施此会。陈珍舍玩，披
10.肝于大尊之前。弃位尘心，露胆于玉毫之侧。
11.金炉雾散，上通香积之宫。乐梵交鸣，下振莲花

①《法国国家图书馆藏敦煌西域文献》第17册，第66—74页。

12.之界。开经般若，玉轴再启于金函。四门散食，灌

13.顶神方于五日。

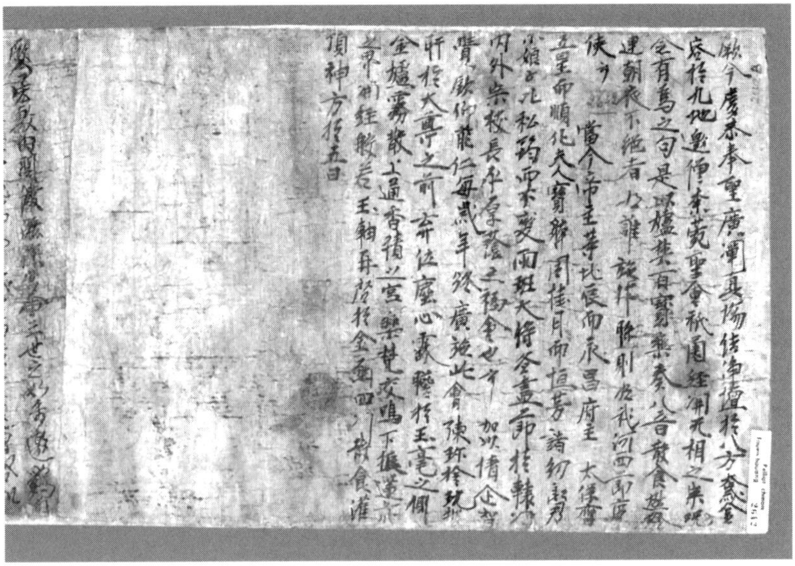

图2-12 敦煌文书P.2642第1纸《河西节度使太保结坛发愿文》

第2、3纸《河西节度使太保为过往太傅追福文》

第2纸

14.厥今宏敷内阁，俨洒深宫。会三世之如来，邀鸡园

15.硕德，旛契龙沙。食献七珍，供圣筵僧，启嘉

16.愿者，有谁施作？时则有河西节度使府主太保，

17.先奉为龙天八部，添鸿水以润法内。梵释四

18.王，静四边烟尘不起。　太保益寿，合境康宁。

19.次为过往太傅远忌晨追[3]，诸福会也。

第3纸

20.伏惟我太傅云云。将谓［德齐］山岳，似劫石而不移。永

21.镇龙沙，为万人之父母。何图保命有期，早归

22.极乐。但以金乌运转，玉兔轮回。晷克频催，远

23.晨俄届。无处控告，唯福是凭。投仗福门，

24.荐资神识。于是云云。[4]

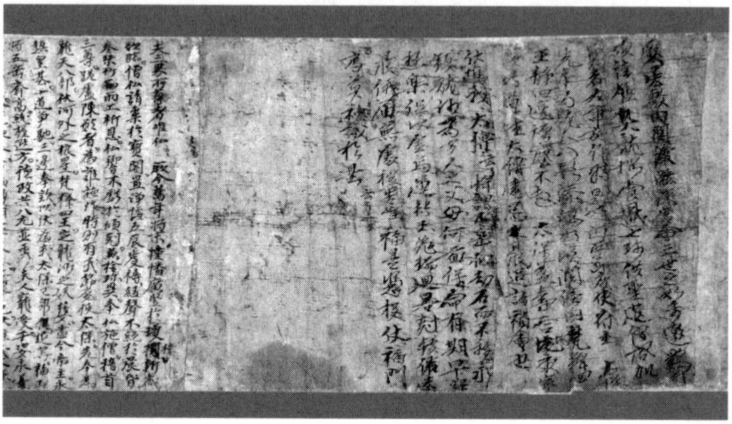

图2-13 敦煌文书P.2642第2、3纸《河西节度使太保为过往太傅追福文》

第4纸《河西节度使太保发愿文》

25.夫三界所尊者唯佛云云。厥今旧年将末，幢幡广竖于琼楼。新岁

26.欲临，僧佛请崇于宝阁。置净坛五辰虔祷，经声不绝于晨昏。

27.奏丝竹而两工祈恩，佛响不亏于倾克。兼舍珍异，奉佛施僧，稽首

28.三尊，跪炉陈愿者，为谁施作？时则有我节度使太保，先奉为

29.龙天八部，伏河外之狼星。梵释四王，定龙沙之妖孽。当今帝主，永

30.镇皇基，十道争驰，三边奉款。次伏为我太保己躬延寿[5]，福山

31.将五岳齐高，统握遐方，德政共八元并秀。夫人宠

受，千姿永

32.茂于松篁。合宅长春，百福转明于朱玉，之嘉会也。伏惟我太保应

33.生五百，叶冠三台。禀海岳之英灵，负星辰之秀哲。神文杰出，超

34.万古之贤儒。圣武天生，越千年之良将。秉临河外，四人钦慕于仁风。化

35.洽敦煌，耆幼旦谣于三善。加以心坚善愿，志切福因。敬佛敬僧，安

36.人治物。遂于玄英脱朔，太吕末旬，严佛像于中央，竖良津于八表。

37.经开玉轴，五辰之无暇披陈。佛唱金仙，四夜之一佛一拜。银灯发焰，通

38.明无间之中。宝盖香芬，馨馥娑婆周遍。盘添百味，散施于水

39.陆飞空。瓶置八功，灌济于饥羸热恼。胜事既就，罢玉轴于今辰。

40.善愿已圆，舍奇珍于此日。是时也，玄云掩霭，郁玉叶而临川。素雪

41.飘飘，散琼花而遍野。以斯结坛，转唱功德，舍施启愿胜因。先

42.用奉资，上界四王，下方八部。伏愿威光炽盛，福力弥增，兴运慈悲，救人护国。

43.愿使年消九横，月殄三灾。五谷丰尧舜之年，行路遍歌谣之乐。又

44.将是福，奉用庄严，当今皇帝贵位。伏愿长悬舜日，永播尧

45.年。延凤色于千龄，保龙都于万岁。又持是福，伏用庄严，我节度

46.使太保贵位。伏愿神府膺位，龟鹤齐年。鸿旌永耀于龙沙，

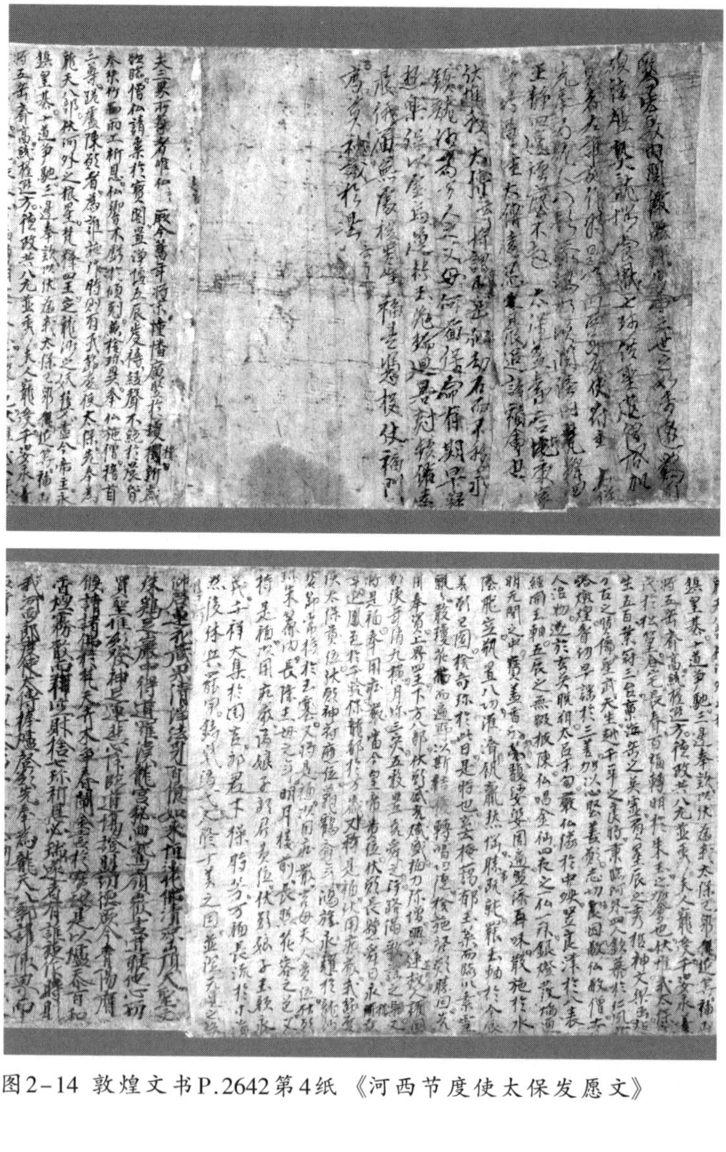

图2-14 敦煌文书P.2642第4纸《河西节度使太保发愿文》

47.碧节常持于玉塞。又持是福，次用庄严，阁母夫人贵位[6]。伏愿

48.珍朱帘内，长隆王母之年。明月楼前，长照花容之色。又

49.持是福，次用庄严，诸娘子郎君贵位。伏愿娘子玉颜永

50.茂，千祥大集于闺阁。郎君才操胜芳，万福长流于少海。

51.然后休兵罢甲，铸戟消戈。人修十美之因，并证无生之境。

摩诃[7]

第5、6纸《河西节度使太傅为小娘子病患发愿文》

第5纸

52.仰启莲花藏界，清净法身，百亿如来，恒沙化佛，清凉山顶，大圣文

53.殊，鸡足岩中，得道罗汉，龙宫秘典，鹫岭微言，道眼他心，一切

54.贤圣。惟愿发神足，运悲心，降临道场，证盟（明）功德。厥今青阳膺

55.候，请诸佛于梵天。卉木争春，阐金言于宝地。是以炉添百和，

56.香烟雾散而翔空。财舍七珍，祈恩必遂者，有谁施作？时则

57.我河西节度使太傅[8]，捧炉启愿。先奉为龙天八部，护陬界而

58.怗清。梵释四王，静欃枪而安社稷。疠消疾散，万人咸康

59.泰之欢。障灭福祟，百姓赖安家之业。当今帝主，永带

60.天冠，十道争驰，八方顺化。太傅鸿寿，以五岳而长存。尚书以（与）

61.昆季郎君[9]，并琼花而盛茂。次为小娘子金躯抱疾，列五

62.内之不安。药饵无方，痛六情而未息之福会也。伏惟太傅天

63.资凤骨，地杰龙胎。广含海岳之能，气膺风云之量。遂使

64.秉安遐塞，羌戎慕化而降阶。托定边疆，邻蕃奉款而来

65.献。加以倾心大教，恳志玄门，转五部之幽宗，开一乘之秘典。是

66.以金经罢启，玉轴还终，再收于琉璃匣中，却复于龙宫藏内。

67.其经乃释迦留教，贝叶传芳，实理虚文，顿无间断。一句一

68.偈，灭罪恒沙，一念一寻，除殃万劫。是日也，银炉发焰，金像

69.辉容，舍无价之珍奇，施有为之锦。以斯众善，伏用庄严

70.上界天仙，下方龙鬼。伏愿威棱肃物，降福祯祥，灭

71.妖星于天门，罢刀兵于地户。又持胜福，伏用庄严，太傅贵位，

72.伏愿出［龙］旌节，以静万方，入坐朝堂，百寮取则。

第6纸

73.来逢元日，恒保上春，命等松筠，寿同海岳。又持胜

74.福，伏用庄严，尚书以（与）诸郎君贵位。伏愿前星永耀，少海溺

75.兰。磐石增高，维城作镇。又持胜福，伏用庄严，患

76.小娘子即体。唯愿观音驾月，洒甘润之清浆。圣志垂

77.华，扇香风而荡虑。然则六尘永散，八苦长消。

78.延惠命于千龄，贤色身于十劫。所有捐鬼幽识，

图2-15 敦煌文书P.2642第5、6纸《河西节度使太傅为小娘子病患发愿文》

79.永兹福力而往生。负命掌财，解怨结而莫为

80.雠对。后愿农夫顺序，家家不失于东皋。水利

81.洪津，户户倍收于南亩。东朝驲驓，愿备梯舩。

82.紫诏碧幢，早临绝塞[10]。旧年灾孽，随解雪而

83.分飞。新岁嘉祥，等萱生而增益。然后流

84.深境域，万里无虞。莲府城中，灾非永灭。摩

85.［诃］般若，利乐无边，大众筑城。

86.清不佉微才，敢将上献，故有乖觉，请勿怪也。[11]

第7纸《夫人患文》

87.次为夫人已躬染患[12]，四大相违，针药难施。未蒙痊

88.减，诸福会也云云。伏惟夫人云云。可谓业风动性，水有

89.逝流，殃疾缠身，力微难止。虑怨四蛇毁箧，二鼠

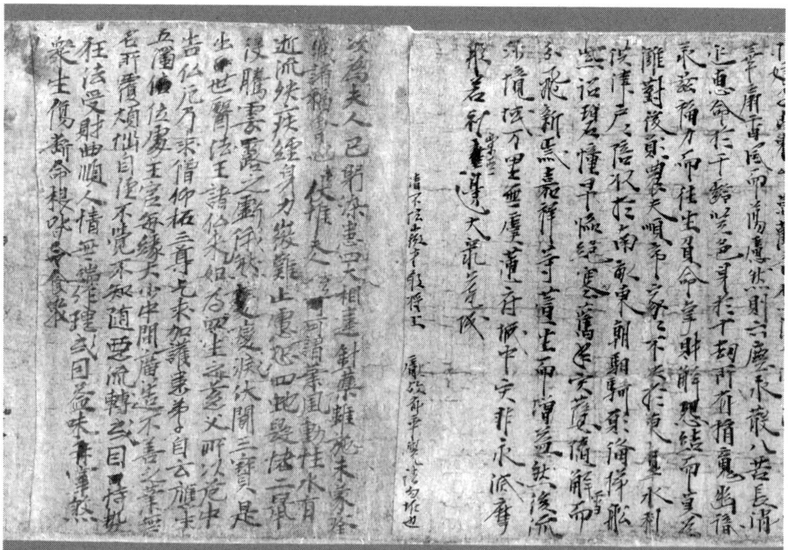

图2-16 敦煌文书P.2642第7纸《夫人患文》

90.侵腾，云露之亏，俄然变灭。伏闻三宝是

91.出世医法王。诸佛如来，为四生之慈父。所以危中

92.告佛，厄乃求僧，仰拓三尊，乞求加护。患弟子自云：应生

93.五浊，位处王官[13]，每缘大小中间，广造不善之业，无

94.名所覆，烦恼自缠，不觉不知，随恶流转，或因恃势

95.狂法，受财曲顺，人情无端作理，或因益味宰煞，

96.众生伤断命根，皆令食噉。

第8纸《亡文范本》

97.厥今捧银炉而陈愿，瞻玉像以恳诚，献百味之斋

98.筵，资九泉之灵识者，为谁施作？则有执炉厶人，奉

99.为故厶，大祥追念，之福会也。惟故厶乃，敦仁厚礼，蔼

100.素谦和，肃穆为君子之风规，朗鉴为贤人之令

101.范。本冀积勋遐寿，永固高松。何图大寿有涯，

102.奄然夜壑。孤子等，哀摧过礼，悲扇梵以无由。号恸浊

103.心，恨趋违而有恋。萧萧松韵，益愁叹于陇泉。滴滴路

104.林，添泪盈于草树。若女人即云，惟灵厶四德遐著，六

105.行高标。孟家之训道昭彰，谢氏之贞明皎洁。所谓闺

106.闱积庆，温清长保于彩兰。岂期树静风摇，容

107.颜永归于蒿壤。哀子等痛抽胸臆，恨寒笋徒

108.泣于筠篁。悲切肝肠，轸冰鱼罔陈于凝河。愁云漠漠，

109.悲风树之难停。苦雾苍苍，恨啮指之何日。但以流

水难

110.停，幽关转深。虽蓂飡以将终，每勲修而不替。今则礼

111.周千日，罢悲泣于素帏。服满三年，备斋修于私弟。将

112.虆兰帽，俄脱缞麻。饰草服于街庭，挂吉衣于

113.户牖。于是开定宅，烈香筵，白眉降自于五天，清梵

114.声扬于七净。以斯设斋功德，舍施回向福因。谨用奉资

115.亡灵所生神道，伏愿一花捧足，承白业以生天，百

116.宝严身，驾紫云而听法。又持是福，次用庄严，

117.持炉厶人贵位，伏愿灵龟仙鹤，同增不朽之年。

118.月岛烟江，共助无穷之福。又持是福，次用庄严，

119.荣斋合眷，以合门大小等。伏愿百年康吉，八节休宜。

120.祥烟不散于门庭，瑞气长悬于户宇。然后云云。[14]

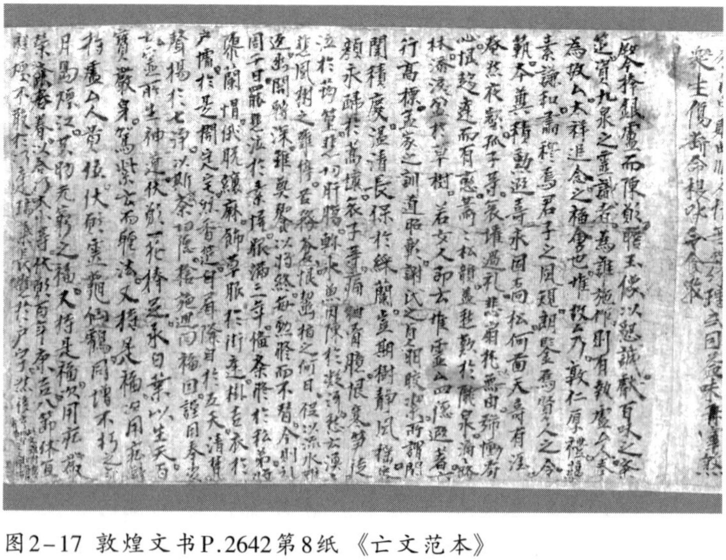

图2-17 敦煌文书P.2642第8纸《亡文范本》

此文虽则意☐，切望和尚☐看，莫交人☐传☐

第9纸《河西节度使太保、夫人患文》

121.厥今宏敷宝阁，结胜坛于琼楼。命圣邀僧，转金言于秘典。

122.炉焚百和，虔恭恳慕于尊前。露胆披肝，志切陈愿于

123.圣侧者。有谁施作？时则有我府主太保，先奉为龙天八部云云。太保鸿业[15]，似劫石而无移。

124.郎君俊才，竭忠贞而辅主。四方开泰，路无阻滞

125.之忧。内外清平，尽贺无疆之福。次为夫人己躬

126.染患，四大相违，针药难施，未蒙痊减，

127.诸福会也。伏惟我夫人云云。

128.可谓业风动性，水有逝流，殃疾缠身，力微云云。患弟子

129.自云。

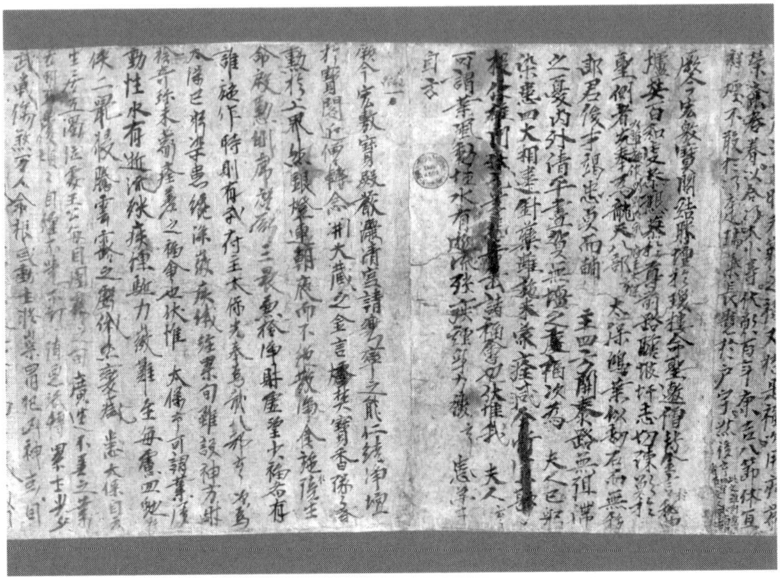

图2-18 P.2642第9纸《河西节度使太保、夫人患文》

第10纸《府主太保患文》[16]

130.厥今宏敷宝殿，严洒清宫。请兜率之能仁，结净坛

131.于宝阁。延僧转念，开大藏之金言。焚宝香，队队齐

132.勋于上界。然（燃）银灯，连朝夜而不绝。散净食，施水陆生

133.命。殷勤恻席，启愿三晨，兼舍净财，咸望少福者，有

134.谁施作？时则有我府主太保，先奉为龙八部云云。次为

135.太保已躬染患才深[17]，微疾俄经累旬。虽设神方，割

136.舍奇珍，未蒙痊善，之福会也。伏惟太保云云，可谓业风

137.动性，水有逝流，殃疾缠驱，力微难至。每虑四蛇毁

138.箧，二鼠侵腾，云露之亏，俄然变灭。患太保自云:

139.生居五浊，位处王公，每目团雾之旬，广造不善之业。

140.有明取垂后，烦恼自缠，不觉不知，随恶识转。累士兴兵

141.武戟，伤煞万人命根。或动土修崇，冒犯凶神。或因

142.经行寺宇，污秽伽蓝，拂扑蚊虻，损伤虫蚁。或因

143.亿味，屠煞牛羊，焊剥鸡猪，弹射禽兽。或因游

144.猎，逐兔奔狐，安藏下箭，众生怕怖，无处藏身，

145.煞命之恐，走夭飞鹰，卒陈难尽。或因感供远限不

146.悬功德之资，粗生隐没，道场布施，口善心远，出数极劣，

147.临时改易。或因恃势，枉法受财，谣谤平人，逼迫而

148.取。或凶言鄙语，枉蔑尊亲，恶口秽训，毁减三

宝，况于

149.十恶五逆，无不皆远。

150.口四身三，恒常惨毒，如斯之罪，无量无边，由若尘沙，难

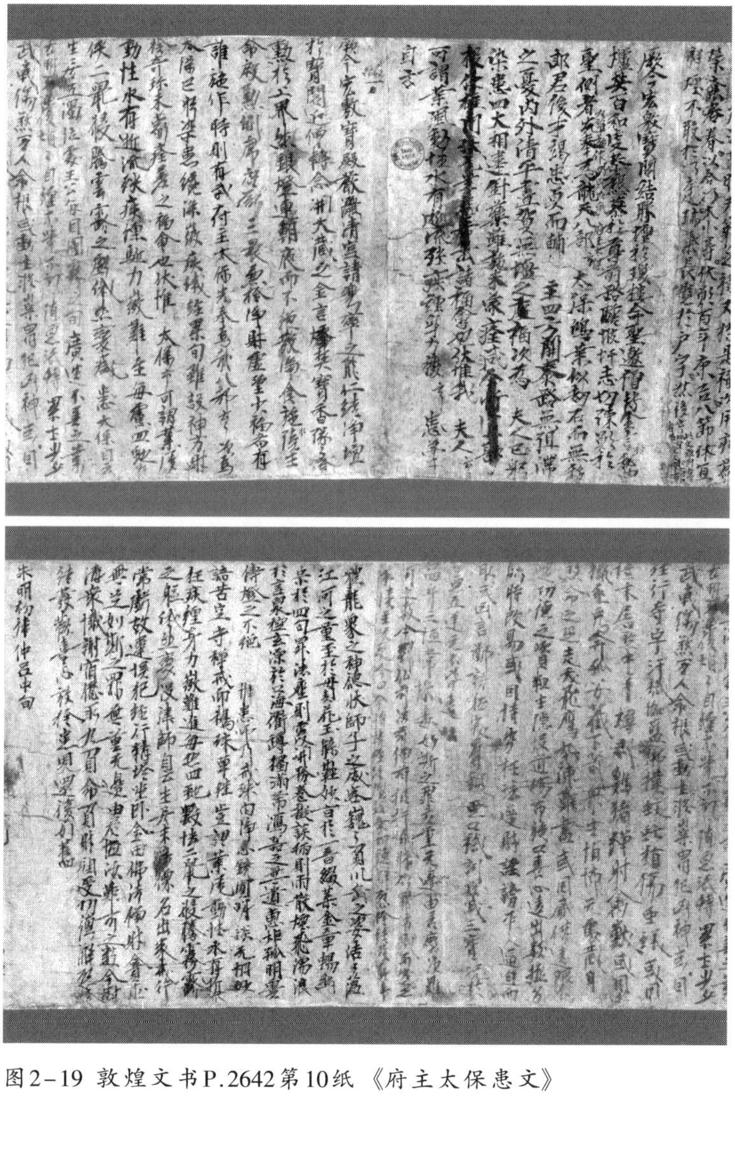

图2-19 敦煌文书P.2642第10纸《府主太保患文》

151.可之数。今对佛前法前僧前，披肝忏涤，愿罪消灭，所有冤

152.家债主领受。今日今时，转经结坛，设斋功德，释怨舍结，发愿于。

第11纸《僧患文》

153.礼龙象之神德，状师子之威容。巍巍负川岳之姿，浩浩蕴

154.江河之量。至于贯花玉牒，融妙旨于一音。缀叶金章，畅幽

155.宗于四句。升法座则霞开务（雾）卷，拟谈柄则雨散烟飞。涌浪

156.于言泉，控玄源于口海，衢罇独满，希鸿器之无遗，惠炬孤明，冀

157.传灯之不绝。惟患师乃戒珠内净[18]，心镜圆明，谈无相妙

158.谙，苦空守禅戒，而鹅珠草继。岂谓业风动性，水有逝流，

159.狂疾缠身，力微难进。每悲四蛇毁箧，二鼠之侵腾。雾露

160.之躯，俄然变没。律师自云：生居末法，像名出家，戒行

161.常亏，故违悮犯，经行精塔，坐卧金田，佛法僧财，贪求

162.无足，如斯之罪，无量无边，由若恒沙，难可之数。今对

163.清众，忏谢宿愆，所有负命负财，领受功德，解怨释

164.结，发欢喜心，放舍患儿，还复如旧。

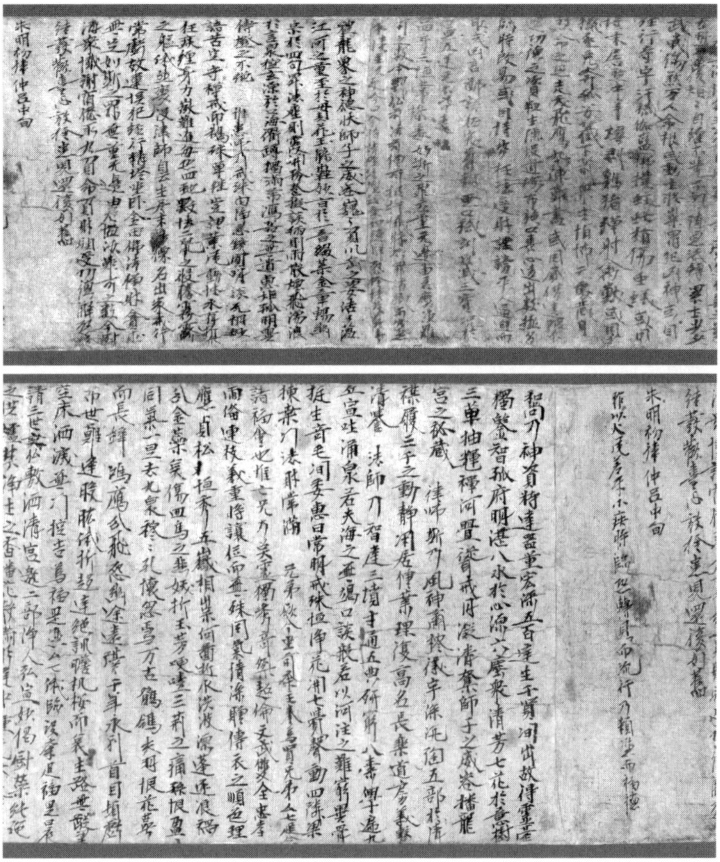

图2-20 敦煌文书P.2642第11纸《僧患文》

165.朱明初律，仲吕中旬[19]。

166.昨以火风，差来小疾，时临恐转见而流行，乃赖凭而福德。

第12纸《僧患文、为亡兄弟追福文》

167.和尚乃神资特达，器量宏深，五百庭生，千贤间出。故得灵台

168.独鉴，智孤府明。湛八水于心源，六尘众清，芳七花于意树，

169.三草抽辉。禅河迭耸，戒月凝清。夺师子之威容，播龙

170.宫之秘藏。律师：斯乃风神肃穆，仪宇深沉，陶五部于清

171.襟，履三千之动静。闲居僧业，理复高名，长乐道房，义馨

172.清誉。法师乃智达三坟，才通五典，研穷八索，学遍九

173.丘。宣吐涌泉，若夫海之无竭，口谈般若，以河注之难穷。异骨

174.挺生，奇毛间委，惠日常明，戒珠恒净，花开七觉，生动四邻，梁

175.栋桑门，法财常满。兄弟[20]：厥今坐前斋主，奉为贤兄弟厶七追念，

176.诸福会也。惟亡兄乃英灵独秀，奇杰超伦，文武双全，忠孝

177.两备。连枝义重，将让位而无殊；同气情深，赠传衣之顺色[21]，理

178.应贞松恒秀，五岳相崇。何图逝水洪波，漂蓬逐浪。祸

179.兮金藥哀伤，四马之悲，妖折玉芳，哽噎三荆之痛，系恨盈［盈］

180.同气，一日二去九泉[22]。穆穆孔怀，忽焉万古，鹡鸰失羽，恨花萼

181.而长辞，鸿雁分飞，怨幽涂远隔，千年永别，首目顿亏，

182.希世难逢，股肱俄折，趋庭绝训。瞻机案而哀，生

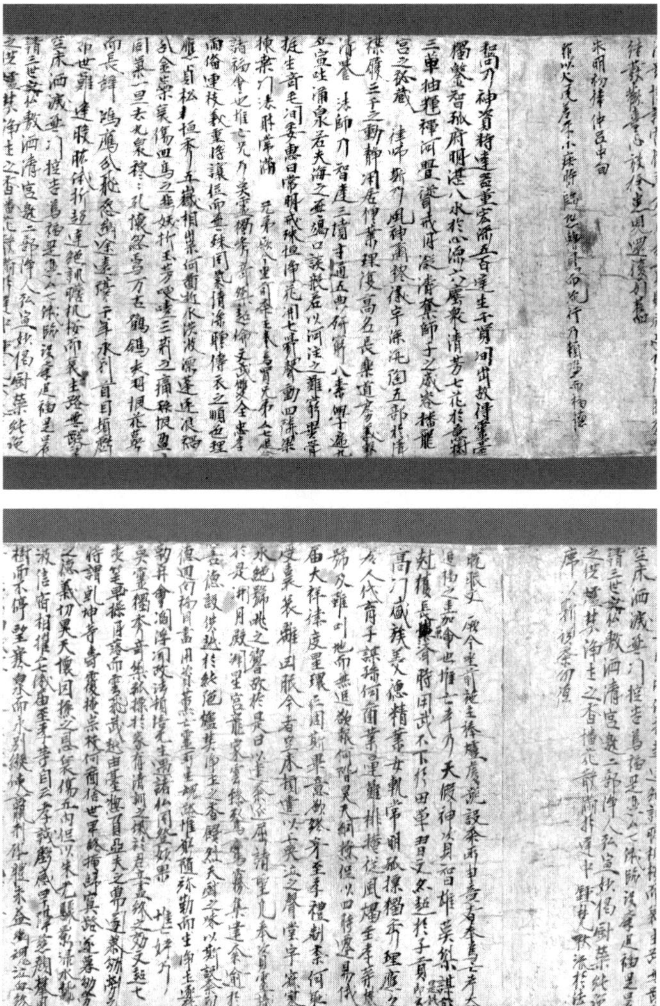

图2-21 敦煌文书P.2642第12纸《僧患文、为亡兄弟追福文》

路无踪，望

183.空床洒泪，无门控告，为福是凭。厶七俄临，设斋追福，是晨

184.请三世诸佛，敷洒清宫，邀二部净人，弘宣妙偈。厨荣纯陀

185.之供，炉焚净土之香，幡花散满于庭中，钟梵啾流于法

186.席，以斯设斋功德。

第13纸《脱服文（为亡父太保追福文）》

187.脱服文：厥今坐前施主，捧炉虔跪设斋，所申意者，奉为亡考太保

188.追福之嘉会也[23]。惟亡考乃天假神资，智雄英杰。谋能

189.克获，长策济时，用武不下于田单，习文亦超于子贡。是妣即云

190.高门盛族，美德精业，女轨常明，孤标独秀。理应久

191.居人代，育子谋孙，何图业运难排，掩从风烛。至孝等攀

192.号［靡］及，虽扣地而无追。欲报何阶，昊天网极。但以四时迁易，俄

193.届大祥，律度星环，三周斯毕。意欲终身至孝，礼制奈何，耻

194.受吉衣，哀离凶服。今者空床顿遣，以止哭泣之声。堂宇寂寥，

195.永绝号咷之响。故于是日，以建斋延，屈请圣凡，奉资灵识。

196.于是开月殿，辟星宫，龙象云臻，鸳鸾雾集。建斋逾于

197.善德，设供越于纯陀。炉焚净土之香，馔烈天厨之味。以斯设斋功

198.德，回向福因，尽用资薰亡灵，所生魂路，惟愿随

弥勒而生净土，逐弥

199.勒再会阎浮，闻政法顿悟无生，遇诸佛同登妙果。惟亡考乃

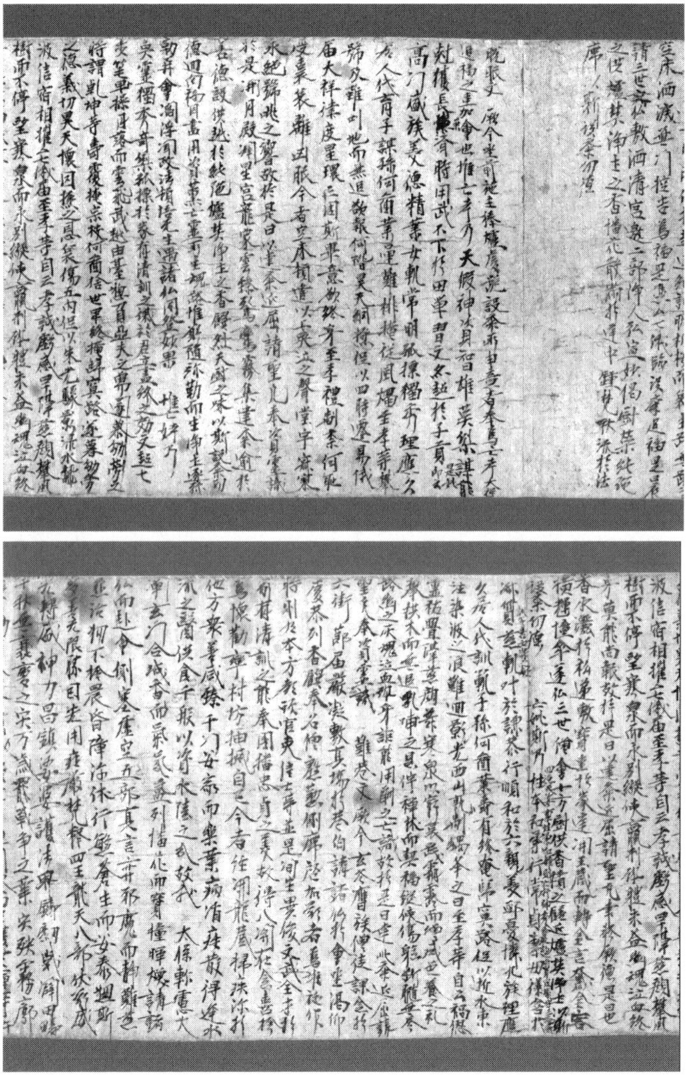

图2-22 敦煌文书P.2642第13纸《脱服文（为亡父太保追福文）》

200.英灵独秀，奇杰孤标。于家有清训之仪，于君立尽终（忠）之效。文超七

201.步，笔操月落而云飞。武越由基，总负亚夫之勇。遂慕劝劳之，

202.将谓乾坤等寿，覆掩宗枝，何图舍世早终，掩归冥路。遂慕劝劳

203.之德，义切昊天，怀罔极之恩，哀伤五内。但以朱光骤影，渌水飞

204.波，信宿相摧，厶七俄届，至孝等自云：孝诚亏感，早隔慈颜，攀风

205.树而不停，望寒泉而永别。纵使羸形碎体，未益幽魂，泣血终

206.身，莫能尚报。故于是日，以建斋延，屈请圣凡，聿修厥德。是日也，

207.香水洒于私第，敷宝座于家庭，开玉藏而转金言，奫金容

208.横辉幢伞，遂佛三世，僧会十方，厨供香积之膳筵，炉焚净土，以斯

209.设斋功德。亡妣斯乃四德天资，禀性柔和雅则。六行神秀，含婉约之贞芳。宜家守三备之能，性本和柔，行常贞洁，母仪合于

第14纸《亡妣文、难巷文（都头、官吏、信士为患太保发愿文）》

210.淑质，训子善六条之妙，慈轨叶于谦恭，行顺和于六亲，美邮忧怜九族。理应

211.久居人代，训范子孙。何图业寿有终，奄归冥路。但以逝水东

212.注，染波之浪难回，光影西山，孰制嵎峰之日。至

孝等自云[24]：祸愆

213.灵佑，叠隔慈颜，舞寒泉以穷哀，践霜露而增感。色养之礼，

214.攀拱木而无追。乳哺之恩，伫禅林而契福。纵使伤躯断髓，无参

215.路幽之灰魂。泣血碎身，讵能用酬之亡识。故于是日，建此斋延，屈请

216.圣凡，奉资灵识。难巷文[25]：厥今玄冬膺族，僧徒课念于

217.六街，节届严凝，敷其场于巷陌。请诸佛于会坐，渴仰

218.虔恭。列香馔，奉名僧，殷勤侧席，启加愿者，为谁施作？

219.时则有本方都头、官吏、信士等[26]，并是间生异俊，文武全才。于

220.家有清训之能，奉国播忠贞之美。故得八关在念，喜舍

221.为怀，劝率村坊，抽撤自已。今者经开龙藏，扫疾沴于

222.他方，众善咸臻，千门安家而乐业。病消疾散，得逢水

223.流之医。供食千般，以资水陆之分。故我太保轸虑，大

224.阐玄门，合城香而气氛氲，列幡花而宝幢晖焕，请诸

225.佛而赴会，侧塞虚空，五部真言，弃邪魔而静难。慈

226.悲治物，不舍晨昏，障沴休行，慜苍生而安泰，总斯

227.多善，无限胜因。先用庄严梵释四王，龙天八部，

伏愿威

228.光转盛，神力昌，镇娑娑，护法界，铸剑戟，辟田畴。

229.千秋无衰变之灾，万岁罢战争之业。灾殃雾廓，

230.疫疠消除。合境咸欢，歌谣肃穆。四王护世，挥宝杵

231.而摧魔。大圣观音，垂悲愿而拔济。冤家债主，舍结

232.济生。行病鬼王，摄心罢怒。太保延寿，以彰初心而

233.周年。举郡黎民，比麻姑而延荫。行香寮佐，永护胜因，俤。

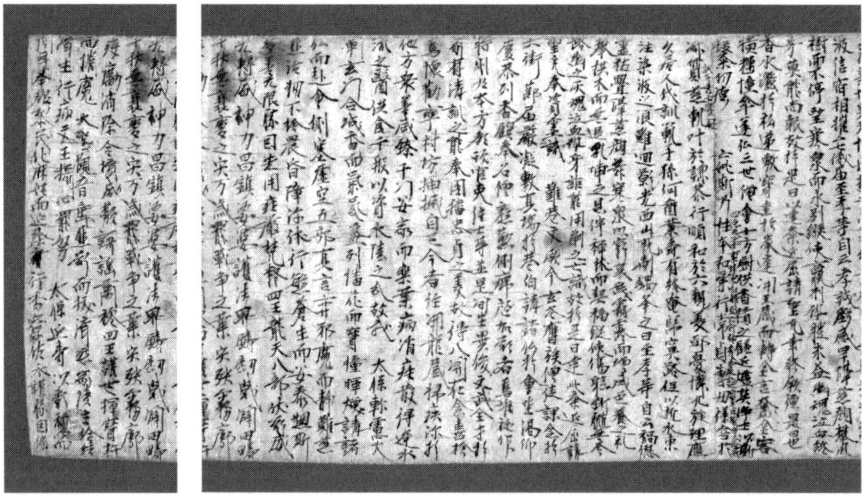

图2-23 敦煌文书P.2642第14纸《亡妣文、难巷文（都头、官吏、信士为患太保发愿文）》

（二）P.2642背面

P.2642V《杂写》[27]

供侧心莫闻边苦，然后灾风荡尽，人修十善之因，夏顺

秋调，储满九年之实，摩诃[①]

P.2642V《河西节度使太保为过往太傅追福文》

厥今宏敷内阁，俨洒深宫。会三世之如来，邀鸡园之硕德。炉焚龙恼，食献七珍，供世还僧，启加愿者，有谁施作？时则有河西节度使府主 太保先奉龙天八部，添鸿水以润陆田，梵释四王，静四边烟不起[②]，太保益寿，合境康宁，次为过往太傅远忌追晨诸福会也，伏惟我太傅云云将谓受用，山岳似劫石而不移，永镇龙沙，为万人之父母，何图保命有期，早归极乐，但以金乌运转，玉兔轮回，晷克频催，远晨俄届，无处控告，唯福是凭，投仗福门，荐资神识，于是扫户开筵[③]

P.2642V 《杂写》

今时僧众，口内希闻

P.2642V《年代不明［10世纪］诸色斛斗破用历》

粟一硕四斗付武上座贴麦酒用。同日粟一硕看待后座用。十月一日，粟八斗沽酒城南园泥厅舍用。二日，粟一石二斗沽酒看徒众及工匠用。三日，粟八斗城内造作沽酒看僧官及工匠用。四

① 写本背面两行《杂写》，位于第14纸背面。背面内容分散，故不再分行。
② 疑有缺字。
③ 写本背面《河西节度使太保为过往太傅追福文》，位于第12纸背面，内容与正面《河西节度使太保为过往太傅追福文》相似。

日，粟八斗沽酒看僧官及工匠用。七日，粟一硕二斗沽酒梁和尚旋车人事用。十六日粟一硕二斗沽酒衙内人事用。廿六日粟六斗沽酒唐单子算羊来用。同日粟一硕二斗沽酒天使奄世劝孝用。廿八日粟八斗沽酒索都知亡，大众及都官吊孝来喫用。十一月十三日粟六斗沽酒西州就寺来喫用。十四日，粟一硕二斗沽酒梁校授西行送路用。十七日粟六斗沽酒于阗使就寺来喫用。廿一日本酒三瓮冬至用。十二月四日粟一石二斗沽酒阎都头身故大众及都官吊孝来喫用。廿九日本酒两瓮，岁节用。愿（签名）①

P.2642V《散食发愿文》

厥今三春首朔，四序初分，就衣外而引序千尊，引沟渠而脱万象，是以炉焚百宝，乐奏八音，散食四方，祈恩旋远者云云

加以妙因宿值，善芽发于今生。业过先登，道心竖于此日。知四大而无主，五蕴皆空料。罢性而不坚，似电光而迷转。昔闻童子聚妙，上有成佛之功能。恳仰鸿门，赖福因而筹算。遂乃脱万象之真容②，序恒沙之遍迹。更能焚香郊外，请诸凡圣。于福事之前散食，香食遍施于水陆之利。以斯脱佛功德，回向福因。③

① 文末签名当是都师愿通的愿，原卷做“願”，亦见于S.5973及P.3997等。
② 原卷“万象”后衍“万象”两字。
③ 卷背此篇《散食发愿文》位于第1纸背面，倒书。共10行，满行可抄写18字。

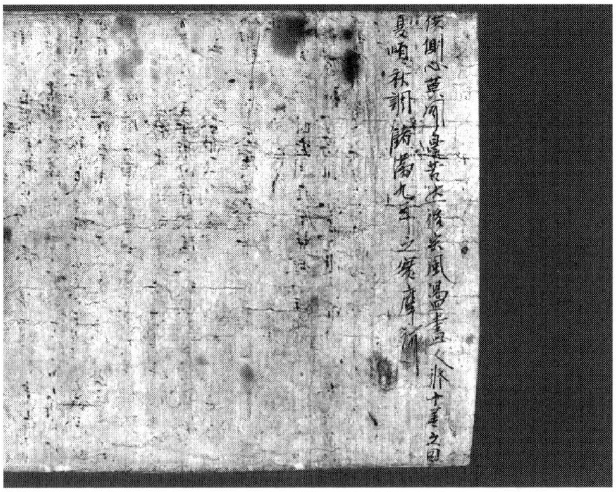

图2-24 敦煌文书P.2642V《杂写》

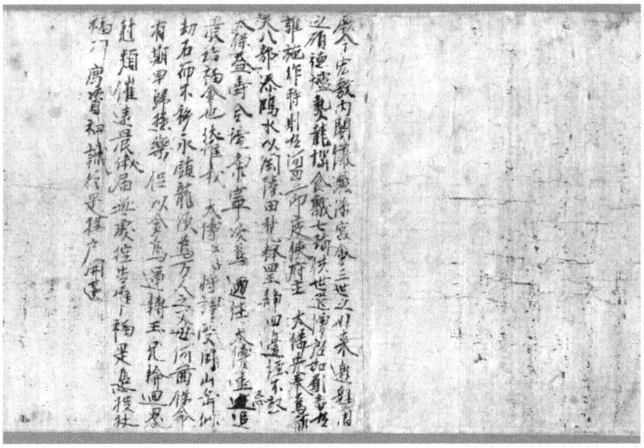

图2-25 敦煌文书P.2642V《河西节度使太保为过往太傅追福文》

[1] “太保”，指曹元忠。该纸内容可定名为《河西节度使太保结坛文》。“结坛文”是在每年岁终时节的结坛转经活动上使用的斋文，且结坛转经是官办的佛事活动①。那么此次活动应

① 谭蝉雪《唐宋敦煌岁时佛俗——八月至十二月》，《敦煌研究》2001年第2期，第79页。

图2-26 敦煌文书P.2642V《年代不明［10世纪］诸色斛斗破用历》

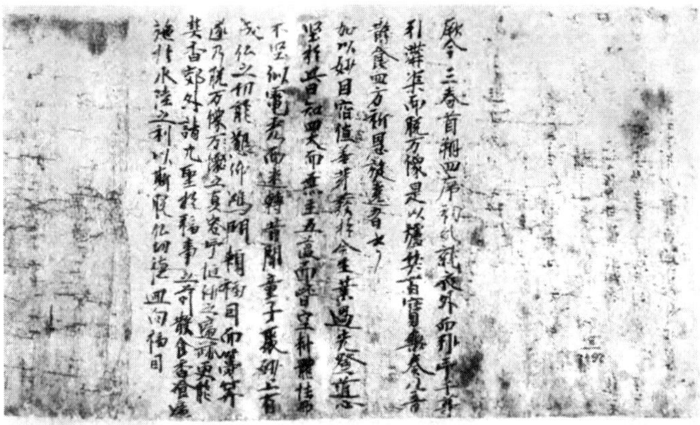

图2-27 敦煌文书P.2642V《散食发愿文》

由归义军节度使府衙组织。结坛，即选定法会的地点，划定坛场用地的界限，依据水陆法会的仪轨对坛场进行布置。坛场布置完毕，法会开始时，由法会主持法师宣读《结坛文》[①]。

① 谢生保、谢静《敦煌文献与水陆法会——敦煌唐五代时期水陆法会研究》，《敦煌研究》2006年第2期，第45页。

［2］“夫人”“诸幼郎君”“小娘子”，都是节度使曹元忠的家人。

［3］“太保”“太傅”，根据该篇内容，可知这是河西节度使太保为已经去世的太傅举办追福会。曹元忠为已故前任节度使太傅祈福，同时祈求敦煌政权安定。谭蝉雪将此内容与P.3388疏文内容进行对比研究，认为P.2642第二篇斋文中的“太保”指曹元忠，“太傅”指曹元深，斋文中的“远忌晨追”即P.3388疏文中的“大祥”，“大祥”即去世后三周年[①]。荣新江认为“太傅”“太保”也可以分别指30年后的曹延恭、曹延禄兄弟[②]。我们综合考察整个写本的内容，倾向于认为“太保”“太傅”即曹元忠、曹元深。通过对写本形态的辨析，我们确定了写本第2、3纸背面抄写的内容即《年代不明［10世纪］诸色斛斗破用历》[③]，文末有“愿通”题名，时代在944年前后。

［4］P.2642第2、3纸抄写了《河西节度使太保为过往太傅追福文》，该部分内容经过了二次整理。

［5］谭蝉雪认为第4纸内容与第1纸《河西节度使太保结坛发愿文》实际上是一组，第1纸内容用于坛会的开始，第4纸内容用于坛会结束[④]。该说法尚有探讨的余地。首先，从写本性质、书法上看，这两篇内容非一人所抄；其次，从内容上看，两篇似乎不是出自同一篇斋文。总之，虽然第1纸、第4纸不是出自同一篇文书，但不可否认，二者具有相关性。我们认为P.2642写本是不

① 谭蝉雪《曹元德曹元深卒年考》，《敦煌研究》1988年第1期，第55—56页。
② 荣新江《归义军史研究——唐宋时代敦煌历史考索》，第113页。
③ 唐耕耦、陆宏基《敦煌社会经济文献真迹释录》第3辑，第209页。
④ 谭蝉雪《唐宋敦煌岁时佛俗——八月至十二月》，第79页。

同写本经过剪辑后，重新整理粘贴而成的。

［6］“阁”，从字形上看该字为“客”，“客”或为“阁”的异体字或讹写，但敦煌文献中有“国母”，未见“阁母”。笔者过去曾怀疑为“慈母”，但从字形看，并非如此。然“阁母”一词也很难解释，或为“国母”的误抄。但是曹元忠称“太保”时期，宋氏夫人、天公主应都已经去世，此处可能是比照前代文书抄写，但又出现抄写错误。不过，曹元忠夫人翟氏一度被称为“北宅夫人”，此“阁母夫人”抑或与“北宅夫人”有异曲同工之用？尚待进一步研究。笔者认为“阁母夫人”应为前文提到的夫人，即曹元忠夫人翟氏。

［7］“摩诃”，此二字是利用行间空白抄写的，我们不算作一行。

［8］“太傅”，即曹元深。

［9］“尚书以（与）昆季郎君”，指的是曹元深的侄子、儿子。荣新江认为曹元深称“太傅”时期，曹元忠可能也有“尚书”称号①。我们认为曹元深后期称“尚书”的不是他的弟弟曹元忠，而是他的侄子。

［10］“东朝驲騧，愿备梯舩。紫诏碧幢，早临绝塞”，这两句是期望敦煌政权早日与中原王朝建立起联系。

［11］该文书第5、6纸是河西节度使太傅为其家人祈福的发愿文。该内容还保存在P.3085文书，该文书仅存一纸，22行，阙题，黄征、吴伟《敦煌愿文集》将该篇题名拟作《河西节度使太傅启愿文（拟）》②，内容自“厥今……”至“维城作镇。又持胜福”，个别文字与P.2642有出入。

---

① 荣新江《归义军史研究——唐宋时代敦煌历史考索》，第113页。

② 黄征、吴伟《敦煌愿文集》，第381页。

［12］“夫人”，应是节度使夫人。

［13］根据“位处王官”一句，可知这位“患弟子”应指归义军节度使，那么抄写于第7纸的这篇文书，是节度使夫妇二人祈求病患痊愈的发愿文。虽然该纸张内容的抄写者与前文不同，但是从文义看，应当是续接前文。P.2642文书是剪辑了相关文书后，重新粘贴在一起的，反映了节度使位交替过程中，一场瘟疫的流行。

［14］根据文中“持炉厶人”“故厶”“孤子”“哀子”等，可知这是一篇悼念亡父或亡母的文范。

［15］文书第9纸中的“太保”，应指曹元德。据文书内容，“太保”及其夫人皆染病，又据下面几篇文书内容可知，“太保”病重并且去世，不符合节度使曹元忠的情况。据研究，节度使曹元德晚年（939）曾使用“太保”称号①。曹元德去世后，中原王朝曾召赠“太保”，此后敦煌文书应称曹元德为“太保”。

［16］P.2642文书第10纸开始，至第14纸末尾，全部是一人抄写，这个人可能是P.2642文书的汇集整理者。曹元德在世时不一定使用过“太保”称号，但由于经过重抄，所以该文书称曹元德时统一使用“太保”称号。

［17］该句说明“太保”曹元德已经病得很重。

［18］第11、12纸出现了僧人患病时的发愿文范本，说明这是一场流行的瘟疫，节度使家庭成员、寺院僧人都染患疾病。

［19］根据文末的杂写可知，抄手抄写此篇时，为“仲吕”时节，即孟夏之际。

［20］这是为亡兄弟追福发愿文的范文。

---

① 荣新江《归义军史研究——唐宋时代敦煌历史考索》，第110页。

［21］“连枝义重，将让位而无殊；同气情深，赠传衣之顺色”，说明兄弟二人都是归义军节度使，反映了归义军节度使位“兄终弟及”的交接过程，该过程是曹元德念兄弟情深，让位于曹元深。

［22］“一日二去九泉”，或指曹元德夫妻二人前后相继去世，待考。

［23］“亡考太保”，即曹元德，该部分内容是曹元德的儿子为去世的父亲追福发愿。根据文书后面的内容可知，该部分创作于“太保”去世后3周年。“太保”曹元德939年去世①，该文创作的时间在942年。

［24］“至孝等”，即曹元德的儿子等人。

［25］“难”者，“傩”也，即驱除疫鬼之祭，本是我国古已有之的传统礼俗，佛教传入之后，佛俗与驱傩融汇。敦煌的难巷是魏晋以来逐疫的遗风，既保持有我国古代乡傩、逐除的内容，又是佛教道场的形式②。谢生保、谢静认为这是一篇敦煌某街发生瘟疫后举办水陆法会的结坛文③。

［26］该文是岁末时节，归义军节度使府衙中的都头、官吏、信士在坊巷中设置道场，率众为患病的“太保”曹元德祈福发愿，驱除疾病，说明该文创作于“太保”曹元德病重时期，939年前后。

［27］第12纸背面抄写内容与正面2、3纸内容大致相同。书法与正面第10—14纸的书法相同，即为同一人抄写；第14纸背面

---

① 荣新江《归义军史研究——唐宋时代敦煌历史考索》，第110页。

② 谭蝉雪《唐宋敦煌岁时佛俗——八月至十二月》，《敦煌研究》2001年第2期，第78—79页。

③ 谢生保、谢静《敦煌文献与水陆法会——敦煌唐五代时期水陆法会研究》，《敦煌研究》2006年第2期，第45页。

的《杂写》，也是出自同一人。

二、P.2642文书抄写的时代背景

P.2642文书，正面共234行，内容依次为《河西节度使太保结坛发愿文》《河西节度使太保为过往太傅追福文》《河西节度使太保发愿文》《河西节度使太傅为小娘子病患发愿文》《夫人患文》《亡文范本》《河西节度使太保、夫人患文》《府主太保患文》《僧患文》《僧患文、为亡兄弟追福文》《脱服文（为亡父太保追福文)》《亡妣文、难巷文（都头、官吏、信士为患太保发愿文)》，无纪年及作者信息。文书背面内容有《河西节度使太保为过往太傅追福文》《杂写》《年代不明［10世纪］诸色斛斗破用历》《散食发愿文》等，其中《年代不明［10世纪］诸色斛斗破用历》记载到“于阗使”。敦煌文书中关于于阗与敦煌建立联系最早的记载，见于P.4640V《已未年至辛酉年（899—901）归义军军资司库布纸破用历》，那么P.2642《年代不明［10世纪］诸色斛斗破用历》时代应当在899年之后。此外，该文书末有签字“愿”，该签字亦见于S.5937《庚子年十二月廿二日都师愿通沿常住破历》及P.3997《庚子年十一月卅日都寺主法净领得前寺主戒福手下布褐用历》[①]，几处“愿通”的签字样式相同，可知此三件文书为同一人书写。愿通生活的庚子年，所指时代只能是944年或者1004年，1004年时于阗国已经濒临灭国，所以我们认为S.5937与P.3997两篇文书中的庚子年，应该是944年，那么P.2642中的《年代不明［10世纪］诸色斛斗破用历》的时代也应该在944年前后。

① 《英藏敦煌文献（汉文佛经以外部分)》第9卷，第216页；《法国国家图书馆藏敦煌西域文献》第30册，第326页。

该文书正面很多篇幅是为患病者发愿，患病者既有普通人也有僧人及节度使家族成员等，说明当时的敦煌出现了一场大规模的瘟疫。同时，文书中还记载了某节度使为其兄（前任节度使）发愿的文章，反映了曹氏归义军时期的相关史实。曹氏归义军兄终弟及的几位节度使有曹元德、曹元深、曹元忠，以及曹延恭、曹延禄，而结合文书年代，944年前后的几任节度使为前者。

该文书正面和背面都抄写有《河西节度使太保为过往太傅追福文》的相关内容，"太傅""太保"为前后相继的两位节度使，其中"太傅"为前一任节度使去世时最高级别的称号，根据研究，曹元深去世时的称号为"太傅"[①]。此外，曹延恭在去世之前的最高称号为"太傅令公"[②]，但是其堂弟曹延禄继位以后，并不称其堂兄曹延恭"太傅令公"，P.3827+P.3660V文书中曹延恭被称作"司徒"[③]，S.3978文书中曹延恭被称作"司空"[④]，都是比较低的官职，说明曹延恭的"太傅令公"称号在曹延禄时期可能没有被承认。那么符合P.2642文书中"太傅"身份的节度使只能是曹元深。曹元深担任节度使的时间为940—944年，曹元深去世以后，其弟曹元忠继承节度使位，曹元忠在947年、950—955年称"太保"[⑤]，那么P.2642文书正反两面中的这两篇《河西节度使太保为过往太傅追福文》的抄写时间应该在955年之前。

综合以上考察，我们认为该文书内容符合曹元德、曹元深、曹元忠时期的情形，其形成年代应当在曹元忠任归义军节度使初

① 荣新江《归义军史研究——唐宋时代敦煌历史考索》，第112—113页。
② 荣新江《归义军史研究——唐宋时代敦煌历史考索》，第123—124页。
③《法国国家图书馆藏敦煌西域文献》第26册，2002年，第256页；《法国国家图书馆藏敦煌西域文献》第28册，2004年，第254页。
④ 荣新江《归义军史研究——唐宋时代敦煌历史考索》，第124页。
⑤ 荣新江《归义军史研究——唐宋时代敦煌历史考索》，第113—122页。

期。下面我们对具体内容逐一进行分析。

P.2642写本第1篇《河西节度使太保结坛发愿文》中，出现了“太保”“夫人”“诸幼郎君”“小娘子”“两班大将”“内外宗枝”等称号。文中出现“夫人”，未出现“天公主”，应是曹议金去世以后的文书。曹氏归义军时期，称“太保”的节度使有曹元德、曹元忠、曹延恭、曹延禄。前文的研究中，我们将该写本的时代背景放置于曹元德、曹元深、曹元忠兄弟三人交替执政时期，那么P.2642写本第1篇《河西节度使太保结坛发愿文》的抄写时代应该在曹元德或者曹元忠时期。

除了第1篇以外，该文书中还多次出现了“太保”称号，包括第2篇《河西节度使太保为过往太傅追福文》、第3篇《河西节度使太保发愿文》、第7篇《河西节度使太保、夫人患文》、第8篇《府主太保患文》、第11篇《脱服文（为亡父太保追福文）》、第12篇《亡妣文、难卷文（都头、官吏、信士为患太保发愿文）》、背面《河西节度使太保为过往太傅追福文》。

第2篇以及写卷背面的《河西节度使太保为过往太傅追福文》中的“太保”“太傅”，前文经过研究已经指出他们分别指称曹元忠、曹元深。

第11篇《脱服文（为亡父太保追福文）》中的“太保”身份也可以确定，文书中称“亡父太保”，说明“太保”已经去世，这样该篇中的“太保”指称曹元忠的可能性可以排除，与“太保”人物称号相符合的只有曹元德。这篇文书的内容是曹元德儿子为其父亲发愿祈福。

P.2642写本第7篇《河西节度使太保、夫人患文》中，出现的人物主要有“太保”及其夫人，二人均已染疾病，且病得很重。夫人“四大相违，针药难施，未蒙痊减”，太保“染患才深，微疾俄经累旬。虽汲神方，割舍奇珍，未蒙痊善”。考虑到

“太保”患病严重，不符合曹元忠称“太保”时期的情形，而曹元德、曹元深时期敦煌地区疫病流行，曹元德于935—939年执政，时间很短，很有可能染疾去世。该文书中的“太保”及其夫人，应当指曹元德夫妇。那么，第8篇《府主太保患文》中的“太保”也是指称曹元德。还有第12篇《亡妣文、难巷文（都头、官吏、信士为患太保发愿文）》中的“太保”，身体欠佳，应当也是指称曹元德。这篇文书写于曹元德生病以后，记载了敦煌地区的官员为“太保”曹元德发愿祈福的情况。

另外几篇内容中“太保”的身份我们不能完全确定，但是据第1篇《河西节度使太保结坛发愿文》、第3篇《河西节度使太保发愿文》的内容，可知两篇文书中的“太保”是在世的节度使太保发愿祈福，因此我们更倾向于认为这几篇内容抄写于曹元忠时期①。综上所述，我们认为P.2642写本第1篇《河西节度使太保结坛发愿文》、第2篇《河西节度使太保为过往太傅追福文》、第3篇《河西节度使太保发愿文》、背面《河西节度使太保为过往太傅追福文》中的“太保”指称曹元忠。第7篇《河西节度使太保、夫人患文》、第8篇《府主太保患文》、第11篇《脱服文（为亡父太保追福文）》、第12篇《亡妣文、难巷文（都头、官吏、信士为患太保发愿文）》中的“太保”指称曹元德。

P.2642写本第4篇《河西节度使太傅为小娘子病患发愿文》中，出现的人物主要有“太傅”“尚书”“小娘子”，“小娘子”身染疾病，该文书主要目的是为小娘子发愿祈求疾病痊愈。这篇文书中的“太傅”应当与《河西节度使太保为过往太傅追福文》中的已经去世的“太傅”是同一人。这篇文书抄写时，“太

---

① 此处不排除“太保”指称曹元德的可能性，因为这篇文书是曹元忠时期将过去的文书重新整理粘合后形成的写本。

傅”曹元深还没有去世。文书中的“尚书”很有可能是曹元深的弟弟曹元忠，P.4046《天福七年（942）曹元深疏》中就有“尚书”称号[①]，荣新江认为应当指称曹元忠[②]。因此，我们认为第4篇《河西节度使太傅为小娘子病患发愿文》的抄写时代在曹元深称“太傅”时期，即天福九年（944）初。

P.2642文书第5篇《夫人患文》因无人物称号，其具体年代难以判定，应该也是在曹元德、曹元深时期抄写。根据写本内容，夫人染病，而且病情较为严重，以至于“四大相违，针药难施。未蒙痊减”[③]。紧接着P.2642写本第6篇《亡文范本》是悼念亡人的文范。可以推知，当时的敦煌疫病流行，就连节度使家族成员也因患病而去世。

P.2642文书第9篇是《僧患文》，说明当时寺院里的僧人也染上了疾病。P.2642文书第10篇《僧患文、为亡兄弟追福文》，无人物称号，但是根据文书内容，可以判断为这是归义军节度使为其去世的兄弟追福。文书中“连枝义重，将让位而无殊；同气情深，赠传衣之顺色”[④]，正是追述其兄长在去世之前，将节度使之位传给其弟的情况。这恰好与曹元德、曹元深、曹元忠兄弟三人先后担任节度使的史实相符。但是具体的人物身份我们不容易判断，可能是曹元深时期怀念其兄曹元德的文章，也可能是曹元忠时期怀念其兄曹元深的文章。

不过，从文书抄写的书法、写卷形态看，该写本第11—14纸当抄写于同一时期，那么第9篇《僧患文》、第10篇《僧患文、为亡兄弟追福文》，与第11篇《脱服文（为亡父太保追福文）》、

① 《法国国家图书馆藏敦煌西域文献》第31册，第35页。
② 荣新江《归义军史研究——唐宋时代敦煌历史考索》，第113页。
③ 《法国国家图书馆藏敦煌西域文献》第17册，第68页。
④ 《法国国家图书馆藏敦煌西域文献》第17册，第69页。

第12篇《亡妣文、难巷文（都头、官吏、信士为患太保发愿文)》，应当属于同一时代，即曹元深任归义军节度使时期，其中的“亡兄”“太保”都是指称曹元德。

三、写本反映的历史事件

P.2642文书是将不同时期抄写的文书粘连在一起。正面内容大多是发愿文的草稿，文书的使用者以节度使家庭成员为主，也包括寺院僧人等。文书背面内容不多，第12纸背面抄写的内容和第2、3纸正面的内容类似，第2、3纸抄写内容属于曹元忠时期。该写本的第11—14纸，是曹元德病亡前后的一组作品，那么第12纸背面的内容应是抄写于曹元忠时期；第11—14纸正面内容虽然反映了曹元德去世前后的情况，但是文书正背面书法相同，那么这些内容应是曹元忠时期重新抄写的。我们认为，P.2642文书是在曹元忠时期，某人出于特定目的，将前代的写本整理粘接在一起形成的。

根据以上分析，笔者认为P.2642文书第1—4纸内容的时代在曹元忠称“太保”时期；第5—8纸内容是曹元深去世前后的一组文书（第8纸为范文，暂时归到曹元深时期）；第9—14纸是曹元德病亡前后的一组文书。各篇在内容上是具有关联性的，反映了曹元德、曹元深、曹元忠兄弟相继任归义军节度使的过程，以及当时节度使家族感染疫病的情况。那么这种将内容具有关联性的篇章粘连在一起保存起来的做法，具体出于何种历史原因，我们从以下几点做进一步的分析：

（一）写本反映了曹议金去世后，节度使位兄终弟及的历史背景

该写本正背面保存的文书，抄写年代非常接近，集中在曹元德、曹元深、曹元忠兄弟三人节度使位接替的时期。通过这一组

文书的内容，我们知道，当时敦煌暴发了一场瘟疫，节度使家族许多成员身患疾病，具体包括曹元德及其夫人、曹元深的夫人，以及曹元深的女儿等。曹元深是否感染疫病，文书中没有记载，其中第5、6纸《河西节度使太傅为小娘子病患发愿文》中只记载到“小娘子”染病，并且为“小娘子”祈福，未提到“太傅”染病。据荣新江研究，曹元深在944年初称“太傅”，同年三月就去世了①。很可能“太傅”曹元深也是因病去世。文书第7纸《夫人患文》为节度使夫人发愿，节度使本人自称“患弟子”，此人应即曹元深。归义军节度使染病，一般不会在敦煌文献中出现。P.2642文书第9纸《河西节度使太保、夫人患文》中，一开始只提到为患病的节度使“夫人”祈福，后来才提到节度使“太保”患病，说明此时节度使家族感染疾病的情况已经非常严重。曹元德夫妇在瘟疫中去世，曹元深夫妇以及他们的女儿也同样如此。

图2-28 莫高窟第61窟主室北壁《药师经变》局部

① 荣新江《归义军史研究——唐宋时代敦煌历史考索》，第112—113页。

关于这一场瘟疫，不只体现于这一篇文书中。P.4065文书第7—9行记载：“兄则监叨军务，继续父风，才伸报国之诚，未展勤劬之绩，忽染风疾，将赴逝川。”这也是曹元德染病去世的相关记载。P.2032文书也有体现，该写本第404行与第410行出现了两处“司空”，记载到六、七月间“司空患时，还马价付众僧用”布、粟数，“司空患时燃灯用”油数。后面又记载十一月底到十二月初记有“太保亡时吊公主、郎君、小娘子等用”布数。第469行再次出现“司空”称号：“粟四十四石一斗，付当寺僧司空患时马价用。”[①]其中的“太保”是曹元德，“司空”是曹元深，可知在曹元德去世前后，曹元深也一直处于病中。曹元德、曹元深兄弟二人执政的时间只有935—944年10年，之所以如此短暂，就是因为这一时期敦煌地区瘟疫流行，曹元德、曹元深等家族成员感染疾病并且去世。P.2014文书《敦煌县令吕某状》记载“清泰三年（936）正月廿五日患吏敦煌令　吕□”，说明此时敦煌县令也染病了。P.2642写本所保留下来的这一组文书就是这一时期相关史实的体现。

曹议金去世以后，敦煌的局势并不稳定，且面临东面甘州回鹘的威胁。这场瘟疫导致一些节度使家族成员染病去世，为了维持曹氏家族统治的稳定，曹元德、曹元深、曹元忠兄弟三人以兄终弟及的统治方式平稳地度过了这一时期。

（二）P.2642文书中的“尚书”与曹元德之子

P.2642文书第5、6纸《河西节度使太傅为小娘子病患发愿文》中，出现的人物主要有“太傅”“尚书”“小娘子”，“太傅”即归义军节度使曹元深，“尚书”的身份我们不能确定，根据文书内容“尚书与诸郎君”来判断，“尚书”应该是太傅的子

① 杜海《曹元德称司徒考》，《敦煌研究》2015年第4期，第54页。

侄辈。P.2642第11篇《脱服文（为亡父太保追福文）》是“太保”曹元德去世以后，其子为亡父祈福，证明曹元德的儿子确实出现在这一组文书当中。据此，笔者认为《河西节度使太傅为小娘子病患发愿文》中的“尚书”与第11篇《脱服文（为亡父太保追福文）》中的节度使“太保”之子或指称同一人，都是曹元德的儿子。

检索敦煌文献，可以发现在P.3085文书中也出现了“太傅”“尚书与诸郎君”，相关内容如下：

> 太傅鸿寿，以五岳而长存；尚书以（与）昆季郎君，并琼花而盛茂……又持胜福，伏用庄严，尚书以昆季郎君贵位。[①]

这篇文书的内容与P.2642文书大致相同，且P.3085文书的抄写字迹工整，很有可能是以P.2642为底本抄写的。这位“尚书”在敦煌文书中多次出现，可见他在当时的归义军政权内应当地位很高。曹元深时期，出现“尚书”的文书还有P.4046《天福七年（942）曹元深疏》，文书记载：

> 司徒宝位，宠禄日新，同劫石而长荣，等江淮而不竭。尚书异俊，抱文武之宏才。[②]

关于这篇文书中“尚书”的身份，荣新江认为大概就是曹元忠当时的加官[③]。但是根据P.2642文书的记载，在曹元深时期，已故

---

① 《法国国家图书馆藏敦煌西域文献》第21册，第266页。

② 《法国国家图书馆藏敦煌西域文献》第31册，第35页。

③ 荣新江《归义军史研究——唐宋时代敦煌历史考索》，第113页。

“太保”曹元德之子也很有影响力，也有可能称“尚书”。那么P.2642、P.3085、P.4046几篇文书中的“尚书”很有可能是指同一人，即曹元德的儿子。

曹元忠时期，其侄曹延恭一直担任瓜州刺史。我们不能确定曹延恭是曹元德还是曹元深的儿子，但是根据前文研究可以知道，在曹元深时期，已故“太保”曹元德的儿子就已经很有影响力。因此，曹元忠时期长期担任瓜州刺史的人为曹延恭，很有可能就是P.2642文书当中的曹元德之子。

（三）反复强调兄弟之情，表达对前任节度使的怀念

P.2642文书第12纸《僧患文、为亡兄弟追福文》中追述了其兄长在去世之前，将节度使之位传于其弟的情况。在表达对前任节度使的追思的同时，还对其兄将节度使之位传给自己表示感激。某种程度上也有强调自己节度使之位合法性的意味。该文书中表达这方面情感的内容还有：第1篇《河西节度使太保为过往太傅追福文》、卷背《河西节度使太保为过往太傅追福文》，内容是曹元忠对已故“太傅”曹元深的追思。

除了P.2642文书之外，在P.t.1104V《为亡兄太保追福文》中，也出现了类似的记载：

> 为谁施作？时则有河西节度使太傅，奉为故兄太保远忌追福之嘉会也。伏惟故兄太保，天资正气，神授韬钤……何图天命应限，报□有期，一夕千秋，杳然万古。我太傅以（与）孝弟尚书诸昆季郎君……谨奉福［庄］严故尊兄太保所生神路……又持胜福，伏用庄严，我河西节度使太傅贵位，伏愿福深禄厚。①

①《法藏敦煌藏文文献》第10册，第342页。

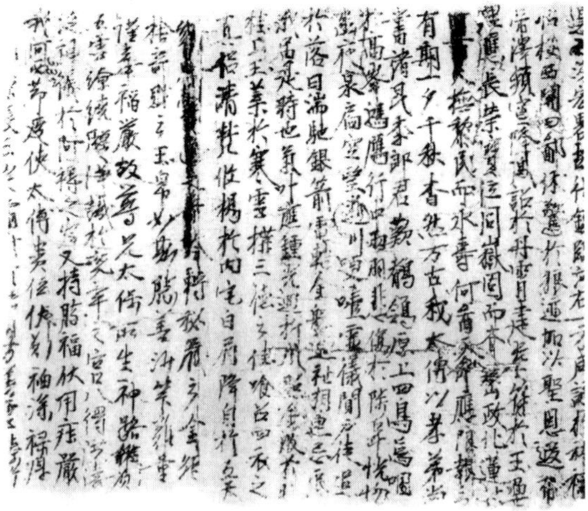

图2-29 P.t.1104V《为亡兄太保追福文》

写本中出现了“太保”“太傅”“尚书”称号，不难判断，应该是曹元深称“太傅”时期的文书，内容是曹元深为其兄曹元德追福发愿，也是兄弟之间的追思。

值得注意的是，该文书中也出现了“孝弟尚书”称号，《敦煌愿文集》校录作“孝悌”。如果原卷“孝弟”二字抄写无误，那么“孝弟尚书”应即曹元忠，这样一来，P.t.1104V《为亡兄太保追福文》就是曹元深、曹元忠兄弟二人以及其他节度使家族子弟，为已故“太保”曹元德发愿祈福的文章。不过“孝弟”这一说法似乎很少使用，亦不规范，因此《敦煌愿文集》录作“孝悌”。

若诚如《敦煌愿文集》所录，作“孝悌尚书诸昆季郎君”，那么“尚书诸昆季郎君”则可能是曹元深的子侄辈，“尚书”很可能是曹元德的儿子。P.t.1104V《为亡兄太保追福文》即节度使曹元深与曹元德的儿子等家族成员一起，为亡故的“太保”曹元德祈福。文书中的“尚书”与P.2642文书中的“尚书”相同，都指称曹元德的儿子。这样一来，P.2642、P.4046、P.3085、P.t.1104V

几篇文书中的“尚书”可能都是指称曹元德的儿子曹延恭[①]。曹元德去世后，为了保证敦煌政权的稳定，以其弟曹元深继任归义军节度使。虽然如此，曹延恭毕竟是曹元德嫡子，因此在归义军政权中地位特殊。P.2642文书很有可能是在曹元忠时期，曹延恭或其支持者刻意保留下来的关于这一段历史的记录，且曹元忠去世后，曹延恭继承节度使之位。据此或可推测，曹元德、曹元深、曹元忠兄弟三人在敦煌形势危急的情况下或达成某种协议，即暂时以兄终弟及的方式执掌归义军政权，但是在敦煌局势稳定后，或者曹元德儿子成年以后，还是要将节度使位交还于曹元德之子。

综合以上讨论，我们认为，P.2642写本内容与曹元德、曹元深、曹元忠节度使位交替有关，写本最后一次整理的年代是在曹元忠初期，很可能是在947年曹元忠称“太保”时期。我们推测该文书整理过程如下：整理的具体工作由曹元德的儿子曹延恭负责，曹延恭安排亲信人员对相关文书进行汇集粘贴，整理到其父曹元德时期的相关内容时，便选派抄手将相关文书工整地抄写下来。根据研究，文书内容的大致年代可限定于939—947年之间。这样就形成了我们今天看到的这种情况：文书的第10—14纸为同一抄手抄写，第12纸背面还抄写了第2、3纸正面的内容。根据文中抄手“自书”的内容，可知文书抄写在“仲吕”时节，那么该文书重新整理的时间应该在947年的夏天。

该写本记录了曹氏归义军节度使位兄终弟及的情形，以及敦

---

① 据荣新江研究（《归义军史研究——唐宋时代敦煌历史考索》，第114页），曹元忠称“仆射”的时间至迟在天福八年（943），见于P.2187《破魔变文》。可知曹元深统治时期，曹元忠已经称“仆射”，那么P.4046《天福七年（942）曹元深疏》中的“尚书”也有可能不是曹元忠，而是曹元德生子。P.2642文书中的太保之子，如果与P.2642文书中的“尚书”为同一人，那么P.2642、P.4046、P.3085、P.t.1104V文书中的“尚书”应都是指曹元德生子。

煌地区流行的一场瘟疫。文书整理者曹延恭在曹元忠任节度使时担任瓜州刺史，之后又继承了曹元忠的节度使之位。其抄写目的是记录当时的历史事实，抑或是有更深一步的政治意图，尚待进一步研究。

附表

纸张序号、规格	题目	行数	时代	重要尾题、杂写等	卷背
第1纸：约30cm×32cm	河西节度使太保结坛发愿文	13	曹元忠称"太保"时期		倒书《散食发愿文》一篇
第2纸：约30cm×15cm	河西节度使太保为过往太傅追福文	6	曹元忠称"太保"时期		《年代不明[10世纪]诸色斛斗破用历》前两行
第3纸：约30cm×21.5cm	河西节度使太保为过往太傅追福文	5	曹元忠称"太保"时期	"愿通"	《年代不明[10世纪]诸色斛斗破用历》
第4纸：约30cm×45cm	河西节度使太保发愿文	27	曹元忠称"太保"时期		
第5纸：约30cm×46cm	河西节度使太傅为小娘子病患发愿文	21	曹元深称"太傅"时期		
第6纸：约30cm×33cm	河西节度使太傅为小娘子病患发愿文	14	曹元深称"太傅"时期	清不佉微才，敢将上献，故有乖觉请勿怪也	

续表

纸张序号、规格	题目	行数	时代	重要尾题、杂写等	卷背
第 7 纸：约 30cm×25cm	夫人患文	10			
第 8 张：约 30cm×50cm	亡文范本	24		此文虽则意□，切望 和尚□看，莫交人□传□	卷背第 8 纸与第 9 纸接缝处有一行文字“今时僧众，口内希闻”
第 9 纸：约 30cm×21cm	河西节度使太保、夫人患文	9	曹元德称“太保”时期		存“百年”两字
第 10 纸：约 30cm×49cm	府主太保患文	23	曹元德称“太保”时期		卷背第 10 纸与第 11 纸接缝处有一行文字，字迹模糊，难以辨识
第 11 纸：约 30cm×34cm	僧患文	14		朱明初律，仲吕中旬，昨以火风，差来小疾	
第 12 纸：约 30cm×47cm	僧患文、为亡兄弟追福文	20	曹元深或曹元忠时期		存《河西节度使太保为过往太傅追福文》

续表

纸张序号、规格	题目	行数	时代	重要尾题、杂写等	卷背
第 13 纸：约 30cm×48cm	脱服文（为亡父太保追福文）	23	曹元深时期		
第 14 纸：约 30cm×49cm	亡妣文、难巷文（都头、官吏、信士为患太保发愿文）	24	曹元深时期		杂写两行

第四节　曹元德、曹元深时期的东西通使

一、朝贡后晋的努力

曹元德执政初期，由于甘州回鹘的阻碍，敦煌与中原的通道并不畅通，直至天福五年（940）初，后晋朝廷才正式册封曹元德为归义军节度使，《旧五代史·后晋高祖纪五》记载：

> 二月丁酉朔，沙州归义军节度使曹义金卒，赠太师，以其子元德袭其位。①

而940年曹元德已经病故，可知终曹元德统治时期，没能获得朝廷的正式册封。曹元深继位后，朝贡中原的道路比较畅通，P.4065《表文》载：

> 臣某言：旌节官告国信使、副某至，奉宣圣旨，赐臣手诏一封，赠臣亡父官告一道，告身一道，焚黄一道；故兄

① 《旧五代史》卷七九《后晋高祖纪五》，第1038页。

> 赠太保官告一道，告身一道，焚黄一道。[①]

《旧五代史·后晋少帝纪一》记载，天福八年（943）正月：

> 庚寅，沙州留后曹元深加检校太傅，充沙州归义军节度使。[②]

曹元德、曹元深时期，是一个稳定过渡的时期。曹元德没有与后晋朝廷建立联系，因此自己铸造了一枚“归义军印”，在P.3556、P.3260、S.4291、P.3347、P.4638等文献上都钤有该印。此印比一般的节度、观察使印略小，森安孝夫辑录了有关这枚“归义军印”的文献，指出这些文献全部属于曹元德时期[③]。可见，获得中原王朝的册封对于曹氏归义军节度使来说具有非常重大的意义。从曹元德以后敦煌与中原相对畅通的交流上看，曹元德、曹元深的努力获得了成效，曹议金的去世没有给敦煌政权造成大的动荡，在经历了曹元德、曹元深的过渡时期以后，敦煌的内外局面朝着更加稳定的方向发展。

二、通使辽朝

曹元德时期，努力通使中原。由于通往后晋的道路并不通畅，因此，曹元德时期归义军政权还与辽朝通使。陆庆夫通过研究，把敦煌与辽朝的交往分为两个时期，一是辽太宗耶律德光执

---

① 《法国国家图书馆藏敦煌西域文献》第31册，第69页。

② 《旧五代史》卷八一《后晋少帝纪一》，第1075页。

③（日）森安孝夫《河西帰義軍節度使の朱印とその編年》，《内陸アジア言語の研究》XV，2000年，第27—31、64—71页。

政时期（927—947），二是辽圣宗耶律隆绪执政时期[①]。本节只讨论辽太宗耶律德光执政时期的相关记载。《辽史·太宗纪》记载：

> ［天显十二年（937）］冬十月庚辰朔，皇太后永宁节，晋及回鹘、敦煌诸国皆遣使来贺。壬午，诏回鹘使胡离只、阿剌保，问其风俗。丁亥，诸国使还。[②]
>
> ［会同二年（939）］十一月丁亥，铁骊、敦煌并遣使来贡。[③]
>
> ［会同三年（940）］五月庚午，以端午宴群臣及诸国使，命回鹘、敦煌二使作本俗舞，俾诸使观之。[④]

归义军出使辽朝的原因，可能是由于曹议金晚期至曹元德时期，归义军与甘州回鹘关系恶化，无法顺利朝贡后晋，而甘州回鹘借地利之便与后晋建立了良好的关系，为了避免政治上被孤立，归义军便积极加强与辽朝的交往。

陆庆夫对归义军、甘州回鹘、辽朝三者的关系做了探讨，指出，“表面上看三者的关系是以归义军与甘州回鹘之关系变化为指归的；而实质上，则是为当时各政权之间的战略格局所左右的；在各政权背后起作用的，则是辽朝与中原王朝两大势力”[⑤]。冯培红从辽朝把归义军政权视为“敦煌国”的角度出发，认为这

---

① 陆庆夫《归义军与辽及甘州回鹘关系考》，《兰州大学学报》（社会科学版）1998年第3期，第73—79页。

②《辽史》卷三《太宗纪上》，北京：中华书局，1974年，第41页。

③《辽史》卷四《太宗纪下》，第46页。

④《辽史》卷四《太宗纪下》，第47页。

⑤ 陆庆夫《归义军与辽及甘州回鹘关系考》，《兰州大学学报》（社会科学版）1998年第3期，第78页。

“反映了它（归义军政权）在当时割据林立的政治格局中所扮演的角色”①。杨富学从辽朝的视角出发，认为辽朝与甘州回鹘世代为宿敌，辽朝欲巩固对新获西部地区的统治，自然要加强与曹氏敦煌政权的关系②。对于孤悬塞外的曹氏归义军政权来说，要稳固其在瓜沙地区的统治，必须采取更加灵活的外交政策，以适应五代宋初西北地区复杂多变的政治局势。另外我们也应该看到，自940年后晋王朝正式册封曹元德为归义军节度使以后③，归义军政权便不再与辽朝通使，在之后的曹元忠、曹延恭、曹延禄统治时期（944—1002），归义军与辽朝未有通使的记录。这也说明敦煌政权为了生存下来而奉行灵活对外政策的同时，仍然以后晋王朝为正统。

图2-30 莫高窟第61窟南壁《法华经变》

三、与甘州回鹘的关系

曹议金去世以后，曹元德在归义军政权内部肃清了甘州回鹘

① 冯培红《敦煌的归义军时代》，第290页。

② 杨富学、邓浩《略论辽朝的西疆经略》，《社会科学辑刊》1998年第4期，第107—111页。

③《旧五代史》卷七九《后晋高祖纪五》，第1038页。

一系的势力，与此同时，敦煌与甘州回鹘政权的关系也变得越来越紧张。曹议金去世前夕，沙州朝贡使梁幸德在成功到达后唐后，被擢封为散骑常侍。《册府元龟》记载："闵帝应顺元年（934）闰正月……沙州入贡梁行通……等辞，各赐锦袍银带物有差。"① 《新五代史·后唐愍帝纪》记载："[应顺元年正月]，沙州、瓜州遣使者来。"②其中梁行通应即梁幸德。P.3718《梁幸德邈真赞并序》记载：

> 于是贤臣降世，应节以顺君情。奉贡东朝，不辞路间之苦。乃遇睿慈合允，累对频宣。封赐衣冠而难量，恩诏西陲而准奏。面迁左散骑常侍，兼使臣七十余人，意（衣）着珍珠，不可筹度。一行匡泰，逍遥往还。回程届此鬼方，忽值奸邪之略。西瞻本府，不期诱达烽烟……恩宣常侍，内使陲边。路隘张掖，犹狳侵缠。翔鸾值网，难免升乾。倏加凑疾，掩逝俄然。闻之伤切，睹者潺湲。亲罗哽咽，预写生前。余以寡识，聊表他年。于时清泰二年（935）乙未岁四月九日题记。③

从文书记载可以知道，梁幸德此番入贡使者有70余人，去时的路途比较顺利，安全到达后唐朝廷。同时梁幸德获朝廷擢封散骑常侍。但是在使团返回沙州的路程当中，至张掖一带受到侵扰，应即甘州回鹘势力的劫掠。梁幸德在此之后即身亡，应该与甘州回鹘的劫掠行动有关。P.3016V《某乙上沙州曹议金书状》对梁幸德朝贡情形也有详细记载:

---

① [宋] 王若钦等《册府元龟》卷九六《外臣部·褒异》，第11469页。
② 《新五代史》卷七《后唐愍帝纪》，第70页。
③ 郑炳林、郑怡楠《敦煌碑铭赞辑释（增订本）》，第1043—1044页。

> 某乙偶（?）自总权军务，理政遐戎。旋差星骑使人呈述边沙情恳，结托通和之事。伏蒙令公尊兄鸿慈，念以菰（孤）军绝漠，烽燧相连，假以崇威，许为昆季。情深之分，自此往来出入，实谓偏沐恩知。唯望百载欢荣，愿承门栏大荫，仰凭台化，安恤边军，每仗英威，特赖提挈，交欢之次，不绝通流。非期被人暗生斗乱，误惑上情，致有两地以阻艰，盖是下人之佞僭，因兹乃有疑。此即伏望明鉴，察悉卑情。自前载当军……路上被回鹘煞（杀）却安千箱，不知有何仇隙。其般次平善到于贵府之日，寻蒙大王推问根元（源），猜泥（疑）沙州使人张保山同知谋煞。却绿（缘）张保山以（与）梁幸德都不知闻，遂有少官吏张员进以（与）甘州回鹘副使作为朝定，因此稍说情由，略知些些事故。况张员进既被回鹘诱说，便合奏令公，不合隐藏事。且张员进缘是晓辈，不曾历涉驱驰，为不谙会国礼，公乃至此，有亏大犯。昨得甘州可汗书示，远闻张员进为同谋安千箱事，固身乃归于暗路。某乙闻此消息，尚自不可审明，伏望令公尊兄慈造特念，为此小瑕，不可断千万年之道路。死者已殁，难复再生，昆季交通，千载莫绝。①

学者认为这是梁幸德被害后某乙的申报状，但关于文书的具体时代尚有不同看法。朱悦梅、杨富学认为该文书时代应在清泰二年（935）②。但是荣新江认为：“这件文书没有明记写作的时间、地

---

① 《法国国家图书馆藏敦煌西域文献》第21册，第62页；杨宝玉、吴丽娱《归义军政权与中央关系研究——以人奏活动为中心》，第104—106页。

② 朱悦梅、杨富学《甘州回鹘史》，第183页。

点、人物，有许多疑问不能解决，如信中称‘自前载当军遂差都押衙某等两行人使入京奏事’，如指梁幸德等，则当写于936年，时曹议金已死，‘令公大王’又指谁呢？而且文中提到梁幸德时，似尚在世……所以暂置不论，以俟再考。”[①]而杨宝玉、吴丽娱在《P.3016V〈厶乙致令公状〉考释》一文中则对该问题做了比较深入详细的论述，认为“书状中所言的出使应是指同光四年（926）正月，沙州、瓜州、甘州（回鹘）三路使者同时到京的那一次”[②]。王使臻则认为P.3016V记载的是“五代后唐同光三年（925）敦煌归义军节度使曹议金写给朔方节度使韩洙的书状草稿的抄写件，状中记载的是灵武路上的少数民族部族劫杀甘州回鹘使者一事，事件发生在同光二年”[③]。笔者赞同杨宝玉、吴

图2-31 莫高窟第61窟南壁战争图

① 荣新江《归义军史研究——唐宋时代敦煌历史考索》，第348页。

② 杨宝玉、吴丽娱《P.3016V〈厶乙致令公状〉考释》，《敦煌研究》2006年第3期，第104页。

③ 王使臻《敦煌文献P.3016V〈某乙致令公状〉相关问题考辨》，《宁夏师范学院学报》（社会科学）2010年第2期，第81页。

丽娱的观点，即P.3016V文书是瓜州慕容归盈写给曹议金的书信，此时梁幸德未去世。由此可知，曹氏归义军初期经过甘州回鹘到中原的道路并不通畅，甚至可以说是比较凶险。

另外一篇文书则比较明确地反映出敦煌与甘州回鹘之间的紧张关系，P.3197《书函一通》记载：

> 文端等启，仲春渐喧，伏惟司空尊体起居万福，即日厶厶等蒙恩，不审近日，伏惟俯赐，社稷生灵，下情欢悚。曰文端、□□等伏限边使，不获随使拜贺台庭，伏增攀恋之至，谨奉启，起居不宣，谨启，都头张（?）厶乙状上司空衙。右厶乙等奉使甘州，已经留滞，去正月八日押衙氾垂弘等三人至，伏蒙司空远赐委曲存曲，文端、□□等九族生灵，无任沾恩，感恩荷戴。况两地两界已前所有事宜，并先报覆乘远达，去时咨闻，伏计上达。自后其他世怨，准旧平宁，去十二月廿日陈愿成都督般次入奏，回问□界消息，亦无异耗。后至正月十五日，回鹘宰相却督领大兵攻击竹虏、嗢末去来，至廿九日却回，军兵盈胜。二月一日文端等面奉可汗处分，前后所残沙州人使，并许西回，通和两地途路。其月十一日于阗有一伴使人到经沙州，扬于阗兵马，向甘州作贼。因此，文端等不得回归，久有世界，微细事理，并来人氾垂弘等口申后定。端、盈谨拜启。[①]

此文书中的“司空”应即曹元德，文中“前后所残沙州人使，并

① 《法国国家图书馆藏敦煌西域文献》第22册，第136页；杨宝玉、吴丽娱《归义军政权与中央关系研究——以入奏活动为中心》，第147—148页。

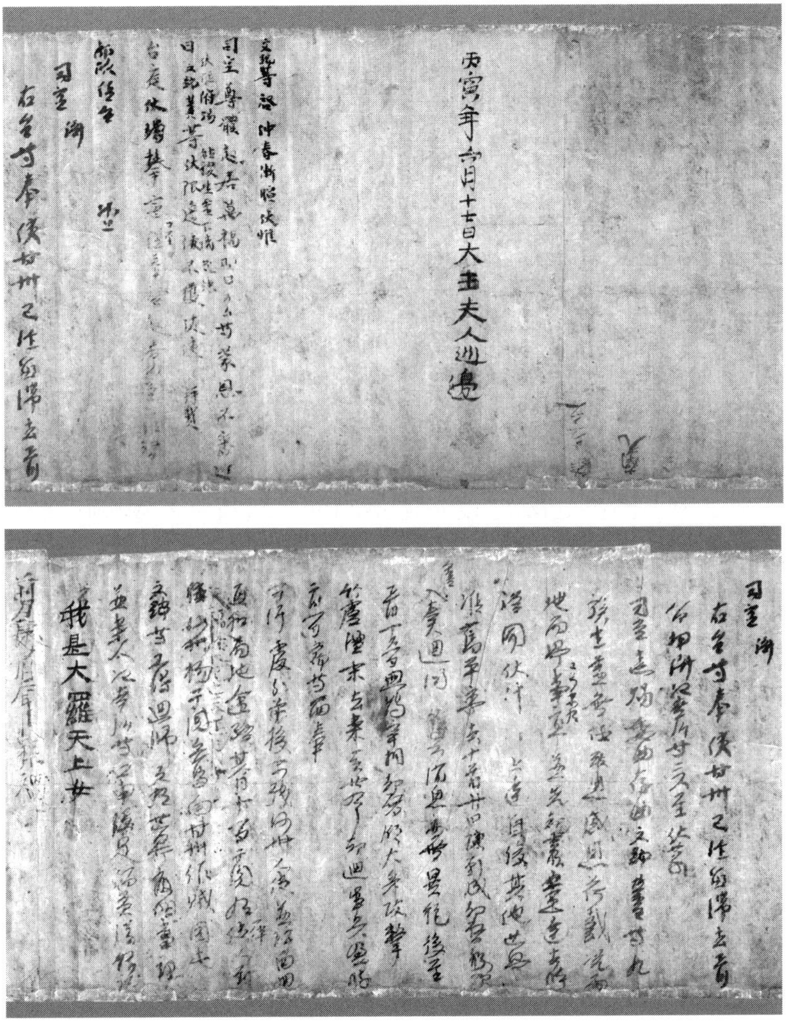

图2-32 P.3197《书函一通》

许西回”，即指梁幸德一行人等[①]。总之，在归义军节度使父子曹议金、曹元德权力交替之时，敦煌与甘州回鹘的关系处于比较

① 朱悦梅、杨富学《甘州回鹘史》，第184页。

紧张的状态，P.4638V《清泰四年（937）十一月十八日都僧统龙辩都僧录惠云都僧政绍宗等牒》载：

> 自从司空出境，天暖似觉重寒……伏望回军西陲，司空高悬玉镜，愿照众情。幸谁早降于龙沙，草木有初荣之喜。不敢不申，伏请处分。牒，件状如前，谨牒。清泰四年十一月十八日，应管内外释门都僧统赐紫沙门龙辩、都僧录惠云、都僧政绍宗等。①

可知，归义军军队向东进军，目标即甘州回鹘②。甘州回鹘或许在曹议金年事已高、敦煌政局还不明朗的情况下，频频给敦煌政权制造麻烦。在曹议金去世后，曹元德通过陈兵东界达到震慑甘州回鹘的目的。P.2992V《某年二月归义军节度兵马留后检校司徒兼御史大夫曹厶状》记载：

> 众宰相念以两地社稷无二，途路一家，人使到日，允许西回，即是恩幸。伏且朝廷路次甘州，两地岂不是此件行使，久后亦要往来。其天使般次，希垂放过西来。近见远闻，岂不是痛热之名？幸矣！今遣释门僧政庆福、都头王通信等一行，结欢通好。众宰相各附白花绵绫一十匹，白緤一匹，以充父大王留念，到日检领。况众宰相先以（与）大王结为父子之分，今者纵然大王奄世，痛热情义，不可断绝。善咨申可汗天子，所有世界之事，并今允就，即是

---

①《法国国家图书馆藏敦煌西域文献》第32册，第237页。

② 冯培红《敦煌的归义军时代》，第399页。

众宰相周旋之力，不宣，谨状。[①]

这是曹元德任归义军节度使初期写给甘州回鹘众宰相的书信，可知曹元德在边境陈兵，严阵以待来自甘州回鹘的威胁的同时，还通过书信来往申明两家之情义，以缓和敦煌面临的外部压力。他的一系列努力逐渐收到了成效，至曹元深时期，很少见有甘州回鹘阻滞敦煌与中原通路的相关记载。P.4065文书记载："臣某言：旌节官告国信使、副某至，奉宣圣旨……泽降丹宵，恩及下土。"[②]可知曹元德去世后由后晋王朝诏赠"太保"称号。天福八年（943），后晋又册封曹元深，史载"沙州留后曹元深加检校太傅，充沙州归义军节度使"[③]。至944年，曹元深获悉朝廷封赐的官号。通过中原王朝对曹元德、曹元深的加封，可知此时敦煌至中原的道路是通畅的。

虽然终曹元德任节度使时期，中原王朝的使者都未能到达敦煌，但是，在曹元德939年去世后不久，中原王朝的册封于940年到达敦煌，并任命曹元德为节度使[④]，这说明，曹元德任归义军节度使末期，中原王朝使臣已经到达敦煌。

四、促成于阗与中原的通使

曹议金通过与于阗结亲，扩大了敦煌政权的影响力，巩固了粟特曹氏家族在敦煌地区的统治。同时，于阗国通过与敦煌和亲，与曹氏归义军建立起了良好的关系，并且在归义军历任节度

① 《法国国家图书馆藏敦煌西域文献》第20册，第360页。
② 《法国国家图书馆藏敦煌西域文献》，第31册，第69页。
③ 《旧五代史》卷八一《后晋少帝纪一》，第1075页。
④ 《旧五代史》卷七九《后晋高祖纪五》，第1038页。

使的不懈努力下，于阗进奉使马继荣于天福三年（938）顺利抵达晋都开封。在后晋天福三年到后汉乾祐元年（948）间，于阗使者前后四次抵达中原。正史关于于阗通使中原的记载主要有以下几条：《新五代史·四夷附录三》：

> ［天福三年九月］乙丑，于阗国王李圣天遣使者马继荣来贡红盐、郁金、牦牛尾、玉、氎等方物。
>
> ［天福三年十月］庚子，晋遣供奉官张匡邺假鸿胪卿、彰武军节度判官高居诲为判官，册圣天为大宝于阗国王。①

《旧五代史·后晋高祖纪三》：

> ［天福三年十二月］戊寅，制以大宝于阗国进奉使、检校太尉马继荣可镇国大将军，使副黄门将军、国子少监张再通可试卫尉卿，监使殿头承旨、通事舍人吴顺规可试将作少监。②

《新五代史·后晋出帝纪》：

> ［天福七年（942）十二月］丙子，于阗使都督刘再昇来，沙州曹元深、瓜州曹元忠皆遣使附再昇以来。③

---

①《新五代史》卷七四《四夷附录三》“于阗”条，第917页。
②《旧五代史》卷七七《后晋高祖纪三》，第1022—1023页。
③《新五代史》卷九《后晋出帝纪》，第91页。

《新五代史·四夷附录三》：

> 圣天又遣都督刘再昇献玉千斤及玉印、降魔杵等。[①]

《旧五代史·后晋少帝纪一》：

> ［天福八年（943）正月］乙巳，于阗、回鹘入朝使刘再成（昇）等并授怀化大将军、将军郎将，放还蕃。[②]

《新五代史·后汉高祖纪》：

> ［天福十二年（947）］六月丙辰……于阗遣使者来。[③]

可见，在敦煌政权的周旋下，于阗使者在曹元德统治后期得以成功朝贡中原。根据史料记载，942年，敦煌使者附刘再昇入贡中原，说明于阗与敦煌归义军的关系密切[④]。943年“于阗、回鹘入朝使刘再成（昇）等并授怀化大将军、将军郎将”[⑤]。正史只记载刘再昇，而未提回鹘使者的名字，说明中原对于阗使臣刘再昇的重视。刘再昇还被称为“刘司空”[⑥]。甚至有学者指出，刘再

① 《新五代史》卷七四《四夷附录三》“于阗”条，第919页。
② 《旧五代史》卷八一《后晋少帝纪一》，第1075页。
③ 《新五代史》卷一〇《后汉高祖纪》，第102页。
④ 冯培红《敦煌的归义军时代》，第335—337页。
⑤ 《旧五代史》卷八一《后晋少帝纪一》，第1075页。
⑥ 荣新江、朱丽双《一组反映10世纪于阗与敦煌关系的藏文文书研究》，沈卫荣主编《西域历史语言研究集刊》第5辑，北京：科学出版社，2012年，第103—105页。

昇有可能是敦煌人[1]。通过曹氏归义军政权与甘州回鹘、于阗的交往策略，可以看出曹氏政权试图掌握丝绸之路交通的主导权。曹议金、曹元德、曹元深时期的努力确实取得了成效，他们成功促成了于阗与中原通使。

---

① 钱伯泉《于阗国使刘再昇的国籍及出使过程探微》，《敦煌研究》1998年第1期，第99—101页。

小　结

自935年曹元德执掌归义军政权，至944年曹元深去世，曹元德、曹元深兄弟二人执政的时间加起来有十个年头。笔者通过考察相关文献记载，尽可能厘清两位节度使的称号。

曹元德、曹元深执政时期，如何将其父曹议金的政策继续执行下去，是对两任节度使的考验。在内政方面，曹元德清除了甘州回鹘派系的势力，敦煌政权得以稳定。在对外方面，曹元德对甘州回鹘采取亦攻亦和的战略，既在军事上表现出积极的态势，又努力争取和平的局面，最终敦煌通往中原的道路逐步变得畅通。同时，在曹氏归义军政权的帮助下，于阗使者顺利通使中原。这是曹氏归义军政权在丝路交通方面做出的重要贡献。

曹议金时期遗留下来的问题，在曹元德、曹元深时期基本上得到了解决，经过这10年的过渡期，至曹元忠执政时，曹氏归义军政权呈现出稳定、繁荣的局面，这是曹元德、曹元深两任节度使努力经营和维系的成果。

第三章

曹元忠执政时期

在经历了曹元德、曹元深两位节度使的平稳过渡之后，曹氏归义军政权内部清洗了甘州回鹘派系的势力，外部与东面的甘州回鹘建立起了相对稳定、和平的关系，同时与西面的于阗建立了友好的关系，促成于阗通往中原王朝的往来。归义军政权在西域与中原的通道上占据了一席之地，并且发挥着重要作用。曹元忠继承归义军节度使位以后，继续维持着和平、稳定的内外局面，敦煌的政治、经济得到了持续的发展。曹元忠在位时间自944年至974年，长达30年之久，为敦煌地区的繁荣做出了重要贡献。荣新江曾专门撰文《敦煌历史上的曹元忠时代》，勾勒出曹元忠时期归义军政权的整体面貌①。

值得一提的是，曹元忠曾经娶于阗公主为妻，近年来学界对相关问题关注较多。笔者拟对曹元忠时期的于阗公主夫人做详细考察。自曹元忠以后，曹氏归义军节度使联姻的对象不再有张氏归义军时期的传统大族，说明曹氏家族在敦煌地区的统治已经趋于稳固，敦煌百姓接受并且拥护粟特曹氏家族的统治。通过对曹元忠时期及整个曹氏归义军前中期政治的考察，笔者认为敦煌政权内部已经完成了曹氏家族对张氏归义军时期传统大族的整体取代。

曹元忠时期的稳定局面，是经过前几任节度使的苦心经营而形成的大好局势，曹元忠继承了其父兄留下的政治遗产，在内政方面做了不少改革。此时的曹氏归义军政权已经逐渐丧失了向外开疆扩土的野心，在政治文化上表现出积极崇奉佛教的一面。

---

① 荣新江《敦煌历史上的曹元忠时代》，《敦煌研究》2006年第6期，第92—96页。

第一节　曹元忠的于阗夫人

曹氏归义军时期，一直与西面的于阗保持着友好的关系。西汉金山国时期张承奉就娶于阗公主为妻，曹议金与于阗国继续保持友好关系，于934年嫁女给大宝于阗国可汗[①]。敦煌文献中，曹议金嫁给李圣天的女儿被尊称为天皇后[②]。莫高窟第61窟、第98

---

① 荣新江、朱丽双《于阗与敦煌》，第154—155页。

② 关于于阗天皇后的记载主要有：P.3718载931年沙州僧范海印出使于阗，P.2704《后唐长兴四年（933）十月九日归义军节度使曹议金回向疏》载“于阗宰相”及“于阗使人，往来无滞”。敦煌出土回鹘文文书P.2998V：“马年（934）五月，我等金国使者到来沙州，乞得百（?）王之女为［皇］偶。我等已获聘此女。”Дx.1380《某年（934—935年间）归义军节度使曹议金致女于阗皇后书》：“今大王信，摩睺罗锦一匹，小绫一匹，夫人楼机……”P.2628《后唐清泰三年（936）六月沙州儭司教授福集等状》：“出破用数，楼机绫一匹，寄上于阗皇后用。”P.4638V《丙申年（936）正月马军武达儿状》：“右伏以达儿先送皇后年。”《马军宋和信状》：“右和信，先辛卯年，有六岁骆驼一头，押衙氾润宁雇将于阗充使。”P.3016V《于阗天兴七年（956）十一月于阗回礼使内亲从都头前寿昌县令索子全状》多次提到“皇后”“圣后”，当即李圣天之皇后曹氏。P.4518《天寿二年（964）五月日宝胜状》：“天皇后圣颜。”964—966年间P.3804《斋文》：“伏惟我天皇后……即我天皇后之德也。”参见荣新江、朱丽双《于阗与敦煌》，第153—161页。

窟中都出现了这位于阗天皇后的供养人画像，特别是第98窟，其主室东壁门南侧第一、二身供养人画像题记为“大朝大宝于阗国大圣大明天子……即是窟主”“大朝大于阗国大政大明天册全封至孝皇帝天皇后曹氏一心供养”①。说明曹议金时期非常重视与于阗国的关系。

曹元德、曹元深时期，于阗国在敦煌政权帮助下，与后晋王朝建立了正式联系。而到了曹元忠时期，通过与于阗的联姻，保持了两国世代友好的亲密关系。964年前后，大批于阗太子、公主来到敦煌，其背后的原因及历史背景，学者尚有不同的看法。

963—967年间，是李圣天与从德太子（继位后称“尉迟苏罗王”②）皇位交替的时期。Дх.6069+Дх.2148+Дх.1400文书提供了一条关键信息：

> 弱婢员娘、祐［定］，自从佛现皇帝去后，且（旦）慕（暮）伏佐公主、太子，不曾抛离。切望公主等于皇帝面前申说，莫交（教）弱婢员娘、祐定等身上捉其罪过。

① 敦煌研究院编《敦煌莫高窟供养人题记》，第32页。

② 相关研究可参见张广达、荣新江《敦煌文书P.3510（于阗文）〈从德太子发愿文（拟）〉及其年代》，敦煌文物研究所编《1983年全国敦煌学术讨论会文集（文史·遗书编·上）》，兰州：甘肃人民出版社，1987年；此据《于阗史丛考（增订本）》，北京：中国人民大学出版社，2008年，第38—47页。

李正宇认为，“佛现皇帝去后”指的是李圣天的去世，其去世的时间在962年前后[①]。赤木崇敏提出，天寿年号（963—965[②]）不属于李圣天，而属于一位新任的皇帝，其依据有羽686文书、P.2826文书。羽686《于阗皇帝赐归义军节度使男曹元忠札》相关内容如下：

> 皇帝赐男元忠：东河大玉一团，重八十斤；又昆岗山玉一团，重二十斤；又东河玉一团，重七斤。又师子大玉鞦辔一副；又密排玉鞦辔一副。骠马一匹，乌马一匹，骝马一匹。镔三锭，共十六斤半。☐ □□□□□已遣。此

① 李正宇《俄藏中国西北文物经眼记》，《敦煌研究》1996年第3期，第41页。

② 天寿年号的使用时间自963年开始，参见张广达、荣新江《关于唐末宋初于阗国的国号、年号及其王家世系问题》，北京大学中国中古史研究中心《敦煌吐鲁番文献研究论集》，北京：中华书局，1982年；此据《于阗史丛考（增订本）》，第15—37页。天寿年号至少延续到965年，参见张广达、荣新江《10世纪于阗国的天寿年号及其相关问题》，《欧亚学刊》第1辑，北京：中华书局，1999年；此据《于阗史丛考（增订本）》，第289—302页。天寿年号大概延续到966—967年李圣天去世，参见荣新江、朱丽双《于阗国王李圣天事迹新证》，《西域研究》2012年第2期，第1—13页。吉田丰认为于阗国开运年号具体年代在965—966年，此前则为天寿年号，其使用者为李圣天与前妻所生之子，是李圣天之后、尉迟苏罗之前的一位短命皇帝，参见（日）吉田丰《コータン出土8—9世紀のコータン語世俗文書に関する覺え書き》，神户：神户市外国语大学外国学研究所，2006年，第76—78页。梅林认为天寿年号应该置于尉迟苏罗和尉迟达摩之间的975—977年之间，国王汉名“佛现皇帝”，乃李圣天之弟、曹延禄岳丈，参见梅林《天寿年号·佛现皇帝·宕泉造窟——俄藏敦煌文献Dx.6069+Dx.1400+Dx.2148号文书再研究》，《美术学报》2010年第4期，第32—41页。

不及。①

又有P.2826《于阗皇帝赐沙州节度使男令公白玉一团札》言：

> 白玉一团，赐沙州节度使男令公。②

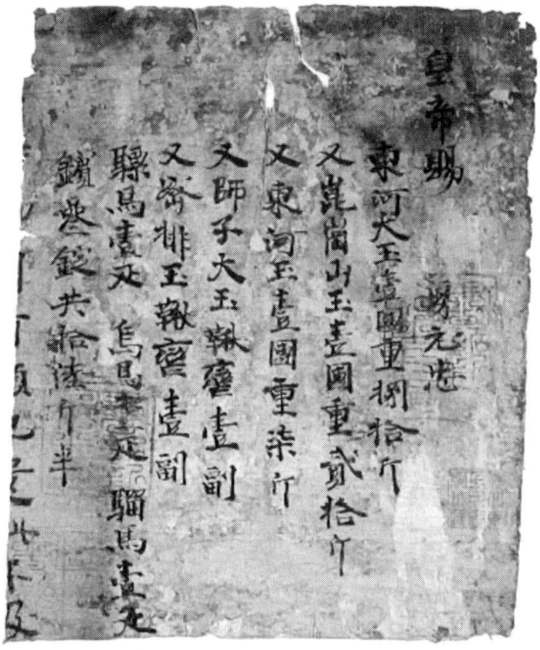

图3-1 羽686《于阗皇帝赐归义军节度使男曹元忠札》

这两篇文书是于阗国王写给曹元忠的信，于阗皇帝称归义军节度使为“男”。赤木崇敏对羽686、P.2826两封信件的发信者于阗国王的身份做了探讨，认为发信者即天寿、开运年间（963—967）

---

① 《敦煌秘笈（影片册）》第9册，第64—65页。

② 《法国国家图书馆藏敦煌西域文献》第19册，第9页。

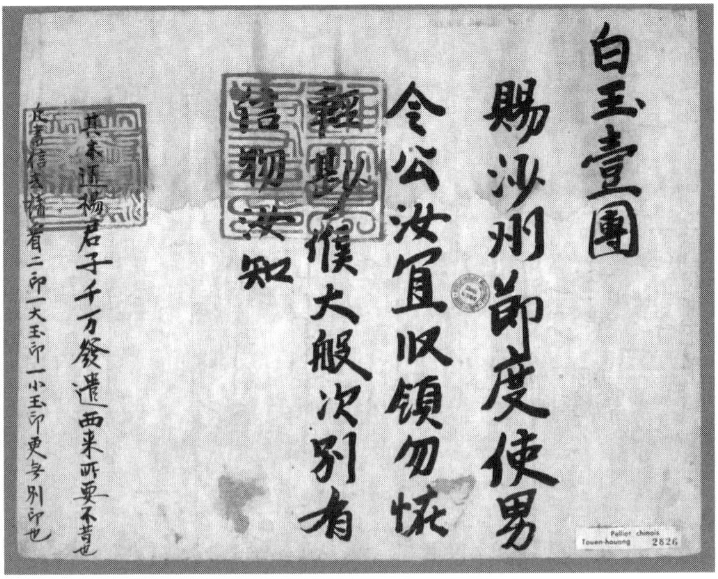
白玉壹團
賜沙州節度使男
令公汝宜收領勿怪
輕尠候大般次別有
信物汝知
其未達楊君子千万發遣西来所要不昔也
着二印一大玉印一小玉印更無別印也

图3-2 P.2826《于阗皇帝赐沙州节度使男令公白玉一团札》

的于阗皇帝，是李圣天的继任者，也是曹元忠的岳父[①]。冯培红对此问题做了深入详尽的综论，并补充了传世文献加以论证，认为天寿、开运（963—967）年间这位于阗皇帝的上台是一种非正

---

① （日）Akagi Takatoshi（赤木崇敏），“The Genealogy of the Military Commanders of the Guiyijun from Cao Family”,*Dunhuang Studies: Prospects and Problems for the Coming Second Century of Research*（ed. by Irina Popova and Liu Yi），pp.8—13；（日）赤木崇敏《10世紀コータンの王統·年号問題の新史料——敦煌秘笈 羽686文書》，《内陸アジア言語の研究》XXVII，2013年，第101—128页。在此之前，学者对于阗国开运年号已有探讨。吉田丰认为于阗国开运年号具体年代在965—966年，参见（日）吉田丰《コータン出土8—9世紀のコータン語世俗文書に関する覚え書き》，第76—78页。

常的举动，可能是通过政变登上王位，他的女儿嫁给了曹元忠[①]。若依此观点，天寿、开运年间（963—967）的这位于阗皇帝是曹元忠的岳父，那么于阗公主嫁到敦煌的时间应该在963年到967年之间，即曹元忠称“太师令公”“大王”时期[②]。据此，我们可以梳理出一条线索：962年李圣天去世，之后于阗局势并不稳定，于阗皇室成员、于阗官员、僧人大量到达敦煌。同时，963年新任于阗皇帝积极联系中原，嫁女曹元忠。967年以后，从德太子重新登上王位。但是，荣新江对这一线索尚存质疑，他认为没有确凿证据证明开运年号是965—967年[③]。同时，Дх.6069+Дх.2148+Дх.1400文书中的“佛现皇帝去后”，是指“佛现皇帝”离开敦煌，并不是指他去世[④]。敦煌文书保存的书信中，在叙述某人去世以后通常要表示哀痛、思念，然后叙述其他内容，反观Дх.6069+Дх.2148+Дх.1400，没有任何表达哀痛、思念的内容。

可知，虽然963—967年间于阗政局不稳，但加强了与归义军政权的联系。目前尚不能断定这一时期于阗发生了一场政变，或者李圣天已经去世，在从德太子继位之前，李圣天可能一直是于阗皇帝。因此笔者梳理出另外一条线索：962年，李圣天改元“天寿”，之后李圣天本人或曾亲赴敦煌，并且将自己的一个女儿嫁给曹元忠，同时派遣“从德太子”联络中原王朝，这就为967年李圣天传位给“从德太子（尉迟苏罗）”奠定了基础。这样的话，P.2826、羽686中的于阗皇帝为李圣天，他嫁女给曹元忠，李圣天、曹元忠之间的兄弟关系转变为翁婿关系。同时，由于李

---

① 冯培红《敦煌的归义军时代》，第337—345页。

② 曹元忠962—964年称“太师令公”，964—974年称“大王”，参见荣新江《归义军史研究——唐宋时代敦煌历史考索》，第113—122页。

③ 荣新江、朱丽双《于阗与敦煌》，第104—106页。

④ 张广达、荣新江《于阗史丛考（增订本）》，第294页。

圣天亦曾娶曹议金女儿为妻，因此“从德太子”与曹元忠之间还具有甥舅关系。

图3-3 莫高窟第61窟东壁北侧于阗公主供养像

通过检索敦煌文献，笔者还发现一些关于曹元忠夫人于阗公主的相关记载，P.2726《比丘法坚发愿文》载：

> 若乃高悬佛日，坚立法幢，四压蕃戎，八方来凑，大王之得（德）也。伏愿灵椿比寿，仙桂齐坚，常为日月之明，永照昏迷之暗。为大王。若乃顷心向佛，密意僧填，治国及家，乡人共赞，梁（凉）国夫人之得（德）也。伏愿真珠帘下，常披金缕之衣，大昧（玳瑁?）窗前，永挂绣罗之服。为夫人。若乃诸方并赞，谢室之能，长处绣纬，风尘莫近，公主之得（德）也。伏愿常居内合，永奏鱼乐之歌，凤髻如云，时换绮罗之服。为公主。①

愿文中出现的人物称号有“大王”“梁（凉）国夫人”“公主”，后面未录的部分还出现了“太子（大师）”“瓜州司徒”“仆射”“尚书”等，这是曹元忠称“大王”时期的文书，在964—974年间，“梁（凉）国夫人”即曹元忠夫人翟氏，“公

① 黄征、吴伟《敦煌愿文集》，第302—303页。

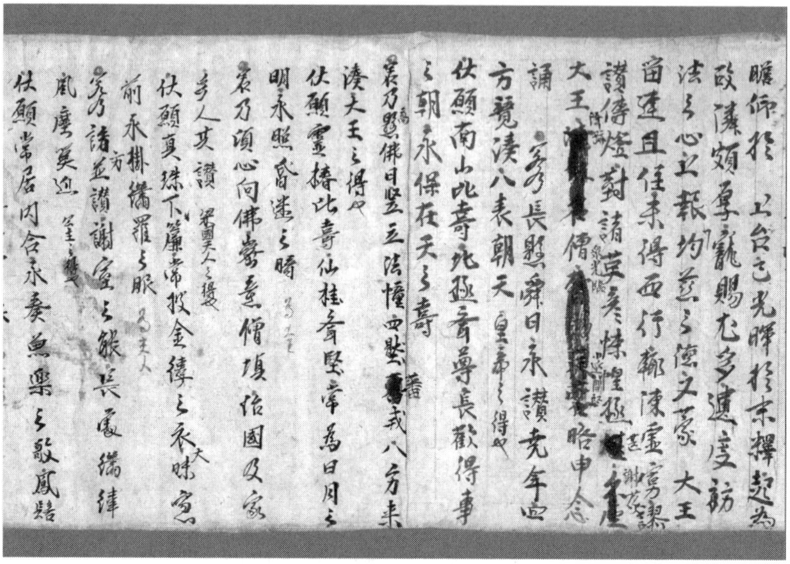

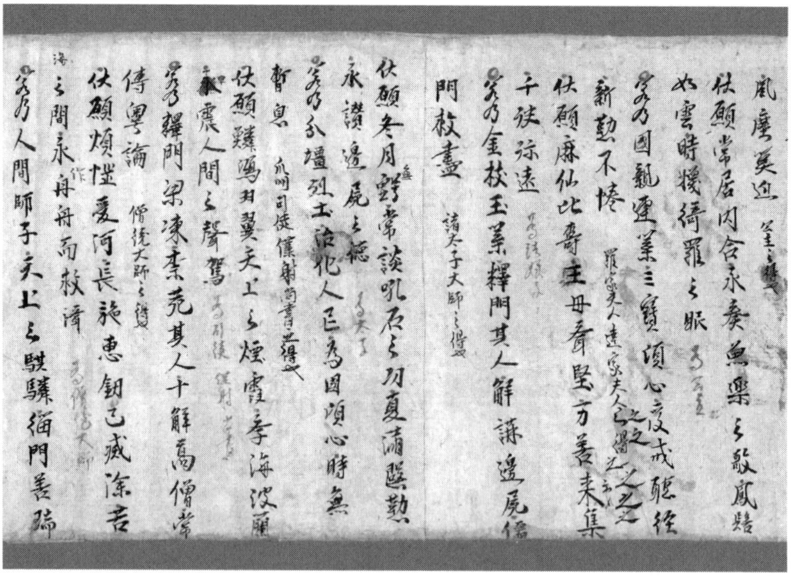

图3-4 P.2726《比丘法坚发愿文》

主”即曹元忠夫人于阗公主。敦煌文献中对归义军时期的女性，一般以“小娘子”相称，没有见到以“公主”称的例子[1]，又据文书中“凤髻如云”之语，可知“公主”应为节度使夫人。综上，此处“公主”只能是曹元忠妻子于阗公主。文书中还出现了“太子”称号，据日本龙谷大学图书馆藏《佛说延寿命经》题记：“维大周广顺三年（953）岁当癸丑正月二十三日，府主太保及夫人为亡男太子早别王宫，弃辞火宅，遂写《延寿命经》四十三卷，以济福力，愿超觉路，永充供养。”[2]可知曹元忠时期，已经将节度使的儿子称为“太子”。因此，这篇文书中的“太子”应指曹元忠的儿子曹延禄，“瓜州司徒”“仆射”“尚书”应当分别指曹延恭、曹延晟、曹延瑞[3]。从愿文中可以看出凉国夫人翟氏的地位比于阗公主要高。又P.2733《礼佛施舍发愿文》：

> 时则有我府主大王先奉为龙天八部，护国护人……我府主大王已躬，等乾坤而合运。夫人恒寿，以劫石而长存。太子、公主乂安，比贞松而不变。司徒、司空、仆射、尚书等俊杰，怀文武以临人。合宅长欢，永承宠首。东西道

---

① 沙武田、赵晓星《归义军时期敦煌文献中的太子》，《敦煌研究》2003年第4期，第45—51页。

② 郑炳林《敦煌碑铭赞辑释》，第551页。

③［宋］王钦若等《册府元龟》卷一七〇《帝王部·来远》，第2059—2060页。“世宗显德二年（955）正月，沙州留后曹元忠、知瓜州军［州］事曹元（延）恭各遣使贡方物。以元忠为归义军节度使、简较（检校）太保、同平章［事］，以元（延）恭为瓜州团练使，仍各铸印以赐之，皆旌其来王之意也。”此记载的“瓜州团练使”曹延恭应即P.2726愿文中的“瓜州司徒”。［清］徐松《宋会要辑稿》一九八册《蕃夷五》“瓜沙二州”条云：“（太平兴国五年，即980年）制：权归义军节度兵马留后……曹延禄，可检校太保、归义军节度……等使，又以其弟延晟为检校司徒、瓜州刺史，延瑞为归义军衙内都虞候。”北京：中华书局，1957年，第7767页。曹延晟在曹延禄上台之后晋升司徒，因此延晟在曹元忠时期（944—974）称较低级的“仆射”符合情理。

泰，使人无碍于通流。南北精遥，关山往来而不滞，之福会也……伏用庄严，我府主大王贵位，伏愿福如海岳，无竭无倾。禄比贞松，恒清恒茂。长隆善教，作定圣之国王。永宝（保）西关，为万人之父母。又持胜福，伏用庄严，我凉国夫人贵位，伏愿体花永耀，若［□］里之分星。只（质）貌恒春，同月中之闺（桂）树。又持胜福，次用庄严，太子、司徒、司空、仆射、尚书等贵位，伏千释迦如护卫，万菩萨以名状。帝释赠不死之方，梵王赐长生之药。然后城隍安泰，道路无危。万姓康宁，千秋宴静。摩诃般若。[①]

图3-5 P.2733《礼佛施舍发愿文》

这篇文书也是在曹元忠称“大王”时期。文书中出现的称号和P.2726中近似，文中“司徒”即前文提到的“瓜州司徒”曹延恭，后面出现“司空”“仆射”“尚书”，说明曹延晟等人的称号又有晋升。这篇文书的年代比P.2726《比丘法坚发愿文》稍

① 黄征、吴伟《敦煌愿文集》，第371—372页。

后。“太子”的排名已经在“凉国夫人”之后、于阗公主之前，也可以说明P.2733文书中“太子”年纪稍长，抄写时间晚于P.2726文书。文书后部在为“大王”“夫人”“太子”发愿后，又为“司徒”“司空”等人发愿，却未提及“公主”，证明这位于阗公主地位不高。

另外P.2985文书出现了“太子”“大王”“凉国夫人”称号，但是没有提到于阗公主。曹元忠称“大王”在964年，同时该文书另一面出现了“开宝五年（972）”的纪年。根据文书背面内容，可知“开宝五年”一面或为正面，说明“太子”“大王”“凉国夫人”的抄写时间可能在972年之后了。P.2985应该是于阗公主嫁到敦煌以后抄写的，但是于阗公主没有和“大王”“太子”“凉国夫人”一同出现。曹元忠时期，凉国夫人翟氏为第一夫人，地位一直很高，而于阗公主则地位一般。另外，P.2726文书中记载公主“长处绣纬，风尘莫近”，对于阗公主很少抛头露

图3-6 P.2985《发愿文》

面的情形直言不讳，可知于阗公主或许性情如此，不乐于在公共场合出现。

同时，从目前的资料看，曹元忠时期于阗公主的地位并不突出。S.2687文书有《大汉乾德二年（964）四月廿二日归义军节度使敦煌王曹元忠之凉国夫人翟氏施巾题记》，其中“皇后”应是嫁给于阗国王李圣天的曹议金之女[①]，即曹元忠的姐姐，“夫人”是凉国夫人。文书中没有提到曹元忠夫人于阗公主。而于阗皇后排在曹元忠凉国夫人翟氏之前，说明敦煌政权十分尊崇李圣天的夫人、曹元忠的姐姐于阗皇后。曹元忠的岳父虽然积极开展与敦煌归义军政权的交往，将女儿嫁给曹元忠，但是，曹元忠夫人于阗公主的地位远逊于曹议金夫人甘州回鹘天公主和曹议金女儿于阗皇后。

目前，李圣天的去世时间尚未有定论。如果其去世后的确有一位“天寿”“开运”年间的新皇帝继位，那么，曹元忠迎娶的于阗公主为“天寿—开运”皇帝之女；如果“天寿”“开运”年间，李圣天仍在位，曹元忠迎娶的于阗公主则为李圣天之女。无论哪一种情况，根据前述羽686、P.2826文书以及相关记载，可推知此次联姻或是于阗皇帝主动提出，应是于阗国在动荡局势下争取外部支持的举措。曹元忠在政治上给于阗皇帝支持，从羽686文书中所载物品看，于阗皇帝给曹元忠丰厚的回报。

通过梳理敦煌文书中曹元忠于阗公主夫人的记载，可以发现她在文书中出现不多，究其原因，一方面可能是由于于阗皇帝李圣天在962年去世[②]，而李圣天是曹元忠的亲姐夫，因此曹元忠对

---

① 荣新江、朱丽双《于阗与敦煌》，第161页。

② 冯培红《敦煌的归义军时代》，第344页。李圣天去世的时间亦有可能在967年，前文已有论述。

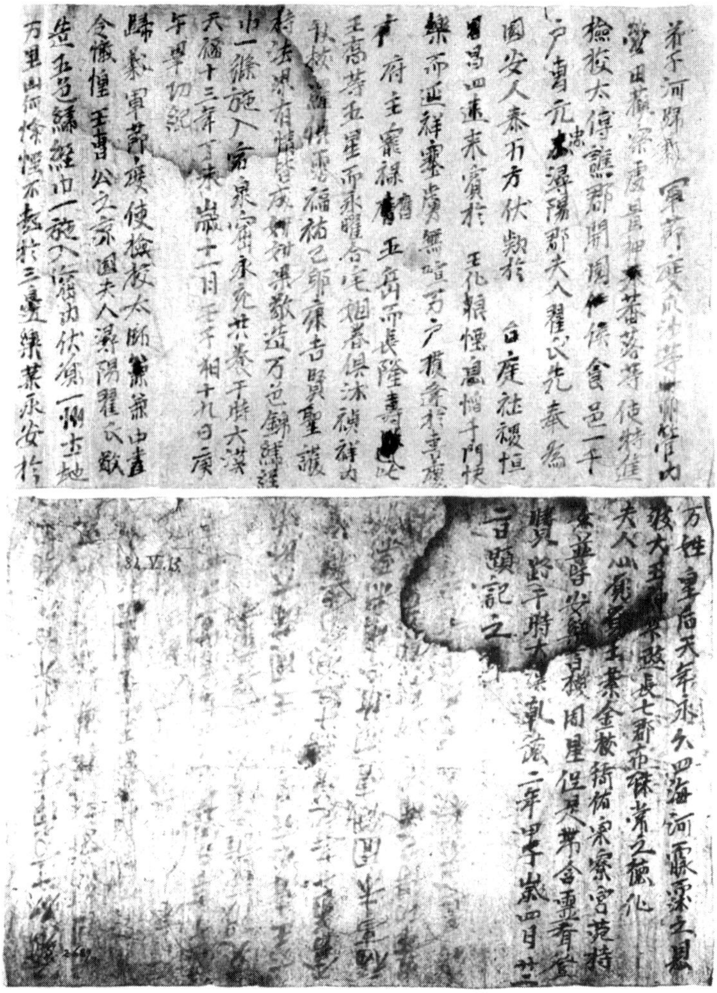

图3–7 S.2687《大汉天福十三年(948)丁未岁十一月十九日归义军节度使曹元忠浔阳郡夫人翟氏施巾题记》(上图),《大汉乾德二年(964)四月廿二日归义军节度使敦煌王曹元忠之凉国夫人翟氏施巾题记》(下图)

于阗新上任的皇帝在感情上已经不太亲近；另一方面也反映出敦煌政权已经相对稳固了，敦煌政权的地位已经类似于甘州回鹘、于阗这样的独立王国，因此不再刻意讨好外邦。曹元忠时期，于阗国王李圣天先后派使臣于天福十二年（947）、乾祐元年

图3-8 榆林窟第19窟甬道南壁曹元忠供养像

(948)、建隆二年(961)朝贡中原[1]，说明当时西域通往中原的道路是畅通的，而敦煌曹氏政权在丝路交通上无疑起着重要的作用。

P.t.1284文书是归义军节度使写给于阗王的信，载有："天大王、父、狮子、于阗王尊前：河西一路节度曹太保谨呈。天子尊前，仲冬降临，寒风凛冽，圣躬于宝座治理，极甚辛劳。尊体清吉何似，谨修书恭问平安。"[2]有学者认为该文书也是曹元忠写给于阗皇帝的[3]，但也有学者认为写信人是曹延禄[4]。笔者还发

---

① 《新五代史》卷一〇《后汉高祖纪》，第102页；《新五代史》卷七四《四夷附录三》，第919页；《宋史》卷四九〇《外国传六》，第14106页。

② 冯培红《敦煌的归义军时代》，第339—340页；王尧、陈践《归义军曹氏与于阗之关系补证——P.t.1284号吐蕃文书译释》，《西北文史》1987年第2期，第62页；荣新江、朱丽双《一组反映10世纪于阗与敦煌关系的藏文文书研究》，沈卫荣主编《西域历史语言研究集刊》第5辑，第106页。

③ 王尧、陈践《归义军曹氏与于阗之关系补证——P.t.1284号吐蕃文书译释》，《西北文史》1987年第2期，第60—62页；冯培红《敦煌的归义军时代》，第339—340页。

④ 孙修身《敦煌遗书吐蕃文书P.t.1284号第三件书信有关问题考》，《敦煌研究》1989年第2期，第60、65—72页；荣新江、朱丽双《一组反映10世纪于阗与敦煌关系的藏文文书研究》，沈卫荣主编《西域历史语言研究集刊》第5辑，第106—108页；（日）赤木崇敏《10世紀コータンの王統·年号問題の新史料——敦煌秘笈 羽686文書》，《内陸アジア言語の研究》XXVII，2013年。

现曹延禄时期的敦煌文书中，也有关于曹元忠于阗公主夫人的记载，即S.4306文书[①]：

> 伏愿大王，维城永固，磐石弥增，长为社稷之君儭，永作生灵之父母。伏愿夫人红颜永洁……伏愿近逝国太公主，三途永脱，九品（后缺）。[②]

笔者推测这篇文书写于曹延禄称“大王”时期（984—1002）[③]，根据文书中“近逝国太公主”的记载，可知曹元忠的于阗公主夫人此时已经去世。关于P.t.1284、S.4306文书的相关问题，笔者拟在下一章进行讨论，此不赘述。

---

① 关于该文书时代的具体讨论，在本文第五章第二节。

② 《英藏敦煌文献（汉文佛经以外部分）》第6卷，第28页。

③ 荣新江《归义军史研究——唐宋时代敦煌历史考索》，第127页。

第二节　翟氏家族的崛起

一、翟氏夫人的称号

关于曹元忠的第一夫人翟氏，陈菊霞在《归义军节度使夫人翟氏生平事迹考》一文中做了详细的研究，她对翟夫人参与营建佛寺、信仰佛教等情况做了详细考察[①]。虽然目前的研究表明，翟夫人不是曹元忠的唯一夫人，曹元忠在963—967年之间还娶于阗公主为妻（这一点我们在上节有论述），但是翟氏夫人一直是曹元忠的第一夫人。而于阗公主嫁到敦煌以后，也只是一位普通的夫人[②]。曹元忠夫人翟氏是继回鹘天公主之后又一位活跃在敦煌政治文化舞台上的杰出女性[③]，地位非常尊贵。

翟夫人嫁到敦煌的时间比较早，第98窟北壁东端供养人像列

---

① 陈菊霞《归义军节度使夫人翟氏生平事迹考》，《敦煌研究》2013年第2期，第84—92页。

② 曹议金时期，甘州回鹘公主嫁到敦煌后，马上以“第一夫人”的身份出现在敦煌文献与石窟中，而曹元忠时期的于阗夫人则没有享受这种殊荣。

③ 陈菊霞《归义军节度使夫人翟氏生平事迹考》，《敦煌研究》2013年第2期，第84—92页。

图3-9 榆林窟第19窟甬道北壁凉国夫人供养像

东向第十一身题记为“新妇小娘子翟氏供养”[①]，即指曹元忠妻子翟夫人。莫高窟第98窟建成于925年[②]，那么翟夫人在925年之前就已经嫁给曹元忠。

曹元忠于944年继任归义军节度使之位，其妻翟夫人被称为“浔阳郡夫人”。贺世哲认为曹元忠夫人翟氏称“浔阳郡夫人”是在天福十二年（947）至显德四年（957）之间[③]。莫高窟第61窟南壁供养人像列东向第四身题记：“施主敕授浔阳郡夫人翟氏一心供养。”[④]曹元忠继位初期的敦煌文献中，也称翟夫人为“浔阳郡夫人”，如S.2687中的“大汉天福十三年（948）丁未岁十一月十九日归义军节度使曹元忠浔阳郡夫人翟氏施巾题记”即是如此，还有S.3565中第二篇疏文：“弟子敕河西归义等军节度使检校太保曹元忠，以（与）浔阳郡夫人及姑姨姊妹娘子等，造供养具疏。”[⑤]曹元忠称“太保”的时间在947年及950—955年间[⑥]，可知曹元忠任节度使初期翟

① 敦煌研究院编《敦煌莫高窟供养人题记》，第33页。
② 荣新江《归义军史研究——唐宋时代敦煌历史考索》，第241页。
③ 贺世哲《从供养人题记看莫高窟部分洞窟的营建年代》，敦煌研究院编《敦煌莫高窟供养人题记》，第227页。
④ 敦煌研究院编《敦煌莫高窟供养人题记》，第23页。
⑤《英藏敦煌文献（汉文佛经以外部分）》第5卷，第126页。
⑥ 荣新江《归义军史研究——唐宋时代敦煌历史考索》，第130页。

氏夫人称号应为“浔阳郡夫人”。

曹元忠在955年被朝廷授予“太保”称号，《册府元龟·帝王部·来远》记载：“世宗显德二年（955）正月，沙州留后曹元忠、知瓜州军州事曹元（延）恭各遣使进方物。以元忠为归义军节度使、简较（检校）太保、同平章［事］，以元（延）恭为瓜州团练使，仍各铸印以赐之，皆旌其来王之意也。”[①]贺世哲认为，此时曹元忠夫人浔阳翟氏也随之晋封“凉国夫人”[②]。P.2982《结坛供僧施舍疏》末署“显德四年（957）九月日弟子梁（凉）国夫人浔阳翟氏疏”，应是曹元忠翟氏夫人称“凉国夫人”的最早记载。

自此以后，曹元忠时期的翟氏夫人一直以“凉国夫人”称号出现在敦煌文献及石窟中。S.2687中有“大汉（宋）乾德二年（964）四月廿二日敦煌王曹元忠之凉国夫人浔阳翟氏题记”。Ch.00207V（BM.SP77V）《归义军节度使曹元忠夫妇修北大像功德记》中，称“大宋乾德四年（966）岁次丙寅五月九日，敕归义军节度使特进检校太师兼中书令托西大王曹元忠与敕受（授）凉国夫人浔阳翟氏因为斋月，届此仙岩”[③]，还记载“凉国夫人翟氏自手造食供备工人”，说明“凉国夫人”已经成为翟夫人在各种场合使用的称号。

翟氏夫人称“凉国夫人”，敦煌文献中的例子很多，不再一一列举。现仅以曹元忠执政末期的例证，说明在曹元忠任归义军节度使时期的957—974年，翟夫人一直使用“凉国夫人”的称号。

莫高窟第437窟甬道南壁男供养人题名为“……归义军节

---

① ［宋］王钦若等《册府元龟》卷一九〇《帝王部·来远》，第2059—2060页。

② 贺世哲《从供养人题记看莫高窟部分洞窟的营建年代》，敦煌研究院编《敦煌莫高窟供养人题记》，第227页。

③ 陈菊霞《敦煌翟氏研究》，第220页。

……西平王曹元忠供养”，甬道北壁女供养人题名：“敕受凉国夫人浔阳翟氏一心……”[①]曹元忠在970年前后称“西平王”[②]，说明970年左右，翟夫人仍称“凉国夫人”。

S.5973文书中，第二篇保存比较完整的《宋开宝七年（974）二月归义军节度使曹元忠施舍回向疏》记载：

> 布三匹充大众，布一匹充大像，绵绫一匹充法事。右件舍施所申意者，先奉为龙天八部，拥护敦煌。梵释四王，保安社稷。中天帝主，永坐蓬莱。十道争驰，三边伏款。大王禄位，等劫石而恒坚。夫人花容，同桂兰而永茂。然后道途谧静，兵甲休行，刁斗收音，干戈弥灭。今因讲畅，渴仰慈门。伏乞能仁，希垂回向，谨疏。开宝七年二月日归义军节度使检校太师兼中书令敦煌王曹元忠疏。[③]

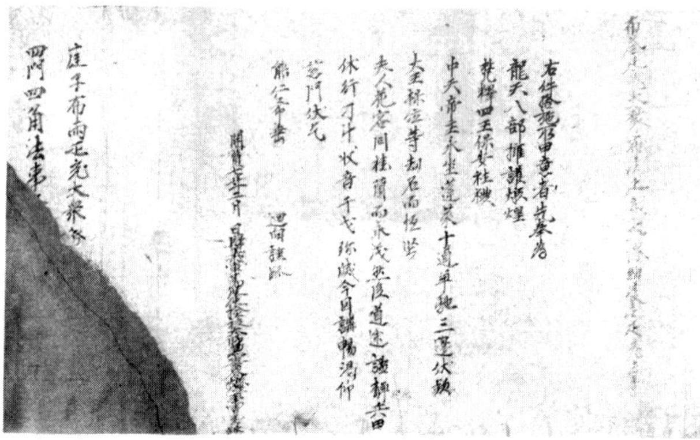

图3-10 S.5973《宋开宝七年（974）二月归义军节度使曹元忠施舍回向疏》

① 敦煌研究院编《敦煌莫高窟供养人题记》，第165页。
② 贺世哲《从供养人题记看莫高窟部分洞窟的营建年代》，敦煌研究院编《敦煌莫高窟供养人题记》，第229页。
③《英藏敦煌文献（汉文佛经以外部分）》第10卷，第6页。

S.5973第一篇《宋开宝七年（974）正月归义军节度使曹元忠施舍回向疏》中也出现“大王神算，以日月而齐坚。夫人天年，共山河而益固”[①]。其中“大王”指曹元忠，“夫人”即凉国夫人翟氏。

据以上437窟供养人题记可知，970年前后，翟夫人仍然称“凉国夫人”；抄写于974年的S.5973文书，记载的是曹元忠去世前夕的情况，其中翟夫人被称作“夫人”，说明翟夫人的称号与之前相比应该不会有什么变化。因此笔者认为，在957—974年，翟氏夫人一直使用“凉国夫人”的称号。

不过，翟氏夫人除了使用“凉国夫人”的称号以外，还曾经被称为“北宅夫人”。敦研1+敦研369+P.2629文书《乾德二年（964）归义军衙内酒破历》记载：“（七月）十五日，楼上祭拜酒一角，北宅酒一斗。”[②]该文书时代在964年，“北宅”代指浔阳翟氏夫人[③]。S.2241《归义军时期君者者与北宅夫人书》：

> 孟冬渐寒，伏惟北宅夫人、司空、小娘子尊体起居万福。即日君者者人马平善与（已）达常乐，不用忧心，即当妙矣。切嘱夫人与君者者沿路作福、祆寺燃灯，他劫不望。又嘱司空，更兼兵士，远送前呈（程）。善咨令公，赐与羊酒优劳。合有信仪，在于沿路，不及祖送。谨奉状起居，不宣，谨状。十月十九日公主君者者状上。北宅夫人妆前。[④]

---

① 《英藏敦煌文献（汉文佛经以外部分）》第10卷，第6页。

② 唐耕耦、陆宏基《敦煌社会经济文献真迹释录》第3辑，第274页。

③ 施萍婷《本所藏〈酒帐〉研究》，《敦煌研究》（创刊号），1983年，第14—21页；谭蝉雪《敦煌岁时文化导论》，台北：新文丰出版公司，1998年，第263页。

④ 《英藏敦煌文献（汉文佛经以外部分）》第4卷，第53页。

S.2241号文书残片有显德五年（958）三月的状文，说明S.2241是曹元忠时期的文书。“北宅夫人”即曹元忠夫人翟氏，“令公”是指曹元忠，“司空”是指曹延恭，“小娘子”指元忠的长女延鼐，“公主君者者”的身份还不能确定①。根据以上材料，可知翟夫人有时也被称为“北宅夫人”。

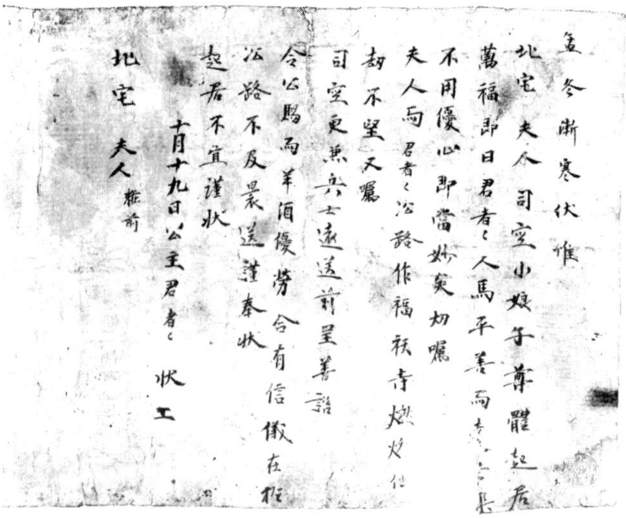

图3-11 S.2241《归义军时期君者者与北宅夫人书》

我们还发现敦煌文献中关于翟夫人称“国太凉国夫人”的记载，BD09015V《书启稿（拟）》有以下内容：“敕推诚奉国保塞功臣归义军节度使、敕受国慈母国太京（凉）国夫人浔阳翟氏、敕受国慈母国太京（凉）国夫人。”②其中，“敕推诚奉国保塞

① 谭蝉雪《〈君者者状〉辨析——河西达怛国的一份书状》，敦煌研究院编《1994年敦煌学国际研讨会文集——纪念敦煌研究院成立五十周年：宗教文史卷》（下册），兰州：甘肃民族出版社，2000年，第105页；（日）坂尻彰宏《公主君者者の手紙——S.2441の受信者·發信者·背景について》，高田时雄主编《敦煌寫本研究年報》第8号，京都：京都大学人文科学研究所中国中世写本研究班，2014年。谭蝉雪认为“君者者”为达家娘子，坂尻彰宏认为应出自西州回鹘。

②《国家图书馆藏敦煌遗书》第104册，第340页。

功臣归义军节度使”一称号，曹元忠、曹延禄都曾经使用。《宋会要辑稿·蕃夷五》记载：

> 太祖建隆二年（961）十一月，元忠洎瓜州团练使曹延继（恭）并遣使贡至勒勒马。三年正月，制推诚奉义保塞功臣、归义军节度瓜沙等州观察处置管勾营田押藩（蕃）落等使、特进、检校太傅、同中书门下平章事、沙州刺史、上柱国、谯郡公、食邑一千五百户曹元忠，可依前检校太傅、兼中书令、使持节沙州诸军事、行沙州刺史，充归义军节度使、瓜沙等州观察处置管勾营田押藩（蕃）落等使，加食邑五百户，实封二百户，散官勋如故。①

曹延禄任节度使时，继承了其父曹元忠的称号，榆林窟第35窟供养人题记云：

> 敕推诚奉化功臣、归义军节度瓜沙等州观察处置管[内]营田押番（蕃）落等使、特进、检校太师、兼中书令、敦煌王、谯郡开□□（国公）、食邑一千五百□曹延禄一心供养。②

BD09015V文书称翟夫人为“慈母国太京（凉）国夫人”，说明这篇文书的作者应该是曹延禄，那么此处的“敕推诚奉国保塞功臣归义军节度使”应即曹延禄，因为如果指曹元忠的话，在称号前

---

①［清］徐松《宋会要辑稿》卷一九八册《蕃夷五》，第7767页。
② 谢稚柳《敦煌艺术叙录》，第488页。

面似乎应该加上一个“父”字。此外，曹延瑞也是翟氏夫人生子，根据华盛顿弗利尔美术馆30.39《乾德六年（968）翟氏与行军司马曹延瑞水月观音像功德记》“慈母娘子翟氏一心供养”看，此翟氏即曹元忠夫人翟氏[①]，说明曹延禄、曹延瑞二人为曹元忠与翟氏生子。

另外，假如“敕推诚奉国保塞功臣归义军节度使”称号指的是曹元忠，那么就说明曹元忠任节度使时期，翟氏夫人已经被称为“国太夫人”。但是我们在前文已经说明，曹元忠时期翟夫人一直被称为“凉国夫人”，也有一条被称为“北宅夫人”的记载，但是没有发现翟夫人被称为“国太夫人”的记载。因此，BD09015V《书启稿（拟）》中的“敕受国慈母国太京（凉）国夫人”应该是翟夫人在曹延禄时期的称号。我们将在第四章第二节详细探讨这一问题。

二、曹氏归义军时期翟氏家族的崛起

敦煌地区的翟氏家族，有浔阳翟氏和上蔡翟氏，其中浔阳翟氏在敦煌的影响力更大。曹元忠的夫人即出自浔阳翟氏。张氏归义军时期，翟氏家族的影响力主要是在宗教层面，翟法荣在约862—869年间出任河西都僧统一职，据P.4640《翟家碑》记载，翟家窟（莫高窟第85窟）在咸通三年（862）壬午至咸通八年（867）丁亥修凿完毕[②]。翟法荣的供养人像位于甬道北壁供养人像列之首位。此时翟氏家族在张氏归义军时期的势力达到鼎盛。据陈菊霞研究，翟氏家族还得以与节度使家族张氏联姻[③]。相关

---

① 郑炳林、郑怡楠《敦煌碑铭赞辑释（增订本）》，第1610、1613页。

② 荣新江《归义军史研究——唐宋时代敦煌历史考索》，第283页。

③ 陈菊霞《敦煌翟氏与敦煌士族间的通婚》，《敦煌学辑刊》2007年第2期，第31页。

记载见于翟家窟（第85窟）东壁门北侧列南向第四身供养人像题名："□□□夫人……河西节度使□□□□□（敕）授右神武卫赠太子太保□第十六侄女一心供养。"[①]但是张氏归义军时期，翟氏家族的成员在归义军节度使府衙任职的不多，且大多数是在军队任职，职位以基层官员为主。据统计，张氏归义军时期，翟氏成员任职者有节度押衙4人、兵马使2人、衙官1人[②]。

图3-12 莫高窟第98窟南壁翟氏供养像

曹氏归义军时期，翟氏通过与曹氏家族的联姻，地位提高很快。曹议金早年就与翟氏家族建立了姻亲关系，据陈菊霞考证，曹议金将他的大女儿和四女儿嫁给了翟家[③]。翟家窟（第85窟）主室东壁门北侧列南向第五身供养人像题记载："新妇小娘子即□（今）河西节度使谯郡曹尚书长女一心供养。"[④]其中的"曹尚书长女"即曹议金的大女儿。莫高窟第98窟主室东壁门北侧列南向第五身"故女第十一小娘子一心供□（养）出适翟氏"，"故女第十四小娘子一心供养出适翟氏"，其中的"第十一小娘子"

① 敦煌研究院编《敦煌莫高窟供养人题记》，第29页。

② 陈菊霞编《敦煌翟氏研究》，第155—166页。

③ 陈菊霞编《敦煌翟氏与敦煌士族间的通婚》，《敦煌学辑刊》2007年第2期，第31页。

④ 敦煌研究院编《敦煌莫高窟供养人题记》，第30页。

“第十四小娘子”即曹议金的大女儿和四女儿[①]。

同时，曹元德、曹元忠以及元忠的儿子都娶了翟氏家族的女儿。莫高窟第98窟主室南壁列东向第十身供养人像题记“故新妇娘子翟氏供养”[②]，北壁东端列向第十一身供养人像题记“新妇小娘子翟氏供养”[③]。其中“故新妇娘子翟氏”位于主室南壁，是曹议金儿媳里面排名最靠前的一位，因此她应该是曹元德的夫人，但是去世很早；“新妇小娘子翟氏”则是曹元忠的夫人。第61窟中南壁列东向第十五身供养人像题记“新妇小娘子翟氏一心供养”[④]，61窟是曹元忠夫妇的功德窟，此处的“新妇小娘子翟氏”是曹元忠的儿媳。

翟氏家族之所以和曹氏家族建立起紧密的姻亲关系，是源于曹议金的拉拢扶持，或者说是曹议金经营其权力基础的需要。曹议金的实力是在张承奉时期开始逐步壮大的，曹议金继任归义军节度使初期所联合的大族人物，也多是经历过战争的将领[⑤]，曹议金与这些将领在张承奉时期就结下深厚的友谊。比如，曹议金最有力的支持者慕容归盈也是出身行伍，立过战功。P.3633《龙泉神剑歌》记载了金山国时期与甘州回鹘之役，称“慕容胆壮拔山刀，突出生擒□事奇”[⑥]。

翟氏家族在张承奉时期担任过将领并且和曹议金建立起良好关系的人物最有可能是翟章定，P.4776《摩诃般若波罗蜜经》题记载：“归义军节度衙内都指挥银青光禄大夫检校礼部尚书□

① 姜伯勤等《敦煌邈真赞校录并研究》，第33页。
② 敦煌研究院编《敦煌莫高窟供养人题记》，第38页。
③ 敦煌研究院编《敦煌莫高窟供养人题记》，第33页。
④ 敦煌研究院编《敦煌莫高窟供养人题记》，第24页。
⑤ 杜海《曹议金权力枝系考》，《敦煌学辑刊》2014年第2期，第10—21页。
⑥《法国国家图书馆藏敦煌西域文献》第26册，第159页。

□（御史）大夫上柱国翟章定一心供养。”[①]而P.3490《辛巳年某寺诸色斛斗破历》记载：“油八胜（升）与乐法律，翟指挥转经用儭用。油五胜（升），翟指挥转经儭用。”[②]池田温认为P.4776V文书的年代当在9世纪末[③]。陈菊霞则考证P.3490文书的年代在921年，并认为以上两件文书中的“翟章定”和“翟指挥”是同一个人，同时指出，“都指挥使权重位尊，一般都由曹氏兄弟或姻亲担任，由此推测，翟章定可能与曹氏有姻亲关系”[④]。翟章定在曹氏归义军初期即出任“都指挥使”，担任这一职位的，还有曹议金的长兄曹仁裕、曹议金的妹夫罗盈达。这位翟章定生活的年代在9世纪末10世纪初，和曹议金势力发展起来的时代吻合，因此翟章定可能就是翟氏家族崛起过程中的关键人物。莫高窟第98窟中没有出现这位都指挥使翟章定，可能在第98窟营造时，翟章定已经去世。曹议金时期翟姓官员还有P.3875B《□子年修造及诸处伐木油面粟等破历》中记载的翟都头，押衙翟集子（P.2667V）、翟弘庆（S.1898）以及衙官翟再晟（P.4640）等。

曹元忠时期以后，翟氏家族的成员任官职者增多，且很多是关键要职。其中P.3721《己卯年十一月廿六日冬至目断官员》、S.1153《诸杂人名一本》等文书中有翟使君，根据文书内容，翟使君的地位高于都指挥、都押衙，职位与刺史相当。还有一位翟都指挥，见载于P.3501V（7）《戊午年（958）康员奴牒》、S.6981《辛酉至癸亥年（961—963）入破历》等，陈菊霞认为，这位翟指挥是继罗盈达之后出任都指挥使，说明翟家与节度使曹氏家族

① 《法国国家图书馆藏敦煌西域文献》第33册，第169页。

② 《法国国家图书馆藏敦煌西域文献》第24册，第332、333页。

③ （日）池田温《中國古代寫本識語集錄》，东京：东京大学东洋文化研究所，1990年，第447页。

④ 陈菊霞《敦煌翟氏研究》，第136—137页。

的关系甚密[①]。还有翟镇使，Дx.1451《癸酉至己卯年（973—979）曹赤胡等还便黄麻历》载："翟镇使便黄麻一石。"[②]P.3396V《沙州诸渠诸人瓜园籍（954年之后）》载："王黄儿瓜园、翟镇使愿德大歌（哥）瓜园。"[③]这两件文书中记载了翟镇使翟愿德，曹元忠时期改革镇制以加强对东境的防范，于952年设立了会稽、新乡二镇，使原来的"二州六镇"扩增到"二州八镇"[④]，翟愿德就是这八镇之一的镇使。P.2496《某年二月一日内亲从都头知二州八镇管内都渠泊使兼御史大夫翟某状》中有翟渠泊使[⑤]，这位掌管二州八镇渠泊的翟渠泊使，也是曹元忠时期的重要官员。S.1519（2）《辛亥年（951）十二月某寺直岁法胜所破油面等历》载："廿九日，酒一角，请翟水官助行像用。"[⑥]P.4003《壬午年（982）十二月十八日渠社转帖》载："幸请诸公等，帖至，限今月十九日卯时并身及粟，氾录事门前兰喏门取齐。捉二人后到，罚酒一角，全不来者，罚酒半瓮。其帖立递相分付，不得亭（停）滞者。壬午年十二月十八日录事氾。翟水官、宋都头、贾再昌……"[⑦]P.2916《癸巳年（993）十一月十二日张马步女师迁化纳赠历》载："翟水官，绿□二丈、白绵绫二丈、非（绯）锦一丈八尺。"[⑧]S.4700+S.4121+S.4643+北图新1450《甲午年（994）五月十五日阴家婢子小娘子荣亲客目》记载："翟使君及水官并

---

① 陈菊霞《敦煌翟氏研究》，第142页。
② 《俄藏敦煌文献》第8册，第179页。
③ 《法国国家图书馆藏敦煌西域文献》第24册，第64页。
④ 冯培红《敦煌的归义军时代》，第420页。
⑤ 《法国国家图书馆藏敦煌西域文献》第14册，第328页。
⑥ 《英藏敦煌文献（汉文佛经以外部分）》第3卷，第88页。
⑦ 宁可、郝春文《敦煌社邑文书辑校》，第366页。
⑧ 《法国国家图书馆藏敦煌西域文献》第20册，第63页。

小娘子男女等六人。”[①]这位敦煌的翟水官，与翟使君关系很近，陈菊霞认为他们是父子关系[②]。S.4700+S.4121+S.4643+北图新1450《甲午年（994）五月十五日阴家婢子小娘子荣亲客目》中还记载：“翟保兴都头及衙推小娘子都头合门等六人。”[③]由此，翟氏家族在当时的势力可见一斑。P.3271《庚辰年（980）正月十五日夜见点人名籍》载：“庚辰年正月十五日夜，见在巡礼都官：都头宋再升、氾元君、翟保定、翟保兴……翟愿彦……翟长千……”[④]此外还有都衙翟集（Дх.01428）、翟押衙（Дх.01425+Дх.11192+Дх.11223）、翟知马官（S.6452）等。

曹氏归义军后期翟氏家族的重要成员还有S.4453《宋淳化二年（991）十一月八日归义军节度使帖》中记载的“寿昌……副使翟哈丹”[⑤]，P.3440《丙申年（996）三月十六日见纳贺天子物色历》中的“翟县令”[⑥]。通过以上统计，可见曹元忠时期及以后，翟氏家族很多成员出任官府要职，如翟使君、翟镇使、翟都渠泊使等，同时，基层官员中也有大量翟氏成员。此时翟氏家族已经成为敦煌地区名副其实的豪宗大族。

张氏归义军时期，虽然翟氏有都僧统翟法荣这样具有号召力的人物，但是翟家子弟在归义军府衙任职者并不多，影响力也不大。曹氏归义军时期，翟氏家族与曹氏家族建立起了紧密的姻亲关系，相应地，翟氏家族成员在曹氏归义军时期的地位大大提

① 唐耕耦、陆宏基《敦煌社会经济文献真迹释录》第4辑，第10页。
② 陈菊霞《敦煌翟氏研究》，第152页。
③ 唐耕耦、陆宏基《敦煌社会经济文献真迹释录》第4辑，第13页。
④《法国国家图书馆藏敦煌西域文献》第27册，第120页。
⑤ 唐耕耦、陆宏基《敦煌社会经济文献真迹释录》第4辑，第306页。
⑥《法国国家图书馆藏敦煌西域文献》第24册，第211页。

升。据统计，曹氏时期翟氏成员任职都指挥使、衙推、镇使、副镇使、都头、押衙等武职的有20余人，还有担任都渠泊使、水官、县令、知马官者若干。与张氏时期的情况相比，翟氏家族势力大大提升。

翟氏家族崛起，是从曹议金时期开始的。曹议金经营其权力基础，提拔了一批亲信将领，翟章定便是其中之一。曹议金的子女和翟氏家族联姻甚多，翟氏家族逐渐兴起。至曹元忠时期，翟夫人是节度使第一夫人，翟氏家族的势力更盛。通过翟氏家族的崛起过程，以及曹氏归义军时期普通家族地位的上升，如慕容氏家族、氾氏家族等，还可以看到曹氏家族在敦煌地区权力经营的过程，也就是笔者下节将要论述的。

三、节度使曹氏统治集团对传统大族的整体取代

曹氏归义军时期，敦煌翟氏的家族地位之所以提升，得益于其与曹氏家族建立起来的姻亲关系。前文提到，曹议金善于利用敦煌社会各个阶层的力量，建立起自己的权力网络。敦煌各个家族实力消长的过程，实际上是曹议金经营其统治基础的过程。某一个家族实力的变化，可以让我们对曹议金的整体布局和策略有一个更具体、直观的解读。曹氏归义军时期，最具实力的家族是慕容氏和翟氏，都是曹氏时期的新兴家族。

曹议金的几位夫人，除了甘州回鹘天公主以外，钜鹿索氏、广平宋氏都是传统的敦煌大族，在敦煌根基深厚。但是，曹议金以后，粟特曹氏家族的婚姻对象逐渐发生变化。第98窟供养人题记中，曹议金的儿媳有“故新妇娘子翟氏”“新妇娘子阎氏”“新妇小娘子索氏”“新妇小娘子张氏”“新妇小娘子阎氏”“新妇小娘子张氏”“新妇小娘子李氏”“新妇小娘子索氏”“新妇小娘子翟氏”。据学者考证，其中曹元德的夫人有翟氏、

图3-13 莫高窟第98窟南壁曹氏女眷供养像

阎氏、索氏、张氏，曹元深的夫人有阎氏、张氏、李氏、索氏，曹元忠的夫人为翟氏[①]。曹元德和曹元深虽然都与敦煌传统大族索氏、张氏、李氏联姻，但是曹元德的第一位夫人出自翟氏家族，曹元深的第一位夫人出自阎氏家族。自曹元德以后，居节度使第一夫人之位的，没有一人出自张氏归义军时期处于归义军政权核心地位的张氏、索氏、李氏、宋氏家族。这种局面的出现，实际上是出于曹氏归义军建立者曹议金的统治策略。

曹议金深知新生的曹氏归义军政权在敦煌的根基并不牢固，不可能获得所有敦煌实力派家族的支持，同时张氏归义军时期屡次发生的政变，也让曹议金时刻警惕来自政权内部的威胁。曹议金通过与张氏归义军时期的大族索氏、宋氏等联姻而确立了其家族的地位，从而执掌归义军政权。同时，曹议金迎娶甘州回鹘天公主为妻，此策略一方面是为了缓和与甘州回鹘的关系；另一方

① 陈菊霞《敦煌翟氏研究》，第193—194页。

面，奉回鹘公主为第一夫人，也起到了对敦煌当地大族的震慑作用。在第一章，笔者已经指出，通过家族联姻，曹议金时期的归义军政权，实际上形成了以曹氏家族为中心，各大家族联合统治瓜、沙的政治格局。

比较张氏、曹氏两个阶段的归义军政权，可以发现张氏归义军时期传统大族在归义军政权中的影响力越来越小，而以翟氏家族、慕容氏家族为代表的新兴家族势力，在曹氏归义军时期迅速增长，成为曹氏归义军政权所依靠的重要力量。敦煌各个家族实力消长的过程，实际就是曹氏归义军政权建立和巩固的过程。曹议金本人的联姻，是他稳固曹氏归义军政权的重要策略，曹议金子女联姻对象的逐渐改变，则是曹议金在削弱传统大族在敦煌的势力。曹元忠时期，传统大族沦落为一般的家族。曹元忠以后的节度使，再未与张氏时期的传统大族联姻。曹延恭的夫人为慕容氏，曹延禄的夫人是于阗公主，曹宗寿的夫人是氾氏。在瓜州慕容归盈去世以后，曹元忠接替了瓜州刺史之位。曹元忠任归义军节度使时期，曹延恭出任瓜州刺史20余年，曹氏家族已经在敦煌占据绝对的核心地位。以粟特曹氏为中心的归义军政权，自曹元忠时期步入了稳定发展的局面。

通过曹议金的苦心经营，经过了曹元德、曹元深两任节度使的过渡期，至曹元忠任归义军节度使时，曹氏家族的核心地位已经完全确立，敦煌政权内部已经完成了粟特曹氏对传统大族的整体取代。这一过程是发生在中原王朝的势力退出河西地区这个大背景之下的。由于中原王朝的羸弱，10世纪的河西已经成为诸民族政权林立的天下。敦煌地区汉姓大族的统治被曹氏取代的过程，实际上是整个西北地区民族实力消长变化的缩影。同时，我们还应该看到，敦煌地区的粟特曹氏，是汉化程度已经很高的粟特族后裔，在语言、外貌等特征上，与汉族已经没有多大区别[①]。以汉文化为核心的敦煌政权，至曹氏归义军时期，形成了以粟特曹氏为中心，各大家族联合统治的模式。粟特曹氏统治时期，我们之所以看不到民族斗争的迹象，是因为粟特人已经汉化，敦煌粟特曹氏对传统汉姓大族的取代，表现出来的不是民族矛盾或民族斗争，而仅仅是一个政治集团对另一个政治集团的取代。

① 李并成、解梅《敦煌归义军曹氏统治者果为粟特后裔吗——与荣新江、冯培红先生商榷》，《敦煌研究》2006年第6期，第109—115页；沙武田《敦煌石窟归义军曹氏供养人画像与其族属之判别》，中央文史研究馆、敦煌研究院、香港大学饶宗颐学术馆编《庆贺饶宗颐先生九十五华诞敦煌学国际学术研讨会论文集》，第144、164页；荣新江《归义军史研究——唐宋时代敦煌历史考索》，第72页。

第三节　曹元忠时期的崇佛

敦煌是佛教圣地，归义军统治者历来推崇佛教，并注重对敦煌佛教界的控制。归义军节度使支持和信仰佛教，有利于获得敦煌地区百姓的信任，起到聚拢民心的作用，同时也可以获得寺院、僧人对政权的支持。曹议金修建大窟98窟，该窟的内容展现的实际上是一次政治巡礼的盛况，曹议金为了笼络敦煌各级官员，在窟内绘制了瓜沙地区的官员、僧人共200余人。正如马德所言，“在98窟营造的每一个阶段，都要举办法会进行祈愿，而祈愿的内容，名义上是为了佛窟营造，实际上则是为了归义军政权”[①]。而曹元德、曹元深时期建成了第100窟，该窟仿156窟，绘制了《曹议金出行图》和《陇西李氏出行图》；曹元深修建第454窟时，选择了当时莫高窟崖面中心的位置[②]。这些石窟开凿的目的与98窟无异，都是为了利用佛教的影响力来增强曹氏归义军政权在民众中的号召力。

① 马德《敦煌莫高窟史研究》，第235页。

② 马德《曹氏三大窟营建的社会背景》，《敦煌研究》1991年第1期，第19—24、114页。

图3-14 莫高窟第61窟内景

曹元忠任归义军节度使时期，更加热衷于佛事，这与曹元忠时期长期稳定的局面有关。此时敦煌各个阶层已经认可了曹氏家族的统治，归义军政权与甘州回鹘和于阗建立了稳定良好的关系。同时，这一时期河西诸政权形成了政治上的均势，各政权都无力吞并其他邻邦，因此敦煌统治者失去了政治上的野心，在精神生活方面主要表现为对佛事活动的热衷。950年前后，曹元忠建造莫高窟三大窟之一的61窟，该窟以文殊菩萨为本尊，故称“文殊堂”。在962年前后，曹元忠又修建大窟55窟。在966年，曹元忠夫妇还组织重修了96窟北大像前殿堂楼阁，敦煌文书Ch.00207V《乾德四年（966）五月九日归义军节度使曹元忠夫妇修北大像功德记》正是这次重修活动的真实写照，通过文书的内容，可以感受到曹元忠夫妇对佛教的信奉程度。文书主要内容有:

大宋乾德四年（966）岁次丙寅五月九日，敕归义军节度使、特进、检校太师、兼中书令、托西大王曹元忠，与敕受（授）

> 凉国夫人浔阳翟氏，因为斋月，届此仙岩。避炎天宰煞之恶因，趣幽静祯祥之善处。莫不洗心忏涤，心池之慧水澄清。炼意虔诚，意地之道芽郁茂……兼请僧俗数人，选龛二十四个，□于□□大王窟内抄写《大佛名经》文，一十七寺之中，每寺各施一部。内樋一部，发遣西州。所欠佛名，誓愿写毕……大王夫人，见斯颓毁，便乃虔告焚香，诱谕都僧统大师兼及僧俗官吏，心意一决，更无二三，不经旬时，缔构已毕……凉国夫人翟氏自手造食，供备工人。其月廿一、廿二两日换柱材木，损折较多，不堪安置，至廿三日下手拆。大王夫人于南谷住至廿四日拆了。夜间大王夫人从南谷回来，至廿五日便缚棚阁上材木缔构，至六月二日功毕，四日入城。[①]

文书中记载了曹元忠夫妇组织造像的经过，从字里行间可以感受到夫妇二人对于该工程的重视程度。凉国夫人翟氏放下自己的身份，亲自为工匠做饭备食。大王、夫人在南谷居住，待廿四日夜间拆卸材木的工作结束，至廿五日便缚棚阁上材木缔构，可见曹元忠夫妇为佛像的修造花费了大量精力。莫高窟第469窟北壁也记载了相关内容，其题记为："广顺三年（953）岁次癸丑八月十五日，府主太保就窟工（上）造二仟仁（人）斋藏内记。"[②]曹元忠还请僧界大德大开讲筵，S.2472V《佛诞日请某法师大开讲筵疏》记载：

① 陈菊霞《敦煌翟氏研究》，第220页；史苇湘《世族与石窟》，敦煌文物研究所编《敦煌研究文集》，第156—157页；郑炳林、郑怡楠《敦煌碑铭赞辑释（增订本）》，第1341—1342页。

② 敦煌研究院编《敦煌莫高窟供养人题记》，第178页。

莫不英贤敬诵，龙象连标，法海经颇，义山峻峻。知所自古千帝，不听兴龙。前代百王，由能泰设。故得张师幡伞，烧爇香花。请二部诸僧尼，开释门之法络者。则我大王继崇佛法，归仰慈尊。应八日逾城之晨，顺二月发生之后。古于是而见讲场者也。伏惟我大王闻声乐质，武宿标奇。将里国之宏驱，蕴安民之意迹。三州父老，争身快活之城。一郡苍生，尽带欢欣之色。夫人事理，门门劝织，放收殷勤。太子大师皆修出世之时，不染尘中之事。司徒安边，尹尹讴歌，吟而不歇。使君、指挥、都衙及亲事官僚等，公途及竟面而争平，性达及弓弦而竞直。昔来法师高唱，犹如大杵，种心战汗，吾入场中。今朝天宽地窄，左攀右鼓，满眼虎狼，前看后看，皆似剑击。希望法将，尊念不得。苦死号呼，放乃安心。直能正立……虽则眼前黄黑，心乱耳明，强打精神，对立交战，今若不问，后会难逢，不得暮卤应承，带累百生名□，谨依所集。①

文书中的“大王”即指曹元忠，“夫人”即凉国夫人翟氏，“司徒”即曹延恭，还有“太子大师”“使君”“指挥”“都衙”等，都出现在这次法会上。可知，曹元忠不仅自己信仰佛教，还举办法会，请高僧为官员等讲法授业，这也是曹元忠崇佛的表现之一。P.2857《建佛堂门楼文》还记载了曹元忠修建佛堂门楼的情形，具体记载为：

夫圣德慈尊，降积（迹）婆娑之界。献金容于白豪，相以腾晖。雪山竟八字之言，龙宫阐三乘之教。谈色尘之不

① 《英藏敦煌文献（汉文佛经以外部分）》第4卷，第84页。

有，假缘合而非无。度性海则不测而浅深，采宝山而叵之远近。□□（幽冥）寂寞，无始无终。理绝百非，不生不灭。大哉旨圣，情何以加。厥今敷像郭，建尊容，构回门楼，廊绘众圣者，有谁施作？时则有座前持炉施主等，先奉为龙天八部，护国护人。风雨顺时，普天安乐。当今皇帝，圣寿遐长。又为我河西归义军节度使大王，永为人主。亦愿己躬延久，疫疠不侵，阖镇民民，同沾斯善之福会也。惟施主乃为人素雅，性重玄风。久摸真言，深加妙理。加以信珠久净，心镜先明；知绝患而不坚，悟浮生而难驻。每惊二鼠，恒其四蛇。是知红颜易念念之间，白发变须臾之倾。惠心内朗，财施外施。今生植来世之胜因，即日种后身之福。和（何）故能先开净土，已扫天门。抽减珍财，助修妙善。其门楼乃雕文克（刻）镴，绮饰分明。既无（如）瑞应飞来，又似神龙涌出。单（丹）窗敢（绀）几（机），辉映紫霄。宝柱金门，含风吐日。邪昂嶷侧，写龙甲之嵾嵯。绾拱联绵，垒天花而竞其檐。廊乃材资杍柏，梁架构檀。白壁红栏，施朱拂黛。已然建塔画像，门楼功德，尽用庄严。则我坐前施主即体，惟愿业障报障，以秋叶而争飘。定根惠根，共春萌而竞茂。善声善响，常游六趣之中。净业净因，恒居五蕴之境。然后先亡远代，悉得上生。人以非人，咸蒙吉庆。①

郑炳林认为，从文书对皇帝颂扬的词句看，此件可能是北宋初期的作品。该文书出现“河西归义军节度使大王”，因此很有可能属于曹元忠时期。文书记载的，正是对佛教崇信有加的曹元忠修

① 《法国国家图书馆藏敦煌西域文献》第19册，第144—145页。

建佛堂门楼的相关内容。

敦煌文书中也有许多关于曹元忠夫妇施舍供养活动的记载。S.2687《曹元忠夫人翟氏回向疏二件》记载："弟子河［西］归义军节度瓜沙等州管内营田观察处置押蕃落等使、特进、检校太傅、谯郡开国侯、食邑一千户曹元忠，浔阳郡夫人翟氏，先奉为国安人泰……敬造万色锦绣经巾一条，施入宕泉窟，永充共（供）养。"日本龙谷大学图书馆藏《佛说延寿命经》题记："维大周广顺三年（953）岁当癸丑正月二十三日，府主太保及夫人为亡男太子早别王宫，弃辞火宅，遂写《延寿命经》四十三卷，以济福力，愿超觉路，永充供养。"S.3565《归义军节度使曹元忠设斋功德疏》记载："弟子归义军节度使检校太保曹元忠于衙龙楼上，请大德九人，开龙兴、灵图二寺大藏经一变，启扬鸿愿，设齐功德疏。施红锦一匹，新造经帙二十一个，充龙兴寺经儭。楼机绫一匹，经帙十个，充灵图经儭。生绢一匹，经帙十五个，充三界寺经儭。马一匹，充见前僧儭。"S.3565《河西节度使曹元忠浔阳郡夫人等供养具布施疏》记载："弟子敕河西归义军等节度使检校太保曹元忠以浔阳郡夫人及姑姨姊妹娘子等造供养具疏。造五色锦绣经巾一条，杂彩幡额一条，银泥幡施入法门寺，永充供养。右件功德，今并圆就，请忏念。赐紫沙门闻。"S.5973《宋开宝七年（974）正月归义军节度使曹元忠施舍回向疏》载："布一匹，充大像；绵绫一匹，充法事。右件舍施，所申意者，先奉为龙天八部，拥护敦煌……开宝七年二月日归义军节度使检校太师兼中书令敦煌王曹元忠疏。"

此外还有曹元忠用刻版印刷技术宣扬佛教的记载，如P.4514《曹元忠造大慈大悲救苦观世音菩萨像》载："弟子归义军节度瓜沙等州观察处置管内营田押蕃落等使、特进、检校太傅、谯郡开国侯曹元忠，雕此印版……于时大晋开运四年（947）丁未岁

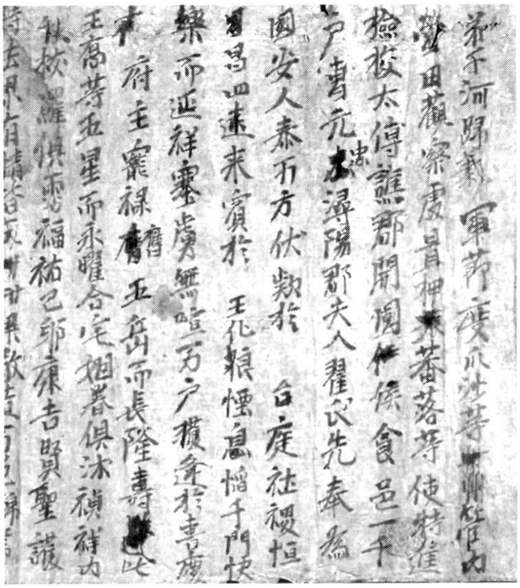

图3-15 敦煌文书S.2687《曹元忠夫人翟氏回向疏二件》

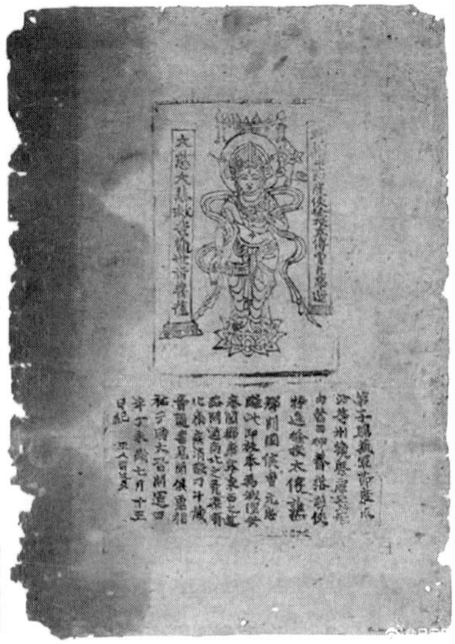

图3-16 敦煌归义军节度使曹元忠雕印观世音像

七月十五日纪。"同卷《北方大圣毗沙门天王像》记载："弟子归义军节度使、特进、检校太傅、谯郡曹元忠，请匠人雕此印版，惟愿国安人泰，社稷恒昌，道路和平，普天安乐。"P.4515《金刚经》题记："弟子归义军节度使、特进、检校太傅、兼御史大夫、谯郡开国侯曹元忠，普施受持。天福十五（四）年己酉岁五月十五日记，雕版押衙雷延美。"

曹元忠的崇佛表现在大量开窟造像、举办法会、施舍发愿，以及刻版印刷佛经等方面，从文献的相关记载中，可以看到曹元忠夫妇对于佛像修造等事的重视。曹氏归义军初期，从某种程度上讲，节度使把崇佛当作巩固统治的政治手段，而到了曹元忠夫妇时期，佛教已经成为他们内心虔诚的信仰，这种虔诚在他们的行动中表现得淋漓尽致。曹元忠对佛教事业的热衷程度是前几任归义军节度使所不具备的，究其原因，一方面，曹氏归义军政权历经曹议金、曹元德、曹元深几任节度使的努力，政治上趋于稳定，敦煌政权内部曹氏家族的统治地位已经确立，敦煌政权外部面临的威胁减少；另一方面，因距离较远，敦煌难以获得中原文化的濡养，随着传统大族势力的衰落，敦煌地区的儒学家族亦渐趋衰落，佛教信仰成为曹氏归义军统治者的重要精神寄托。

第四节 曹氏归义军的内政改革

曹元忠热衷佛事，但并非一味地崇佛，在内政方面也采取了一系列积极的举措。比如改革镇制、乡制，以适应敦煌政权的内外形势；编造户籍、统计人口；编纂历法，恢复和发展经济[①]。

一、改革镇制

曹氏归义军前期，敦煌的建制是“二州六镇”。向达《记敦煌石室出晋天福十年（945）写本寿昌县地境》一文对早期归义军军镇的设置已经有所论述，并且对莫高窟第108窟供养人题记中的“归义军应管内二州六镇马步军”的六镇做了考察，指出可考者有“子亭”“雍归”“悬泉”三镇[②]。史苇湘定“紫亭”“悬泉”“雍归”“新城”“石城”“常乐”为敦煌六镇名[③]。P.4638《曹良才邈真赞并序》亦记载：“牧童废业，二州闷绝而

① 荣新江《敦煌历史上的曹元忠时代》，《敦煌研究》2006年第6期，第94页。

② 向达《唐代长安与西域文明》，第433—436页。

③ 史苇湘《丝绸之路上的敦煌与莫高窟》，敦煌文物研究所编《敦煌研究论文集》，第90页。

号天。八乐无音，六镇哀声而震地。”[①]曹良才是曹议金的长兄[②]。说明在曹氏归义军创立初期，敦煌地区是六镇的建制。S.4276《管内三军百姓奏表》记载：“归义军节度左都押衙、银青光禄大夫、检校国子祭酒、兼御史大夫安怀恩并州县僧俗官吏、兼二州六镇耆老及通颊退浑十部落、三军、蕃汉百姓一万人上表。”[③]表中叙述到张议潮于大中二年（848）收复敦煌，“尔后子孙相继七十余年”，唐长孺据此考证该表是同光二年（924）曹仁贵上奏给后唐朝廷的[④]。以上材料记载的是曹氏归义军前期“二州六镇”的建制。

而这种“二州六镇”的建制到了曹元忠时期发生了变化，土肥义和最早判断曹元忠时期在“六镇”的基础上增加了会稽、新乡二镇，二镇增置的时间约在930年以后，最迟在955年以前[⑤]。

黄盛璋《沙州曹氏二州六镇与八镇考》以及《于阗文〈使河西记〉的历史地理研究》两篇文章中，通过敦煌汉文文献与于阗文文献的对照考察，认为大约在曹延禄时期六镇发展为八镇，增设“会稽”“玉门”二镇，且县镇并存，各行其是[⑥]。陈国灿则认为“六镇增为八镇，很可能发生在曹元忠掌权的最初十余年”，

---

① 《法国国家图书馆藏敦煌西域文献》第32册，第232页。

② 贺世哲《试论曹仁贵即曹议金》，《西北师大学报》（社会科学版）1990年第3期，第40—46页。

③ 《英藏敦煌文献（汉文佛经以外部分）》第6卷，第18页。

④ 唐长孺《关于归义军节度的几种资料跋》，《中华文史论丛》第1辑，北京：中华书局，1962年，第275—298页。

⑤ （日）土肥义和撰，李永宁译《归义军时期（晚唐、五代、宋）的敦煌（一）》，《敦煌研究》1986年第4期，第86页。

⑥ 黄盛璋《沙州曹氏二州六镇与八镇考》，敦煌文物研究所编《1983年全国敦煌学术讨论会文集（文史·遗书编·上）》，第260—281页；黄盛璋《于阗文〈使河西记〉的历史地理研究》，《敦煌学辑刊》1986年第2期。

图3-17 玉门关遗址

即944—955年之间，并指出“会稽、玉门、新乡三镇鼎足而据，防守着瓜沙地区的东大门。由此往西，又有瓜州、新城、悬泉、雍归诸镇连成第二道防线，这就是曹元忠执政以来，对东面防务的全面新部署”。这一调整的基本方针是“将边防的重心，由南面转向东面，目的在于适应当时对甘州回鹘威胁进行斗争的需要”①。李并成经过实地考察研究，认为“会稽镇位居疏勒河中游绿洲北部，为归义军政权的北部屏障，并与其西南的悬泉镇、东南的瓜州城呈三足鼎立、相互策应之势，具有十分重要的军事地位。它的设置既可防范甘州回鹘政权沿疏勒河干流北岸，绕道瓜州北部而来的袭扰，又可东与新城镇、玉门镇连成东西一线，南与悬泉镇、雍归镇以至新乡镇连成南北一线，构成对瓜、沙腹地几个方向上的拱卫，并且还可以有效地切断甘州回鹘沿截山子

① 陈国灿《唐五代瓜沙归义军军镇的演变》，陈国灿《陈国灿吐鲁番敦煌出土文献史事论集》，2012年，第633—643页。

（十工山）一三危山北麓地带（沿线部分地段有水草，为交通大道）对沙州的侵扰”[①]。冯培红对归义军镇制相关问题做了深入的研究，认为“张氏归义军后期有新城、紫亭、雍归、悬泉、寿昌、玉门、常乐七镇，西汉金山国征服楼兰后，又增设了石城镇，共有八镇，但石城镇不久就丢失，玉门镇升格为军；到曹氏时期，遂形成新城、紫亭、雍归、悬泉、寿昌、常乐‘六镇’；曹元忠时期又新设会稽、新乡二镇，遂演变成为‘八镇’”[②]。

《宋会要辑稿·蕃夷五》记载：“盖以当道二州八镇军民，自前数有冤屈，备受艰辛，众意请臣统领兵马，不期内外合势，便围军府，延禄等知其力屈，寻自尽。臣为三军所迫，权知留后，兼差弟宗以权知瓜州，讫文表求降旌节。”[③]此条记载反映的是曹宗寿通过政变取代曹延禄之后，遣朝贡使入贡中原时的情况，时代在咸平五年（1002），属于曹氏归义军后期。敦煌文献中有许多关于曹元忠时期镇制情况的记载。P.2496《某年二月一日内亲从都头知二州八镇管内都渠泊使兼御史大夫翟某状》记载：“二月一日，内亲从都头、知二州八镇管内都渠泊使、兼御史大夫翟。”陈国灿认为此文书即属曹元忠时期。Дх.285+Дх.2150+Дх.2167+Дх.2960+Дх.3020+Дх.3123V《祭慈母文》载：“伏惟灵乳眷恩，认其惟慈母，即前中□都头、检校左散骑常侍杨公之子，出为故管内马步都押衙、兼二州八镇应管内诸司都指挥使、检校礼部尚书、轻骑都尉、□长男中孔之妻也。”此件文书的年代应属于曹氏归义军时期[④]。P.3727V《后周广顺五年（955）正

① 李并成《归义军会稽镇考》，季羡林等主编《敦煌吐鲁番研究》第3卷，第226—227页。

② 冯培红《归义军镇制考》，季羡林、饶宗颐主编《敦煌吐鲁番研究》第9卷，第245—294页。

③［清］徐松《宋会要辑稿》一九八册《蕃夷五》，第7767页。

④ 冯培红《敦煌的归义军时代》，第416页。

月都知兵马使吕留延阴义进等上太保衙状》记载："有马踪多少骑，数来入会稽、新乡、雍归、新城管界。"其中会稽、新乡二镇在曹氏归义军前期未见记载。S.8516文书中有《后周广顺二年（952）归义军节度使曹元忠帖》记载："一些百姓亦乃贬流会稽……广顺二年□□（月）五日帖。使。"可知会稽镇至迟在952年就已经设立。另S.8516《后周广顺三年（953）归义军节度使曹元忠榜》，记载了招募新乡镇军人的情况，其文曰：

> 敕归义军节度使　榜。
>
> 应管内三军百姓等。
>
> 右奉处分，盖闻□封建邑，先看土地山川，阡陌堪居，遂乃置城立社。况河西境部，旧日总有人民。因为土（吐）蕃吞侵，便有多投停废。伏自大王治世，方便再置安城。自把已来，例皆快活。唯残新乡要镇，未及安置军人。今岁初春，乃遣少多人口，耕种一熟，早得二载喉粮。柴在门头，便是贫儿活处。仍仰乡城百姓审细思量，空莫执愚，耽贫过世。丈夫汤（唐）突，到处逢一财。怕事不行，甚处得物。自今出榜晓示，乐去者榜尾标名。所有欠负、诸家债务，官中并赐恩泽填还，不交汝等身上悬欠。便可者，闻早去揭，安排次第。及时初春，趁得种田，便见秋时倍熟。一年得利，久后无愁。坐得三岁二年，总□□□□□，仍仰……处各书名姓，仍仰准者指挥，不令固违，□……□条贯。恐众不知，一一丁宁，固令晓示者……
>
> 广顺三年（953）十□月十九日榜。
>
> 使、光禄大夫、检校太保、兼御史大夫曹
>
> 新乡口承□（人）押牙多祐儿、兵马使景悉乞讷、李佛奴、于罗悉鸡、赵员定、大云寺僧保性、平康乡武擖兄弟

二人。[①]

文书在去新乡镇的名单后面有余白，是留给其他乐意去者签名的，接下来还有去新城镇的口承人王盈进、宋流住等名单。荣新江、坂尻彰宏、冯培红诸位均对此文书做过研究[②]。该文书反映了广顺三年（953）新乡镇已经设立，该年初春派遣了少量的人口前往屯住。冯培红认为新乡镇可能设于952年，应当是和会稽郡一起设立的[③]。

综合前人的研究，以及敦煌文献的记载，可知曹元忠时期归义军的镇制由“六镇”扩充至“八镇”，新增会稽、新乡二镇，二镇可能是于952年同时设立的。增设会稽、新乡二镇，目的是防御东面甘州回鹘等的入侵。此外，会稽、新乡二镇的设立还与曹元忠对瓜州军政权力的掌控有关，具体情况将在后文展开论述。诚如陈国灿所论，“归义军政权能孤踞河西近二百年，固然有多方面的原因，然而，对军镇的积极经营、合理布局，对军防的高度重视，以及军镇应变体制的强化，都曾起过巨大作用。正是这些军镇，在近二百年的时间里，有力地捍卫着归义军政权”[④]。

---

① 冯培红《敦煌的归义军时代》，第418—419页。

② 荣新江《英国图书馆藏敦煌汉文非佛教文献残卷目录（S.6981—S.13624）》，台北：新文丰出版公司，1994年，第94—95页；荣新江《敦煌历史上的曹元忠时代》，《敦煌研究》2006年第6期，第94页；（日）坂尻彰宏《敦煌牓文書考》，《東方学》第102辑，2001年，第49—62页；冯培红《敦煌的归义军时代》，第418—419页。

③ 冯培红《敦煌的归义军时代》，第419页。

④ 陈国灿《唐五代瓜沙归义军军镇的演变》，陈国灿《陈国灿吐鲁番敦煌出土文献史事论集》，第641页。

二、其他方面

曹氏归义军前期，对敦煌的乡制也做了改革，至曹元忠时期，改革基本完成。关于归义军时期的乡里制度，许多学者做过研究。陈国灿考察归义军时期主要有敦煌、莫高、神沙、龙勒、玉关、洪池、洪闰、效谷、平康、慈惠、赤心等乡①。荣新江则指出，“大概在十世纪三十年代，敦煌地区正式成立了通颊乡”②。刘进宝推断，在通颊乡出现的前后，即十世纪三四十年代，在敦煌地区正式出现了退浑乡③。那么，曹氏归义军初期，敦煌的乡可能达到了十二三个。冯培红认为曹元忠时期进行了敦煌乡制的改革，他详细考察了曹氏归义军时期乡的废置情况，认为归义军创建后，恢复唐代乡里制度，敦煌县辖区设立了敦煌、莫高、神沙、龙勒、玉关、洪池、洪闰、效谷、平康、慈惠、赤心等十一个乡，到曹元忠上台后，改革乡制，裁撤通颊、玉关两乡，遂成为十乡建制④。但是陈菊霞通过对相关文书的考察，提出曹元忠时期，玉关乡并没有废置⑤。下面我们从敦煌文献中的记载来勾勒曹氏归义军时期乡里制度的演变情况。敦煌文献中相

---

① 陈国灿《唐五代敦煌县乡里制的演变》，《敦煌研究》1989年第3期，第39—50、110页。

② 荣新江《通颊考》，《文史》第33辑，第136页。

③ 刘进宝《试谈归义军时期敦煌县乡的设置》，《敦煌研究》1994年第3期，第82页。

④ 冯培红《归义军时期敦煌县诸乡置废申论》，《敦煌研究》2000年第3期，第100页。

⑤ 陈菊霞《归义军中后期敦煌县非十乡制》，《敦煌研究》2008年第3期，第97页。

关记载有S.8683《应管内外诸司都指挥使左马步都衙曹仁裕等为算会敦煌十一乡及通颊退浑部落所收物状》:“右奉处分,令算会一十一乡及通颊、退浑所收(后残)。”曹仁裕生活的时代在曹氏归义军初期,是曹议金的长兄,可知,当时敦煌有十一乡的建制,而退浑、通颊则是部落建制。

图3-18 莫高窟第61窟壁画《耕获图》

S.1485V《己亥年(939)六月五日通颊乡百姓安定昌雇工契》记载:“己亥年六月五日立契,通颊乡百姓安定昌家内欠少人力,遂于赤心乡百姓曹愿通面上(后残)。”关于此文书的年代,池田温、荣新江认为是939年[①]。因此,曹元德时期,通颊部落已经改成通颊乡。关于退浑部落改成退浑乡的时间,敦煌文献中没有见到相关记载,刘进宝、冯培红皆认为,退浑、通颊改部

① (日)池田温《吐鲁番、敦煌契券概观》,《汉学研究》第4卷第2期,1986年,第52页;荣新江《通颊考》,《文史》第33辑,第136页。

落为乡，应该是在同一个时代，可能是曹元德的统一措施[1]。曹元德时期，除曹氏归义军初期的十一乡外，可能又增设了退浑、通颊两乡，如果这样的话，敦煌县可能已经有十三个乡。而曹氏归义军中后期，文书中出现了十乡的记载，P.2641《丁未年（947）六月都头知宴设使宋国清等诸色破用历状并判凭》中出现“十乡人借色人胡饼五十枚”。敦研1+敦研369+P.2629《乾德二年（964）归义军衙内酒破历》记载：“十九日，寒食座设酒三瓮，支十乡里正纳毬场酒半瓮。”S.1366《归义军衙内面油破用历》载：“二十一日，准旧十乡里正纳球场胡饼四十二枚，用面二斗一升。”冯培红指出至晚在947年敦煌县变成了十乡建制。但是，敦煌县由十三乡到十乡制的演变过程中，哪些乡被废置，由于敦煌文献中没有提供充分的证据，还需要进一步探讨。总之，从敦煌文献中记载的敦煌县内乡的数量变化上看，曹氏归义军前中期，敦煌县的乡制有所变革。改革的具体过程如下：曹氏初期敦煌县有十一乡、二部落；至曹元德时期，退浑、通颊二部落改为乡，敦煌县可能增至十三乡；至曹元忠时期，敦煌县变成了十乡建制。

曹元忠时期还组织编纂历法[2]。敦煌被吐蕃占领时期，由于吐蕃使用的十二生肖纪年不符合敦煌地区行之已久的干支纪年，敦煌地区开始出现自己编纂的历书[3]。曹氏归义军时期，与中原的联系时而畅通时而被阻断，因此也有自主编纂历书的需要。曹

① 刘进宝《试谈归义军时期敦煌县乡的设置》，《敦煌研究》1994年第3期，第82页；冯培红《敦煌的归义军时代》，第412页。

② 荣新江《敦煌历史上的曹元忠时代》，《敦煌研究》2006年第6期，第93页。

③ 邓文宽《敦煌文献中的天文历法》，邓文宽《敦煌吐鲁番天文历法研究》，兰州：甘肃教育出版社，2002年，第1页。

议金时期，已经开始组织编纂历法，如S.2040《甲申岁（924）具注历日》，卷首残存题记“(押）衙守军参谋翟奉达撰上”[①]；P.3247V+罗氏贞松堂藏断片《大唐同光四年（926）具历一卷》，首行题“随军参谋翟奉达”[②]；北图新0836《天成三年（928）戊子岁具注历日一卷》，题记“随军参谋翟奉达撰上”[③]。翟奉达是敦煌地区著名历法家，他编纂了六部历法，其中三部完成于曹元忠时期，S.560《天福十年（945）具注历日》，向达考证为翟奉达所编纂[④]。S.95《显德三年（956）丙辰岁具注历日并序》卷首题“登仕郎守州学博士翟奉达纂上”[⑤]。P.2623《显德六年（959）己未岁具注历日并序》，卷首题“朝议郎检校尚书工部员外行沙州经学博士兼殿中侍御史赐绯鱼袋翟奉达撰”[⑥]。另外，翟奉达还培养子弟编纂历法，S.95《显德三年（956）丙辰岁具注历日并序》尾题“温勘校 子弟翟文进书”，翟再温即翟奉达。在翟奉达的培养下，翟文进也成为10世纪中后期敦煌重要的历法家[⑦]。

曹元忠任归义军节度使30年，敦煌地区维持了长期稳定的局面，曹元忠也得以推行一系列改革，促进了敦煌百姓的安居乐业，这是粟特曹氏家族为敦煌社会做出的巨大贡献。

---

① 邓文宽《敦煌天文历法文献辑校》，南京：江苏古籍出版社，1996年，第374页。

② 《法国国家图书馆藏敦煌西域文献》第22册，第299页。

③ 邓文宽《敦煌天文历法文献辑校》，第422页。

④ 陈菊霞《敦煌翟氏研究》，第270页；向达《唐代长安与西域文明》，第425—428页。

⑤ 《英藏敦煌文献（汉文佛经以外部分）》第1卷，第45页。

⑥ 《法国国家图书馆藏敦煌西域文献》第16册，第325页。

⑦ 陈菊霞《敦煌翟氏研究》，第273页。

第五节 曹元忠时期的东西通使

一、通使中原

曹元忠时期，敦煌通往中原的道路相对畅通，史籍中的相关记载主要有，《旧五代史·后晋少帝纪四》：

> [开运三年（946）三月] 庚申，以瓜州刺史曹元忠为沙州留后。①

《旧五代史·后周世宗纪二》：

> [显德二年（955）五月] 戊子，以沙州留后曹元忠为沙州节度使、检校太尉、同平章事。②

① 《旧五代史》卷八四《后晋少帝纪四》，第1114页。
② 《旧五代史》卷一一五《后周世宗纪二》，第1531页。

《册府元龟·帝王部·来远》：

> 世宗显德二年（955）正月，沙州留后曹元忠、知瓜州军州事曹元（延）恭各遣使进方物。以元忠为归义军节度使简较（检校）太保同平章［事］；以元（延）恭为瓜州团练使，仍各铸印以赐之，皆旌其来王之意也。[①]

对于显德二年的册封，《旧五代史》与《册府元龟》的记载不同，荣新江认为应从《册府元龟》的记载作“太保”[②]。《宋会要辑稿·蕃夷五》“瓜沙二州”条记载：

> 建隆三年（962）正月，制推诚奉义保塞功臣、归义军节度瓜沙等州观察处置管勾营田押藩（蕃）落等使、特进、检校太傅、同中书门下平章事、沙州刺史、上柱国、谯郡公、食邑一千五百户曹元忠，可依前检校太傅、兼中书令、使持节沙州诸军事、行沙州刺史，充归义军节度使、瓜沙等州观察处置管勾营田押藩（蕃）落等使，加食邑五百户、实封二百户，散官勋如故。[③]

《宋史·外国六·沙州传》云：

> 兴国五年（980）元忠卒，子延禄遣人来贡。赠元忠敦煌郡王，授延禄本军节度。[④]

---

① ［宋］王钦若等《册府元龟》卷一七〇《帝王部·来远》，第2059—2060页。
② 荣新江《归义军史研究——唐宋时代敦煌历史考索》，第119页。
③ ［清］徐松《宋会要辑稿》一九八册《蕃夷五》，第7767页。
④《宋史》卷四九〇《外国六·沙州传》，第14124页。

图3-19 莫高窟第61窟壁画《中原帝王》

通过归义军政权的努力，在曹元忠时期，敦煌与中原的交往变得畅通，曹元忠得以顺利朝贡中原王朝。《旧五代史·后周世宗纪二》在记载册封曹元忠为沙州节度使之前，还记载“(显德二年) 五月辛未，回鹘遣使贡方物”[①]，可知在此次朝贡活动中，归义军政权和甘州回鹘一同派出使节，说明二者关系较融洽。此外，中原派出的使节也得以顺利抵达敦煌，使得曹元忠在敦煌地区的统治更加稳固。

二、与甘州回鹘的关系

曹元忠时期，敦煌与甘州回鹘保持着良好的关系。P.2155V《某年六月弟归义军节度使曹元忠致兄甘州回鹘奉化可汗仁美状》云：

> 元忠辄有少（小）事，须合咨闻……早者，当道差亲从都头曹延定往贵道复礼。况是两地一家，并无疑阻，使人去后，只务宽快，并不隄防……其贼一十八人，及前件雍归

① 《旧五代史》卷一一五《后周世宗纪二》，第1528页。

> 镇下，并是回鹘。亦称趁逃人来。自前或有逃人经过，只是有般次行时，发书寻问，不曾队队作贼偷劫。如今道途开泰，共保一家，不期如此打劫……又去五月十五日，被肃州家一鸡悉殉作引道人，领达怛贼一百，已来于瓜州、会稽两处。同日下打将人口及牛马，此件不忏贵道人也。况且兄弟才敦恩义，永契岁寒。有此恶弱之人，不要两地世界。到日伏希兄可汗天子细与寻问，勾当发遣，即是久远之恩幸矣。[①]

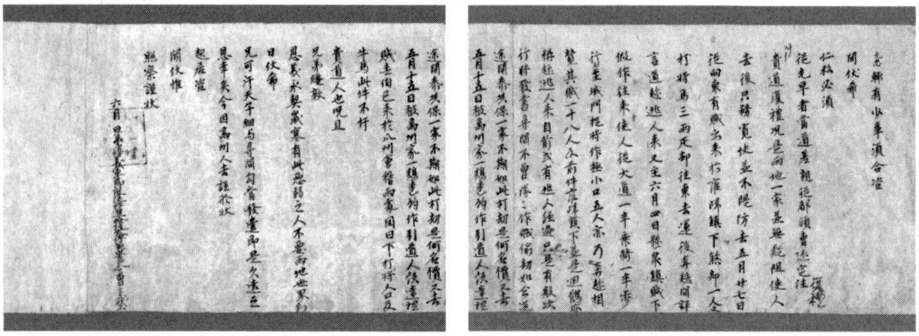

图3-20 P.2155V《某年六月弟归义军节度使曹元忠致兄甘州回鹘奉化可汗仁美状》

文书尾题“弟归义军节度使、特进、检校太傅、兼中书令曹元忠状上”，可知是曹元忠称“太傅令公”时期，即961—962年[②]。从文书中得知，敦煌以东出现了强盗贼人，但只是小股势力，曹元忠致信甘州回鹘可汗，从“道途开泰，共保一家”“况且兄弟才敦恩义，永契岁寒”一类的用语，可知两家保持着良好的关系。又达怛与肃州家侵扰归义军政权，曹元忠亦望甘州回鹘可汗“细与寻问”，可知当时甘州回鹘的势力强盛，达怛、肃州家都受其节制。

① 《法国国家图书馆藏敦煌西域文献》第7册，第132页。

② 荣新江《归义军史研究——唐宋时代敦煌历史考索》，第130页。

敦煌写本P.3272V《丁卯年正月廿四日甘州使头阎物成去时书本》记载：

> 丁卯年正月廿四日，甘州使头阎物成去时书本。早者因为有少贼行，已专咨启，近蒙华翰，兼惠厚仪，无任感钦之至。所云：令宰相密六往肃州再设咒誓，自今已后，若有贼行，当部族内，随处除剪。闻此嘉言，倍深感仰。况厶忝为眷爱，实惬衷诚。永敦久远之情，固保始终之契。又云：在此三五人，往贵道偷来之事况。在此，因为西州离乱，恶弱之人极多到来。构召诸处贫下，并总偷身向贵道偷劫去，厶并不知闻。近者示及，方知子（仔）细。当时尽总捉到枷禁讫，使人并总眼见。即便发遣文帖与诸处小镇，自今已后，若有一人往甘州偷去，逐（随）处官人，必当刑宪。又去年入京使到凉州界，遭尽劫夺，人总迸散。贵道与凉州接连封境，切望□□，比至凉州寻问即是（后残）①

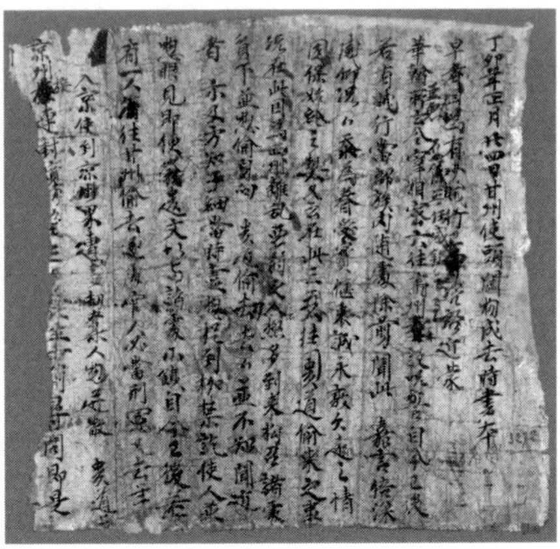

图3-21 P.3272V《丁卯年正月廿四日甘州使头阎物成去时书本》

① 唐耕耦、陆宏基《敦煌社会经济文献真迹释录》第4辑，第411页。

这件文书表明，此时有西州回鹘逃亡的“恶弱之人”经过敦煌往东骚扰，曹元忠保证制止这些逃亡的人东去。同时，入京使者在凉州被劫掠，归义军希望甘州回鹘可汗从中周旋。

以上两篇文书是曹元忠时期与甘州回鹘的书信，根据两封书信的内容我们可以知道，曹氏归义军政权与甘州回鹘政权保持着良好的关系，且根据双方的职责，可以得出当时双方管控的地域范围：甘州回鹘负责保证敦煌以东包括肃州、达怛在内的势力不侵扰敦煌，同时也有保护敦煌使者入贡中原道路畅通的责任；而敦煌则负责保证敦煌以西过来的强盗贼人不向东流窜。当然敦煌还要保证于阗东来道路的畅通，这是下面要讨论的。

图3-22　莫高窟第61窟西壁《五台山图》之《湖南送供使》

三、与于阗的关系

曹元忠时期，继续保持着与于阗良好的关系，于阗经过敦煌通往中原的道路保持通畅。同时，曹元忠娶于阗公主，使得曹氏归义军与于阗的关系更加紧密。

敦煌文书中保存了一批不同时期曹元忠与于阗皇帝的通信。我们先看正史中关于于阗与中原通使的记载，《新五代史·后汉高祖纪》：

> ［天福十二年（947）］六月丙辰……于阗遣使者来。[①]

《新五代史·四夷附录三》：

> 汉乾祐元年（948），（于阗）又遣使者王知铎来。[②]

《宋史·外国传六》：

> 建隆二年（961）十二月，圣天遣使贡圭一，以玉为柙；玉枕一。本国摩尼师贡琉璃瓶二、胡锦一段。[③]
>
> 乾德三年（965）五月，于阗僧善名、善法来朝，赐紫衣。其国宰相因善名等来，致书枢密使李崇矩，求通中国。太祖令崇矩以书及器币报之。
>
> ［乾德三年］冬，沙门道圆自西域还，经于阗，与其朝贡使至。
>
> ［乾德］四年，又遣其子从德来贡方物。[④]

《宋史·太祖纪二》：

> ［乾德三年十二月］戊午，甘州回鹘可汗、于阗国王等遣使来朝，进马千匹、橐驼五百头、玉五百团、琥珀五百斤。

---

① 《新五代史》卷一〇《后汉高祖纪》，第102页。
② 《新五代史》卷七四《四夷附录三》，第919页。
③ 《宋史》卷四九〇《外国传六》，第14106页。
④ 《宋史》卷四九〇《外国传六》，第14107页。

[乾德四年二月] 丙辰，于阗国王遣其子德从来献。[①]

根据以上内容可知，敦煌在促进中原与西域的交流上发挥了重要的作用。敦煌文献中还有归义军节度使与于阗皇帝的往来书信，P.t.1106《兄天子于阗皇帝致弟令公归义军节度使札》即是于阗皇帝李圣天写给曹元忠的信[②]。书信的时间是曹元忠称“令公”时期，即956—960年[③]。

天寿、开运年间（963—967）的于阗皇帝嫁女于曹元忠[④]。此时的于阗皇帝可能为李圣天，亦可能为新任的于阗皇帝，前文已有论述。敦煌文献中保存了这位天寿、开运年间于阗皇帝写给曹元忠的书信，一封是杏雨书屋藏羽686《于阗皇帝赐归义军节度使男曹元忠札》[⑤]，内容是：

皇帝赐男元忠：东河大玉一团，重八十斤；又昆岗山玉一团，重二十斤；又东河玉一团，重七斤。又师子大玉鞦辔一副；又密排玉鞦辔一副。骠马一匹，乌马一匹，骝马一匹。镔三锭，共十六斤半。□□ □□□□□已遣。此不及。[⑥]

---

① 《宋史》卷二《太祖纪二》，第23页。

② 荣新江、朱丽双《一组反映10世纪于阗与敦煌关系的藏文文书研究》，沈卫荣主编《西域历史语言研究集刊》第5辑，第102—103页。

③ 荣新江《归义军史研究——唐宋时代敦煌历史考索》，第130页。

④（日）Akagi Takatoshi（赤木崇敏），“The Genealogy of the Military Commanders of the Guiyijun from Cao Family”，*Dunhuang Studies*：*Prospects and Problems for the Coming Second Century of Research*（ed. by Irina Popova and Liu Yi），pp.8—13.

⑤（日）赤木崇敏《10世紀コータンの王統·年号問題の新史料——敦煌秘笈羽686文書》，《内陸アジア言語の研究》XXVII，第101—128页。

⑥《敦煌秘笈（影片册）》第9册，第64—65页。

另一封在P.2826文书中有相关记载：

> 白玉一团，赐沙州节度使男令公，汝宜收领，勿怪轻尠，候大般次，别有信物，汝知。
>
> 其木匠杨君子千万发遣西来，所要不昔（惜）也。凡书信去，请看二印，一大玉印，一小玉印，更无别印也。(其中大印刻：通天万寿之印；小印刻：大于阗汉天子制印）[①]

以上两封信件的时间应该在天寿、开运年间（963—967）。由于天寿、开运年间的于阗皇帝有可能通过政变攫取王位[②]，因此，信中虽然称曹元忠为“男”，但是书信的措辞、语气非常恭谨，表达出这位于阗皇帝希望获得曹氏归义军政权认可的迫切心情。

967年，李圣天的儿子尉迟苏罗王登上皇位[③]。于阗语文书P.5538a《尉迟苏罗王致舅曹大王书状》是尉迟苏罗继位不久写给曹元忠的信[④]。相关的文献记载还有P.2703《曹元忠书状二通》：

> 不审近日圣体何似，伏惟社稷生灵，倍加保重，远情恳切，谨状。舅归义军节度使、特进、检校太师、兼中书令、敦煌王曹元忠状。
>
> 早者安山胡去后，倍切攀思，其于衷肠，莫尽披剖。在此远近亲情眷属，并总如常，不用忧心。今西天大师等去，

---

① 《法国国家图书馆藏敦煌西域文献》第19册，第9页。

② 冯培红《敦煌的归义军时代》，第344页。

③ 荣新江、朱丽双《于阗与敦煌》，第74、196页。

④ （英）H. W. Bailey，“Srī Viśa' Śūra and the Ta—Uang”，*Aisa Major*，new series，XI.1，1964，pp.17—26；荣新江、朱丽双《于阗与敦煌》，第74—75页。

> 辄附音书。其西天大师到日，希望重叠津置，疾速发送。谨奉状起居，伏惟照察，谨状。舅归义军节度使、特进、检校太师、兼中书令、敦煌王曹状。①

这两件状文是曹元忠写给于阗尉迟苏罗王的，信中表达了对尉迟苏罗王的关切，并且希望尉迟苏罗王能够提供方便，保证路途顺畅。收信者尉迟苏罗王在967年以后执政，曹元忠称“太师令公大王”的时间在964—974年②，那么这两封书信的年代可限定在967—974年之间。

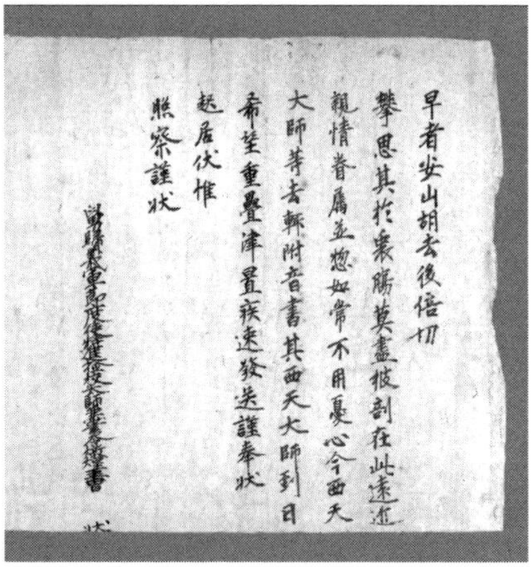

早者安山胡去後倍切
攀思其於衆賜莫盡披剖在此遠
親情眷屬並總如常不用憂心今西天
大師等去輒附音書其西天大師到日
希望重疊津置疾速發送謹奉狀
起居伏惟
照察謹狀

图3-23 敦煌文书P.2703《曹元忠书状二通·其一》

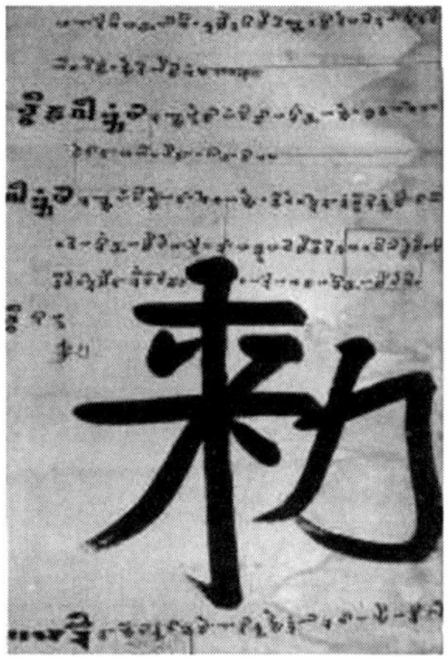

图3-24 敦煌文书P.5538于阗语文书片段

曹元忠在位时期，于阗皇帝或经历了李圣天——天寿、开运皇帝——尉迟苏罗王这样的交替，抑或是天寿、开运皇帝即李圣天，无论如何，可以确知的是归义军节度使曹元忠与于阗的联姻

① 《法国国家图书馆藏敦煌西域文献》第17册，第313—314页。
② 荣新江《归义军史研究——唐宋时代敦煌历史考索》，第130页。

关系发生了变化，联姻的时间应在天寿、开运年间（963—967）。因此书信的称呼成为我们判断书信写作时间的重要依据。李圣天时期，由于天皇后是曹元忠的姐姐，因此李圣天与曹元忠以兄弟相称。到了天寿、开运年间，于阗皇帝嫁女敦煌，曹元忠娶于阗公主为妻，因此天寿、开运皇帝与曹元忠以父子相称。尉迟苏罗王继位后，由于他是李圣天的儿子[①]，他的母亲天皇后是曹元忠的姐姐，因此尉迟苏罗与曹元忠是甥舅关系。

通过以上文书可知，曹元忠时期，归义军政权一直与于阗保持良好的关系，从天寿、开运皇帝急于获得曹氏归义军支持的情况看，当时敦煌在丝路交通上发挥着重要的作用。曹氏归义军政权促成了于阗等西域国家的使者、僧人成功进入中原。早在曹议金时期，归义军就试图打通东西交通，经曹元德、曹元深两任节度使的过渡时期，中原与西域的通道终于在曹元忠时代得以通畅。粟特曹氏家族统治的敦煌政权为西域丝路的畅通做出了重大的贡献，此时的曹氏归义军政权在西域诸邦林立的形势下，已经站稳了脚跟，敦煌地区在稳固地向前发展。

① 荣新江、朱丽双《于阗与敦煌》，第59—63页。

小 结

本章第一、二节对曹元忠于阗公主夫人、翟氏夫人的相关问题做了研究，发现曹元忠时期，重视与西面于阗国的关系，同时翟氏夫人的地位一直很高。这体现出曹氏归义军的政治局面已经稳定，一方面，归义军政权已经摆脱了甘州回鹘政权的制约，另一方面，敦煌传统大族的影响力逐渐削弱。

曹元忠时期，张氏归义军大族集团张氏、索氏、李氏等，已经沦落为一般的家族，主要表现为在婚姻上已经不是节度使联姻的首选，继而在政府官员组成中，旧时大族人士的比重与其他一般家族没有什么两样。而翟氏、慕容氏等家族的地位愈来愈显要，其家族人物在归义军政权内常常位居要职。至曹元忠时期，曹氏家族的中心地位得到进一步加强，统治基础进一步扩大，曹氏归义军政权更加稳固了。

对外关系方面，曹元忠时期，归义军与甘州回鹘和平共处，虽然会在向东朝贡的道路上遇到骚扰，但曹元忠往往通过书信的形式斡旋，维持了东西交通的通畅，反映出曹氏归义军已经成为丝绸之路上的重要政权之一。敦煌曹氏归义军与甘州回鹘、凉州“六谷蕃部”[①]等政权一起成为沟通东西交通的重要力量。

① 白丽娜《论五代宋初的凉州六谷蕃部联盟》，《西北民族大学学报》（哲学社会科学版）2013年第2期，第63页。

第四章

曹延恭、曹延禄执政时期

974年曹元忠去世以后，长期任职瓜州刺史的曹延恭继任归义军节度使之位，但是他在位时间很短即去世。976年，曹元忠的儿子曹延禄执掌归义军政权，曹延禄在位的时间是976—1002年。曹元忠、曹延恭、曹延禄三任节度使执政敦煌的944—1002年，长半个多世纪，敦煌一直维持着稳定发展的局面，这是几位节度使做出的重要贡献。

曹延禄在宋真宗咸平四年（1001），被宋朝册封为“谯郡王”，这是中原朝廷首次册封归义军节度使为王，曹延禄的势力达到顶峰。但是翌年，曹宗寿发动政变，杀死了曹延禄、曹延瑞。这种情况说明，曹氏归义军政权在发展的过程中，内部存在着矛盾。曹议金时期，内部矛盾主要是新兴的曹氏集团与传统大族的矛盾、曹元德派系与甘州回鹘派系的矛盾。曹元德时期，打击了甘州回鹘派系的势力。曹元忠时期，粟特曹氏已经完成了对敦煌传统大族的整体取代，曹氏归义军政权初期面临的内部矛盾已经基本解决，但是另外一组矛盾却逐渐凸显，那就是贯穿曹氏归义军大部分时期的瓜、沙二州之间的矛盾。

曹氏归义军政权还逐渐表现出消极的一面，曹元忠、曹延恭、曹延禄时期，对外积极进取的态势已经消弭，曹氏归义军政权已经安于敦煌一隅。同时，曹元忠以后，归义军节度使崇佛的力度增强，而文化上的创造力进一步丧失。

第一节 曹延恭与慕容家族

本节第一部分以"'瓜州刺史'曹延恭"为题，是为了突出他一生的主要"标签"，即瓜州刺史。第二部分对曹延恭的慕容夫人及慕容家族做了论述。将曹延恭长期坐镇瓜州的统治，与慕容家族在瓜州的影响力结合起来研究，可以更加深入地阐释曹氏归义军时期瓜州的情况。

一、"瓜州刺史"曹延恭

曹元忠继任归义军节度使之后，卸任瓜州刺史一职，《旧五代史·后晋少帝纪四》记载：

> [开运三年（946）三月] 庚申，以瓜州刺史曹元忠为沙州留后。[①]

曹延恭是曹元忠的侄子，其父亲是曹元德或曹元深[②]。在曹元忠

① 《旧五代史》卷八四《后晋少帝纪四》，第1114页。

② 根据前文P.2642文书相关研究，可知曹延恭很可能是曹元德的儿子。

任归义军节度使时，曹延恭执政瓜州。据《册府元龟·帝王部·来远》记载：

> 世宗显德二年（955）正月，沙州留后曹元忠、知瓜州军州事曹元（延）恭各遣使进方物。以元忠为归义军节度使简较（检校）太保同平章［事］；以元（延）恭为瓜州团练使，仍各铸印以赐之，皆旌其来王之意也。[①]

曹延恭在955年被任命为瓜州团练使，那么曹元忠卸任瓜州刺史以后，可能就是由曹延恭来继任瓜州刺史的。曹元忠是在944年接替其兄曹元深执掌归义军节度使之位[②]，946年，后晋以瓜州刺史曹元忠为沙州留后，也就是说可能在947年甚至更早，曹延恭已经出任瓜州刺史。

史籍中关于曹延恭任职瓜州的记载还有，《宋史·外国传六》：

> 义金卒，子元忠嗣。周显德二年（955）来贡，授本军节度使、检校太尉、同中书门下平章事，铸印赐之。建隆三年（962）加兼中书令，子延恭为瓜州防御使。[③]

《宋史·太祖纪一》：

> ［建隆二年（961）十一月］癸酉，沙州节度使曹元忠、

① ［宋］王钦若等《册府元龟》卷一七〇《帝王部·来远》，第2059—2060页。
② 荣新江《归义军史研究——唐宋时代敦煌历史考索》，第113页。
③《宋史》卷四九〇《外国传六》，第14123—14124页。

瓜州团练使曹延继等遣使献玉鞍勒马。[1]

《续资治通鉴长编》卷二“宋太祖建隆二年（961）”条：

[建隆二年十一月] 癸酉，以沙州节度使、同平章事曹元忠及其子瓜州团练使延敬皆遣使来修贡。[2]

同书卷三“宋太祖建隆三年（962）”条：

[建隆三年（962）正月] 丙子，加曹元忠兼中书令，元忠子延敬为瓜州防御使，赐名延恭。[3]

史籍中经常把曹延恭当作曹元忠的儿子，曹延恭的原名为延敬，后由宋廷赐名延恭，其名字有时也被误写作“元恭”“延继”。974年，曹元忠去世，节度使之位传给了曹延恭。但是执政后不久，曹延恭即去世，S.3978《丙子年（976）七月一日司空迁化纳赠历》被认为是曹延恭去世年份的最重要证据[4]。由于曹延恭任节度使的时间短，敦煌文献记载曹延恭的相关内容较少，前辈学者也关注不多。在此笔者对敦煌文献中关于曹延恭任瓜州刺史和归义军节度使的相关记载做一搜罗。P.3165V《杂斋文》记载：

---

① 《宋史》卷一《太祖纪一》，第10页。
② [宋] 李焘《续资治通鉴长编》卷二“宋太祖建隆二年（961）”条，第55页。
③ [宋] 李焘《续资治通鉴长编》卷三“宋太祖建隆三年（962）”条，第61页。
④ （日）竺沙雅章《中國佛教社會史研究》，京都：朋友书店，1982年，第540—541页；荣新江《归义军史研究——唐宋时代敦煌历史考索》，第124页。

伏惟刺史尚书，龙胎挺特，应文星以资忠贞；风骨□谋，禀武宿以匡君道也。故得位临瓜府，统握墨军，山川息烽燧之忧，境郡获康宁之好。

P.3165V《杂斋文》抄写于《某寺入破历》上方，时代应在《某寺入破历》之后。《入破历》中出现“二石二斗僧统亡纳赠用……四斗看氾僧统用”①，可知文书或抄写于敦煌都僧统位置交替之时。曹氏归义军时期，944年前后氾光惠代替龙辩为僧统②，那么《某寺入破历》抄写时间当在944年之后。此时，曹元忠接任归义军节度使不久，称号为“仆射”③，曹延恭任瓜州刺史，称号为“尚书”。P.3165正面出现“司徒”，如果该写卷正背面关系确如法藏敦煌西域文献所标注④，那么“司徒”生活的时代应稍早一点，或指称曹元深。但也不排除“司徒”抄写时代较晚的可能，亦指曹延恭。又BD06164《八关斋文》记载：

我当今圣主，伏愿永垂阐化，四海一家，广扇人丰（仁风），三边镇静，南山作寿，北极标尊，常为菩萨之人王，永承如来之嘱咐。又持功德，奉用庄严，我仆射贵位，伏愿□侮大顶，舟接巨川，泉石先以贞其心，松篁然后方其寿，使两国还好，四方晏蜜，保无征战。又持胜福，次用庄严，我刺史佐天利物，助圣安人，福将山岳以齐高，寿

① 唐耕耦、陆宏基《敦煌社会经济文献真迹释录》第3辑，第540页。
② 荣新江《归义军史研究——唐宋时代敦煌历史考索》，第288—289页。
③ 荣新江《归义军史研究——唐宋时代敦煌历史考索》，第113—114页。
④《法国国家图书馆藏敦煌西域文献》第22册，第73—76页。

等海泉而深远。[①]

曹氏归义军时期有"仆射"称号的节度使为曹议金、曹元忠两人[②]，根据斋文中的语气及相关人物称号，可知这篇文书记载的应是曹元忠称"仆射"时的情形，"刺史"就是当时的瓜州刺史曹延恭。杏雨书屋藏羽701《防御使残稿》记载：

防御使帖，瓜州衙推翟永吉等，右奉处分今发遣文字新乡。防御使帖，瓜［州］。[③]

文书中的瓜州防御使，即曹延恭，说明曹延恭在瓜州地区是有实际领导权的。P.4888《司徒曹延恭就慈尊之服饰功德记》记载：

时则有我团练使司徒奉为国安民泰，佛法长隆，金枝永秀，千龄玉叶，长兹万岁之福会也。伏惟我司徒天资凤骨，地杰龙胎，三坟洞晓于岗矜，七德善糟于指挥。故得位临瓜府，统握墨军，十部安民，六条布政。

曹延恭出任瓜州长官时官职为团练使、瓜州刺史，因此"司徒"应为曹延恭[④]。敦煌文书P.3542号，学者考证即曹延恭的发愿文，且其内容与第454窟相合，故P.3542很有可能是曹延恭开

---

① 《国家图书馆藏敦煌遗书》第82册，第256页。
② 荣新江《归义军史研究——唐宋时代敦煌历史考索》，第131页。
③ 《敦煌秘笈（影片册）》第9册，第102—103页。
④ 郑炳林、郑怡楠《敦煌碑铭赞辑释（增订本）》，1380页。

图4-1 瓜州榆林窟掠影

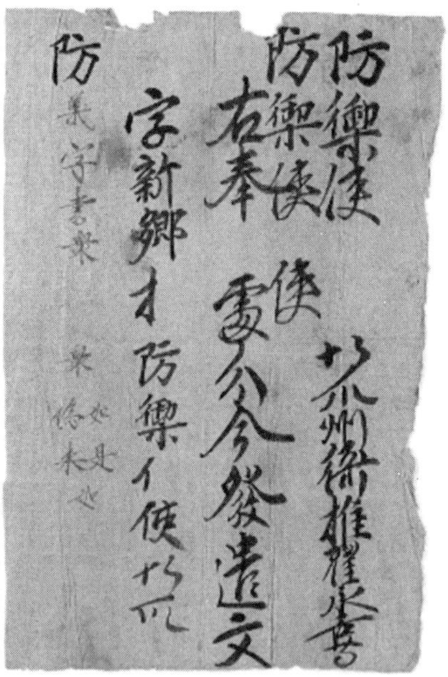

图4-2 羽701《防御使残稿》

凿第454窟的功德记[①]。该文书主要内容如下：

> 厥今朱明半掩，令公钦慕于金田；炎景初临，使君倾心于席侧。舍珍财于宝地，祈恩于三世之前……叵叵幡花，官僚倾心而赴会者，为谁施作，时则有使君奉为其事。伏惟使君，天生凤骨，应世超伦，文武双全，忠孝兼备。故得精灵

① 郑怡楠《敦煌归义军节度使曹延恭造窟功德记考释》，《敦煌学辑刊》2013年第3期，第104页。

> 华藻，历落宗枝，贞廉不阙于勤王，信义靡亏而效节。于是剖符千里，威佐百城，露冤（冕）播于闾檐，善正（政）传于帝阙。加以钦名智觉，虔仰能仁，克意修崇，创成大窟。于中虔祷，不悕珍财，磬舍千般，功德斯毕。①

学者认为该文书中的“使君”即曹延恭②。根据文中记载“使君”的文字，可知“使君”能号召当地的官员“倾心而赴会”，又称“使君”“历落宗枝”，则其应是节度使家族的成员。文中还称“使君”“剖符千里，威佐百城”，可以看出，该“使君”身居刺史之位，职位仅次于“令公”，地位很高，可号令地方官员。曹氏归义军统治时期，只有曹元忠、曹延恭分别任职沙州、

图4-3 敦煌文书P.3542《归义军节度使曹延恭造窟功德记》

① 郑怡楠《敦煌归义军节度使曹延恭造窟功德记考释》，《敦煌学辑刊》2013年第3期，第105页。

② 郑怡楠《敦煌归义军节度使曹延恭造窟功德记考释》，《敦煌学辑刊》2013年第3期，第106—108页。

瓜州时期的状况符合文书中所述情形。文书中的“令公”即曹元忠，“使君”即曹延恭。

从敦煌文献的记载看，执掌瓜州军政的曹延恭权力很大。敦煌石窟中对此也有反映，莫高窟第55窟甬道南壁依次排列四位节度使及一位瓜州防御使的供养人画像，其题名分别为：“故敕河西陇右伊西庭楼兰金满等州节度使检校太尉兼中书令托西大王讳议金供养”“敕归义□节度瓜沙等州观察处置押蕃落等□检校太□（尉）□□御史大夫谯郡□□□……”“敕受忠顺安远功臣归义军节度瓜沙等州……”“窟主敕推诚奉国保塞功臣归义军……”“侄……瓜州防御使……”[①]第一位供养人像是曹议金，其后分别是曹元德、曹元深、曹元忠。窟主曹元忠之侄瓜州防御使，就是曹延恭。

榆林窟第25窟洞口在第一身供养人像曹元忠之后，第二身题记“侄……检校司空、兼……曹延……”[②]也是瓜州防御使曹延恭。

第444窟窟檐横梁有题记：“维大宋开宝九年（976）岁次丙子，正月戊辰朔七日甲戌，敕归义军节度瓜沙等州观察处置管内营田押蕃落等使、特进、检校太傅、兼中书令、谯郡开国公、食邑一千五百户、食实封三百户曹延恭之世创建记。”[③]曹延恭在976年初进称太傅及令公。

第454窟是曹延恭的功德窟，甬道南壁第四身供养人题记为：“叔父敕推诚奉国保塞功臣、归义军节度□（使）、□（特）进、□（检）□（校）□（太）□（师）、□（兼）□（中）书令、天册□（西）□（平）□（王）□（讳）元□（忠）□（供）

① 敦煌研究院编《敦煌莫高窟供养人题记》，第17—18页。

② 谢稚柳《敦煌艺术叙录》，第467页。

③ 敦煌研究院编《敦煌莫高窟供养人题记》，第168页。

图4-4 莫高窟第444窟窟檐外景

□（养）。”甬道南壁第五身供养人题记为：“窟主敕归义军节度瓜沙等州观察处置□（管）□（内）□（营）□（田）□（押）□（蕃）□（落）等□、□□中书令、谯郡开国公、食邑□（一）□（千）□（五）□（百）□（户）、□（食）□（实）□（封）□（五）□（百）□（户）□（延）□（恭）□（一）□（心）□（供）□（养）。”甬道南壁西向第六身供养人题记为：“弟新受敕归义军节度使、□（光）禄大□（夫）、□（检）□（校）□（太）□（保）、□（谯）□（郡）□（开）□（国）□（公）、□（食）□（邑）□（五）□（百）□（户）、□（食）□（实）□（封）□（三）□（百）□（户）□（延）□（禄）。”①

从敦煌文献和莫高窟题记的相关记载，可知曹元忠时期，曹

① 敦煌研究院编《敦煌莫高窟供养人题记》，第172页。

延恭一直掌握瓜州军政，曹元忠去世后，曹延恭又接替继任归义军节度使一职，说明曹延恭是曹氏家族内部的一位实权人物。赤木崇敏据曹氏归义军节度使与甘州回鹘及于阗联姻的情况，将曹议金、曹元德、曹元深、曹延恭、曹宗寿等划分为甘州回鹘一系，而将曹元忠及曹延禄划分为于阗一系，并指出在曹氏归义军历史上，这两派围绕节度使宝座的继承问题，进行了激烈的斗争[①]。但是笔者曾对相关问题做了研究，指出曹议金时期，甘州回鹘派系试图争夺节度使位的继承权，但是曹议金有意扶植曹元德继任节度使之位，最终曹元德发动政变，杀死甘州回鹘天公主儿子“尚书”等，甘州回鹘一系在斗争中失败[②]。因此，认为甘州回鹘系与于阗系的斗争贯穿于整个曹氏归义军历史的观点有待进一步讨论。不过，从曹元忠、曹延恭、曹延禄三位节度使的继承过程来看，当时确实应该存在着曹氏家族内部对权力的争夺。P.3827+P.3660V《宋太平兴国四年（979）四月权归义军节度兵马留后曹延禄牒》对曹延恭任归义军节度使前后的情形做了叙述：

> 权归义军节度兵马留后、金紫光禄大夫、检校司空、兼御史大夫、上柱国、谯县开国男、食邑三百户臣曹延禄。当道去开宝七年（974）六月六日，臣父薨亡，臣兄瓜州防

---

① （日）Akagi Takatoshi（赤木崇敏），“The Genealogy of the Military Commanders of the Guiyijun from Cao Family”，*Dunhuang Studies*：*Prospects and Problems for the Coming Second Century of Research* （ed. by Irina Popova and Liu Yi），pp.8—13.

② 郑炳林、杜海《曹议金节度使位继承权之争——以“国太夫人”、“尚书”称号为中心》，《敦煌学辑刊》2014年第4期，第6页。

御使、金紫光禄大夫、检校司徒、兼御史大夫、上柱国、谯县开国男、食邑三百户延恭，充归义军节度兵马留后。寻便差臣权知瓜州军事，充归义军节度副使。至□衔环之报，饿士蒙食，岂无代轴之功？以此排心，实无渝志。锔睿俟命，不知所裁。谨具状披告，干冒台严，无任兢惶忧疑之至。谨录状上。牒，件状如前，谨牒。太平兴国四年四月日，权归义军节度兵马留后、金紫光禄大夫、检校司空、兼御史大夫、上柱国、谯县开国男、食邑三百户臣曹延禄牒。①

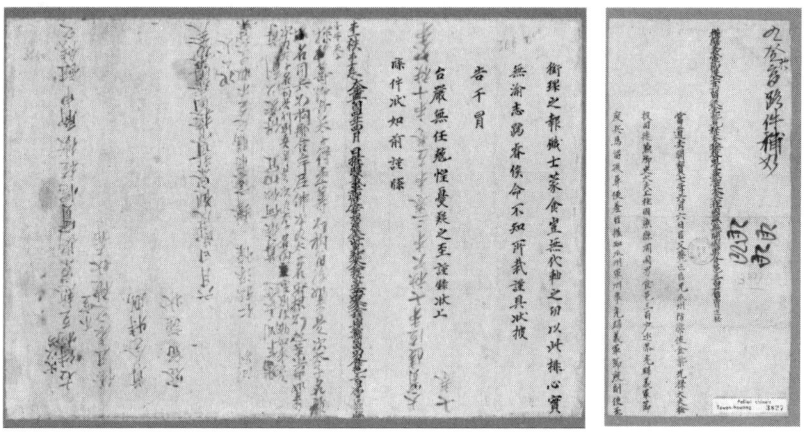
銜環之報餓士蒙食豈無代軸之功以此排心實
無渝志竊睿俟命不知所裁謹具狀披
告干冒
台嚴無任兢惶憂疑之至謹錄狀上
牒件狀如前謹牒

图4-5 P.3827+P.3660V《宋太平兴国四年（979）四月权归义军节度兵马留后曹延禄牒》

曹延恭于974年接替曹元忠任归义军节度使，根据牒文，曹延恭任归义军节度使以后很快便任命曹延禄为“知瓜州军事，充归义军节度副使”，既然已经充归义军节度副使，曹延禄很可能没有

① 《法国国家图书馆藏敦煌西域文献》第28册，第254页；《法国国家图书馆藏敦煌西域文献》第26册，第256页。

去瓜州任职。在这之后不久，即976年曹延恭便去世了，曹延禄接替归义军节度使之位。倘若曹延恭任命曹延禄“知瓜州军事、充归义军节度副使”的意图是让曹延禄继承自己的节度使职位，曹延恭为何要以老迈之躯接替曹元忠的节度使位呢？曹延恭很可能是为了给他本人及其势力谋求更高的政治地位，但是由于曹延恭在位时间很短，长期在沙州任职的曹延禄以“知瓜州军事、归义军节度副使”的身份顺理成章地继承了曹延恭的节度使位。表面上看起来这是一次正常的接替，但是考虑到曹延禄晚年其从子曹宗寿（应是曹延恭之子）发动的政变，很可能是由于曹元忠、曹延恭、曹延禄节度使位交替过程中产生了矛盾，成为后来曹宗寿阴谋政变的导火索。笔者在本章最后一节将对“瓜、沙之争”的问题做进一步研究，作为对曹延恭与“曹元忠、曹延禄父子”之间矛盾的说明。

二、曹延恭夫人慕容氏与慕容家族

曹延恭的夫人是清河郡慕容氏，莫高窟第454窟中，第五身供养人题名为：“窟主敕归义军节度瓜沙等州观察处置□（管）□（内）□（营）□（田）□（押）□（蕃）□（落）等□、□□中书令、谯郡开国公、食邑□（一）□（千）□（五）□（百）□（户）、□（食）□（实）□（封）□（五）□（百）□（户）□（延）□（恭）□（一）□（心）□（供）□（养）。”[①]可知该窟窟主即曹延恭。窟内南壁第四身女供养人像题名为：“窟主敕授清河郡夫人慕容氏一心供养。”[②]此人即曹延恭慕容夫人。

慕容夫人应是曹延恭的第一夫人，并且可能是曹延恭唯一的

---

① 敦煌研究院编《敦煌莫高窟供养人题记》，第172页。

② 敦煌研究院编《敦煌莫高窟供养人题记》，第172页。

图4-6 莫高窟第454窟南壁曹延恭夫人慕容氏供养像

夫人。前文已经论述了曹延恭在瓜州地区长期任职，并且具有很强的号召力。笔者认为曹延恭在瓜州地区的实力，很大程度上与他和慕容氏联姻有关系。从另一个角度来讲，慕容家族通过与曹氏家族的联姻始终保持着在瓜州地区的影响力。

慕容归盈与曹议金都是起家于张承奉执政时期，慕容归盈娶曹议金姐姐为妻，两人建立起密切的关系。莫高窟第98窟南壁东起第四身供养人画像题曰："故姊第十一小娘子一心供养，出适慕容氏。"[①]郭锋在《慕容归盈与瓜沙曹氏》一文中，考证98窟题记中"故姊第十一小娘子"嫁给了慕容归盈。曹议金执政后，慕容归盈一直出任瓜州刺史，直至天福五年（940）去世[②]。慕容归盈在瓜州的权力很大，与曹元忠时期曹延恭在瓜州的地位相似。

慕容归盈经常与曹议金一起入贡朝廷，《册府元龟·帝王部·纳贡献》记载："［同光四年（926）］二月，沙州曹义（议）金进和市马百匹、羚羊角、硇砂、牦牛尾，又进皇后白玉符、金青

① 敦煌研究院编《敦煌莫高窟供养人题记》，第38页。

② 郭锋《慕容归盈与瓜沙曹氏》，《敦煌学辑刊》1989年第1期，第90—106页。

符、白玉狮子指环、金刚杵。瓜州刺史慕容归盈贡马。”① 《外臣部·封册三》记载：“末帝清泰元年（934）七月癸丑，简较（检校）刑部尚书瓜州刺史慕容归盈转简较（检校）尚书左仆射。时瓜、沙附回鹘来朝贡。令使归，故有斯命。”② 《外臣部·朝贡五》记载：“［应顺元年（934）］是月（正月），沙州、瓜州遣牙将各以方物朝贡”③ “［清泰二年（935）］七月沙州刺史曹义（议）金、凉州留后李文谦各献马三匹，瓜州刺史慕容归盈献马五十匹”④。《外臣部·褒异三》记载：“［闵帝应顺元年］闰正月，瓜州入贡牙将唐进、沙州入贡梁行通、回鹘朝贡安摩诃等辞，各赐锦袍银带物有差。”⑤史籍中记载，慕容归盈多次以瓜州刺史名义单独向朝廷入贡，有时进贡的财物数量比沙州、凉州还要多。这体现的是中原朝廷分置瓜、沙刺史的想法，不能完全代表敦煌的情况。但是史籍单独强调瓜州刺史慕容归盈，可以证明当时慕容归盈在瓜州地区的影响力确实很大。

曹氏家族希望收回瓜州的实际控制权。940年慕容归盈去世以后，曹元忠接替出任瓜州刺史。《新五代史·后晋出帝纪》记载，天福七年（942）十二月“丙子，于阗使都督刘再昇来，沙州曹元深、瓜州曹元忠皆遣使附再昇以来”⑥。然而慕容家族试图通过与曹氏家族的联姻，维持其在瓜州的权势。

莫高窟第98窟中有“女第十六小娘子一心供养，出适慕容

① ［宋］王钦若等《册府元龟》卷一六九《帝王部·纳贡献》，第2036页。
② ［宋］王钦若等《册府元龟》卷九六五《外臣部·封册三》，第11355页。
③ ［宋］王钦若等《册府元龟》卷九七二《外臣部·朝贡五》，第11423页。
④ ［宋］王钦若等《册府元龟》卷九七二《外臣部·朝贡五》，第11423页。
⑤ ［宋］王钦若等《册府元龟》卷九七六《外臣部·褒异三》第11469页。
⑥《新五代史》卷九《后晋出帝纪》，第91页。

氏”[①]，该窟还有“节度押衙、银青光禄大夫、检校太子宾客慕容员顺一心供养”[②]，冯培红认为慕容员顺就是曹议金的女婿[③]。

榆林窟第25窟中的人物包括“……玉门军使检校刑部尚书……”（256窟中的慕容言长与此官职相同），还有“曹元忠的长女延鼐（出适慕容氏）”[④]，证明慕容言长与曹元忠长女延鼐结婚。

莫高窟第256窟中，绘有慕容家族的重要人物，是慕容家族的家窟。相关题名有：“皇祖墨釐军诸军事……银青光禄大夫检校……中书令……□（慕）□（容）中（归）盈”“皇□（太）谯郡夫人……一心供养”“窟主玉门诸军事守玉门使君银青光禄大夫检校尚书左仆射兼御史大夫上柱国慕容言长……”“窟主娘子阎氏一心供养”“男节度都头银青光禄大夫检校左散骑常侍御史大夫慕容贵隆……”[⑤]该窟中的人物有慕容归盈、其孙慕容言长、玄孙慕容贵隆，却没有慕容归盈的子辈。笔者认为，曹延恭慕容夫人即慕容归盈孙辈，因此慕容夫人的同辈兄弟得到了提拔。陈菊霞也指出，曹氏归义军时期，曹氏与慕容氏的姻亲是世代相续的，曹延恭娶了慕容氏的孙女，而且慕容归盈的孙子或侄孙也都担任瓜沙之要职[⑥]。

---

① 敦煌研究院编《敦煌莫高窟供养人题记》，第33页。

② 敦煌研究院编《敦煌莫高窟供养人题记》，第47页。

③ 冯培红《从敦煌文献看归义军时代的吐谷浑人》，《兰州大学学报》（社会科学版）2004年第1期，第27页。

④ 谢稚柳《敦煌艺术叙录》，第468页。

⑤ 敦煌研究院编《敦煌莫高窟供养人题记》，第110页。

⑥ 陈菊霞《再议P.5032（9）〈沙州阇梨保道致瓜州慕容郎阿姊书〉的定年及相关问题》，《敦煌研究》2007年第2期，第73页。

图4-7 榆林窟第12窟西壁《慕容夫人曹氏出行图》局部

慕容归盈孙女嫁给曹延恭，是维持慕容家族在瓜州地区权势最重要的联姻。虽然文献记载中没有体现曹延恭的慕容夫人与慕容归盈的关系，但学界一般认为，慕容夫人应该是慕容归盈的孙辈，因为曹延恭即曹议金的孙辈，而曹议金和慕容归盈是同辈。通过联姻，慕容家族维持了在瓜州乃至敦煌的地位，其家族成员在曹氏归义军时期出任官员者很多，如P.4906、P.2985V、S.4120文书中的慕容县令慕容长永，S.4700等文书以及莫高窟202窟题记中的慕容长政等。

曹议金时期，慕容归盈在瓜州的势力强大，曹氏家族或未能真正意义上实现对瓜州的完全控制。但是由于曹议金时期敦煌内部还存在着甘州回鹘派系与曹元德对节度使位的争夺，外部与甘州回鹘发生了大规模的战争，此时沙州、瓜州是相互依存的关系，沙州与瓜州的矛盾尚未显现。940年慕容归盈去世以后，曹元深随即任命曹元忠为瓜州刺史，这是曹氏家族收回瓜州统治权的重要举措。

曹元忠执掌归义军政权以后，曹延恭出任瓜州刺史。曹延恭与慕容氏结亲，也为其控制瓜州军政提供了便利条件，曹延恭成为执掌瓜州的实力派人物。至此，曹氏家族完全掌握了瓜、沙二州的统治权。曹氏归义军政权中，由于归义军节度使府衙设在沙州地区，所以瓜州处于从属地位，但实际上沙州、瓜州都是敦煌政权的重要组成部分，并且中原王朝也要专门册封瓜州军政长官，甚至对瓜、沙长官“各铸印以赐之”，使得瓜州长官名义上具有独立的军政权力。因此无论慕容归盈还是曹延恭，都在瓜州拥有实际统治权，且控制瓜州的时间都在20年以上。

图4-8 榆林窟第32窟壁画《弈棋》

曹元忠去世后，没有将节度使位传给其子曹延禄，而是由曹延恭接替归义军节度使之位，但很快曹延禄便接替曹延恭执掌归义军政权。《宋会要辑稿·蕃夷五》“瓜沙二州”条云，“制：权归义军节度兵马留后、金紫光禄大夫、检校司空、兼御史大夫、上柱国、谯县男曹延禄，可检校太保、归义军节度、瓜沙等州观察处置、营田、押蕃（蕃）落等使，又以其弟延晟为检校司徒、瓜州刺史，延瑞为归义军衙内都虞候，母进封秦国太夫人，妻封陇西郡夫人”[①]。曹延禄接替曹延恭之后，任命其弟曹延晟执政瓜州，于是，曹延禄、曹延晟、曹延瑞兄弟得以全面掌控敦煌瓜、沙二州的军政大权。可以看出，曹延恭与曹元忠、曹延禄父子之间存在着矛盾，这应该与沙州、瓜州之间的矛盾有关，本章最后一节对此问题有进一步论述。

① ［清］徐松《宋会要辑稿》一九八册《蕃夷五》，第7767页。

第二节 曹氏归义军时期敦煌文献中的“太子”

敦煌文书中“太子”称号所指称的人物，是学者们一直关注的问题。施萍婷很早就指出敦研1+敦研369+P.2629文书的时代在乾德二年（964），这一年于阗太子们来到敦煌，后来太子从连、琮原留在敦煌，太子从德前往中原①。敦煌文书中“太子”的身份，部分为于阗太子，学者对于阗太子历来非常重视，做了很多考证②。除了于阗太子以外，敦煌曹氏归义军节度使的儿子也使用“太子”称号。目前，学界尚未能明确区分于阗太子与曹氏太子。笔者在校读敦煌文献的过程中，梳理了于阗“太子”的相关线索，同时也对曹元忠、曹延禄时期敦煌文献中的曹氏“太子”进行了整理研究。如果能够厘清曹氏太子的相关线索，于阗太子

① 施萍婷《本所藏〈酒帐〉研究》，《敦煌研究》（创刊号），1983年，第142—155页。

② 相关研究参见沙武田、赵晓星《归义军时期敦煌文献中的太子》，《敦煌研究》2003年第4期，第45—51页；杨森《五代宋时期于阗皇太子在敦煌的太子庄》，《敦煌研究》2003年第4期，第40—44页；沙武田《敦煌石窟于阗国王“天子窟”考》，《西域研究》2004年第2期，第60—68页；荣新江、朱丽双《于阗与敦煌》，第171—181页。

的身份就更加清晰，以下就此问题试做论述。

一、曹氏归义军时期的于阗太子

934年李圣天娶曹议金女儿为于阗皇后，他们的儿子从德太子曾经居住在敦煌[①]。从德太子967年以后成为于阗皇帝[②]。

964年前后，曹元忠与于阗公主联姻[③]，一批于阗太子、公主也到达敦煌。P.3184明确提到甲子年（964）来到敦煌的“于阗太子三人”；Дx.2148（1）文书中使用了于阗天寿年号，其中“佛现皇帝”是于阗皇帝[④]，“太子”“公主”即于阗太子、公主。莫高窟第444窟东壁门上部中央“见宝塔品变”南侧、北侧供养人题名中也有“大宝于阗国皇太子从连供养”“大宝于阗皇

---

① 参见荣新江、朱丽双《于阗与敦煌》，第65页；张广达、荣新江《敦煌文书P.3510（于阗文）〈从德太子发愿文（拟）〉及其年代——〈关于于阗国的国号年号及其王家世系问题〉的补充》，敦煌文物研究所编《1983年全国敦煌学术讨论会文集（文史·遗书编·上）》；此据张广达、荣新江《于阗史丛考（增订本）》，第44页。

② （加拿大）E.G.Pulleyblank，“The Date of Staël—Holstein Roll”，*Asia Major*，new series，4.1，1954，p.92。荣新江、朱丽双《于阗与敦煌》，第74页。张广达、荣新江《敦煌文书P.3510（于阗文）〈从德太子发愿文（拟）〉及其年代——〈关于于阗国的国号年号及其王家世系问题〉的补充》，张广达、荣新江《于阗史丛考（增订本）》，第45—46页。据研究，于阗太子从德成为于阗皇帝后，还有“于阗国王大师从德”的称号。向达《唐代长安与西域文明》，第340页。张广达、荣新江《于阗史丛考（增订本）》，第42页。另外还有于阗语文书P.5538a《尉迟苏罗王致舅曹大王书状》以及P.2703《舅曹元忠致尉迟苏罗王状》，这两封信中曹元忠与尉迟苏罗是甥舅关系，这是“从德太子”成为于阗皇帝以后与曹元忠的通信。张广达、荣新江《关于敦煌出土于阗文献的年代及其相关问题》，北京大学中国中古史研究中心编《纪念陈寅恪先生诞辰百年学术论文集》，北京：北京大学出版社，1989年；此据作者《于阗史丛考（增订本）》，第97页。

③ 冯培红《敦煌的归义军时代》，第344—345页。

④ 李正宇《俄藏中国西北文物经眼记》，《敦煌研究》1996年第3期，第41页。张广达、荣新江《10世纪于阗国的天寿年号及其相关问题》，《欧亚学刊》第1辑；此据作者《于阗史丛考（增订本）》，第291—294页。

太子琮原供养”[①]的相关记载。

对于没有明确的于阗身份的“太子”，可以从三个方面推断其是否为于阗太子。

首先，就是从人名上推测。P.4792《壬申、庚申年纪事》载：“壬申年（972）五月廿日太子从原、□（顺?）德二人。”[②]这件文书中没有明确指出“于阗太子”的身份，但是名字“从原”以及“□（顺?）德”，可以与莫高窟第444窟中的于阗太子“从连”“琮原”，以及莫高窟244窟中的“从德”相类比。虽然用字不同，但是发音近似。同时中国国家图书馆藏73号写本背面于阗文前残存三个不规则的汉字“□常、宗德”，学者认为也是于阗太子[③]。S.8924b、c《已未年（959?）十一月廿日社人便麦历》中有“员德太子”，杨森认为其为于阗太子[④]。“从原、□（顺?）德”“□常、宗德”“员德”这一类的人名，具有于阗太子的身份特征。

其次，还有与“天子窟”有关的于阗太子。P.3714V《曹氏归义军粟破历》记载：“东窟上迎大太子看天子窟地用……东窟迎太子用。”沙武田指出“天子窟”即在东窟（榆林窟）为李圣天营建洞窟，“大太子”可能是李圣天儿子从德太子[⑤]。又P.4909《辛巳年（981）十二月十三日后东窟诸色破用历》载“太子东窟来迎”，

---

① 谢稚柳《敦煌艺术叙录》，第299页。
② 杨森《五代宋时期于阗皇太子在敦煌的太子庄》，《敦煌研究》2003年第4期，第40—44页。
③ 荣新江、朱丽双《于阗与敦煌》，第70页。
④ 杨森《五代宋时期于阗皇太子在敦煌的太子庄》，《敦煌研究》2003年第4期，第41页。
⑤ 沙武田《敦煌石窟于阗国王“天子窟”考》，《西域研究》2004年第2期，第60—68页。

图4-9 榆林窟第31窟甬道北壁于阗国王供养像

也是与“天子窟”有关的于阗太子[①]。

此外，敦煌地区在接待于阗使节时，经常有“太子”出现，这些“太子”应该也是于阗太子。P.2641《丁未年（947）六月都头知宴设使宋国清等诸色破用历状并判凭》记载：“太子屈于阗使细供二十八分。”杨森认为其中的“太子”是于阗太子，且有可能即从德太子[②]。荣新江认为于阗国的从德太子从小就在敦煌长大，是住在敦煌的于阗重要人物。敦研1+敦研369+P.2629《乾德二年（964）归义军衙内酒破历》中的“太子”也是居住于敦煌的于阗太子[③]，记载的是招待于阗出使敦煌的使者。S.2474《庚辰—壬午（980—982）归义军衙内面油破历》记载，“太子料油五升”，“十二日，太子宅于阗使一人”。杨森认为敦煌的“太子庄”“太子宅”就是为了于阗太子从德而设立的，太子从德登基为于阗皇帝之后，“太子庄”的名称依然继续使用，以接待于阗使臣等[④]。据此，和于阗

① 沙武田、赵晓星《归义军时期敦煌文献中的太子》，《敦煌研究》2003年第4期，第47页。

② 杨森《五代宋时期于阗皇太子在敦煌的太子庄》，《敦煌研究》2003年第4期，第40—44页。

③ 荣新江、朱丽双《于阗与敦煌》，第70页。

④ 杨森《五代宋时期于阗皇太子在敦煌的太子庄》，《敦煌研究》2003年第4期，第40—44页。

使者有关的“太子”应该都是于阗太子。

根据以上梳理，我们可以知道，于阗“从德太子”长期居住于敦煌，在敦煌的地位较高。964年于阗太子集中来到敦煌，之后，敦煌地区于阗太子的身份特征大多不甚明显。究其原因，一方面是由于曹氏归义军后期对于阗太子的记载不够详细；另一方面，受到于阗国“皇帝”“太子”称号的影响，敦煌曹氏统治者也开始使用“太子”称号。下面我们对“曹氏太子”的相关材料做一整理。

二、曹元忠时期的敦煌“太子”

敦煌文书中的“太子”称号，除了指称于阗太子外，还有一部分是指称曹氏太子。我们认为敦煌曹氏“太子”的使用，一方面与敦煌独立性的增强有关，同时也是受到于阗国“太子”称号的影响。因为根据目前掌握的材料可知，张氏归义军时期和曹氏归义军前期（即曹议金、曹元德、曹元深时期），节度使的儿子没有使用“太子”的称号。曹议金将女儿嫁给于阗皇帝李圣天以后，于阗从德太子长期生活在敦煌。在其影响下，自曹元忠时期以后，开始称节度使的儿子为“太子”。

敦煌文书中称归义军节度使儿子为“太子”，较早见于曹元忠时期的文书。据日本龙谷大学图书馆藏《佛说延寿命经》题记记载：

> 维大周广顺三年（953）岁当癸丑正月二十三日，府主太保及夫人为亡男太子早别王宫，弃辞火宅，遂写《延寿命经》四十三卷，以济福力，愿超觉路，永充供养。[①]

① 荣新江《归义军史研究——唐宋时代敦煌历史考索》，第117页。

这是曹元忠称“太保”时期的文书，曹元忠和其妻子浔阳夫人翟氏为他们去世的儿子发愿，抄写佛经。据此可知曹元忠时期，其子已经被称为“太子”。

这位“太子”去世以后，我们发现敦煌文献中，仍有曹元忠儿子称“太子”的记载。S.3728（2）（3）《乙卯年（955）三月归义军押衙知柴场司安祐成牒》中有“太子”“北宅”的记载，“北宅”是曹元忠夫人宅，“太子”也应是节度使家人。还有P.2733《礼佛舍施发愿文》载：

> 我府主大王已躬，等乾坤而合运。夫人恒寿，以劫石而长存。太子、公主乂安，比贞松而不变。司徒、司空、仆射、尚书等俊杰，怀文武以临人。合宅长欢，永承宠首……次用庄严太子、司徒、司空、仆射、尚书等贵位（后略）。[①]

文书中出现的“夫人”，即曹元忠夫人翟氏[②]。那么“府主大王”的身份也可以确定，这篇文书的时代在曹元忠称“大王”时期（964—974）。沙武田认为，“曹氏‘太子’称呼，基本上是节度使的长子以外的儿子们和在曹氏归义军政权中无足轻重的人物”[③]。但是此篇文书中的“太子”则应该是节度使曹元忠的儿子曹延禄。因为文书中出现了“司徒”称号，曹元忠时期的“司徒”应即任职瓜州的“司徒”曹延恭，他是曹元忠的侄子，其称

---

① 黄征、吴伟《敦煌愿文集》，第371—372页。

② 此处的“夫人”即曹元忠夫人翟氏，参见贺世哲《从供养人题记看莫高窟部分洞窟的营建年代》，敦煌研究院编《敦煌莫高窟供养人题记》，第227页。

③ 沙武田、赵晓星《归义军时期敦煌文献中的太子》，《敦煌研究》2003年第4期，第50页。

“司徒”的记载见于P.3827+P.3660V文书当中[①]。“司徒”曹延恭任瓜州刺史，在归义军政权中的权力仅次于节度使曹元忠。而“太子”的排名在“大王”曹元忠、“凉国夫人”翟氏之后，又在“司徒”曹延恭之前，应即曹元忠的儿子曹延禄。

综上可知，曹元忠时期，除了一位去世的太子外，其他的儿子也被称作太子。故宫博物院藏《己巳年（969）樊定延酒破历》载：“支第二太子下张卒劳、高愿昌二人共月酒四斗。”从文书的时代上看，这里的“第二太子”应属于曹元忠时期。施安昌认为可能是于阗太子[②]，但是964年到达敦煌的于阗太子三人是年幼的于阗太子[③]，排行“第二太子”的可能性不大。我们认为这里的“第二太子”应是曹元忠的儿子。

此外，还有一篇文书中的人物称号与P.2733类似，即P.2726《比丘法坚发愿文》，其文载：

> 若乃高悬佛日，竖立法幢，四压蕃戎，八方来凑，大王之得（德）也。伏愿灵椿比寿，仙桂齐坚，常为日月之明，永照昏迷之暗。为大王。若乃顷心向佛，密意僧填，治国及家，乡人共赞，粱（凉）国夫人之得（德）也……若乃金枝玉叶，释门其人，解讲边尸，儒门救尽。诸太子大师之得（德）也。伏愿冬月无亏，常谈吼石之功，夏满殷勤，永赞边尸之德。为太子。若乃分疆列土，治化人臣，为国顷（倾）

---

① 《法国国家图书馆藏敦煌西域文献》第28册，第254页；《法国国家图书馆藏敦煌西域文献》第26册，第256页。

② 施安昌《故宫藏敦煌己巳年樊定延酒破历初探》，《故宫博物院院刊》2000年第3期，第73页。

③ 荣新江、朱丽双《于阗与敦煌》，第181页。

心，时无暂息。瓜州司徒、仆射、尚书之得（德）也。[①]

这篇文书中出现了“大王”“梁（凉）国夫人”，即曹元忠夫妇。文书中的“公主”位列梁（凉）国夫人翟氏之后，说明这位公主即曹元忠的夫人于阗公主。文中的“瓜州司徒”即任职瓜州刺史的曹延恭。这篇文书中的人物与前述P.2733《礼佛舍施发愿文》中的人物称号相类，所不同的是，这篇文书提到了“诸太子、大师”。“太子”与“大师”并称，说明曹元忠的儿子中还有出家为僧的“太子”。P.3763V《年代不明［10世纪中期］净土寺诸色入破历算会稿》中记载：

图4-10 莫高窟第61窟西壁《佛本行集经变》之“舍宫出家品”

① 黄征、吴伟《敦煌愿文集》，第302—303页。

粟二斗，六月十七日沽酒看僧太子用……粟二斗僧太子来沽酒用。[①]

这篇文书的年代也是曹元忠时期。文书中出现了“天王堂”[②]，“天王堂”指称莫高窟崖顶上的一个土塔，贺世哲认为是曹延禄与其夫人于阗公主新建的功德窟[③]。沙武田指出敦煌文献中常常出现的“天王堂”不是莫高窟崖顶上的土塔，而是与唐代及五代宋初曹氏归义军时期流行的天王信仰有关[④]。那么P.3763文书出现“天王堂”，其时代应属于曹氏归义军时代。该文书还出现了“司空”称号，曹延禄任归义军节度使时期未使用“司空”称号，曹元忠在949—950年曾使用“司空”称号[⑤]，所以笔者认为该“司空”应指称曹元忠。曹元忠时期，我们还可以看到记载“天王堂”的文献，即敦煌研究院藏0322《辛亥年（951）腊八燃灯分配窟龛名数》：“安押衙、杜押衙：吴和尚窟至天王堂三十六窟。吴和尚窟三盏，七佛堂七盏，天王堂两盏。”[⑥]综合P.3763V中“天王堂”“司空”的相关记载，我们认为其抄写年代在曹元忠时期，“僧太子”就是曹元忠的儿子。敦煌文书S.4649+S.4657《庚午年（970）二月十日佛寺破历》载：“五月五日，粟二斗，沽酒就寺看太子用。”这里的“太子”应该也是曹元忠出家的儿子。

---

① 《法国国家图书馆藏敦煌西域文献》第27册，第327页。

② 《法国国家图书馆藏敦煌西域文献》第27册，第327页。

③ 贺世哲《从供养人题记看莫高窟部分洞窟的营建年代》，敦煌研究院编《敦煌莫高窟供养人题记》，第230页。

④ 沙武田《莫高窟“天王堂”质疑》，《敦煌研究》2004年第2期，第23—27页。

⑤ 荣新江《归义军史研究——唐宋时代敦煌历史考索》，第116—117页。

⑥ 孙修身《腊八燃灯分配窟龛名数年代考》，丝绸之路考察队《丝路访古》，兰州：甘肃人民出版社，1983年，第209页。

综合以上论述，可知曹元忠的儿子中被称为“太子”的，至少包括三位，一是在955年去世的那一位，二是P.2733文书中的“太子”（曹延禄），第三则是一位出家的“太子”。

三、曹延禄时代的敦煌“太子”

曹延禄继任归义军节度使位以后，其子也被称为“太子”。曹延禄时期的文书S.6178《太平兴国四年（979）七月皇太子广济大师请僧政为男太子中祥追念疏》中记载：

> 右今月十八日，就宅奉为男太了（子）中祥追念，伏乞慈悲，依时早赴。谨疏。巾钵 太平兴国四年七月 日皇太子广济大师 谨疏。①

沙武田认为已去世的“男太子”以及“皇太子广济大师”是曹氏太子②。该文书有明确的年代“太平兴国四年”，属于曹延禄称“太保”时期③。我们同意沙武田的观点，即S.6178文书当中的“太子”都是曹氏太子，因为在曹延禄称“太保”时期的文书中，不止一次出现曹氏太子。台北藏35号《为二太子中元盂兰荐福表》中记载到阵亡的“二太子”，同时出现了“府主太保为二太子荐福”。谭蝉雪认为该“二太子”和日本龙谷大学图书馆藏《佛说延寿命经》中的“亡男太子”为同一人，都是太保曹元忠

---

① 《英藏敦煌文献（汉文佛经以外部分）》第10卷，第150页。

② 沙武田、赵晓星《归义军时期敦煌文献中的太子》，《敦煌研究》2003年第4期，第49页。

③ 荣新江《归义军史研究——唐宋时代敦煌历史考索》，第126页。

的儿子[①]。但是在前述曹元忠时期的文书故宫博物院藏《己巳年（969）樊定延酒破历》中，出现了曹元忠的“第二太子”，因此，953年《佛说延寿命经》中的“亡男太子”与台北藏35号文书中的“二太子”不是同一人。曹元忠称“太保”的时间在955年之前[②]，此时他的“二太子”仍在世。曹延禄称“太保”的时间在976？—980年[③]，其“太子”在此期间有阵亡者。台北藏35号文书中的“二太子”应该是“太保”曹延禄的儿子，“二太子”在战斗中阵亡，曹延禄举办了纪念这位“太子”的法会。

曹延禄儿子被称为“太子”的记载还有以下几篇，P.2855文书中记载：

> 更愿府主太保、国太万福，管界安宁。太子诸王，金枝永茂。[④]

其中的“太保”，笔者考证为曹延禄[⑤]。那么紧随其后的“太子”就是曹延禄的儿子。此外S.3557《河西节度使太保曹延禄造佛衣功德记》中也出现了“太子”的称号，S.3557记载：

> 为谁施作，时则有我河西节度使府主太保，先奉为龙沙境域……夫人固寿，以（与）天地而同长。太子仆射郎君玉

① 谭蝉雪《唐宋敦煌岁时佛俗——二月至七月》，《敦煌研究》2001年第1期，第102页。

② 荣新江《归义军史研究——唐宋时代敦煌历史考索》，第113—122页。

③ 荣新江《归义军史研究——唐宋时代敦煌历史考索》，第124—127页。

④《法国国家图书馆藏敦煌西域文献》第19册，第132页。

⑤ 杜海《敦煌文书中的“国太夫人”考》，《敦煌学辑刊》2017年第3期，第44页。

> 昆，保乾坤合其德……应是合宅宗枝，同江河而延福。诸也（嘉）会也。[①]

P.3557文书为太保曹延禄夫妇等发愿，后面提到“合宅宗枝”，说明这是为曹氏家族成员发愿的，文书中的“太子”无疑是指曹延禄的儿子。P.2855文书与P.3557文书的时代应该相去不远。

曹延禄称“太保”的时间在976—980年[②]，S.6178《太平兴国四年（979）七月皇太子广济大师请僧政为男太子中祥追念疏》属于曹延禄称“太保”晚期的文书，S.6178中去世的太子很可能与P.2855、S.3557文书中的“太子”是同一人。

在这之后，还有“太子”称号出现，P.3037《庚寅年（990）正月三日社司转帖》记载：

> 社司　转帖：右缘准例建福一日，人各卢饼一双，粟一斗。幸请诸公等，帖至，限今月四日卯时，于大悲寺门前取齐……
>
> 太子　翟僧正　曹僧正　安僧正　罗僧正　宋法律　戒随阇梨　王僧正　氾法律　马法律　王法律　杨法律　徐法律　阎押衙　吴押衙　阴押衙　马押衙　高押衙　索草场　宋押衙　丑达阴押衙[③]

对于该文书的年代，宁可、郝春文认为是曹议金时期[④]，李正

---

① 《英藏敦煌文献（汉文佛经以外部分）》第5卷，第123页。

② 荣新江《归义军史研究——唐宋时代敦煌历史考索》，第124—127页。

③ 《法国国家图书馆藏敦煌西域文献》第21册，第134页。

④ 宁可、郝春文《敦煌社邑文书辑校》，第249—251页。

图4-11 莫高窟第61窟壁画《剃度》

宇、沙武田认为这是曹延禄时期的文书[①]，但未说明原因。我们同意后者的看法，因为曹议金时期，其子未被称为“太子”。该文书内容是一僧人社的转帖，每一位僧人都有画押，唯独“太子”没有，且“太子”排名在最前面，说明其地位特殊，应即曹延禄的儿子。我们认为P.3703文书中的“太子”，就是前文提到的“皇太子广济大师”。

在敦煌文书中经常可以看到曹延禄出家的儿子，这位“太子”偶尔参与政治，并且出席公开的活动。S.447V《太子大师告紫亭副使等帖》是“太子”参政的证据，其中出现了都衙“慕容丹□”。根据土肥义和的统计，慕容都衙在曹延禄后期经常出现[②]，这位“太子大师”应该就是曹延禄出家的儿子。此外S.4700等《甲午年（994）五月十五日阴家小娘子荣亲客目》中记载“太子大师及娘子二人”，P.3942《荣亲客目》载“太子大师及娘子”，P.3440《丙申年（996）三月十六日见纳贺天子物色绢历》载“太子大师楼绫一匹”。对于“太

① 沙武田、赵晓星《归义军时期敦煌文献中的太子》，《敦煌研究》2003年第4期，第50页。

② （日）土肥义和编《八世紀末期~十一世紀初期燉煌氏族人名集成（氏族人名篇 人名篇)》，东京：汲古书院，2015年，第663页。

子大师”，沙武田认为应指曹氏太子[①]，而赤木崇敏、荣新江认为可能是于阗太子[②]。曹延禄后期，“太子大师”频繁出现于归义军政权的各种场合，且曹延禄时期，又出现了“皇太子广济大师”的记载，综合考察这一时期的文书，笔者认为这几位“太子大师”是曹氏太子。

据此可知，曹延禄的儿子中被称为“太子”的至少有两位，一位“太子”在979年或者之前不久去世，我们在曹延禄称“太保”时期的文书中经常看到这位“太子”。另一位则是出家的“太子”。

曹氏归义军时期，敦煌文书中出现了大量“太子”称号，其中包括“于阗太子”，亦包括“曹氏太子”。964年前后，“于阗太子”集中出现在敦煌文书当中，应与当时于阗国的政治形势有关。敦煌文书中一部分明确指出是“于阗太子”；另一部分我们根据人名、于阗“天子窟”、于阗使者、于阗僧人等信息，可以推断相关“太子”称号为“于阗太子”。受到于阗“太子”称号影响，归义军政权也称节度使的儿子为“太子”。通过梳理敦煌文献中“太子”身份的线索，我们可以知道，曹元忠时期（944—974），其子应有三人被称作“太子”，一是在955年去世的那一位，二是P.2733文书中出现的“太子”，第三则是一位出家的“太子”。曹延禄时期（976—1003），被称为“太子”的至少有两位，一是曹延禄称“太保”时期的“太子”，他在979年或者之前不久去世，另一位则是出家的“太子”。节度使儿子称“太子”这一做法，反映了曹氏归义军政权独立性的进一步增强。

① 沙武田、赵晓星《归义军时期敦煌文献中的太子》，《敦煌研究》2003年第4期，第48页。

② （日）赤木崇敏《甲午年五月十五日陰家婢子小娘子榮進客目》，高田时雄主编《敦煌寫本研究年報》第7号，京都：京都大学人文科学研究所中国中世写本研究班，2013年，第260—261；荣新江、朱丽双《于阗与敦煌》，第80页。

第三节　曹延禄时期的“国太”“国母”夫人

一、“国太夫人”翟氏

BD09015V《书启稿（拟）》文书中，出现“敕推诚奉国保塞功臣归义军节度使”这一称号，该称号曹元忠、曹延禄都曾经使用[①]。曹延禄任节度使时，继承了其父曹元忠的称号。榆林窟第35窟供养人题记云：“敕推诚奉化功臣、归义军节度瓜沙等州观察处置管［内］营田押番（蕃）落等使、特进、检校太师、兼中书令、敦煌王、谯郡开□□（国公）、食邑一千五百□曹延禄一心供养。”[②]曹元忠时期，翟氏夫人通常被称为“凉国夫人”，尚未被敕封“国太夫人”称号，我们在第三章第二节对此问题已有论证，此不赘述。

---

① ［清］徐松《宋会要辑稿》一九八册《蕃夷五》“瓜沙二州”条云：“太祖建隆二年（961）十一月，元忠洎瓜州团练使曹延继（恭）并遣使贡至勒勒马。三年正月，制推诚奉义保塞功臣、归义军节度瓜沙等州观察处置管勾营田押蕃落等使、特进、检校太傅、同中书门下平章事、沙州刺史、上柱国、谯郡公、食邑一千五百户曹元忠。”第7767页。

② 谢稚柳《敦煌艺术叙录》，第488页。

图4-12 莫高窟第427窟甬道凉国夫人供养像

曹延禄于976年执掌归义军政权，太平兴国五年（980）四月，宋太宗正式任命曹延禄为归义军节度使，并且敕封其母为“秦国太夫人”，相关记载见《宋会要辑稿·蕃夷五》：“制：权归义军节度兵马留后……曹延禄，可检校太保、归义军节度、瓜沙等州观察处置、营田、押藩（蕃）落等使，又以其弟延晟为检校司徒、瓜州刺史，延瑞为归义军牙内都虞候，母进封秦国太夫人，妻封陇西郡夫人。”①BD09015V《书启稿（拟）》中称“敕受国慈母国太京（凉）国夫人浔阳翟氏”，根据“敕受”二字，可知曹延禄母亲翟氏夫人的

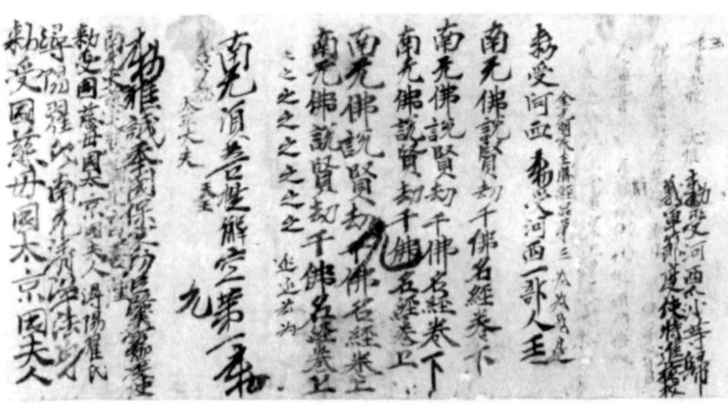

图4-13 BD09015V《书启稿（拟）》

① ［清］徐松《宋会要辑稿》一九八册《蕃夷五》，第7767页。

“国太夫人”称号由中原王朝册封，因此这篇文书的年代应当在980年宋太宗册封以后了。关于“国太夫人”翟氏的记载还见于S.1398V《壬午年（982）酒破历》：“十六日国太随盘酒四斗。”

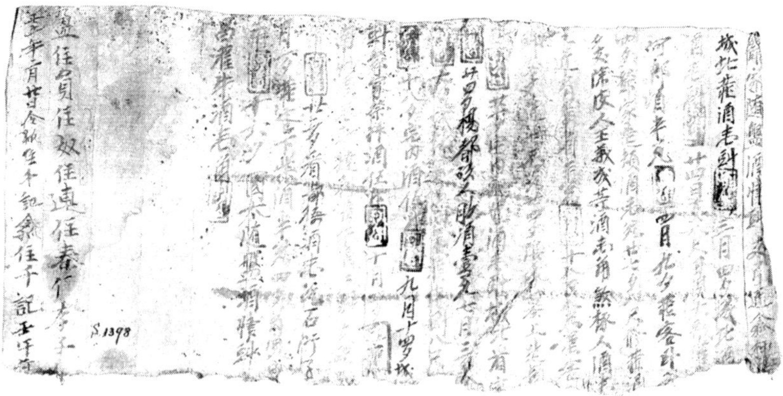

图4-14 S.1398V《壬午年（982）酒破历》

980年中原王朝赐予曹延禄“太保”称号，只是对归义军节度使原有称号的肯定，在此之前曹延禄就已经使用“太保”。同样，在宋太宗册封翟氏夫人为“秦国太夫人”以前，曹延禄已经尊其母为“国太夫人”，敦煌文献的相关记载有S.4537《河西节度使府主太保发愿文》：

（前缺）香灯满会，乐梵啾流，散食清斋，披肝启愿者，有谁施之？时则我河西节度使府主太保，先奉为龙天八部，护社稷以殄旧灾。梵释四王，保边方瑞呈新福。中兴皇帝，以（与）日月而齐明。府主太保，等乾坤而合运。国奉（泰）夫人，永宠宫帷。刺使郎君小娘［子］延贞之福会也。伏惟太保英筹夙著，道契神机。禀万象之虚灵，蕴四时之和气。故得安边静塞，抚育以济孤穷。羌虏归心，慕仁风于戟佐。加以四弘启想，假百乘以为心。十信冥怀，广竖三坚之会。是日也，寒光敛色，暄景思节。结胜坛以殄千殃，舍珍财祈延万福。所有辜恩负命，宿对仇怨，今日今时，来于此会，领斯功德，发欢喜心，绝迹人寰，隐居他界。以慈（兹）小善，谨奉庄严，上界天仙，下方龙鬼。伏愿威光炽盛，神力益昌。扫灾疠离出玉关，逐妖邪远飞莲境。又持胜福，复用庄严我太保贵位。伏愿宝（保）兴禄位，镇静遐方。福比山岳以齐高，寿等海泉而［深］远。国太夫人长隆延泰之欢。刺使郎君小娘子芳兰，并芬芬而盛叶。倾城寮佐，各尽节于辕门。阖郡输忠，保深诚而效主。然后三农运塞，四序调和。千家竞力于东皋，万户勤耕于南［亩］。西行北使，喜色来宾。在疾倾危，欢心速差。①

P.2855《回向发愿文》云：

仰白：净虚空遍法界，微尘国土之中，十方诸佛、诸大菩萨、罗汉圣僧、天龙八部、幽献（显）神祇、阎罗天子、五道大神、太山府君、察命司录、天曹地府、六道明（冥）官、善恶童子，更愿天眼遥见，天耳遥闻，证诸弟子持念大乘经典。伏愿珍神（真身）化佛，常住世间。宝字金经，恒流沙界。大悲菩萨，拥护道场。小果声闻，主诸法藏。天仙须有，佛入光林。正法华筵，惠灯不灭。威光赫憶（奕），神遍无穷。日月轮回，星辰朗耀。宫殿楼阁，下降阎浮。察录善诸，启闻正法。如此功德，奉用庄严，伏愿当今皇帝，龙安九五，鹤响三千。命同南山，受（寿）齐

① 黄征、吴伟《敦煌愿文集》，第598—599页；《英藏敦煌文献（汉文佛经以外部分）》第6卷，第131页。

北极。更愿府主太保、国太万福，管界安宁。太子诸王，金枝永茂。朝廷卿相，尽孝尽忠。郡县官僚，唯清唯直。更愿八方无事，四塞长清。万姓欢娱，三军喜泰。经城（声）朗朗，上至穹苍。梵响铃铃，下临幽府。刀山落刃，剑树摧锋。炉炭收烟，水河悉浪。恶星遍怪（烬），妖气消亡。猛兽麒麟，潜藏窟穴。怀胎母子，早愿平安。征客远行，速还家国。囚徒禁闭，愿沐天恩。病患沉缠，早逢良药。现（愿）聋者得闻音响，跛者能步［能］行，哑者无滞语言，愚者速逢辖惠。师僧父母，各保安宁。过往先亡，身（神）游净土。宿业旧过，并愿消除。此世来生，长逢佛日。①

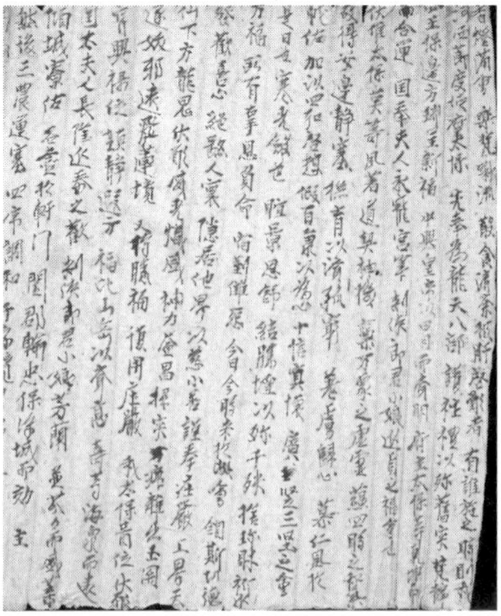

图4-15 S.4537《河西节度使府主太保发愿文》

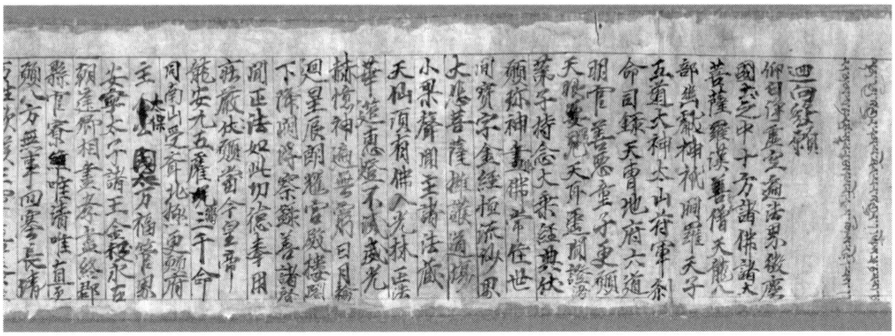

图4-16 P.2855《回向发愿文》

①《法国国家图书馆藏敦煌西域文献》第19册，第132页。“太保”“国太”原来写作“令公”“夫人”。

以上两篇文书，出现“太保”称号，曹氏归义军时期具有“太保”称号的节度使有曹议金、曹元德、曹元忠、曹延恭、曹延禄。曹议金称“太保”时期，文书中虽然有“国太夫人”的相关记载，但是S.4537、P.2855中其他人物称号不符合曹议金时期的情况，因为曹议金时期即使“国太夫人”索氏为第一夫人的时期，在文书中也会将回鹘天公主列在其后，而这两篇文书中都没有出现“回鹘公主夫人”。曹元德的“太保”称号是他去世后由中原王朝诏赠。曹元忠时期，翟氏夫人一直是第一夫人，她被称为“浔阳郡夫人”“凉国夫人”“北宅夫人”，未见有“国太夫人”的称号。曹延恭称“太保”的时间很短，因此从愿文内容和人物称号等方面综合考虑，这两篇文书应该属于曹延禄时期，曹延禄称“太保”的时间，是在976—980年之间[①]。976年，曹延禄继任归义军节度使位，那么翟夫人“国太”称号开始使用的时间当是在976—980年之间。至于曹延禄继位之前，也就是曹延恭时期，尚未出现关于翟氏夫人“国太”称号的相关记载。

二、“国太公主”

S.4306《文样》中，还出现了一位“国太公主”，相关内容是：

> 伏愿大王，维城永固，磐石弥增，长为社稷之君儭，永作生灵之父母。伏愿夫人红颜永洁，比秋月而澄明。颜动春□，□□□之岚峰。伏愿尚书福隆寿永云云……伏愿近逝国太公主，三途永脱，九品（后缺）。[②]

---

① 荣新江《归义军史研究——唐宋时代敦煌历史考索》，第124—126页。

② 《英藏敦煌文献（汉文佛经以外部分）》第6卷，第28页。

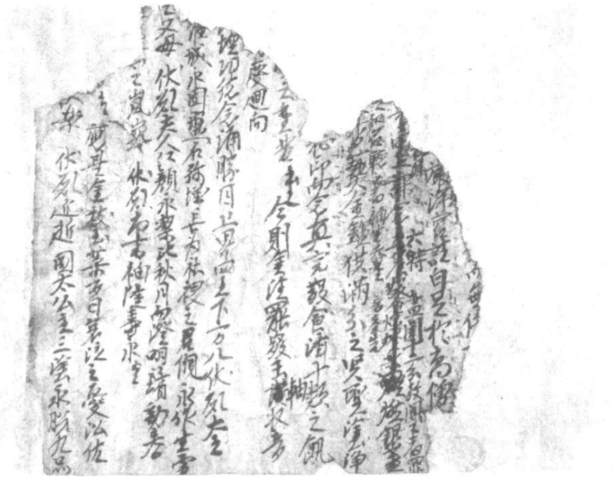

图4-17 S.4306《文样》

文中同时出现了“大王”“国太公主”称号。“公主”所指称的人物，有三种可能，即曹议金夫人“甘州回鹘天公主”、曹元忠夫人“于阗公主”、曹延禄夫人“于阗公主”三者之一。由于甘州回鹘公主去世时间晚于曹议金①，并且回鹘天公主在曹议金去世之后仍活跃于归义军政坛，因此曹议金称“大王”时期，甘州回鹘天公主不可能称“近逝国太公主”。那么这里的“国太公主”只能是曹元忠或者曹延禄的于阗公主夫人，笔者将其判定为曹元忠夫人于阗公主。

曹元忠的夫人于阗公主，上文已经做了论述，下面做一简要说明。羽686《于阗皇帝赐归义军节度使男曹元忠札》和P.2826《于阗皇帝赐沙州节度使男令公白玉一团札》两封书信的发信者为天寿、开运年间（963—967）的于阗皇帝。学者考证这位于阗

① 徐晓丽认为记载国母天公主生前最晚的文书是P.2178《破魔变文》，据荣新江研究，P.2178写作时间约在天福八年（943）末，参见徐晓丽《敦煌石窟所见天公主考辨》（《敦煌学辑刊》2002年第2期，第76—85页）一文注释④。

皇帝的女儿嫁给了曹元忠[①]。此外，关于曹元忠于阗公主夫人的记载还有P.2726《比丘法坚发愿文》："若乃高悬佛日，坚立法幢，四压蕃戎，八方来凑，大王之得（德）也……若乃诸方并赞，谢室之能，长处绣纬，风尘莫近，公主之得（德）也。伏愿常居内合，永奏鱼乐之歌，凤髻如云，时换绮罗之服。为公主。"[②]P.2733《礼佛施舍发愿文》："时则有我府主大王，先奉为龙天八部……太子、公主乂安，比贞松而不变。"[③]以上是曹元忠时期于阗公主夫人的相关记载。

曹元忠去世以后，于阗公主应仍在世。既然在曹延禄时期，曹元忠的翟氏夫人被称为"国太夫人"，那么曹延禄时期，曹元忠于阗公主夫人很有可能被称为"国太公主"。不过，曹延禄本人也娶了于阗公主。那么"国太公主"是指称曹元忠的于阗公主夫人，还是曹延禄的于阗公主夫人，仍需进一步考证。笔者认为曹延禄的于阗公主夫人在敦煌文献中以"国母夫人"的称号出现[④]，下面笔者即对曹延禄的于阗公主夫人做一考察，然后对"国太公主""国母夫人"的称号做一交代。

---

① （日）Akagi Takatoshi（赤木崇敏），"The Genealogy of the Military Commanders of the Guiyijun from Cao Family", *Dunhuang Studies: Prospects and Problems for the Coming Second Century of Research* (ed. by Irina Popova and Liu Yi), pp.8—13；《10世紀コータンの王統·年号問題の新史料——敦煌秘笈 羽686文書》，《内陸アジア言語の研究》XXVII，2013年，第101—128页。

② 黄征、吴伟《敦煌愿文集》，第302—303页。

③ 黄征、吴伟《敦煌愿文集》，第371—372页。

④ 仅就"国母"称号而言，曹议金的回鹘天公主也被称作"国母公主"（参S.3914、S.6417），但是后文提到的文书S.3557、S.4625等文书从内容上看不属于曹议金时期，而是曹氏归义军中后期的文书，详见后文。

三、“国母夫人”

曹延禄娶于阗皇帝尉迟达磨的第三个女儿为妻，这位于阗公主见载于莫高窟第61窟、第202窟、第449窟、天王堂和榆林窟的第35窟等[①]。相关记载如下：

第61窟东壁门北侧南向第七身供养人像题记：

> 大朝大于阗国天册皇帝第三女天公主李氏为新受太傅曹延禄姬供养。[②]

第202窟西壁龛下北侧宋供养人像列南向第一身题名：

> 大朝大于阗国天公主……李氏供养。[③]

天王堂是莫高窟崖顶上的一个土塔，塔内东壁有《敦煌王曹□□圣天公主□□□□□□□建□□寺功德记》，记文存：

> 敦煌王曹□□圣天公主……粤有归义军节度使、特进、检校太师、兼中书令、敦煌王曹延……[④]

榆林窟第35窟洞口南、北壁第一身的供养人，分别为曹延禄和于阗天公主的画像，题记为：

---

① 荣新江、朱丽双《于阗与敦煌》，第165—166页。

② 敦煌研究院编《敦煌莫高窟供养人题记》，第22页。

③（法）伯希和著，耿昇译《伯希和敦煌石窟笔记》，兰州：甘肃人民出版社，2007年，第111页；敦煌研究院编《敦煌莫高窟供养人题记》，第92页。

④ 敦煌研究院编《敦煌莫高窟供养人题记》，第178页。

敕推诚奉化功臣、归义军节度、瓜沙等州观察处置管营田押番落等使、特进、检校太师、兼中书令、敦煌王、谯郡开□□、食邑一千七百□曹延禄一心供养。

大朝大于阗金玉国皇帝的子天公……①

第449窟于阗公主的题记已经漫漶，贺世哲认为其“服饰与61窟东壁北侧补画的曹延禄姬于阗公主相像”②。此外，学者已发现的曹延禄于阗公主夫人的相关记载还有两条。一是藏文文书P.t.1284中曹延禄写给于阗王的信，载有：

天大王、父、狮子、于阗王尊前：河西一路节度曹太保谨呈。天子尊前，仲冬降临，寒风凛冽，圣躬于宝座治理，极甚辛劳。尊体清吉何似，谨修书恭问平安。③

荣新江、朱丽双认为该文书是曹延禄致尉迟达磨的书信草稿④，赤木崇敏同意此观点⑤。王尧、陈践认为“曹太保”为曹元忠⑥，

---

① 谢稚柳《敦煌艺术叙录》，第488页。

② 贺世哲《从供养人题记看莫高窟部分洞窟的营建年代》，敦煌研究院编《敦煌莫高窟供养人题记》，第231页。

③ 王尧、陈践《归义军曹氏与于阗之关系补证——P.t.1284号吐蕃文书译释》，《西北史地》1987年第2期，第60—62页。

④ 荣新江、朱丽双《一组反映10世纪于阗与敦煌关系的藏文文书研究》，沈卫荣主编《西域历史语言研究集刊》第5辑，第106—108页。

⑤（日）赤木崇敏《10世紀コータンの王統·年号問題の新史料——敦煌秘笈羽686文書》，《内陸アジア言語の研究》XXVII，2013年，第119页。

⑥ 王尧、陈践《归义军曹氏与于阗之关系补证——P.t.1284号吐蕃文书译释》，《西北史地》1987年第2期，第60—62页。

冯培红也认为该书信是曹元忠写给于阗皇帝的[①]。笔者认为P.t.1284文书赋予于阗皇帝非常尊敬的称号，是曹延禄写给于阗皇帝的可能性较大。曹元忠的岳父于阗皇帝或是通过政变取代了李圣天[②]，而李圣天是曹元忠的姐夫；即使未发生政变，曹元忠于阗夫人地位也不高。曹延禄于阗夫人被称为“国母夫人”，地位很高，因此P.t.1284文书更符合曹延禄时期的情况。信中曹延禄称于阗皇帝为“父”，可知曹延禄娶于阗公主为妻。还有叶昌炽《缘督庐日记》“光绪三十年（1904）九月初五”条记敦煌王宗海所赠藏经洞出土绢画云：“旁题一行‘故大朝大于阗金玉国天公主李氏供养’。”此绢画现藏于美国华盛顿的弗利尔美术馆[③]。除这几条记载之外，曹延禄于阗夫人其他信息较少。一方面，曹延禄时期保存下来的文书相对不多；另一方面，曹延禄时期，其母曹元忠夫人翟氏仍然地位较高，并由中原王朝册封“国太夫人”，曹元忠的于阗公主夫人也在世。因此，从文书中找到关于曹延禄的于阗公主夫人的记载并不容易。但是，如果我们不考虑曹延禄夫人的于阗公主身份，而是从曹延禄夫人的角度出发，就

图4-18 美国弗利尔美术馆藏绢画《南无地藏菩萨》

① 冯培红《敦煌的归义军时代》，第339—340页。

② 冯培红《敦煌的归义军时代》，第344—345页。

③ 王国维《观堂集林》卷20，北京：中华书局，1959年，第999页。

可以发现敦煌文书中关于于阗公主夫人的相关记载。

正史中记载了宋廷对曹延禄及其母亲、妻子的册封。《宋会要辑稿·蕃夷五》“瓜沙二州”条记载：

> 制：权归义军节度兵马留后……曹延禄，可检校太保、归义军节度、瓜沙等州观察处置、营田、押藩（蕃）落等使……母进封秦国太夫人，妻封陇西郡夫人。①

这里的曹延禄妻即曹延禄的于阗公主夫人李氏。若根据中原王朝的册封，曹延禄夫人于阗公主李氏在敦煌文书中应该被称为“夫人”。我们在敦煌文书中发现了相关文书，应即曹延禄及其夫人的记载，现将S.3557《河西节度使太保曹延禄造佛衣功德记》相关内容移录如下：

> 夫帝室诞灵，浴雨泉而标圣。天宫降质，凝八相以称奇。清音畅法界之中，白豪（毫）鋈太虚之外。荡山河而作瑞，罕测其功。动天地以成祥，孰之厥德。素鹦林而演正，俄回梵达之心。峦鹫岭岳以挥邪，即草波旬之面洪哉。厥今请慈尊于宅侧，焚香诉陈。命大圣于深宫，虔诚慈恳。舍珍财而逞巧妙，制造尊慈之衣。开宝箧广用丝绵，创成传信者，为谁所作？时则有我河西节度使府主太保，先奉为龙沙境域，三边无草动尘飞。玉塞关河，万里止狼烟闭息。夫人固寿，以（与）天地而同长。太子仆射郎君玉昆，保乾坤合其德。小娘子等已躬济泰，珪俄（娥）保朗于千春。应是合宅宗枝，同江河而延福。诸也（嘉）会也。伏

① ［清］徐松《宋会要辑稿》一九八册《蕃夷五》，第7767页。

> 惟太保神资杰世，天纵英雄。势武动而星流，龙笔至而月落。故得安危济弱，河西效德政之功。易俗移丰（风），淳首建拓边之节。遂乃东西戎党，俱怀献款之成（诚）。南北蛮余（夷），共贺来降之望。加以信珠深暮，智镜先明。凭大圣以加威，求十哲而其（祈）福。所以广施储产，皇凭现世之团圆，创制佛衣，亦愿杲中德具足。是时也，三春朔寒，云掩户而无光。百卉争竞，梅花结蕊于南面。总斯多善，莫限良缘。先用庄严，奉资梵释四王，龙天八部，伏愿威光盛运，千秋无敞念之灾。福力弥增，万岁有丰盈之美。又持胜福，次用庄严，府主太保贵寿，伏愿三山等寿，比日月而齐明。北极标尊，同麻姑而寿荫。又持胜善，伏用庄严，则我国母夫人贵寿，伏愿长为宠后，光荣不绝于千春。会合乾坤，红颜转茂于百载。今世后世，咸得万佛而护持。此世他生，慈尊愿保而拥护。①

文书中出现“太保”“夫人”“太子”“仆射”“国母夫人”等，曹氏归义军时期有“太保”称号的，有曹议金、曹元德、曹元忠、曹延恭、曹延禄。曹议金时期，其妻回鹘天公主偶尔使用“国母”称号，如S.3914《河西节度使尚书结坛发愿文》中的“国母公主”，即曹议金的妻子回鹘天公主。曹元德、曹元深时期，“国母”通常指他们的母亲回鹘天公主。曹元忠时期，其妻子翟氏夫人一般被称为“凉国夫人”，未见有“国母夫人”的称号。S.3557文书中出现了“太子”称号，根据前文论述，此符合曹元忠、曹延禄时期敦煌文书的特点。另外，根据文书中“我国母夫人贵寿，伏愿长为宠后”的记载，可知“国母夫人”很有可

---

①《英藏敦煌文献（汉文佛经以外部分）》第5卷，第123页。

能是归义军节度使的妻子，因此被称为“宠后”。文书后半段出现的“国母夫人”，与前半段出现的“夫人”为同一人，即节度使“太保”的妻子。综上，笔者认为文书中的“太保”应该就是曹延禄，“国母夫人”即曹延禄的妻子于阗公主夫人。文书的时代在曹延禄称“太保”时期，即976—980年之间。S.4625《燃灯文》也记载到曹延禄和于阗夫人，其文曰：

> 时则有我河西节度使令公，先奉为龙天八部，拥护敦煌。土地灵祇，保坚社稷。次伏惟令公己躬延寿，以（与）劫石而同长。团练、司空，等金石安边静塞，合宅安和，比贞松而永茂之福会也。……次用庄严，则我令公贵位，伏愿宝（保）兴禄位，镇净遐方。福比山乐（岳）以齐高，寿等海泉而深远。国母夫人贵位，伏愿长隆延泰之欢。郎君、小娘子芳兰，并芬芬如盛叶。持炉都头贵位，伏愿叶玢岁厚。然后廓周法界，普及有情，赖此胜因，俱登佛果。[①]

S.4625《燃灯文》中出现了“令公”“团练”“司空”“国母夫人”等称号，曹氏归义军时期，使用“团练”称号的代表性人物有曹延恭[②]、曹

① 黄征、吴伟《敦煌愿文集》，第529页。

② 曹延恭在显德二年（955）被册封为瓜州团练使（［宋］王钦若等《册府元龟》卷一七〇《帝王部·来远》，第2059—2060页）；建隆三年（962）被册封为瓜州防御使（《宋史》卷四九〇《外国传六》，第14124页）；同时在榆林窟第25窟中，曹元忠称号为“中书令”，而此时曹延恭检校“司空”。张伯元《安西榆林窟》，成都：四川教育出版社，1995年，第227页。

延瑞[①]。根据文书中“团练”“司空”的排序，可以知道，此“团练”所指称的人物，检校官职一定在“司空”之上，这样一来，只有曹延瑞符合这一条件[②]。榆林窟第35窟中题记亦称其为“节度副使、守瓜州团练使、金紫光禄大夫、检校司徒、兼御史大夫、谯郡开国男、食邑三百户曹延瑞”。同时，在敦煌文书P.4622中，曹延瑞亦被称为“团练”。可知文书中的“令公”“团练”分别指称曹延禄、曹延瑞。“司空”不知所指，应当也是曹氏家族人物。因此S.4625《燃灯文》中的“令公”“国母夫人”分别指称曹延禄和曹延禄的于阗公主夫人。

S.4505《河西节度使令公发愿文》应该也是曹延禄和于阗夫人的相关记载：

> 佛日之日，悬大像于四衢。天中之天，导群生于净域。威神自在，示现无方；玄风被于大千，实际光于不二。法雄利现，其大矣哉！厥今置净坛于八表，敷佛像于四门，中央建佛顶之场，缁众转如来秘藏。香灯满会，乐梵啾流，散食清斋，彼行启愿者，有谁施之？时则有我河西节度使令公，先奉为龙天八部，护社稷以殄旧灾。梵释四王，保边方瑞呈新福。中兴皇帝，以（与）日月而齐明。府主令公，等乾坤而合运。国母夫人，永宠宫帏。郎君小娘子延贞之福会也。伏惟我令公英筹夙著，道契神机，禀万像之

---

① 榆林窟第35窟题记载：“节度副使、守瓜州团练使、金紫光禄大夫、检校司徒、兼御史大夫、谯郡开国男、食邑三百户曹延瑞。”（张伯元《安西榆林窟》，第251页）。

② 榆林窟第35窟中，曹延禄称号为“中书令”，曹延瑞称号为“守瓜州团练使”“检校司徒”（张伯元《安西榆林窟》，第251页）。在S.4625文书中“团练”的排名位于“司空”之前。

> 虚灵，蕴四时之和气。故得安边静塞，抚育以济孤穷，羌虏归心，慕仁风于戟佐。加以四弘启想，假百秉以为心，十信冥怀，广竖三坚之会。是日也，寒光敛色，暄景思舒，结胜坛以殄千殃，舍珍财祈延万福。所有辜恩负命，宿对仇怨，今日今时，来于此会，领斯功德，发欢喜心，绝迹人寰，隐居他界。以兹小善，谨奉庄严，上界天仙，下方龙鬼，伏愿威光炽盛，神力益昌，扫灾疠出玉关，逐妖邪远飞莲境。又持胜福，复用我令公贵位，伏愿宝（保）兴禄位，镇静遐方，福比山岳以齐高，寿等海泉而深远。国母夫人，长隆延泰之欢。郎君以（与）小娘子芳兰，并芬芬而盛叶。倾城寮佐，各尽节于辕门。阖郡输忠，保深诚而效主。然后三农运塞，四序调和。千家竞力于东皋，万户勤耕于南亩。西行北使，喜色来宾。在疾倾危，欢心速差。①

S.4505文书的人物与S.4625《燃灯文》的类似，其中的"令公"即曹延禄，"国母夫人"应该即曹延禄的于阗公主夫人，"郎君""小娘子"泛指曹延禄的家人。通过以上几篇文书，基本可以认为曹延禄时期于阗公主夫人在文书中即以"国母夫人"的称谓出现。

综合以上论述，S.4306文书中的"国太公主"指称曹延禄于阗公主夫人的可能性不大。由于曹元忠的凉国夫人翟氏在曹延禄时期被称为"国太夫人"，我们推测曹元忠的于阗公主夫人在曹延禄时期应当被称为"国太公主"。S.4306《文样》载："伏愿大王，维城永固，磐石弥增……伏愿夫人红颜永洁……伏愿尚书

---

①《英藏敦煌文献（汉文佛经以外部分）》第6卷，第117—118页。

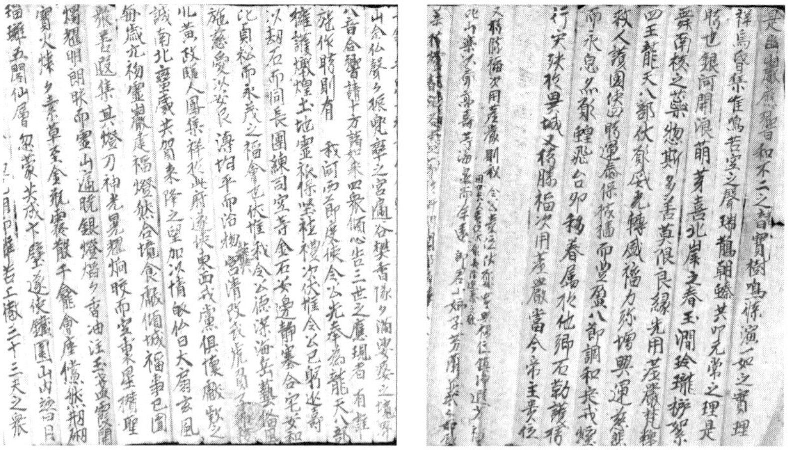

图4-19 S.4625《燃灯文》

福隆寿永……伏愿近逝国太公主，三途永脱，九品（后缺）。”[①]其中“大王”即曹延禄，“夫人”为曹延禄于阗公主夫人，“尚书”或为曹延禄的儿子，“近逝国太公主”即曹元忠的于阗公主夫人。可知，曹元忠的于阗公主夫人在曹延禄称“大王”时期（984—1002）去世。此外，曹宗寿也曾号称大王，《辽史·圣宗纪五》记载：“[统和二十四年（1006）八月]，沙州敦煌王曹寿遣使进大食国马及美玉，以封衣、银器等物赐之。”[②]“大王”如果是曹宗寿的话，那么“近逝国太公主”也有可能是在曹宗寿时期曹延禄的于阗公主夫人，但是考虑到曹宗寿是通过政变上台[③]，因此曹宗寿时期称曹延禄夫人为“国太公主”的可能性不大。

① 《英藏敦煌文献（汉文佛经以外部分）》第6卷，第28页。

② 《辽史》卷一四《圣宗纪五》，第162页。

③ [宋] 李焘《续资治通鉴长编》卷五二“真宗咸平五年（1002）”条：“归义节度使、谯郡王曹延禄及其弟瓜州防御使延瑞，并为族子宗寿所杀。”第1147页。

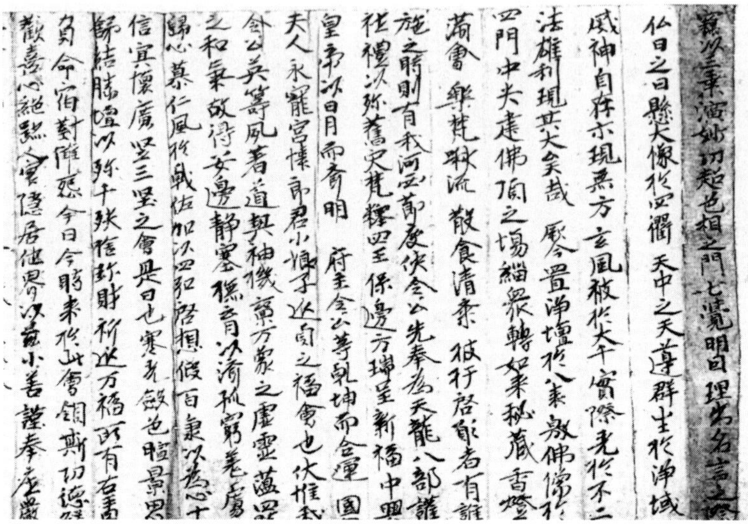

图4-20 S.4505《河西节度使令公发愿文》

综上，我们对曹延禄时期节度使夫人的“国太”“国母”称号做了比较明确的厘定。BD09015V、S.4537、P.2855、S.1398V几篇文书中的“国太夫人”是曹元忠的夫人翟氏。翟夫人在其子归义军节度使曹延禄称“太保”时期（976—980），即被称为“国太夫人”，并于980年被宋廷敕封为“秦国太夫人”。S.4306文书中的“国太公主”是曹元忠的于阗公主夫人，“国太公主”称号的使用也是在曹延禄任归义军节度使时期，曹元忠的于阗公主夫人很有可能和翟氏夫人同时被曹延禄奉以“国太”称号。曹延禄时期，其妻于阗公主夫人在敦煌文书中被称作“国母夫人”，980年宋廷敕封时，册封曹延禄妻于阗公主“陇西郡夫人”。敦煌文献S.3557、S.4625、S.4505都是关于于阗夫人称“国母夫人”的记载。

以上所涉及文书的时代、文书中的人物称号，笔者是通过对曹氏归义军时期的文书综合考察之后的厘定，但可能还不是最终的结论。通过对曹氏归义军史上人物称号的考察，可以深入对曹氏归义军时期政治史中相关问题的认识，学者过去对归义军时期的甘州回鹘系及于阗系的势力比较重视[1]，但是我们发现曹议金时期的索夫人、曹元忠时期的翟夫人，政治地位都很高，不仅如此，翟氏家族在曹氏归义军后期的政治中有很大影响。此外，本章第一节中提到的曹延恭夫人慕容氏，以及慕容家族，也对曹氏归义军的政治产生了重要影响。虽然曹氏归义军与于阗公主联姻，但是与甘州回鹘的情况不同的是，于阗国距离敦煌较远，也很难通过联姻控制归义军政权。曹延禄时期奉其母亲曹元忠夫人于阗公主为“国太公主”，但是，曹元忠的于阗公主夫人在归义军政权内并没有多大的影响；曹延禄的于阗公主夫人，被称为“国母夫人”，并没有突出其于阗公主的身份，因此，笔者认为曹氏归义军政权内部没有所谓的于阗派系。至于甘州回鹘派系，曹议金时期就开始抑制以天公主为首的甘州回鹘派系的势力，封“国太夫人”索氏就是曹议金采取的策略之一，而曹元德时期，甘州回鹘派系的势力即被清洗。值得重视的是，曹元忠娶翟氏夫人、于阗公主夫人，曹延恭娶慕容氏夫人，曹延禄娶于阗公主夫人，说明了曹氏中后期传统大族势力的衰落，以及敦煌与于阗关系的加强、与甘州回鹘关系的疏远。这也是曹氏归义军政权统治逐步稳定的体现。

---

①（日）Akagi Takatoshi（赤木崇敏），“The Genealogy of the Military Commanders of the Guiyijun from Cao Family”，*Dunhuang Studies: Prospects and Problems for the Coming Second Century of Research*（ed. by Irina Popova and Liu Yi），pp.8—13.

第四节　曹元忠、曹延禄时期敦煌文献书写特征

曹元忠、曹延禄时期，敦煌文书在内容、人物称号、印章等方面都表现出延续性。敦煌曹氏归义军政权的统治，与张氏归义军时期一脉相承，同时又表现出独特的一面。敦煌文书的文体、内容方面的变化，反映了敦煌地区礼仪的变化。从文化特征上看，曹氏家族不是敦煌的传统大族。学者认为曹氏家族统治的独特性主要表现为：曹氏家族对佛教的大力推崇[①]；曹氏归义军首领作为归义军节度使却号称“大王”等[②]。如果我们细致考察曹氏归义军时期的文献，也会发现其带有明显的时代烙印。郑怡楠、郑炳林《敦煌曹氏归义军时期修功德记文体的演变》一文对张氏、曹氏归义军时期功德记文书做了比较研究，指出了曹氏归义军时期功德记文书的变化[③]。在此我们再做进一步探讨。

① 荣新江《归义军史研究——唐宋时代敦煌历史考索》，第244页。

② 冯培红《敦煌的归义军时代》，第455—458页。

③ 郑怡楠、郑炳林《敦煌曹氏归义军时期修功德记文体的演变》，《敦煌学辑刊》2014年第1期，第1—11页。

一、曹氏归义军中期发愿文的新特征

张氏归义军时期，敦煌文书中出现大量的碑铭赞文书，内容主要是为节度使及重要官员歌功颂德。895年之后，这类文书文体发生了很大变化：由叙述家世沿革变为发愿为主的功德记，前者（张氏归义军）侧重于一个家族，而后者（曹氏归义军初期）侧重于群体①。张氏归义军时期，敦煌汉姓大族势力强大，到了曹氏归义军初期，这种情况没有太大变化。敦煌政权形成了以曹氏家族为核心，敦煌各大家族联合统治的情况②。可知曹氏归义军时期，修功德记表现出的群体性、政治性，是为其统治服务的。在敦煌文献的整理研究过程中，我们发现，到了曹氏归义军中期以后，这种趋势又发生了新的变化。

张氏归义军时期的碑铭赞文书，常常要追述家族历史上的重要人物，这是我们所说的家族性；曹氏归义军时期发愿文基本上不会向历史追述，曹氏归义军前期的发愿文表现出群体性、政治性；而曹氏归义军中后期的发愿文，更注重罗列节度使家庭成员，兼及相关的亲信官员。由张氏归义军到曹氏归义军前期，再到曹氏归义军执政中后期，敦煌的功德记文书由“家族式”的书写模式，转换到了“统治群体的发愿”模式，继而又转换到“节度使家庭人员的发愿”模式。如P.2733《礼佛施舍发愿文》：

> 时则有我府主大王，先奉为龙天八部，护国护人……我府主大王己躬，等乾坤而合运。夫人恒寿，以劫石而长存。太子、公主乂安，比贞松而不变。司徒、司空、仆射、尚

① 郑怡楠、郑炳林《敦煌曹氏归义军时期修功德记文体的演变》，《敦煌学辑刊》2014年第1期，第11页。

② 杜海《曹议金权力枝系考》，《敦煌学辑刊》2014年第2期，第10—21页。

书等俊杰，怀文武以临人。合宅长欢，永承宠首……伏用庄严我府主大王贵位，伏愿福如海岳，无竭无倾。禄比贞松，恒清恒茂。长隆善教，作定圣之国王。永宝（保）西关，为万人之父母。又持胜福，伏用庄严我凉国夫人贵位，伏愿体花永耀，若［□］里之分星。只（质）貌恒春，同月中之闺（桂）树。又持胜福，次用庄严太子、司徒、司空、仆射、尚书等贵位，伏千释迦如护卫，万菩萨以名状。帝释赠不死之方，梵王赐长生之药。然后城隍安泰，道路无危。万姓康宁，千秋宴静。摩诃般若。①

根据文书中的“凉国夫人”称号②，可知这篇文书的时代是在曹元忠称“大王”时期。文中出现了“太子”“司徒”“司空”“仆射”“尚书”等称号，据研究，曹元忠时期归义军节度使的儿子已经被称为“太子”，又据该文书中出现的“合宅长欢”等语，我们可以判断该文书中的“大王”“夫人”“太子”“公主”③“司徒”“仆射”“尚书”等都是曹氏家族的内部成员，这篇文书主要功用是为曹氏家族成员发愿祈福，体现出很强的家族性。这种家族性不重视家族历史渊源，更注重现实人物。该趋势体现在曹元忠以后的一批文书当中，又比如P.2726《比丘法坚发愿文》载：

---

① 黄征、吴伟《敦煌愿文集》，第371—372页。

② 贺世哲《从供养人题记看莫高窟部分洞窟的营建年代》，敦煌研究院编《敦煌莫高窟供养人题记》，第227页。

③ 太子是节度使的儿子，公主不是节度使的女儿，应当是曹元忠的夫人于阗公主。参见沙武田、赵晓星《归义军时期敦煌文献中的太子》，《敦煌研究》2003年第4期，第45—51页。

> 若乃高悬佛日，坚立法幢，四压蕃戎，八方来凑，大王之得（德）也。伏愿灵椿比寿，仙桂齐坚，常为日月之明，永照昏迷之暗。为大王。若乃顷心向佛，密意僧填，治国及家，乡人共赞，梁（凉）国夫人之得（德）也。伏愿真珠帘下，常披金缕之衣，大昧（玳瑁?）窗前，永挂绣罗之服。为夫人。若乃诸方并赞，谢室之能，长处绣纬，风尘莫近，公主之得（德）也。伏愿常居内合，永奏鱼乐之歌，凤髻如云，时换绮罗之服。为公主。若乃国亲连叶，三宝顷心，受戒听经，新（辛）勤不倦。罗家夫人、达家夫人之得（德）。伏愿麻仙比寿，王母齐坚，万善来集，千殃殄远。为诸娘子。若乃金枝玉叶，释门其人，解讲边尸，儒门救尽。诸太子大师之得（德）也。伏愿冬月无亏，常谈吼石之功，夏满殷勤，永赞边尸之德。为太子。若乃分疆列土，治化人臣，为国顷（倾）心，时无暂息。瓜州司徒、仆射、尚书之得（德）也。伏愿鳞鸿羽翼，天上之烟霞；学海波澜，震人间之声驾。为司徒仆射尚书。①

愿文中出现的人物称号有“大王”“凉国夫人”“公主”“太子大师”“瓜州司徒”“仆射”“尚书”等，这也是曹元忠称“大王”时期的文书。在964—974年间，“凉国夫人”即曹元忠夫人翟氏，“公主”即曹元忠夫人于阗公主，文书中的“太子”应是曹元忠的儿子曹延禄。其中的“瓜州司徒”“司空”“仆射”“尚书”应当分别指曹延恭、曹延晟、曹延瑞等②。根据文书中的

---

① 黄征、吴伟《敦煌愿文集》，第302—303页。

② ［宋］王钦若等《册府元龟》卷一七〇《帝王部·来远》，第2059—2060页；［清］徐松《宋会要辑稿》一九八册《蕃夷五》，第7767页。据文献记载，曹延晟在曹延禄上台之后晋升“司徒”，因此延晟在曹元忠时期（944—974）称较低级的“仆射”符合情理。

“国亲连叶”“金枝玉叶”等语句，可以知道这篇文书也是为曹氏家族成员歌功颂德的文书。再如P.4055《儿郎伟》文书记载：

> 伏惟我大王宝位，千秋永坐金台。加以常行十善，月月奉持六斋。遂感四王护世，于国每施慈哀。更乃不通世界，近者一齐拜来。四道甚可清泰，塞外非起枪排。百姓例皆快活，家家则广贮物财。司徒、司空、仆射，孝敬克俭情怀。亲佐官员大将，专意侍奉无乖。①

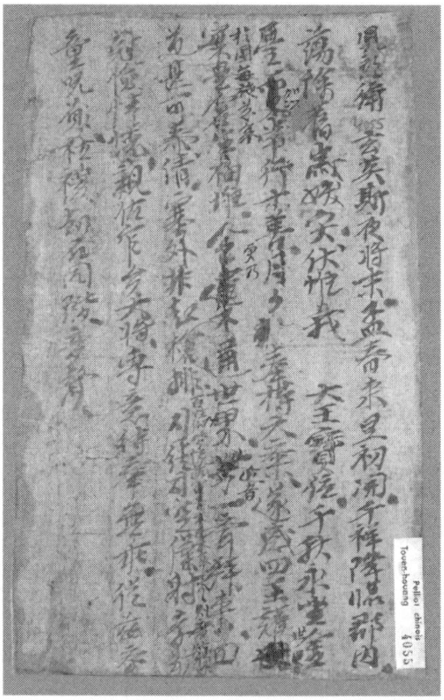

图4-21 P.4055《儿郎伟》

这篇文书中的称号与P.2733、P.2726中的人物称号相似，应该也是曹元忠时期的文书，其中的“大王”“司徒”“司空”“仆射”等是曹氏家族内部成员。

① 《法国国家图书馆藏敦煌西域文献》第31册，第46页。

根据这几篇文书，我们知道曹元忠以后的敦煌文献，表现出与曹氏归义军前期的不同。随着内忧外患的减轻，曹元忠时期曹氏家族已经形成了对瓜、沙二州的整体控制。因此，这一时期的功德记文书，明显体现出对曹氏归义军节度使家庭成员的歌颂。

二、曹氏时期文献中“瓜州刺史”的出现

曹元忠时期，在发愿文中除了为自己的家人发愿，还会将时任瓜州刺史列出，如前述P.2733《礼佛舍施发愿文》：

> 时则有我府主大王，先奉为龙天八部，护国护人……司徒、司空、仆射、尚书等俊杰，怀文武以临人。合宅长欢，永承宠首……又持胜福，次用庄严太子、司徒、司空、仆射、尚书等贵位……①

P.4055《儿郎伟》：

> 伏惟我大王宝位，千秋永坐金台……司徒、司空、仆射，孝敬克俭情怀。②

P.2733文书中的“司徒”“司空”“仆射”“尚书”应分别指曹延恭、曹延晟、曹延瑞等节度使家庭子弟。P.4055文书中“司徒”“司空”“仆射”也是一起出现。两篇文书中的“司徒”即瓜州刺史曹延恭。

曹延禄时期发愿文中的情况和此非常类似，S.3557《河西节度使太保曹延禄造佛衣功德记》相关内容如下：

---

① 黄征、吴伟《敦煌愿文集》，第371—372页。

②《法国国家图书馆藏敦煌西域文献》第31册，第46页。

> 为谁所作？时则有我河西节度使府主太保，先奉为龙沙境域，三边无草动尘飞。玉塞关河，万里止狼烟闭息。夫人固寿，以（与）天地而同长。太子仆射郎君玉昆，保乾坤合其德。小娘子等已躬济泰，珪俄（娥）保朗于千春。①

图4-22 S.3557《河西节度使太保曹延禄造佛衣功德记》

S.3557文书是曹延禄早期的文书，曹延禄自开宝九年（976）继位时起，至太平兴国五年（980）间称“太保”②。这时，他的兄弟瓜州刺史曹延晟的称号肯定低于“太保”，应即文书中的“仆射”。该文书在为曹延禄发愿的同时，又为“仆射”（瓜州刺史曹延晟）发愿，与曹元忠时期的情况类似。又有S.4625《燃灯文》：

> 有谁施作？时则有我河西节度使令公先奉为龙天八部，拥护敦煌。土地灵祇，保坚社稷。次伏惟令公已躬延寿，

① 《英藏敦煌文献（汉文佛经以外部分）》第5卷，第123页。

② 荣新江《归义军史研究——唐宋时代敦煌历史考索》，第127页。

> 以（与）劫石而同长。团练、司空，等金石□□□。安边静塞，合宅安和，比贞松而永茂之福会也。伏惟我令公德深海岳，艺备风云。施慈爱以安民，传均平而治物。①

这篇文书中“令公”即曹延禄；“团练”当指曹延瑞，榆林窟第35窟中题记称曹延瑞为“节度副使、守瓜州团练使……曹延瑞”②。S.4625文书在为曹延禄发愿的同时，还为时任“瓜州团练使”的曹延瑞发愿。根据以上对比，我们可以发现，曹元忠、曹延禄时期，任职瓜州刺史的人物常被列在发愿文中。这种情况，反映了瓜州地区首脑在曹氏归义军政权中的重要性。

三、曹元忠、曹延禄父子时期敦煌文书的继承性

首先，在敦煌文书鸟形押的使用上，曹延禄继承了其父曹元忠的做法。艾利白（D.Eliasberg）对敦煌文献中鸟形押的使用情况做过统计，结果发现鸟形押在曹元忠、曹延禄时期使用极多，而曹延恭时期未见一例③。

第二，在称号使用上，曹元忠、曹延禄时期表现出明显的继承性。964年之后，曹元忠称“大王”④。曹元忠的“大王”称号，除了继承其父曹议金的“托西大王”称号外，更多地使用“敦煌王”“西平王”“天册西平王”等称号。此外，曹元忠还使用“推诚奉国保塞功臣”这一称号，此称号当与中原王朝的敕

---

① 黄征、吴伟《敦煌愿文集》，第528—529页。

② 谢稚柳《敦煌艺术叙录》，第488页。

③（法）Danielle Eliasberg，“Les Signatures en Forme d’Oiseau dans les Manuscrits Chinois de Touen—houang”，*Contributions aux études sur Touen—Houang*（*sous la direction de Michel Soymié*），p.39.

④ 荣新江《归义军史研究——唐宋时代敦煌历史考索》，第121页。

封有关[①]。敦煌文书和莫高窟供养人题记对这些称号都有体现，比如：Ch.00207V《归义军节度使曹元忠夫妇修北大像功德记》中有“敕归义军节度使、特进、检校太师、兼中书令、托西大王曹元忠”[②]，这时曹元忠使用的是“托西大王”称号。还有S.2687《大汉乾德二年（964）四月廿二日敦煌王曹元忠之凉国夫人浔阳翟氏施巾题记》、S.5973《宋开宝七年（974）归义军节度使曹元忠舍施回向疏》、P.2703《曹元忠书状二通》几篇文书中曹元忠皆使用“敦煌王”的称号。莫高窟第55窟甬道南壁第四身题名“窟主敕推诚奉国保塞功臣、归义军……”[③]，第79窟中甬道南壁供养人题名“敕□□奉国保塞……进检校太……”[④]，这些地方曹元忠使用了“推诚奉国保塞功臣”称号。

第427窟前室窟檐横梁墨书“维大宋乾德八年岁次庚午正月癸卯朔二十六日戊辰，敕推诚奉国保塞功臣、归义军节度使、特进、检校太师、兼中书令、西平王曹元忠之世创建此窟檐记”[⑤]，曹元忠称号有“推诚奉国保塞功臣”“西平王”等。

第437窟甬道南壁男供养人题名“……归义军节……西平王曹元忠供养”[⑥]，这里仅保存下来“西平王”称号。

---

① ［清］徐松《宋会要辑稿》一九八册《蕃夷五》载：“推诚奉义保塞功臣、归义军节度瓜沙等州观察处置管勾营田押藩（蕃）落等使、特进、检校太傅、同中书门下平章事、沙州刺史、上柱国、谯郡公、食邑一千五百户曹元忠，可依前检校太傅、兼中书令、使持节沙州诸军事、行沙州刺史，充归义军节度使、瓜沙等州观察处置管勾营田押藩（蕃）落等使，加食邑五百户、实封二百户，散官勋如故。”第7767页。

② 史苇湘《世族与石窟》，敦煌文物研究所编《敦煌研究文集》，第156—157页。

③ 敦煌研究院编《敦煌莫高窟供养人题记》，第18页。

④ 敦煌研究院编《敦煌莫高窟供养人题记》，第27页。

⑤ 敦煌研究院编《敦煌莫高窟供养人题记》，第160页。

⑥ 敦煌研究院编《敦煌莫高窟供养人题记》，第165页。

第454窟中，第四身供养人像为曹元忠，其题记为“叔父敕推诚奉国保塞功臣、归义军节度□（使）、□（特）进、□（检）□（校）□（太）□（师）、□（兼）□（中）书令、天册□（西）□（平）□（王）□（讳）元□（忠）□（供）□（养）”[①]，曹元忠此时使用的称号有“推诚奉国保塞功臣”“天册西平王”等。

图4-23 敦煌文书S.5590鸟形押

曹延禄984年称“大王”以后，也使用了“敦煌王”“西平王”“天册西平王”，以及“推诚奉国保塞功臣”称号，基本上沿用了其父称“大王”以后所使用的称号。S.4400、P.2649是写于太平兴国九年（984）的《曹延禄醮奠文》，署名“归义军节度使、特进、检校太师、兼中书令敦煌王”。

此外，P.3576《宋端拱二年（989）三月归义军节度使曹延禄设斋舍施回向疏》中曹延禄的称号也是“敦煌王”。

天王堂是莫高窟崖顶上的一个土塔，塔内东壁有《敦煌王曹□□圣天公主□□□□□□建□□寺功德记》，记文存“粤有归义军节度使、特进、检校太师、兼中书令、敦煌王曹延……”[②]。此处曹延禄使用了“敦煌王”称号。

① 敦煌研究院编《敦煌莫高窟供养人题记》，第171页。
② 敦煌研究院编《敦煌莫高窟供养人题记》，第178页。

S.5917《某年六月归义军节度使曹延禄状》署名“归义军节度使、检校太师、兼中书令、天册西平王曹延禄状”①，曹延禄使用了“天册西平王”称号。

莫高窟第342窟甬道南壁第一身供养人像题名：“……西平王曹延□一心供养。”②此处曹延禄称“西平王”。

第449窟甬道南壁第一身供养人像题名“敕推诚奉国……”，据考证，这应该是曹延禄的题名，因为与这身男供养人像相对的甬道北壁第一身女供养人像，虽然题名漫漶，但是其服饰与第61窟东壁北侧补画的曹延禄妻于阗公主相像，且449窟的艺术风格更接近于曹延禄之世③，此处曹延禄的称号为“推诚奉国……”。

榆林窟第35窟洞口南壁第一身的供养人题记为“敕推诚奉化功臣、归义军节度、瓜沙等州观察处置管营田押番落等使、特进、检校太师、兼中书令、敦煌王、谯郡开□□、食邑一千七百□曹延禄一心供养”④。这里曹延禄使用了“推诚奉化功臣”“敦煌王”称号。

可见，曹延禄使用的“敦煌王”“西平王”“天册西平王”“推诚奉国保塞功臣”“推诚奉化功臣”都是沿用其父曹元忠时期的称号。

第三，曹延禄时期，有些文书是直接取自曹元忠时期的，仅仅更改了文中的称号而已。如P.2855《回向发愿文》记载：

> 如此功德，奉用庄严，伏愿当今皇帝，龙安九五，鹤响

---

① 《英藏敦煌文献（汉文佛经以外部分）》第9卷，第207页。

② 敦煌研究院编《敦煌莫高窟供养人题记》，第139页。

③ 贺世哲《从供养人题记看莫高窟部分洞窟的营建年代》，敦煌研究院编《敦煌莫高窟供养人题记》，第231页。

④ 谢稚柳《敦煌艺术叙录》，第488页。

> 三千。命同南山，受（寿）齐北极。更愿府主太保、国太万福，管界安宁。太子诸王，金枝永茂。朝廷卿相，尽孝尽忠。郡县官僚，唯清唯直。①

文书抄写过程中“太保”“国太”是经过改动后的，根据书写痕迹判断，之前是“令公”“夫人”。从较高的“令公”称号，改至较低的“太保”称号，显然这是使用前任节度使的文书时所作的改动。这种情况符合曹元忠、曹延禄时期的特征，即该文书原是曹元忠夫妇（即“令公”“夫人”）发愿时使用，曹延禄时期，直接套用文书的内容，将其父亲的称号“令公”改为自己的“太保”，而曹元忠的翟氏夫人，在曹延禄时期已经被称为“国太夫人”，原文书中的“夫人”又改成了“国太”。

曹元忠、曹延禄时期，在印章、节度使称号的使用上表现出继承性，文书书写方面有明显的延续性。可以看出，这一时期敦煌文书除了在形式上趋于模式化，在内容上也失去了创造力。

四、文献书写与仪式转变

曹氏归义军时期文献表现出来的特征，也反映了敦煌文化的转变。对此，前辈学者也有考察，王重民就曾指出，相对于佛教，张承奉本人似乎更喜欢阴阳五行谶纬之说，不同于曹氏归义军时期的崇佛②。

张氏归义军时期，产生了大量的碑铭赞文书，用于描述家族沿革、个人事迹、修窟功德。碑铭赞文书包括碑文、墓志铭、邈

① 《法国国家图书馆藏敦煌西域文献》第19册，第132页。

② 王重民《金山国坠事零拾》，《敦煌遗书论文集》，北京：中华书局，1984年，第85—115页。荣新江《归义军史研究——唐宋时代敦煌历史考索》，第243页。

图4-24 莫高窟第156窟南壁《张议潮出行图》局部

真赞，又以邈真赞文书数量为最[①]。其中碑文大多是修窟的功德记，这一类的文书到曹氏归义军时期非常少见，被大量的发愿文替代。其中的原因，据研究主要有以下几点：1.发愿文功德记多使用套语，无须创作；2.碑文制作、篆刻工序复杂，因此用纸质代替石质、用形式代替本质[②]。概括起来讲，就是为了制作的方便。这样大致可以解释修窟功德碑文到发愿文的转变过程。此外，在碑文转向发愿文的同时，还伴随着邈真赞文书的消亡。而邈真赞文书的消亡，又另有更复杂的原因。我们认为，这种文献形式转变的背后，实际上也反映了敦煌地区文化特征的悄然变化。

邈真赞与丧葬仪式有关，学者指出，“当时敦煌地区在人死了以后到埋葬前（七天之内），必须请人撰写一篇邈真赞和一篇墓志铭，往往连抄在一起，连抄时邈真赞在前，墓志铭在

① 郑炳林《敦煌碑铭赞辑释》，第1页。
② 郑怡楠、郑炳林《敦煌曹氏归义军时期修功德记文体的演变》，《敦煌学辑刊》2014年第1期，第2页。

后”[①]。张氏归义军时期，敦煌邈真赞中，处处体现出儒家贵生重死的文化内涵，如《康通信邈真赞》云：“他乡殒没，孤捐子孙。邻人辍舂，闻者悲辛。邈其影像，铭记千春。”[②]《令狐公邈真赞》云：“临圹哀恸，聚结愁云；邈灵踪之影像，空祭拜于明魂。”[③]《张淮深墓志铭并序》云：“公之异化，绩效难穷，备之碑石……并连圹一茔，以防陵谷之变。”[④]张氏归义军时期大量邈真赞文献，显示出敦煌地区人们对丧葬仪式的重视。

曹氏归义军时期大量出现的发愿文，是在佛事活动上使用的，反映的是曹氏归义军时期佛教仪式的盛行。以P.2642文书为例，其保存的就是节度使患病时、去世后各种仪式上使用的发愿文。发愿文用途极为广泛，可以适用于各类大小节日、仪式，且发愿文形式固定、创作简便，受佛教文化影响的发愿文，更便于曹氏政权寻求精神上的庇护。我们认为，这种文献书写形式的转变，实际上反映了敦煌文化特征的转变，即由张氏归义军时期对儒家文化、仪式的推崇，转向曹氏归义军统治者将精神世界寄托于佛教文化、仪式。

综上可知，曹氏归义军中期以后，敦煌的功德记文书已经形成了固定的模式，即为“节度使家庭人员发愿”的模式。曹元忠、曹延禄时期，敦煌文书表现出明显的继承性。我们认为，这种文献书写形式的转变，一方面反映了曹氏归义军节度使对佛教文化的推崇，同时，也反映出敦煌在文化表现形式上趋于单调。

随着中原王朝的衰落，敦煌地区儒家文化的影响力逐渐减弱。这种文化现象实质上反映出华夏文明强大的适应性，发愿文

① 郑炳林《敦煌碑铭赞辑释》，第3页。
② 郑炳林、郑怡楠《敦煌碑铭赞辑释（增订本）》，第375页。
③ 郑炳林、郑怡楠《敦煌碑铭赞辑释（增订本）》，第418页。
④ 郑炳林、郑怡楠《敦煌碑铭赞辑释（增订本）》，第748页。

虽然不像碑文一样，需要大量用典并根据具体人物经历进行专门的创作，但是在其相对模式化的套语中，也体现出儒家忠孝、仁义、民本等思想特征，在歌颂具体人物时，这样的语言表述是其核心成分。由此可知，在不同文化交融过程中，华夏文明已经在敦煌、在西北地区深深扎根。曹氏家族虽然掌控了瓜、沙二州的军政权力，但其势力范围难以突破瓜、沙二州之地，面对外部的凶险环境，统治者渴望带有神秘色彩的佛教力量的护佑。曹元忠、曹延禄时期，节度使家庭的发愿文将瓜州刺史列入其中，也反映出瓜、沙二州之间的微妙关系。

第五节　曹延禄时期归义军政权的特征
——“瓜沙之争”与“偏安一隅”

曹延禄是曹元忠与翟氏夫人所生之子，976年曹延禄接替曹延恭出任归义军节度使之职，综观曹延禄统治时期的政治特征，在许多方面都延续了其父亲曹元忠的政策。这种政策的延续性，使得曹氏归义军政权能够持续发展。曹元忠、曹延恭、曹延禄统治敦煌的时间自944年至1002年，历时半个世纪有余，是曹氏归义军政权最为稳定的时期。曹延禄时期吸收了曹元忠时期的种种政策，在有些方面甚至是简单套用、模仿。若对此种表面现象做深入分析，可以进一步阐释曹氏归义军中后期的发展趋势。“瓜沙之争”与“偏安一隅”，虽不能完全概

图4－25　榆林窟第19窟甬道南壁曹元忠及其子曹延禄供养像

括这一节的所有内容，但是反映了曹延禄时期归义军政权的主要特征。

一、瓜沙之争

瓜沙之争，即曹氏归义军时期瓜、沙地区的矛盾，以及节度使控制瓜州的努力。通过曹延禄时期对曹元忠时期许多方面的继承情况，可以看出曹元忠的节度使位应该是打算传位给曹延禄的。首先，曹元忠时期，已经称自己的儿子为“太子”，前文引用的一批曹元忠时期的文书都有相关的记载。其次，曹延禄时期，在许多方面直接继承了其父曹元忠的政策，如一些关键的称号、鸟形押、发愿文内容等，前文也有论述。第三，曹延恭与曹元忠、曹延禄父子之间存在着矛盾。由于当时曹延恭经营瓜州20余年，根基很深。曹元忠或因担心直接传位给曹延禄，会引起曹延恭的不满，不得已而让位于曹延恭。而曹延恭在归义军节度使位的时间很短，因此不能排除曹延恭在阴谋政变中下台的可能性。

曹延恭与曹元忠、曹延禄父子的矛盾，已经为许多学者所关注。关于此点，赤木崇敏曾指出，曹元忠、曹延禄父子与曹延恭分属于阗派系和甘州回鹘派系，此两个派系围绕节度使之位继承权的问题发生过激烈的斗争①。冯培红也指出曹延恭当为曹元德或者曹元深之子，他的上台说明归义军统治权从于阗一派又回到了甘州回鹘一派②。可见，这一时期归义军政权的内部矛盾是学者们认可的。但是，归义军政权内部的甘州回鹘派系在曹元德时

---

①（日）Akagi Takatoshi（赤木崇敏），“The Genealogy of the Military Commanders of the Guiyijun from Cao Family”，*Dunhuang Studies*：*Prospects and Problems for the Coming Second Century of Research*（ed. by Irina Popova and Liu Yi），pp. 8—13。

② 冯培红《敦煌的归义军时代》，第424页。

期已经被清洗，并且在归义军政权内部不存在能够左右敦煌政治的于阗派系，因此，曹氏归义军政权内部也就不存在甘州回鹘派系与于阗派系的矛盾。曹延恭与曹元忠、曹延禄父子的矛盾主要来源于敦煌瓜、沙二州之间的矛盾。本章第一节已经论述了曹延恭在瓜州地区的深厚势力。在曹元忠、曹延禄时期，书写发愿文时常常将瓜州刺史列入，说明了瓜州刺史职位的重要性。在愿文中将瓜州刺史列入，一方面表明瓜州是在沙州的控制之下的，且瓜、沙两地关系密切，以起到拉拢安抚的作用。另一方面，如此重视瓜州刺史，也暗示着曹元忠、曹延禄对瓜州的警惕和防范，种种迹象表明，曹氏归义军时期存在着沙州、瓜州的矛盾。这种矛盾在曹延禄执政以后虽然得到了缓解[①]，但是曹延禄依旧没有放松对瓜州的警惕。值得注意的是，《宋会要辑稿·蕃夷五》“瓜沙二州”条对曹延禄政权被推翻之前的情况有所揭示：

> （咸平）五年（1002）八月，权归义军节度兵马留后曹宗寿遣牙校阴会迁入贡，且言：“为叔归义军节度使延禄、瓜州防御使延瑞将见害，臣先知觉，即投瓜州。盖以当道二州八镇军民，自前数有冤屈，备受艰辛，众意请臣统领兵马，不期内外合势，便围军府，延禄等知其力屈，寻自尽。臣为三军所迫，权知留后，兼差弟宗以权知瓜州，讫文表求降旌节。”[②]

---

① ［清］徐松《宋会要辑稿》一九八册《蕃夷五》“瓜沙二州”条云：“［太平兴国五年（980）］制：权归义军节度兵马留后……曹延禄，可检校太保、归义军节度……等使，又以其弟延晟为检校司徒、瓜州刺史，延瑞为归义军衙内都虞候。”第7767页。

② ［清］徐松《宋会要辑稿》一九八册《蕃夷五》，第7767页。

在上述记载中，咸平五年（1002）曹延禄被害时，瓜州防御史为曹延瑞。而据史籍记载，宋太宗太平兴国五年（980）任命的瓜州刺史是曹延晟[①]。其实，检索敦煌文书可以发现，在986年的文书中曹延瑞已经是瓜州团练，P.4622《雍熙三年（986）十月墨离军诸军事守瓜州团练使金紫光禄大夫检校司徒兼御史大夫曹延瑞疏》这篇文书中，明确记载曹延瑞为瓜州团练使。荣新江还指出，由于曹延瑞是瓜州最高执政官，所以当地所写的文书指称最高上司时，往往指瓜州的首脑，而不是归义军节度使，并认为S.374《至道元年（995）正月新乡副使王汉子等牒》中的"司徒"，也是指称曹延瑞[②]。可知曹延禄统治时期，瓜州地区的最高长官发生过由曹延晟到曹延瑞的转变。限于史料，具体情况我们不得而知，但是通过以上的分析可以知道，曹氏归义军时期，一直在试图强化对瓜州的控制，且节度使对瓜州地区的有效掌控，对于归义军政权有非常重大的意义。

以上，笔者提出曹氏归义军时期存在着瓜、沙之间的矛盾，并且瓜、沙之争成为曹宗寿发动政变的一个重要推动因素，后文将有进一步论述。

二、偏安一隅

曹元忠以后，归义军政权积极进取的态度逐渐消弭，转向安于敦煌一隅的统治状态。曹氏归义军政权形式上是张氏归义军政权的延续，是中原王朝的一个西北藩镇。但是，实际上已经逐渐演变为一个地方王国，也失去了张氏归义军时期积极进取的政治追求。归义军政权的建立者张议潮（799—872）于848年春夏之

① ［清］徐松《宋会要辑稿》一九八册《蕃夷五》，第7767页。
② 荣新江《归义军史研究——唐宋时代敦煌历史考索》，第128页。

交一举收复敦煌，之后陆续光复河西诸州。其光复河西的壮举为时人所瞩目。然而由于河陇地区政治形势的复杂性，嗢末人在咸通年间（860—874）占领了凉州，回鹘人在乾符年间（874—879）侵入瓜、肃、伊三州。而张淮深厉兵秣马，奋起反击，于879年年底将河西走廊失去的诸州重新收复。张承奉执掌敦煌时期，也试图开疆拓土，光复其祖父张议潮时代归义军政权的辽阔地域①。虽然张承奉的努力最终失败，但是其政治意图是收复河西走廊，可知张氏归义军多数时期保持着积极进取的态势。

曹氏归义军中后期，统治者失去了这种积极的政治追求。曹元忠、曹延禄统治时期，是曹氏归义军历史上敦煌最为稳定的时期，自944年至1002年，在长达半个多世纪的时间里，未见这两位节度使有主动的军事行动，更不要说有光复河西走廊的雄心壮志。曹元忠时期，在敦煌地区实行了一系列内政改革，如改革镇制、乡制等。曹延禄时期则一直延续着曹元忠的各项政策，安于瓜、沙二州的统治现状，直至在政变中被推翻。

同时我们也应该看到这种局面出现的原因，首先，10世纪初期，唐王朝覆亡，号称回归中原王朝的归义军政权失去了强大的中原王朝的接应，因而很难有所作为。并且由于唐王朝的灭亡，河西走廊乃至西域渴望归唐的民众士气受到很大的打击，因此很难像张议潮时期那样一呼百应，揭竿而起。其次，随着中原势力退出河西，河西地区诸政权迅速崛起，虽然经过唐王朝的长期统治，河西地区的政治长期稳定，中原礼乐文化在河西地区已经深深扎根，但是由于环境地理因素和复杂的民族关系，河陇地区又进入地方势力相互攻伐、各自为政的局面，河陇诸政权迅速崛起并壮大。敦煌与河陇诸政权在力量对比上已经形成均势，并且正

① 冯培红《敦煌的归义军时代》，第208页。

在逐步趋于劣势。张承奉时期虽然希望光复河西，但是他没有认清当时的形势，在与甘州回鹘的作战中彻底失败，张承奉本人也黯然退出了敦煌政坛。在曹氏归义军第一任节度使曹议金时期，也曾经试图征服甘州回鹘，曹议金于同光二年（924）发动了对甘州回鹘的战争。此时，甘州回鹘经历了长期的内乱，可汗狄银刚刚上台，权力并不稳固，而曹议金统治的敦煌政权已经历经了10年的休养生息，并且成功通使中原。在战争中，虽然一开始比较顺利，但是甘州回鹘进行了反扑。归义军经过血战，虽然军事上取得了一些胜利，但是造成了巨大的消耗，最终与甘州回鹘议和休兵[①]。通过战争之前敦煌与甘州回鹘的准备情况，以及战争的结果来看，此时敦煌与甘州回鹘的力量已经形成均势。曹氏归义军政权想要在对外扩张中有大的作为，似乎已经不太可能。

客观上讲，河西地区的历史形势，造成了曹氏归义军后期的偏安局面；而主观因素上，曹氏归义军中后期节度使曹元忠、曹延恭、曹延禄等在对外关系上进取心的丧失，则使得归义军政权的军事力量逐渐羸弱。

曹氏归义军政权安于敦煌一隅的政治状态，在敦煌文化中体现出的是创造力的丧失。经过曹议金、曹元德、曹元深几任节度使的统治之后，粟特曹氏已经巩固了其家族的统治地位，而过去的汉姓大族如张氏、索氏等已经成为一般的家族。活跃在曹氏归义军政坛上的，是吐谷浑慕容氏家族，以及与粟特曹氏关系较为密切的翟氏家族等[②]，还有张氏归义军时期地位并不十分显赫的氾氏家族等。曹氏归义军时期，敦煌发愿文结构大多没有变化，往往使用常见的套语，甚至仅仅改变称号后直接使用前人的发愿

① 冯培红《敦煌的归义军时代》，第331页。

② 陈菊霞《敦煌翟氏研究》，第53—64页。

文内容。尤其在曹延禄时期，这种直接改变称号后将全文照搬的现象较多。比如：S.4537、S.4505文书的内容，正文极其相似，如果按照传统的文献整理方法将二者合校，在文后作注[①]，一些隐藏的信息便不容易被发现。两篇文书虽然内容基本上是相同的，但是所指人物不完全相同。S.4537文书记载：

（前缺）香灯满会，乐梵啾流，散食清斋，披肝启愿者，有谁施之？时则我河西节度使府主太保，先奉为龙天八部，护社稷以殄旧灾。梵释四王，保边方瑞呈新福。中兴皇帝，以（与）日月而齐明。府主太保，等乾坤而合运。国奉（泰）夫人，永宠宫帷。刺使郎君小娘［子］延真之福会也。伏惟太保英筹夙著，道契神机。禀万象之虚灵，蕴四时之和气。故得安边静塞，抚育以济孤穷。羌虏归心，慕仁风于戟佐。加以四弘启想，假百秉以为心。十信冥怀，广竖三坚之会。是日也，寒光敛色，暄景思节。结胜坛以殄千殃，舍珍财祈延万福。所有辜恩负命，宿对仇怨，今日今时，来于此会，领斯功德，发欢喜心，绝迹人寰，隐居他界。以慈（兹）小善，谨奉庄严上界天仙，下方龙鬼。伏愿威光炽盛，神力益昌。扫灾疠离出玉关，逐妖邪远飞莲境。又持胜福，复用庄严，我太保贵位。伏愿宝保兴禄位，镇静遐方。福比山岳以齐高，寿等海泉而［深］远。国太夫人长隆延泰之欢。刺使郎君小娘子芳兰，并芬芬而盛叶。倾城寮佐，各尽节于辕门。阖郡输忠，保深诚而效主。然后三农运塞，四序调和。千家竞力于东皋，万户勤耕

① 黄征、吴伟《敦煌愿文集》，第598—599页。

于南［亩］。西行北使，喜色来宾。在疾倾危，欢心速差。[①]

再看S.4505文书：

佛日之日，悬大像于四衢。天中之天，导群生于净域。威神自在，示现无方；玄风被于大千，实际光于不二。法雄利见，其大矣哉！厥今置净坛于八表，敷佛像于四门，中央建佛顶之场，缁众转如来秘藏。香灯满会，乐梵啾流，散食清斋，彼行启愿者，有谁施之？时则有我河西节度使令公先奉为龙天八部，护社稷以殄旧灾。梵释四王，保边方瑞呈新福。中兴皇帝，以（与）日月而齐明。府主令公，等乾坤而合运。国母夫人，永宠宫帷。郎君小娘子延贞之福会也。伏惟我令公英筹夙著，道契神机，禀万像之虚灵，蕴四时之和气。故得安边静塞，抚育以济孤穷，羌虏归心，慕仁风于戟佐。加以四弘启想，假百秉以为心，十信冥怀，广竖三坚之会。是日也，寒光敛色，暄景思舒，结胜坛以殄千殃，舍珍财祈延万福。所有辜恩负命，宿对仇怨，今日今时，来于此会，领斯功德，发欢喜心，绝迹人寰，隐居他界。以兹小善，谨奉庄严上界天仙，下方龙鬼，伏愿威光炽盛，神力益昌，扫灾疠出玉关，逐妖邪远飞莲境。又持胜福，复用我令公贵位，伏愿宝（保）兴禄位，镇静遐方，福比山岳以齐高，寿等海泉而深远。国母夫人，长隆延泰之欢。郎君以（与）小娘子芳兰，并芬芬而盛叶。倾城寮佐，各尽节于辕门。阖郡输忠，保深诚而效主。然

① 黄征、吴伟《敦煌愿文集》，第598—599页；《英藏敦煌文献（汉文佛经以外部分）》第6卷，第131页。

后三农运塞，四序调和。千家竞力于东皋，万户勤耕于南亩。西行北使，喜色来宾。在疾倾危，欢心速差。[①]

这两篇文书中，自“香灯满会”之后的内容，基本上一致，但是文书中出现了不一样的人物称号。S.4537中的称号是“太保”“国奉（泰）夫人”“国太夫人”“刺史”“郎君”“小娘子”，我们前文已经考证，“太保”即曹延禄，“国太夫人”与“国奉（泰）夫人”是曹延禄的母亲、曹元忠的妻子翟氏夫人。而S.4505文书中，人物称号有“令公”“国母夫人”“郎君”“小娘子”，其中“令公”指曹延禄，而“国母夫人”指称曹延禄的妻子于阗公主夫人。前文还提到了曹元忠、曹延禄时期只改动人物称号，而其他内容照抄的情况，这种情况不只这一例，笔者在此不一一列举。

图4-26 莫高窟第431窟壁画《水月观音》

对于曹氏归义军时期的文化特征，有学者研究认为，曹氏归义军时

① 《英藏敦煌文献（汉文佛经以外部分）》第6卷，第117—118页。

期已经没有张氏时期敦煌地域文化上升的景象，没有出现能够与中原地区比肩的文士[①]。曹氏归义军后期，功德记一类的文书越来越少，更多的是从事佛事活动而写的发愿文，内容也趋于相似。且曹氏归义军节度使推崇佛教，自曹元忠时期，崇佛的力度更是大大增强，敦煌儒家文化的影响力已经悄然衰落。虽然敦煌仍号称归义军政权，表面上看敦煌文化还是一片繁荣，但是文化内涵已悄然发生变化。

① 郑怡楠、郑炳林《敦煌曹氏归义军时期修功德记文体的演变》，《敦煌学辑刊》2014年第1期，第11页。

小　结

曹延禄时期归义军，敦煌周围诸政权如沙州回鹘、达怛、肃州家等对敦煌造成的威胁越来越大，尤其是沙州回鹘，与曹氏归义军晚期的“回鹘化”以及归义军政权最终走向灭亡都有很大的关系[①]，因此我们将这些内容放到第五章《曹氏归义军政权的覆亡》第一节《归义军政权面临的外部危机》中去讨论。

宋朝册封曹延禄的情况，史籍中的记载主要有，《宋史·外国六·沙州传》：“［太平］兴国五年（980），元忠卒，子延禄遣人来贡。赠元忠敦煌郡王，授延禄本军节度。”[②]《宋会要辑稿·蕃夷五》：“［太平兴国五年四月］制：权归义军节度兵马留后金紫光禄大夫检校司空兼御史大夫上柱国谯县男曹延禄，可检校太保归义军节度瓜沙等州观察处置营田押藩（蕃）落等使……至道元年（995）三月，延禄遣使朝贡。制加特进检校太尉。”[③]

---

① “回鹘化”实际只是表面现象，其具体过程颇为复杂，后文将对此做进一步分析。

② 《宋史》卷四九〇《外国六·沙州传》，第14124页。

③ ［清］徐松《宋会要辑稿》一九八册《蕃夷五》，第7767页。

《宋史·外国六·沙州传》载："咸平四年（1001），封延禄为谯郡王。"[①]赐予曹延禄"谯郡王"称号，是中原王朝首次给归义军节度使加封王爵，但是翌年，归义军政权内部发生政变，曹宗寿在政变中杀害了曹延禄、曹延瑞，曹宗寿、曹宗允执掌敦煌归义军政权。

曹延恭、曹延禄时期，归义军政权继续保持着稳定的局面。此时，归义军内部的瓜、沙矛盾逐步显现，同时还面临着外部诸政权、部落的威胁。归义军自身在军事上无力对东面的甘州回鹘构成威胁，但是尚能自保。最终，曹延禄本人在归义军政权的内部政变中被害，取代他的是曹宗寿。曹延禄之后，曹氏归义军政权的危机越来越凸显出来。

---

① 《宋史》卷四九〇《外国六·沙州传》，第14124页。此事在《续资治通鉴长编》也有记载，参见［宋］李焘《续资治通鉴长编》卷四八"真宗咸平四年（1001）"条，第1044页。

第五章

曹氏归义军政权的覆亡

曹元忠、曹延禄时期相对稳定的政治局面，被曹宗寿发动的政变所打破。曹宗寿主要是利用了曹氏归义军内部瓜、沙二州之间的矛盾，同时，还有可能引入了归义军政权附近沙州回鹘的力量。曹宗寿以后，敦煌的瓜、沙矛盾已经不太明显，因此，可以说是通过政变，曹氏归义军政权内部的瓜、沙矛盾得以解决。但是，笔者认为，曹宗寿以后，归义军政权与沙州回鹘的矛盾，成为归义军政权最大的威胁。在这一时期的西北政治格局之下，归义军政权的生存空间越来越狭窄，其存续状态越来越艰难。

第一节 归义军政权面临的外部危机

在曹氏归义军后期，敦煌周围的回鹘等诸势力已经对归义军政权构成威胁，主要表现为沙州回鹘势力在敦煌政权周边的兴起。沙州回鹘的兴起应该始自曹延禄时期，归义军政权的灭亡与沙州回鹘有至关重要的联系。

一、沙州回鹘与沙州蕃族

关于沙州回鹘，宋代的史料中就有相关记载，但是以甘、沙回鹘的形式出现。《宋会要辑稿·蕃夷四》记载：

> 太宗太平兴国元年（976）冬，遣殿直张璨赍诏谕甘、沙州回鹘可汗外甥，赐以器币，招至名马、美玉，以备车骑琮横之用。五年（980）闰二月，甘、沙州回鹘可汗夜落纥密礼遏遣使，以橐驼、名马、珊瑚、琥珀为贡。①

① ［清］徐松《宋会要辑稿》一九七册《蕃夷四》，第7714页。

《宋史·回鹘传》对此也有记载：

> 太宗太平兴国二年（977）冬，遣殿直张璨赍诏谕甘、沙州回鹘可汗外甥，赐以器币，招致名马美玉，以备车骑琮璜之用。五年（980），甘、沙州回鹘可汗夜落纥密礼遏遣使裴溢的等四人，以橐驼、名马、珊瑚、琥珀来献。①

《宋会要辑稿·蕃夷五》“瓜沙二州”条记载：

> 太宗太平兴国五年（980），元忠卒；三月，其子延禄遣使裴溢的名似四人来贡玉圭、玉碗、玉椀、波斯宝毡、安西细毡、葺褐、斜褐、毛罗、金星矾等。②

《宋会要辑稿·蕃夷七》记载：

> ［太平兴国］五年（980）闰三月二十六日，甘、沙州回鹘遣使裴溢的名似等来贡橐驼、名马、珊瑚、琥珀、良玉。③

对于史籍中有关甘、沙回鹘的记载，有学者怀疑史料的真实性，认为是史官的误笔，而甘州回鹘、沙州回鹘应是两个并立的政权④。学者还特别强调了史料记载中“沙州回鹘”的重要性，杨富学据《宋会要辑稿·蕃夷四》中“甘、沙州回鹘可汗夜落纥密

① 《宋史》卷四九〇《外国六·回鹘传》，第14114页。
② ［清］徐松《宋会要辑稿》一九八册《蕃夷五》，第7767页。
③ ［清］徐松《宋会要辑稿》一九九册《蕃夷七》，第7844页。
④ 汤开建、马明达《对五代宋初河西若干民族问题的探讨》，《敦煌学辑刊》创刊号（总第4期），1983年，第71页。

礼遏遣使”的记载指出，“沙州回鹘”一词的正式出现就在此时，并且在1036年建立了“沙州回鹘国”[①]。李正宇则认为《宋会要辑稿·蕃夷五》《宋会要辑稿·蕃夷七》两条史料中的朝贡使皆为裴溢的名似，且入贡的时间都在三月，因此判断史籍所载沙州回鹘的入贡与归义军的入贡等同，并将沙州回鹘与归义军视为同一回事[②]。冯培红则认为：“裴溢的名似应是沙州使节，但脱脱等人在编写《宋史》时，不仅对名字做了省称，还误会作甘州使节。之所以将使节的所属政权误‘沙’为‘甘’，就是受到了《宋会要》笼统写作‘甘、沙回鹘’的影响。”[③]

刘玉权对“甘、沙回鹘”也有论述，他认为史籍中提到的“夜落纥密礼遏”为甘州回鹘、沙州回鹘共同的可汗，沙州回鹘与甘州回鹘有比较松散的依赖关系，但是并无严密的统属关系。然沙州回鹘承认夜落纥密礼遏为其共主，但似乎又有自己的可汗统领部众和管理内部事务[④]。森安孝夫则认为，“无论如何，‘甘、沙州回鹘’是一个强调甘州回鹘的统一叫法，不管怎样也不能分解为两个名称”，“直到1014年，‘沙州回鹘’这个名称才有独立的所指”[⑤]。冯培红认为无论过分强调沙州回鹘，还是

① 杨富学《沙州回鹘及其政权组织——沙州回鹘研究之一》，段文杰等编《敦煌学国际研讨会文集·石窟史地、语文编》，第177页；杨富学、牛汝极《沙州回鹘及其文献》第一章《沙州回鹘国的兴亡》，兰州：甘肃文化出版社，1995年，第11页。

② 李正宇《悄然湮没的王国——沙州回鹘国》，段文杰等编《敦煌学国际研讨会文集·石窟史地、语文编》，第150—151页。

③ 冯培红《敦煌的归义军时代》，第446页。

④ 刘玉权《沙州回鹘史探微》，敦煌研究院编《1994年敦煌学国际研讨会文集——纪念敦煌研究院成立五十周年：宗教文史卷》（下册），兰州：甘肃民族出版社，2000年，第3页。

⑤（日）森安孝夫著，梁晓鹏译《沙州回鹘与西回鹘国》，《敦煌学辑刊》2000年第2期，第138—139页。

甘州回鹘，都失之偏颇[①]。同时，李正宇、冯培红等还注意到史料中“沙州蕃族”的相关记载。

图5-1 榆林窟第39窟甬道回鹘贵族供养人像

史料记载中，“沙州蕃族”（沙州回鹘）与归义军政权常常一同出现。《宋会要辑稿·蕃夷五》“瓜沙二州”条记载：

> 大中祥符七年（1014）四月，以归义军兵马留后曹贤顺为本军节度使，弟贤惠为检校刑部尚书、知瓜州归义军掌书记，宋庆融为检校工部员外郎，导引归义军进奉、主蕃部落大首领遏岂为检校国子祭酒、兼监察御史，以其遣使以母氏及国人陈乞故也。[②]

① 冯培红《敦煌的归义军时代》，第447—448页。

② ［清］徐松《宋会要辑稿》一九八册《蕃夷五》，第7768页。

这则材料中"主蕃部落大首领"即"沙州蕃族"部落的首领。"沙州蕃族"部落的首领是为归义军政权的入贡做导引。相关的记载还有《宋史·真宗纪一》：

> [咸平二年（999）] 是岁，沙州蕃族首领、邛部川蛮、西南蕃、占城、大食国来贡。[①]

这次咸平二年"沙州蕃族首领"的入贡，也是为归义军政权做导引。在《宋会要辑稿·蕃夷七》中也记载了相关史实：

> [咸平] 二年二月十五日，沙州节度使曹延禄遣使贡美玉、良马；二十八日，占城国王杨甫俱毗荼逸施离遣太使陈尧、副使蒲萨陀婆、判官黎姑伦来贡犀牙、玳瑁、香药；六月二十七日，大食国蕃客蒲押提黎遣其判官文戌来贡；九月十九日，邛部川蛮帅部的等来贡文犀、名马。[②]

李正宇将"沙州节度使曹延禄"视为"沙州蕃族首领"[③]，而实际上，元末在编修《宋史》时，将《宋会要》中的诸条记录合并列于咸平二年（999）之末，将"沙州节度使"改写为"沙州蕃族首领"[④]，这种改写恰可以与前述大中祥符七年（1014）的情形相印证，即"沙州蕃族首领"是为"节度使曹延禄"所遣使节做导引。"沙州蕃族"即敦煌政权附近的少数民族部落，他们可

① 《宋史》卷六《真宗纪一》，第111页。
② [清] 徐松《宋会要辑稿》一九九册《蕃夷七》，第7846页。
③ 李正宇《悄然湮没的王国——沙州回鹘国》，段文杰等编《敦煌学国际研讨会文集·石窟史地、语文编》，第150—151页。
④ 冯培红《敦煌的归义军时代》，第447页。

以为归义军节度使做导引，而归义军在通往中原路途上的主要障碍是甘州回鹘，这说明“沙州蕃族”与甘州回鹘的关系密切，即使“沙州蕃族”不完全是回鹘部落，至少也应该是以回鹘为主的诸民族百姓共同生活的部落。

沙州蕃族既然为归义军政权做导引，说明其与归义军政权关系密切，因此沙州蕃族和甘州回鹘应不具有统属关系。学者认为“史籍中关于甘、沙回鹘的记载应是一种笼统的说法，因为中原史官经常把西北诸国的入贡一同叙述，有时连贡品也合计在一起”①。综合以上论述，笔者认为宋代史籍中单独出现的“沙州蕃族”，应该是指在沙州周围以回鹘为主的部落，即沙州回鹘的前身。同时，“沙州蕃族”与归义军政权也是互不统属的，但是二者建立了良好的关系。

曹氏归义军中后期，敦煌周边诸政权、部落在逐渐壮大，许多以游牧生活方式为主且零星分布的部落，渐渐结成联盟，部落的主要民族成分为回鹘，且沙州周围的回鹘应主要来自西州，敦煌文书 P.3272V《丁卯年正月廿四日甘州使头阎物成去时书本》记载：

> 丁卯年正月廿四日，甘州使头阎物成去时书本。早者因为有少贼行，已专咨启。近蒙华翰，兼惠厚仪，无任感钦之至。所云：令宰相密六往肃州再设咒誓，自今已后，若有贼行，当部族内，随处除剪。问此嘉言，倍深感仰。况某忝为眷爱，实惬衷诚。永敦久远之情，固保始终之契。又云：在此三五人，往贵道偷来之事况。在此，因为西州离乱，恶弱之人极多到来。构召诸处贫下，并总偷身向贵道偷劫去，某并不知闻。近者示及，方知子（仔）细。当时

① 冯培红《敦煌的归义军时代》，第445页。

> 尽总捉到枷禁讫，使人并总眼见。即便发遣文帖与诸小镇，自今已后，若有一人往甘州偷去，逐（随）处官人，必当刑宪。又去年入京使到凉州界，遭尽劫夺，人总迸散。贵道与凉州接连封境，切望□□，比至凉州寻问即是。①

该文书是归义军孔目官阎物成出使甘州时携带的书信，可能是曹元忠致甘州回鹘可汗的书信。文书中记载“因为西州离乱，恶弱之人极多到来”，说明西州回鹘政权在这一段时间或处于动荡状态，许多人逃亡至沙州附近。文书又说“自今已后，若有一人往甘州偷去，逐（随）处官人，必当刑宪”，说明曹氏归义军政权将这些逃亡者最大程度地截留在敦煌附近，不让其继续向东流散。因此，敦煌附近便有形成回鹘部落的可能。10世纪时期，归义军政权与西州回鹘之间友好，荣新江指出二者的交往关系“为丝绸之路上的两个绿洲之间的文化交往提供了佳例”②。森安孝夫甚至指出沙州回鹘隶属于西州回鹘政权，他认为，最晚在11世纪初叶，敦煌地区即出现了一个沙州回鹘集团，此回鹘集团一开始操纵曹贤顺为节度使的归义军政权，但是在1023年，便取代了曹氏归义军政权③。而杨富学则认为，10世纪初，沙州回鹘集团的势力就开始逐步壮大，并且控制

---

① 唐耕耦、陆宏基《敦煌社会经济文献真迹释录》第4辑，第411页。

② 荣新江《公元十世纪沙州归义军与西州回鹘的文化交往》，中国台湾汉学研究中心编《第二届敦煌学国际研讨会论文集》，第583—603页。

③（日）榎一雄主编《講座敦煌》第2卷《敦煌の歴史》VI《ウィグルと敦煌》（森安孝夫撰），东京：大东出版社，1980年，第233—338页；（日）森安孝夫《チベット文字で書かれたウィグル文仏教教理問答（P.t.1292）の研究》，《大阪大学文学部紀要》第25卷，1985年，第1—85页；（日）森安孝夫《敦煌と西ウイグル王国——トウルファンからの書簡と贈り物を中心に》，《東方学》第74辑，1987年，第58–74页；（日）森安孝夫《沙州ウイグル集団と西ウイグル王国》，《内陸アジア史研究》第15号，2000年，第21—35页。

沙州。沙州回鹘是指以沙州为中心，统治着瓜沙地区的那一部分回鹘，与西州回鹘互不隶属①。根据文献资料的记载，可以知道早期的沙州回鹘应即文献中出现的“沙州蕃族”，“沙州蕃族”与沙州回鹘是一回事，“沙州蕃族”的构成肯定以回鹘为主，可能夹杂着在沙州附近游荡的其他民族的部落残余。且沙州回鹘不像是西州回鹘的隶属政权，其来源当以离散的西州回鹘残部为主；应该也有来自东部的甘州回鹘部众，但是应当在1028年甘州回鹘灭亡以后，可能才有大量的甘州回鹘残部迁徙到沙州一带。总之，“沙州蕃族”（沙州回鹘）是沙州周围的回鹘等部残余部众，即寓居于沙州附近的东西离散的回鹘等族，他们长期聚居形成了部落，被称为“沙州蕃族”。

二、威胁沙州的其他部族

曹氏归义军时期，河西地区的达怛部落崛起。黄盛璋对《使河西记》中的河西部族逐一考证，并据P.2155、P.3412、P.2741V等敦煌文献，指出河西达怛主要分布在瓜、肃、沙等州，为甘州回鹘之属部②。陆庆夫从敦煌文献出发，结合传世史籍的记载，撰成《河西达怛考述》一文，对达怛人的分布、迁入河西的时间及其族属、达怛的国都所在、达怛与邻国的关系等问题详做探讨，肯定了在河西走廊北部，亦即今内蒙古额济纳旗存在着一个达怛国③。张久和对河西地区的达怛做过考察，认为“从唐末、五代到北宋初年，河西达怛从属于各个回鹘集团，在沙州、肃

---

① 杨富学《沙州回鹘及其政权组织——沙州回鹘研究之一》，段文杰等编《敦煌学国际研讨会文集·石窟史地、语文编》，第175—200页。

② 黄盛璋《敦煌于阗文书中河西部族考证》，《敦煌学辑刊》1990年第1期，第61—62页。

③ 陆庆夫《河西达怛考述》，《敦煌学辑刊》1992年第1、2期合刊。

州、甘州等地活动，成为回鹘立足于河西的重要辅佐力量”[①]。白玉冬对达怛与曹氏归义军后期的通使交往做了专门讨论[②]。冯培红对达怛的历史状况做了回顾与考察，对敦煌归义军政权与河西达怛的关系做了研究，认为达怛国位于黑河下游的额济纳地区，与敦煌保持着友好往来，但是也曾侵扰归义军政权[③]。P.2970《阴善雄邈真赞并序》云：

> 曹王秉节，挺赤心而膺昌期。苦处先登，效忠贞而能定国。久倍（陪）军幕，作我主之腹心。百战沙场，几番生于龙塞。常乐贵县，国之要冲……达怛犯塞，拔拒交锋。统领军兵，临机变策。立丈夫儿之志节，一人独勇而当千。星散云飞，异类横尸而遍野。东收七郡，意气侔樊哙之功。西定六蕃，用军有烧牛之策。雄豪无敌，不顾微躯。下壁拔城，累彰臣节。通申内外，不恋货财。[④]

赞文记载，阴善雄是曹议金时期的重要将领，时任节度内亲从都头、守常乐县令，他率领归义军军队拒战甘州回鹘与达怛组成的联军，血战于玉门，最终在酒泉将其击败。P.2155V《某年六月弟归义军节度使曹元忠致兄甘州回鹘奉化可汗仁美状》记载：

① 张久和《河西地区的达怛》，《西北史地》1997年第2期，第20—24页。

② 白玉冬《十世紀における九姓タタルとシルクロード貿易》，《史学雜誌》第120編第10号，2011年；白玉冬《10世紀から11世紀における“九姓タタル国”》，《東洋学報》第93卷第1号，2011年。

③ 冯培红《敦煌的归义军时代》，第378—391页。

④ 郑炳林、郑怡楠《敦煌碑铭赞辑释（增订本）》，第1097页。

又去五月十五日，被肃州家一鸡悉殉作引道人，领达怛贼一百已来，于瓜州、会稽两处同日下打将人口及牛马。此件不忏贵道人也。况且兄弟才敦恩义，永契岁寒。有此恶弱之人，不要两地世界。到日伏希兄可汗天子细与寻问，勾当发遣，即是久远之恩幸矣。①

根据文书可知，在曹元忠时期，达怛贼100人在肃州家的引导下，入侵瓜州、会稽，造成了人口、牛马的损失。P.3412《宋太平兴国六年（981）十月都头安再胜、都衙赵再成、李衍悉鸡等状》记载：

再胜等闻讯向东消息，言说回鹘、达怛及肃州家相合，就大云寺对佛设誓，则说向西行兵。其僧正身患，且住三五日，瓜州将患，便取西来。②

这次西侵的主谋是甘州回鹘，达怛、肃州家也与其联合，一起向西用兵，入侵瓜州。

从以上材料看，肃州家也是威胁敦煌政权的力量，据S.389《肃州防戍都状》，肃州家由龙家、通颊、达票、羌族构成③，《新五代史·四夷附录三》“回鹘”条云：“又有别族号龙家，其俗与回纥小异。”④再结合上述文书中的记载，如P.2155V“被肃州家一鸡悉殉作引道人，领达怛贼一百已来”，P.3412“回鹘、

① 《法国国家图书馆藏敦煌西域文献》第7册，第132页。
② 《法国国家图书馆藏敦煌西域文献》第24册，第132页。
③ 冯培红《敦煌的归义军时代》，第388页。
④ 《新五代史》卷七四《四夷附录三》，第916页。

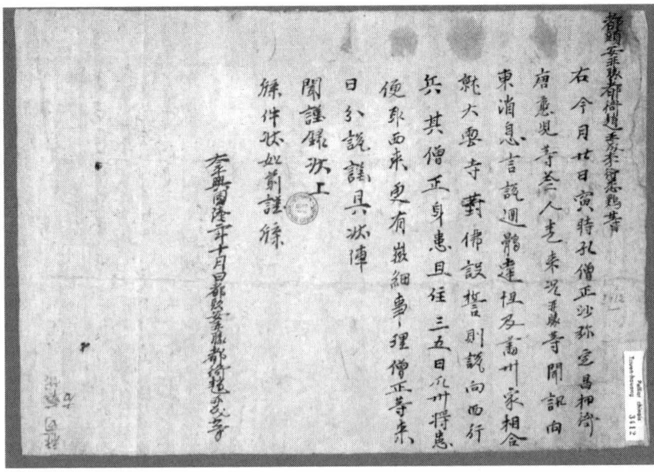

图5-2 P.3412《宋太平兴国六年（981）十月都头安再胜、都衙赵再成、李衍悉鸡等状》

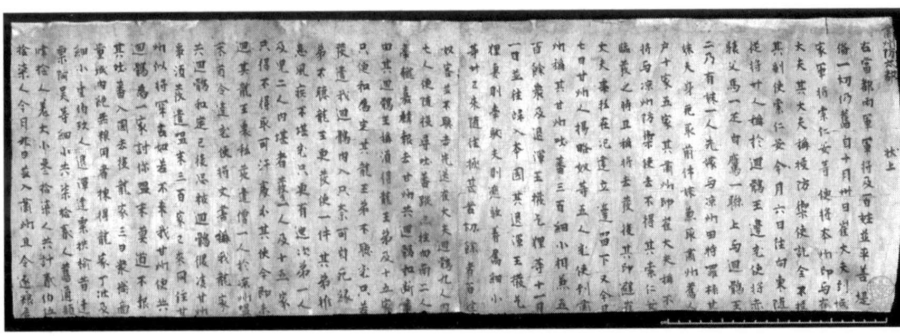

图5-3 S.389《肃州防戍都状》

达怛及肃州家相合”，可以看出，肃州家与达怛、甘州回鹘的关系密切。

根据P.2155V文书还可以知道，敦煌地区在受到达怛、肃州家的侵犯时，节度使会亲自致书甘州回鹘可汗，且言“到日伏希兄可汗天子细与寻问，勾当发遣，即是久远之恩幸矣”，这又说明，达怛、肃州家可能是甘州回鹘的盟友甚至是附庸，甘州回鹘的势力范围很大，达怛和肃州家都在其控制之内。

同时，居住在敦煌以西的南山也威胁着敦煌政权[①]，P.3835V《戊寅年（978）五月十日归义军节度使曹延禄下寿昌镇帖》记载了到南山抢掠紫亭镇的群牧。另外，S.5750V《清儿状》云：“都头清儿。右伏以清儿前时奉差南山，作其通和，有一个出者，便去西行。立便中间，劫骑马一匹、鞍一副，沿身箭具等。”[②]这里记载的是归义军派往南山的通和使节被劫持，马匹、马鞍、弓箭器具等被劫掠。S.2578《某年十一月十九日押衙薛九安谢张、索二都头状》亦载其子薛员通出使南山，遭到劫持。归义军亦发动了对南山的战争，P.3718《张明集写真赞并序》云：“南山偷路，公乃先行。对阵临锋，前荡后出。”[③]P.3718《李绍宗邈真赞并序》亦云：“破南山，公托隘寇，众赖沾功。扫羌戎，白刃相交，不贪躯命。”[④]

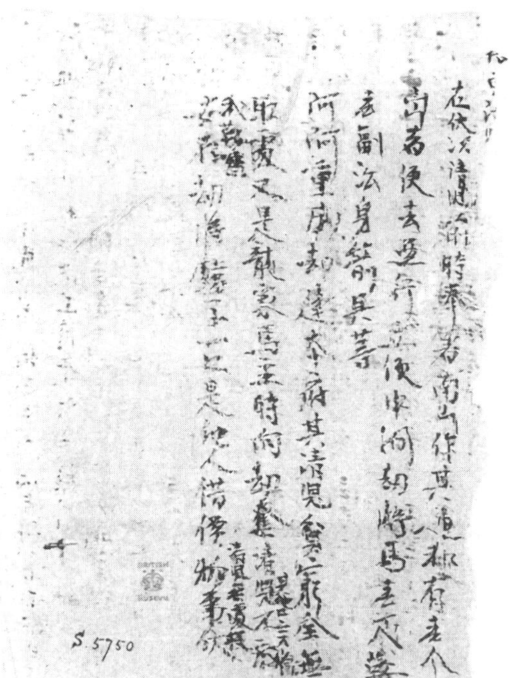

图5-4 S.5750V《清儿状》

① 冯培红《敦煌的归义军时代》，第371页。

② 《英藏敦煌文献（汉文佛经以外部分）》第9卷，第118页。

③ 郑炳林、郑怡楠《敦煌碑铭赞辑释（增订本）》，第973—974页。

④ 郑炳林、郑怡楠《敦煌碑铭赞辑释（增订本）》，第1068—1069页。

曹氏归义军政权东面面临着甘州回鹘、达怛、肃州家的威胁，西南面又有南山袭扰[①]，曹氏归义军后期，在敦煌地区还出现了“沙州蕃族”（沙州回鹘）部落。可知，来自周边少数民族部落的威胁是敦煌归义军政权面临的最大危机。

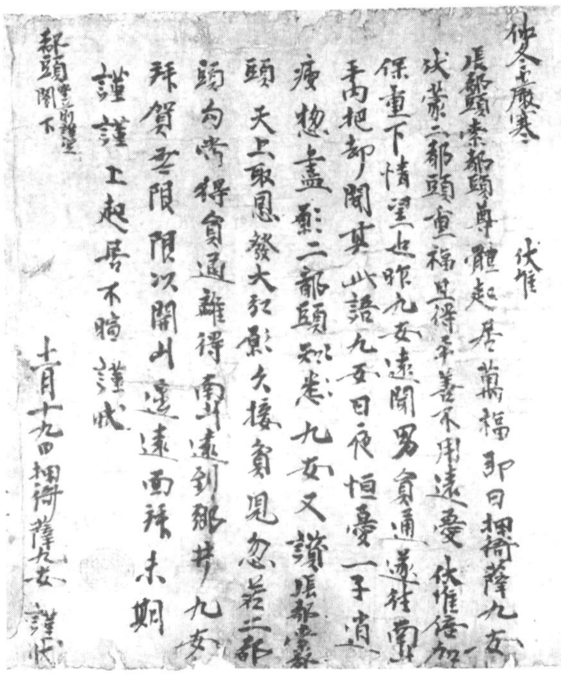

图5–5 S.2578《某年十一月十九日押衙薛九安谢张、索二都头状》

① 冯培红《敦煌的归义军时代》，第372页。

第二节　曹宗寿的政变

1002年，曹延禄、曹延瑞为其从子宗寿所害。曹宗寿取代曹延禄任归义军节度使，史料对此有记载。先是，曹延禄被册封为敦煌郡王，《宋史》记载："咸平四年（1001），封延禄为谯郡王。"[①]翌年，曹贤顺便被曹宗寿发动政变推翻。《宋会要辑稿·蕃夷五》"瓜沙二州"条记载："（咸平）五年八月，权归义军节度兵马留后曹宗寿遣牙校阴会迁入贡且言：'为叔归义军节度使延禄、瓜州防御使延瑞将见害，臣先知觉，即投瓜州。盖以当道二州八镇军民，自前数有冤屈，备受艰辛，众意请臣统领兵马，不期内外合势，便围军府。延禄等知其力屈，寻自尽。臣为三军所迫，权知留后，兼差弟宗以权知瓜州，讫文表求降旌节。"[②]《宋史·外国六·沙州传》记载："［咸平］五年（1002），延禄、延瑞为从子宗寿所害，宗寿权知留后，而以其弟宗允权知

① 《宋史》卷四九〇《外国六·沙州传》，第14124页。此事在《续资治通鉴长编》也有记载："［咸平四年正月］戊子，封归义军节度使曹延禄为谯郡王。"［宋］李焘《续资治通鉴长编》卷四八"真宗咸平四年（1001）"条，第1044页。

② ［清］徐松《宋会要辑稿》一九八册《蕃夷五》，第7767页。宗以，当据《宋史》卷四九〇《外国六·沙州传》作"宗允"。

瓜州。表求旌节，乃授宗寿节度使，宗允检校尚书左仆射、知瓜州，宗寿子贤顺为衙内都指挥使。”[①]根据史料记载，可知曹宗寿是通过一场政变推翻曹延禄、曹延瑞的统治。关于这次政变学者多有研究，主要是根据《宋会要辑稿·蕃夷五》中“内外合势”等记载加以推断。钱伯泉认为是曹宗寿与甘州回鹘勾结发动的政变[②]。陆庆夫认为曹宗寿是与辽朝内外合势[③]。同时陆庆夫还指出曹宗寿及其子曹贤顺是沙州回鹘的傀儡，并在沙州回鹘的挟持下发动政变[④]。冯培红认为有两种可能，一是根据《宋会要辑稿·蕃夷五》中“臣先知觉，即投瓜州……众意请臣统领兵马，不期内外合势，便围军府”的记载推断，曹宗寿投奔瓜州以后，招诱瓜州军队西来，与沙州城内的亲己派里应外合，一举推翻了曹延禄的统治；第二种可能是，“内外合势”的外部势力是指游牧于沙州城外的沙州回鹘，经曹宗寿勾结，联合发动政变，合力杀死曹延禄[⑤]。并且认为“曹宗寿为曹延禄的从子，很可能就是曹元德或曹元深之孙、曹延恭之子，这样，归义军的统治权又到了赤木崇敏所说的‘甘州回鹘派’手中”[⑥]。而赤木崇敏指出的“甘州回鹘派”势力，其实在曹元德时期就

---

① 《宋史》卷四九〇《外国六》，第14124页。

② 钱伯泉《回鹘在敦煌的历史》，《敦煌学辑刊》1989年第1期，第74页。

③ 陆庆夫《归义军与辽及甘州回鹘关系考》，《兰州大学学报》（社会科学版）1998年第3期，第73—79页；陆庆夫《归义军晚期的回鹘化与沙州回鹘政权》，《敦煌学辑刊》1998年第1期，第18—24页。

④ 陆庆夫《归义军晚期的回鹘化与沙州回鹘政权》，《敦煌学辑刊》1998年第1期，第18—24页。

⑤ 冯培红《敦煌的归义军时代》，第427页。

⑥ 冯培红《敦煌的归义军时代》，第427页。

已经被肃清[①]。根据已有研究成果可知，学者们多是根据史料中的文字记载来推测政变的具体过程。如果我们在文字记载的基础上，结合曹氏归义军时期历史演进的整体趋势来分析这次政变，或许能使问题的讨论更进一步。

曹延禄统治敦煌20余年，在个人权势达到顶峰的时候，竟为自己的从子所谋害，可知当时归义军政权内外是有一批人支持曹宗寿的。曹宗寿推翻曹延禄的统治不可能是一蹴而就的，就这次政变来说，曹宗寿事先应该做了充分谋划。因此笔者认为，这次政变的发生，是来源于曹氏归义军政权长期积累的矛盾，以下主要从两个方面进行分析。

第一，归义军政权内部的瓜、沙矛盾。关于沙州地区的归义军节度使府衙与瓜州刺史之间的矛盾，笔者在前文讨论曹延恭的相关问题时做了讨论，此不赘述。在此仅就曹延禄时期瓜州的一些情况，加以探讨。曹延禄继任节度使后，于980年获得了中原朝廷的正式任命。《宋会要辑稿·蕃夷五》“瓜沙二州”条云：

> 制：权归义军节度兵马留后、金紫光禄大夫、检校司空、兼御史大夫、上柱国、谯县男曹延禄，可检校太保、归义军节度、瓜沙等州观察处置、营田、押藩（蕃）落等使，又以其弟延晟为检校司徒、瓜州刺史，延瑞为归义军牙内都虞候，母进封秦国太夫人，妻封陇西郡夫人。[②]

根据史料记载可知，宋太宗在册封曹延禄为归义军节度使的同

① 郑炳林、杜海《曹议金节度使位继承权之争——以“国太夫人”、“尚书”称号为中心》，《敦煌学辑刊》2014年第4期，第1—12页。
② ［清］徐松《宋会要辑稿》一九八册《蕃夷五》，第7767页。

时，还任命其弟曹延晟为检校司徒、瓜州刺史，任命曹延瑞为归义军衙内都虞候。史籍记载曹延瑞被任命“归义军衙内都虞候”一职，那么此时他应该在沙州任职。而986年后，情况即发生变化，P.4622、S.374文书中的司徒为曹延瑞[①]，此时曹延瑞是瓜州地区的最高长官，那么之前朝廷任命的检校司徒、瓜州刺史曹延晟的任职如何呢？文献中没有发现相关的记载。但是，至少可以证明，曹延禄时期瓜州地区的行政长官有过调整。前文已经论述，曹延瑞、曹延禄皆为翟氏夫人生子，翟氏夫人在敦煌影响力颇大，曹延瑞之所以取代曹延晟，或与此有关。这也是曹氏家族内部矛盾的一个体现。

榆林窟第35窟的题记中，曹延瑞的官职为“节度副使、守瓜州团练使、金紫光禄大夫、检校司徒、兼御史大夫、谯郡开国男、食邑三百户”[②]，可知，此时曹延瑞已经升任归义军节度副使，且同时兼任瓜州团练使，节度副使曹延瑞应该在沙州任职，或往返于瓜、沙二州之间。曹宗寿发动政变时，史籍记载“为叔归义军节度使延禄、瓜州防御使延瑞将见害”，可知此时曹延禄、曹延瑞同在一地，而又言“臣先知觉，即投瓜州”，说明曹宗寿此时前往瓜州，那么曹延禄、曹延瑞毫无疑问是同时在沙州向曹宗寿发难。而曹宗寿前往瓜州后，又有“众意请臣统领兵马”一说，说明这时的瓜州行政官员和军队很有可能参与了这次政变。除了上述《宋会要辑稿》和《宋史》中记载的情况之外，《续资治通鉴长编》中的记载更能说明这次政变是曹宗寿利用了瓜州的力量，《续资治通鉴长编》“真宗咸平五年（1002）”条记载：

---

① 荣新江《归义军史研究——唐宋时代敦煌历史考索》，第128页。

② 谢稚柳《敦煌艺术叙录》，第488页。

先是，归义军节度使、谯郡王曹延禄及其弟瓜州防御使延瑞，并为族子宗寿所杀。宗寿遣牙校阴会迁入贡，上表言："延禄等谋害臣，臣奔瓜州。缘军民苦延禄之政，遂相率围沙州，延禄、延瑞即自杀。众迫臣统领兵马、权留后事，及遣弟宗文权知瓜州，求赐旄钺。"朝廷以其地本羁縻，务在抚怀，乃授宗寿归义节度使，宗文知瓜州，宗寿子贤顺为衙内都指挥使，妻氾氏封济北郡夫人。①

史书记载曹宗寿上表言"延禄等谋害臣，臣奔瓜州"，这既说明了曹延禄与曹宗寿之间的矛盾，又说明在瓜州地区有一股支持曹宗寿的势力。因此，史籍中的记载支持笔者"瓜、沙矛盾"的推断。

以上通过对曹延禄时期相关文献的研究，论证了曹宗寿利用瓜、沙之间的矛盾，发动了这次政变。同时，学者研究认为，曹宗寿应该是曹延恭的儿子②。在曹元忠任归义军节度使时，曹延恭长期担任瓜州刺史，从曹元忠、曹延恭、曹延禄三任节度使权力接替的过程来看，曹元忠、曹延禄父子长期生活在沙州，应该属于沙州一派，而曹延恭则属于瓜州一派。曹延恭任归义军节度使的时间很短即去世，没能在沙州站稳脚跟③。从这个角度来讲，曹宗寿的政变某种程度上也可以视为曹延恭时期瓜、沙矛盾的延续。

---

① ［宋］李焘《续资治通鉴长编》卷五二"真宗咸平五年（1002）"条，第1147页。"宗文"当作"宗允"。

② （日）Akagi Takatoshi（赤木崇敏），"The Genealogy of the Military Commanders of the Guiyijun from Cao Family"，*Dunhuang Studies*：*Prospects and Problems for the Coming Second Century of Research*（ed. by Irina Popova and Liu Yi），St. Petersburg：Institute of Oriental Manuscripts，Russian Academy of Sciences，2012，p.8；冯培红《敦煌的归义军时代》，第426页。

③ 第五章第一节对此有详细论述。

第二，归义军政权与周边部落的矛盾。文献记载中称曹宗寿“统领兵马，不期内外合势，便围军府。延禄等知力屈，寻自尽”，可知曹延禄、曹延瑞在政变过程中是有反抗的，但是最终抵挡不了曹宗寿的“内外合势”之师，力屈自尽。那么曹宗寿的“外部”支持者很有可能是沙州地区的“沙州蕃族”（沙州回鹘）部落。这是曹宗寿利用了曹氏归义军政权与周边部落的矛盾。

五代、宋初的河西走廊政权林立，呈现出对曹氏归义军政权不利的形势。正如P.3911《望江南》中所云：“敦煌郡，四面六蕃围。”当时的敦煌周围，东面有肃州家、达怛、甘州回鹘、凉州“六谷蕃部”[①]、党项，西面有西州回鹘、璨微、于阗，南面有南山，到了曹氏归义军后期，以回鹘人为核心的“沙州蕃族”在沙州附近形成部落。

敦煌文献中记载的与敦煌关系比较紧张的几个少数民族政权主要有甘州回鹘、肃州家、达怛、南山等，都地处敦煌周边，其中甘州回鹘甚至和达怛、肃州家结成联盟，侵扰归义军政权[②]。在西北诸政权中，于阗和敦煌世代友好，关系最为亲密。对于于阗来说，敦煌是汉文化的代表，是中原王朝的代理人。P.2826《于阗皇帝赐沙州节度使男令公白玉一团札》云：“白玉一团，赐沙州节度使男令公。”后钤两印中，小者曰“大于阗汉天子敕印”。赤木崇敏认为这位自称“汉天子”的于阗王是李圣天和曹

① 白丽娜《论五代宋初的凉州六谷蕃部联盟》，《西北民族大学学报》（哲学社会科学版）2013年第2期，第63页。

② 参第五章第一节。

图5-6 莫高窟第98窟壁画《各国王子图》局部

议金之女的儿子，所谓“汉”是指曹氏归义军[①]。因此，曹氏归义军在当时的西北地区，仍旧是中原文化的代言人，或者说是中原王朝的代理人。

至曹氏归义军后期，在诸民族政权林立的河西地区，敦煌政权显得孤立无援。关于粟特曹氏的汉化情况，荣新江指出，“曹氏即使是粟特后裔，他们早已经被汉文化所同化，从文化而不是种族上来说，与汉人无异”[②]。李并成、解梅则撰文强调了曹氏家族的汉族特征[③]。沙武田也认为归

---

①（日）森安孝夫、赤木崇敏释读作“大于阗汉天子敕印”，见森安孝夫《河西帰義軍節度使の朱印とその編年》，《内陸アジア言語の研究》XV，2000年，第118页；Akagi Takatoshi，“Six 10th Century Royal Seals of the Khotan Kingdom”，*New Studies of the Old Tibetan Documents*：*Philology*，*History and Religion*，（ed. by Imaeda Yoshiro, Matthew T. Kepstein and Tsuguhito Takeuchi），Tokyo: Research Institute for Languages and Cultures of Asia and Africa，Tokyo University of Foreign Studies, 2011，pp.219—221.

② 荣新江《敦煌归义军曹氏统治者为粟特后裔说》，《历史研究》2001年第1期，第72页。

③ 李并成、解梅《敦煌归义军曹氏统治者果为粟特后裔吗——与荣新江、冯培红先生商榷》，《敦煌研究》2006年第6期，第109—115页。

义军曹氏家族为汉化的粟特人后裔，曹议金及其子孙的画像面貌，是他们家族几个世纪以来与汉族及其他少数民族通婚的结果，到五代、北宋呈现出汉式面貌[①]。冯培红认为曹氏家族在五代、北宋时期，相貌上更多地呈现汉人特征是毋庸置疑的[②]。综合学者的研究可知，曹氏家族虽然是粟特人后裔，但他们是已经汉化的粟特人后裔，曹氏归义军政权代表的是敦煌各大家族的利益，曹氏时期的敦煌凝聚着西北地区民众对中原的向往之情，在经历了汉唐时期历史文化的积淀以后，中原文化已经在西北地区扎根。

曹氏归义军后期在沙州兴起的“沙州蕃族”部落[③]即沙州回鹘王国的前身。999年，“沙州蕃族”就已经为归义军节度使曹延禄所遣使节做导引，一同入京[④]。这就说明“沙州蕃族”（沙州回鹘）和敦煌东面的少数民族政权关系友好，至少由于族属相近，他们之间更加容易交往。因此才会为归义军政权的使节做向导。归义军政权的对外交往和通使会遇到很多麻烦，他们拉拢或示好沙州地区的“沙州蕃族”（沙州回鹘）部落，是为了使其在对外交往过程中帮助周旋。这也反映出敦煌政权拥有强大的适应能力，以中原文化代表者的身份置身于诸族林立的丝绸之路。归义军政权虽然困难重重，但仍旧通过灵活的对外政策周旋于诸政权之间，维持了长期稳定的统治。

通过以上分析，可以得出，曹延禄晚期的政变是源于曹氏归义军政权的内外矛盾。内部矛盾即敦煌瓜、沙二州之间的矛盾，

---

① 沙武田《敦煌石窟归义军曹氏供养人画像与其族属之判别》，中央文史研究馆、敦煌研究院、香港大学饶宗颐学术馆编《庆贺饶宗颐先生九十五华诞敦煌学国际学术研讨会论文集》，第144页。

② 冯培红《敦煌的归义军时代》，第258页。

③《宋史》卷六《真宗纪一》，第111页；［清］徐松《宋会要辑稿》一九八册《蕃夷五》，第7768页。

④ 冯培红《敦煌的归义军时代》，第448页。

外部矛盾即敦煌政权与周边诸民族政权的矛盾。这种矛盾是相对的，有时又可以被转化和利用，曹宗寿正是因此而得以推翻曹延禄的统治。曹宗寿在这次政变中利用了瓜州地区的军事力量，并且有可能联结了敦煌以外的势力，这个外部势力应即距离沙州最近的“沙州蕃族”（沙州回鹘）。曹宗寿通过军事政变推翻曹延禄的统治，继任归义军节度使之位，并且以其弟曹宗允执掌瓜州，敦煌瓜、沙政权尽在曹宗寿兄弟的掌控之中。

第三节 归义军政权的覆亡

曹宗寿通过政变取代曹延禄，执掌归义军政权。在政变过程中，或许勾结了沙州回鹘的力量。在曹宗寿、曹贤顺统治敦煌时期，沙州回鹘的势力不断壮大，而曹氏归义军政权也有回鹘化的趋势，并且归义军政权最终被沙州回鹘取代。

一、归义军政权与沙州回鹘

敦煌归义军政权在曹宗寿、曹贤顺时期，发生了回鹘化倾向。陆庆夫认为曹氏归义军在974年曹元忠去世后不久，便出现了回鹘化倾向，且1002年曹宗寿杀害曹延禄的政变就是在沙州回鹘挟持下发动的[①]。李正宇认为，“沙州回鹘即沙州归义军政权”[②]。杨富学则认为，“到曹贤顺统治期间，瓜、沙归义军政权干脆就将自己称作‘沙州回鹘’了”[③]。冯培红则认为，“从

① 陆庆夫《归义军晚期的回鹘化与沙州回鹘政权》，《敦煌学辑刊》1998年第1期，第18—24页。

② 李正宇《悄然湮没的王国——沙州回鹘国》，段文杰等编《敦煌学国际研讨会文集·石窟史地、语文编》，第150—151页。

③ 杨富学《回鹘与敦煌》，第258页。

《辽史》的记述来看，归义军末任节度使曹贤顺被当作沙州回鹘，说明粟特系的归义军政权发展到最后阶段，回鹘化倾向越来越严重”①。陆庆夫、冯培红的观点在于看到了曹氏归义军晚期回鹘化严重的现象，但是并没有将归义军政权等同于沙州回鹘；而李正宇、杨富学则认为曹氏后期归义军政权即史料中记载的沙州回鹘。

《辽史》的记载中，出现了“沙州回鹘曹顺”，可知，史书中也把“沙州回鹘”当作以曹贤顺为节度使的归义军末期政权。《辽史·圣宗纪六》记载：

> [开泰三年（1014）夏四月]乙亥，沙州回鹘曹顺遣使来贡。②

《辽史·属国表》记载：

> [开泰三年夏四月乙亥]，沙州回鹘曹顺遣使来贡，回赐衣币。③

《辽史·圣宗纪七》：

> [开泰九年（1020）七月]甲寅，遣使赐沙州回鹘敦煌郡王曹顺衣物……[开泰九年九月]乙亥，沙州回鹘敦煌郡王曹顺遣使来贡。④

---

① 冯培红《敦煌的归义军时代》，第450页。
② 《辽史》卷一五《圣宗纪六》，第175页。
③ 《辽史》卷七〇《属国表》，第1153页。
④ 《辽史》卷一六《圣宗纪七》，第187页。

以上是关于“沙州回鹘曹顺”的记载，但是曹贤顺也不是在所有史料的记载中都被称作“沙州回鹘曹顺”，《辽史·圣宗纪三》记载：

> [开泰六年（1017）六月] 乙酉，夷离堇阿鲁勃送沙州节度使曹恭顺还，授于越。①

此处即称曹贤顺为“沙州节度使”，史书中将此事系于“统和六年（988）”，“统和”为“开泰”之误②。杨富学指出“在开泰六年六月之前，曹贤顺曾觐辽，亲临上京（今赤峰市巴林左旗），辽朝则派专史护送曹贤顺返回敦煌”③。这说明了曹贤顺时期与辽朝的关系非常密切。《辽史·圣宗纪七》记载：

> [开泰八年（1019）正月]，封沙州节度使曹顺为敦煌郡王。④
>
> [开泰九年十月]，郎君老使沙州还，诏释宿累。⑤

同时，在“大契丹国宣徽南院使、归义军节度使、沙州管内观察处置使”韩椅墓志铭中记载：

> 明年（即开泰八年）奉使沙州，册主帅曹恭顺为敦煌

---

① 《辽史》卷一二《圣宗纪三》，第131页。

② 罗继祖《辽史校勘记》，上海：上海人民出版社，1958年，第30页；杨富学《回鹘与敦煌》，第258页。

③ 杨富学《回鹘与敦煌》，第258页。

④ 《辽史》卷一六《圣宗纪七》，第185页。

⑤ 《辽史》卷一六《圣宗纪七》，第188页。

王。[①]

这是辽史中不称曹贤顺为沙州回鹘的记载。在曹贤顺与宋交往时，不用“沙州回鹘”称号。

《宋史》记载：

> 大中祥符末宗寿卒，授贤顺本军节度使，弟延惠为检校刑部尚书、知瓜州。[②]

《宋会要辑稿·蕃夷五》记载：

> 大中祥符七年（1014）四月，以归义军兵马留后曹贤顺为本军节度使，弟贤惠为检校吏部尚书、知瓜州、归义军掌书记。[③]

《续资治通鉴长编》记载：

> ［大中祥符七年四月］甲子，以归义军留后曹贤顺为归义节度使，弟贤惠知瓜州。[④]

《宋会要辑稿·蕃夷七》记载：

---

①［辽］李万《韩椅墓志铭》，载陈述辑校《全辽文》卷六，北京：中华书局，1982年，第121页；向南主编《辽代石刻文编》，石家庄：河北教育出版社，1995年，第205页。

②《宋史》卷四九〇《外国六·沙州传》，第14124页。

③［清］徐松《宋会要辑稿》一九八册《蕃夷五》，第7768页。

④［宋］李焘《续资治通鉴长编》卷八二“真宗大中祥符七年（1014）”条，第1871页。

> ［天圣元年（1023）］闰九月二十二日，归义军节度使曹贤顺贡乳香、硇砂、玉。[①]

同件事亦见载于《续资治通鉴长编》卷一〇一“仁宗天圣元年（1023）闰九月”条：

> 归义军节度使曹贤顺遣使来贡方物，谢大中祥符七年（1014）旌节之赐也。[②]

曹氏归义军后期采取兼事辽、宋的战略[③]，学者指出曹贤顺在朝贡宋朝时，称“归义军节度使”，而朝贡辽朝时则称“沙州回鹘敦煌郡王”[④]。杨富学、杜斗城还进一步推测“沙州回鹘”是曹贤顺为了取悦辽朝后族而采用的策略性自称[⑤]。同时，冯培红也指出，元代使臣编撰《辽史》时，在《圣宗纪》中罗列了与曹贤顺相关的全部资料，有时称“沙州回鹘”，有时又称“沙州节度使”，而在《属国表》中则只把沙州回鹘曹贤顺的史料单独辑出，说明辽朝是将沙州回鹘当作属国的，也就是说，沙州回鹘在性质上是个国家[⑥]。综合各家的讨论，可以看出，曹贤顺时期的

---

① ［清］徐松《宋会要辑稿》一九九册《蕃夷七》，第7850页。

② ［宋］李焘《续资治通鉴长编》卷一〇一“仁宗天圣元年（1023）”条，第2337页。

③ 苏莹辉《瓜沙曹氏兼事辽、宋颠末》，《大陆杂志》第63卷第6期，1981年，第13—16页。收入《瓜沙史事丛考》，台北：台湾商务印书馆，1983年，第98—107页。

④ 杨富学《回鹘与敦煌》，第260页。

⑤ 杨富学、杜斗城《辽鎏金双龙银冠之佛学旨趣——兼论辽与敦煌之历史文化关系》，《北方文物》1999年第2期，第24页。

⑥ 冯培红《敦煌的归义军时代》，第449页。

归义军政权也被称作“沙州回鹘”是一个不争的事实。史籍中称曹贤顺为“沙州节度使”“归义军节度使”的情况，并不能否定史籍中关于“沙州回鹘曹贤顺”的称呼。那么归义军政权与沙州回鹘之间是什么样的关系呢？

前文论述到，在曹延禄时期，归义军出使中原曾以“沙州蕃族”（沙州回鹘）为导引。这说明归义军政权与“沙州蕃族”部落应该是两个互不统属的行政系统，但是二者关系亲近。“沙州蕃族”（沙州回鹘）部落能够在沙州地区立足，最初必定要获得归义军政权的同意；而曹氏归义军政权晚期，在少数民族政权林立的河西走廊，对外交往和通使受到很大的限制，也需要“沙州蕃族”（沙州回鹘）的帮助。

归义军政权对其周围的少数民族部落残余，或许有管理安置的举措，因此文书P.3272V中云“逐（随）处官人，必当刑宪”。所以笔者认为，曹延禄时期，归义军政权周围形成的“沙州蕃族”（沙州回鹘）部落，与曹氏归义军政权是相互依存的联盟关系。到了曹贤顺时期，敦煌政权的对外通使，很有可能是代表着归义军政权与沙州回鹘的联盟，这个联盟名义上的首领是曹贤顺，同时，有着各自的行政系统。归义军政权与沙州回鹘联盟派出的使团，在外交过程中，奉归义军节度使曹贤顺为其最高统治者。而出使的使团成员由归义军使节和沙州回鹘使节共同组成，其中回鹘使节在通使过程中可能发挥了更重要的作用，因此当归义军政权与沙州回鹘共同派出使节时，经常会被称为“沙州回鹘曹贤顺”。史籍中记载了归义军与沙州回鹘联盟朝贡的情况，《宋会要辑稿·蕃夷五》“瓜沙二州”条记载：

> 大中祥符七年（1014）四月，以归义军兵马留后曹贤顺为本军节度使，弟贤惠为检校刑部尚书、知瓜州归义军掌

> 书记，宋庆融为检校工部员外郎，导引归义军进奉、主蕃部落大首领遏岂为检校国子祭酒、兼监察御史，以其遣使以母氏及国人陈乞故也。①

其中宋庆融是归义军政权的代表，而“导引归义军进奉、主蕃部落大首领遏岂”则是沙州回鹘的代表。宋庆融、遏岂应该分别是这次朝贡的归义军使者、回鹘使者代表。而曹贤顺、曹贤惠则是“归义军—沙州回鹘联盟”名义上的首领，其中曹贤顺被册封为节度使。

归义军政权与沙州回鹘的联盟，大概维持到1030年。《宋史》记载：“［天圣］八年（1030），瓜州王以千骑降于夏。”②关于这位“瓜州王”的身份，吴广成认为即“回鹘瓜州王”曹贤顺，且瓜州回鹘为沙州分部，其王曹贤顺“见德明势日炽热，率属请降”③。刘玉权则认为，“瓜州王”应该是曹贤顺的弟弟曹贤惠。造成瓜州王投降西夏的原因，是沙州回鹘人发动政变，杀掉了归义军节度使曹贤顺④。而冯培红也认为，1030年，曹贤顺

---

① ［清］徐松《宋会要辑稿》一九八册《蕃夷五》，第7768页。

② 《宋史》卷四八五《外国一·夏国传上》，第13992页。

③ ［清］吴广成撰，龚世俊等校正《西夏书事校证》卷一一，兰州：甘肃文化出版社，1995年，第128页。

④ 刘玉权《沙州回鹘史探微》，敦煌研究院编《1994年敦煌学国际研讨会文集——纪念敦煌研究院成立五十周年：宗教文史卷》（下册），第7页。

的称号应该是“瓜沙州大王”[①]，而曹贤惠即“以千骑降于夏”的“瓜州王”，他同意刘玉权的观点，认为1030年曹贤顺被沙州回鹘所杀，曹贤惠逃奔西夏，归义军灭亡，沙州回鹘崛起[②]。笔者也赞同此种观点。在《回鹘与敦煌》一书中，杨富学指出，“东西方回鹘汇聚沙州，进一步壮大了沙州回鹘人的势力。沙州回鹘势力逐渐成为曹氏归义军的中流砥柱。曹氏不仅在政治上依靠回鹘势力，在军事上也不得不依靠回鹘人来支持”，同时指出，“回鹘人在当时已经取代归义军政权成为瓜、沙一带的实际主宰，归义军节度使即使名义尚存，也只能算作是傀儡”[③]。沙州回鹘取代归义军政权的政变，仅靠“瓜州王以千骑降夏”一条史料来说明，不具有充分的说服力。杨富学在论述时没有使用“瓜州王以千骑降夏”这条材料来说明归义军政权的灭亡，他把沙州回鹘取代归义军政权看成是一种历史发展的趋势。其观点“沙州回鹘逐渐强大，并最终取代归义军政权”，总体上概括了曹氏归义军后期敦煌地区的政治形势。不过，回鹘人是否成为瓜、沙一带的实际主宰，还有待于进一步考证。前述“宋庆融”作为归义军政权使者出使中原，说明敦煌汉姓大族的势力仍然存在，曹氏归义军末期敦煌的民族构成似乎并没有发生大的转变。由此可知，西北地区政权的更名、易代，实际并不能体现民族的变化，而是当地民众为了生存下去而采取的权宜之计；诸政权之间的争

---

① 关于敦煌文书中的“瓜沙州大王印”，王艳明认为是曹宗寿使用的。参王艳明《瓜沙州大王印考》，《敦煌学辑刊》2000年第2期，第41—53页。冯培红则认为，曹贤顺也有可能称“瓜沙州大王”，因为其被辽册封“敦煌郡王”，很可能继承了其父的“瓜沙州大王”称号。参冯培红《敦煌的归义军时代》，第442页。

② 冯培红《敦煌的归义军时代》，第453页。

③ 杨富学《回鹘与敦煌》，第266页。

夺本质上也不是民族间的争夺，而是政治势力之间的斗争。经历了长期的民族融合，西北地区的历史已经成为中华民族历史的重要组成部分。

图5-7 莫高窟第400窟北壁西夏壁画

综合以上讨论，我们大致可以得知曹氏归义军政权灭亡的具体经过。曹氏归义军后期，沙州地区出现了“沙州蕃族”（沙州回鹘）部落。曹延禄时期，“沙州蕃族”部落与归义军政权关系良好，曾经为归义军出使中原担任导引。随着沙州回鹘的壮大，他们不仅在外交上帮助归义军政权，还参与了归义军的内政，支持曹宗寿推翻节度使曹延禄的统治。曹贤顺时期，归义军政权与沙州回鹘联合进行外交出使活动，“归义军—沙州回鹘联盟”名义上奉曹贤顺为最高首领，但是派出的使团中回鹘人起着关键作用，因此在史籍中经常看到“沙州回鹘曹顺”的称号。归义军政权与沙州回鹘虽然组成了名义上的联盟，但是各有自己的行政体系，二者互不统属。1030年，沙州回鹘发动政变，曹贤顺被杀，曹贤惠率千骑逃亡西夏，曹氏归义军政权灭亡，代之而起的是沙州回鹘政权。以上即归义军政权灭亡的经过，曹氏归义军灭亡的过程也是沙州回鹘崛起的过程。

二、归义军晚期与宋、辽的关系

曹宗寿、曹贤顺任归义军节度使时期，在对外交往中采取兼事辽、宋的策略，尤其是在曹贤顺时期，频繁出使辽朝，而与宋朝的交往不多。这一时期，史籍中关于归义军政权与宋朝交往的记载主要有以下几条。《宋史·沙州传》载：

> ［咸平五年（1002）］，延禄、延瑞为从子宗寿所害，宗寿权知留后，而以其弟宗允权知瓜州。表求旌节，乃授宗寿节度使，宗允检校尚书左仆射、知瓜州，宗寿子贤顺为衙内都指挥使。①

《宋会要辑稿·蕃夷五》：

> 景德元年（1004）四月，宗寿遣使以良玉、名马来贡。且言本州僧惠藏乞赐师号，龙兴、灵图二寺修像，计金十万箔，愿赐之。又乞铸钟匠及汉人之善藏珠者，至当道传授其术。诏赐惠藏师号，量给金箔，余不许。
>
> ［景德］四年（1007）五月，宗寿遣瓜沙州节度上司孔目官阴会迁等三十五人诣阙，贡玉团、乳香、硇砂、橐驼、名马，诏赐锦袍、金带、器币，酬其直，仍降敕书示谕，所乞药物金箔，量赐之。

---

①《宋史》卷四九〇《外国六·沙州传》，第14124页。

> [景德四年] 闰五月，沙州僧政会请诣阙，以延禄表，乞赐金字经一藏。诏益州写金银字经一藏赐之。[1]

《宋史·沙州传》：

> 大中祥符末宗寿卒，授贤顺本军节度使，弟延惠为检校刑部尚书、知瓜州。贤顺表乞金字藏经洎茶药金箔，诏赐之。
>
> 至天圣初，遣使来谢，贡乳香、硇砂、玉团。[2]

曹宗寿、曹贤顺时期，和宋朝通使逐渐减少。尤其到了曹贤顺时期，在大中祥符七年（1014）被宋真宗任命为归义军节度使之后，又过了10年，才于宋仁宗天圣元年（1023）遣翟来著进贡方物。史载此次朝贡是为了“谢赐旌节”，也就是谢10年前宋廷所赐归义军节度使旌节，这次记载，也是史籍中所见曹氏归义军最后一次入贡中原王朝的记载[3]。

曹宗寿、曹贤顺时期，在朝贡宋朝的同时，还积极联络辽朝，《辽史·圣宗纪》中的记载主要有：

> [统和二十四年（1006）八月]，沙州敦煌王曹寿遣使进大食国马及美玉，以对衣、银器等物赐之。
>
> [开泰三年（1014）夏四月] 乙亥，沙州回鹘曹顺遣使来贡。

---

① [清] 徐松《宋会要辑稿》一九八册《蕃夷五》，第7767—7768页。
② 《宋史》卷四九〇《外国六·沙州传》，第14124页。
③ 冯培红《敦煌的归义军时代》，第451页。

[统和（当作“开泰”）六年（1017）六月]乙酉，夷离堇阿鲁勃送沙州节度使曹恭顺还，授于越。

[开泰八年（1019）正月]，封沙州节度使曹顺为敦煌郡王。

[开泰九年（1020）七月]甲寅，遣使赐沙州回鹘敦煌郡王曹顺衣物。

[开泰九年（1020）]九月乙亥，沙州回鹘敦煌郡王曹顺遣使来贡。

[开泰九年（1020）十月]，郎君老使沙州还，诏释宿累。①

以上第一条是曹宗寿时期遣使者入辽朝进贡的记载，之后是曹贤顺频繁出使辽朝的记录，说明曹氏归义军晚期与辽朝关系亲密，与宋朝的关系渐渐疏远。杨富学认为，“在开泰六年六月之前，曹贤顺曾觐辽，亲临上京（今内蒙古赤峰市巴林左旗），辽朝则派专史护送曹贤顺返回敦煌”②。这说明了曹贤顺时期与辽朝的关系非常密切。

敦煌与中原关系逐渐疏远的时期，甘州回鹘与宋朝的关系反而越来越密切。据朱悦梅、杨富学统计，在北宋乾德三年（965）至大中祥符三年（1010）间，甘州回鹘11次入贡宋朝，而大中祥符三年（1010）至天圣六年（1028）之间，甘州回鹘入贡宋朝的次数多达17次，甚至有的年份入贡了三次③。这说明甘州回鹘到

① 《辽史》卷一四《圣宗纪五》，第162页；《辽史》卷一五《圣宗纪六》，第175页；《辽史》卷一二《圣宗纪三》，第131页；《辽史》卷一六《圣宗纪七》，第185页；《辽史》卷一六《圣宗纪七》，第187页；《辽史》卷一六《圣宗纪七》，第188页。

② 杨富学《回鹘与敦煌》，第258页。

③ 朱悦梅、杨富学《甘州回鹘史》，2013年，第201页。

中原的道路是畅通的。陆庆夫认为，中原王朝此时的战略目标是应对西夏的崛起，因此结好甘州回鹘、凉州吐蕃，比结好沙州归义军政权更符合其战略需要[①]。但是，从实际情况来看，曹氏归义军政权之所以不能出使宋朝，并不单纯是北宋的战略选择，很有可能是由于甘州回鹘、肃州家、达怛等部的阻挠，这在本章第一节已经做过交代。曹氏归义军政权向东出使遇到了困难，不得不与沙州附近的沙州回鹘建立起同盟关系，以便在外交通使过程中更好地周旋。同时，由于向东朝贡中原的道路不通畅，归义军政权在周边势力的包夹下显得孤立无援，因此曹氏归义军晚期积极联络辽朝，实际上是最有利于其自身发展的选择。

曹氏归义军亲辽疏宋的政策，与甘州回鹘阻碍归义军与中原通使道路有关，在史籍中也有相关的体现。《宋会要辑稿·蕃夷四》记载甘州回鹘上表北宋朝廷："契丹即日多益兵马于沙州往来，未知何计使，即目断绝。"[②]从表文的记载中看，甘州回鹘上表之目的显然有挑拨敦煌与中原关系的嫌疑。虽然如此，但是表文所陈述的，也是曹贤顺与辽朝关系密切这一事实。其实表文还反映出来，由于曹贤顺的沙州政权与辽朝关系不断密切，甘州回鹘已经感到极度不安。甘州回鹘与辽朝为宿敌，在1001—1026年间，辽朝四次征讨甘州回鹘[③]，太平六年（1026）五月辽圣宗对甘州回鹘的征伐，虽然没有灭掉回鹘，却极大地消耗了回鹘的战斗力，在辽兵退出后不久，西夏人便于1028年一举攻克甘州，

①陆庆夫《归义军与辽及甘州回鹘关系考》，《兰州大学学报》（社会科学版）1998年第3期，第73—79页。

②［清］徐松《宋会要辑稿》一九七册《蕃夷四》，第7717页。

③《辽史》卷九三《萧图玉传》，第1378页；《辽史》卷一四《圣宗纪五》，第164页；《辽史》卷一五《圣宗纪六》，第167—168页；《辽史》卷一七《圣宗纪八》，第199页。

甘州回鹘政权灭亡[①]。因此，曹贤顺结好辽朝，还有拉拢辽朝以遏制甘州回鹘的目的。最终，甘州回鹘在辽与西夏的接连征伐之下灭亡，然而曹氏归义军政权随后也在1030年为沙州回鹘所取代。至此，曾经在丝绸之路上占据重要地位的甘州回鹘政权、敦煌归义军政权相继灭亡。唐朝灭亡后河西走廊上诸强林立的时代至此结束。

三、藏经洞的封闭时间

关于藏经洞封闭的时间及原因，学者做过许多讨论。敦煌藏经洞出土的一些佛经上的“瓜沙州大王印”，很有可能与曹氏归义军晚期的一次佛经清理活动有关。这应该是判断藏经洞封闭时间最重要的标志。

关于曹氏归义军时期的佛经清点活动，方广锠指出，在曹氏政权的某一年，敦煌寺院进行了一次寺院藏书的大清点，清点后，将一大批残破无用的经卷、积存多年的过时文书与废纸以及旧的幡画、多余

图5-8 敦煌文书P.2413背面所钤“瓜沙州大王印”

① 朱悦梅、杨富学《甘州回鹘史》，第204页。

的佛像等，统统集中起来，封存到第17窟中[①]。

不过，敦煌文书中的“瓜沙州大王印”亦值得关注。对于“瓜沙州大王印”，学者做过不少研究[②]，王艳明的研究最为详细，他对“瓜沙州大王印”的性质、数量、功能、使用者都做了专门的考察，还提出了“瓜沙州大王印”用于佛经清理活动的观点。他认为印章所钤的位置有四种情况：包首、经首、经尾和经背骑缝。从经首和经尾的钤印难以区分是否为清理佛经之用，但是包首和经背的印章很可能是后人加盖上去的。P.2413《大楼炭经卷第三》中，不仅经背骑缝处有钤印，还写“《大楼炭经》两卷重”一行文字；Φ.125《善臂菩萨所问六波罗蜜经卷下》经尾及背部骑缝各存“瓜沙州大王印”一方，包首有“《善臂菩萨经》卷下重本”；P.2318《光赞般若经卷第二》署有“八光赞般若经卷二”；P.2177《佛说马有三相经》包首下书“言重”二字。这都表明曹氏归义军时期有过一次佛经清理活动[③]。王艳明根据对曹氏归义军时期节度使相关称号的考察，认为是曹宗寿使用了“瓜沙州大王印”。他还将曹宗寿组织的这次佛经清理活动与藏经洞的封闭联系起来：“我们将‘瓜沙州大王印’的出现和使用

① 方广锠《敦煌藏经洞封闭年代之我见——兼论“敦煌文献”与“藏经洞文献”之界限》，饶宗颐主编《敦煌文薮》下册，台北：新文丰出版公司，1999年，第181—205页。

②（俄）丘古耶夫斯基著，魏迎春译《俄藏敦煌汉文写卷中的官印及寺院印章》，《敦煌学辑刊》1999年第1期，第144、147页；王克孝译《敦煌汉文文书》附录一《俄罗斯科学院东方研究所圣彼得堡分所敦煌藏卷上的官方和寺院印章》，上海：上海古籍出版社，2000年，第251—252、256页；（日）森安孝夫《河西帰義軍節度使の朱印とその編年》，《内陸アジア言語の研究》XV，第120页；王艳明《瓜沙州大王印考》，《敦煌学辑刊》2000年第2期，第41—53页。

③ 王艳明《瓜沙州大王印考》，《敦煌学辑刊》2000年第2期，第46—47页。

定在曹宗寿时期，是因为曹宗寿时期发生了藏经洞的封闭事件。藏经洞的封闭与曹宗寿政权关系甚大，尤其与曹宗寿时的一次清经活动密切相关。”①

冯培红在《敦煌的归义军时代》第十二章第二节《“瓜沙州大王”与“瓜州王”》中，对“瓜沙州大王印”相关问题再次做了深入详尽的论述。他肯定了“瓜沙州大王印”与佛经清理活动有关，认为，“这是由官府出面清点并钤盖‘瓜沙州大王印’，表明这是一次归义军最高统治者出面整理佛经的活动”。冯培红更加明确了“瓜沙州大王印”的使用情况和钤盖位置，指出“我们应当重视这枚官印目前仅见钤于佛经的特殊现象，当然同时也应该注意到，在其他更多的佛经上却没有钤盖此印。盖在这些佛经上的‘瓜沙州大王印’的位置是完全相同的……也表示这是一次统一性的官方清点佛经的活动”。同时，通过对S.559《佛本行集经卷次目录》中钤印情况的考察，指出“归义军官方主持的这次清点活动……还在佛经目录上对每一卷进行盖印确认，足见其细致与慎重，因此很可能就是藏经洞封闭前对即将封存之佛经所做的清点工作”。对于“瓜沙州大王印”的使用者，冯培红认为曹贤顺被辽册封为敦煌郡王，很可能继承了其父的“瓜沙州大王”的称号。且《宋史》卷四八五《外国一·夏国传》记载到天圣八年（1030）的一位“瓜州王”，此“瓜州王”应该是曹贤惠，而其兄曹贤顺应即“瓜沙州大王”②。

综上可知，这枚“瓜沙州大王印”的使用者可能是曹宗寿或者曹贤顺。该印章的使用与一次大规模的清理活动有关，且这次清理活动很可能是藏经洞封闭前的一次清理。1002年，曹宗寿任

① 王艳明《瓜沙州大王印考》，《敦煌学辑刊》2000年第2期，第46页。

② 冯培红《敦煌的归义军时代》，第441—443页。

图5-9 莫高窟第17窟“藏经洞”内景

归义军节度使，曹贤顺的被害时间应该在1030年。那么此次佛经清点活动的时间应该在1002—1030年之间，而藏经洞的封闭时间应该在这之后不久。藏经洞目前所见最晚的一篇文书，一般认为是Φ.32《宋咸平五年（1002）七月十五日敦煌王曹宗寿与济北郡夫人氾氏捐经题记》[①]，之后随着藏经洞封闭，曹氏归义军晚期的历史无敦煌文献可证。曹氏归义军政权势力也迅速衰落，最终为沙州回鹘所取代。

关于藏经洞封闭的原因，学界有过很多讨论，但是仍旧未形成统一的认识。学者的观点归纳起来主要有：废弃说、避难说、供养说等。刘进宝《20世纪敦煌藏经洞封闭时间及原因研究的回顾》、吴超《敦煌藏经洞封闭原因研究综述》、冯培红《敦煌的归义军时代》第十二章第一节《敦煌莫高窟藏经洞封闭之谜》等对此问题做了详细的综述[②]。张涌泉逐个考察了3万余件敦煌文

① 荣新江《敦煌学十八讲》，北京：北京大学出版社，2001年，第78—80页。
② 刘进宝《20世纪敦煌藏经洞封闭时间及原因研究的回顾》，《敦煌研究》2000年第2期，第29—35页；刘进宝《藏经洞之谜——敦煌文物流散记》，兰州：甘肃人民出版社，第19—34页；吴超《敦煌藏经洞封闭原因研究综述》，《高校社科信息》2003年第4期，第23—26页；冯培红《敦煌的归义军时代》，第431—437页。

献，经过对大量残卷的缀合研究，尝试还原敦煌藏经洞的封闭过程。敦煌藏经洞文献与道真修复佛经的活动密切相关，道真去世后，剩下的佛经残卷或者复本被留存在藏经洞临时封存[①]。

① 张涌泉、罗慕君、朱若溪《敦煌藏经洞之谜发覆》，《中国社会科学》2021年第3期，第180—203页。

小　结

曹宗寿于1002年执掌敦煌归义军政权，而藏经洞中的Φ.32《宋咸平五年（1002）七月十五日敦煌王曹宗寿与济北郡夫人汜氏捐经题记》，通常被认为是时代最晚的一件藏经洞出土文书。因此曹氏归义军政权晚期的情况，只能根据史籍中的记载，勾勒出一个大致的面貌。

曹氏归义军后期，可能在曹延禄后期的咸平二年（999）甚至更早，归义军政权就已经与沙州回鹘结成了联盟，起初是在外交通使的过程中，双方以共同的使团出使。而沙州回鹘继而涉足归义军政权内部的政治斗争，曹宗寿发动的政变可能引入了沙州回鹘的势力。笔者认为，曹氏归义军后期，敦煌政权虽然表现出“回鹘化”现象，但敦煌地区的社会结构、民族构成的变化似乎不能简单以“回鹘化”表述。归义军政权只是与沙州回鹘结成了联盟，归义军政权的首领曹贤顺应该是“归义军—沙州回鹘联盟”名义上的共同首领，二者互不统属，在行政上有各自独立的体系。曹氏归义军政权的最终灭亡是在1030年，曹氏归义军节度使曹贤顺被沙州回鹘杀害，“瓜州王”曹贤惠逃奔西夏。

第六章

曹氏归义军历史图景的描绘

曹氏家族通过联姻建立起牢固的统治基础，庞大的家族网络使得其统治能够深入基层，改变了张氏归义军时期几大家族把持敦煌政权的局面。敦煌政权通过与甘州回鹘、于阗东西联姻，维持了相对和平的局面。总体上看，在曹氏归义军历任节度使的努力下，敦煌政权内部没有出现各个家族之间权力争夺的激烈冲突。通过对节度使联姻情况的梳理，可以完整地绘制曹氏归义军政治史图景。

曹氏归义军政权加强了节度使家族对瓜、沙二州的控制，并能够较好地处理与周边政权的关系，因而维持了敦煌地区长期的稳定局面。不过平静波面的背后亦潜藏着暗流。曹氏归义军初期沙州、瓜州之间的微妙关系，至中后期发展为沙州、瓜州之间军政势力的矛盾，并最终导致曹氏归义军末期节度使家族的内部冲突，曹氏归义军政权的衰落亦与此有关。本章尝试对这一历史演进过程进行系统梳理，从而揭示曹氏归义军历史中的另一条重要线索。

可以想见，敦煌作为东西交通的重要孔道，五代宋初时期较长久地维持着相对稳定的局面，地方社会经济得以发展。尤其是曹元忠统治时期，敦煌地方社会应是一派繁荣的景象，成为五代宋初中国历史上的一道绚丽色彩。

第一节 曹氏归义军节度使联姻与政权世系

敦煌归义军政权由张氏家族与曹氏家族相继执政。在张氏家族无力控制敦煌局面的情况下，曹议金经过长期经营，建立曹氏归义军政权，进而维护了敦煌地区100多年的稳定。曹氏家族的族属特征，是学界讨论的重要问题①，也形成了一些共识。简单地说，即曹氏家族为粟特族后裔，但是已经汉化，外在特征与汉族无异，曹氏归义军政权是五代宋初时期西北地区中原王朝的代理人②。虽然如此，如果深入考察曹氏归义军时期敦煌的社会形

① 荣新江《敦煌归义军曹氏统治者为粟特后裔说》，《历史研究》2001年第1期，第65—72页；冯培红《敦煌曹氏族属与曹氏归义军政权》，《历史研究》2001年第1期，第73—86页；李并成、解梅《敦煌归义军曹氏统治者果为粟特后裔吗——与荣新江、冯培红先生商榷》，《敦煌研究》2006年第6期，第109—115页；沙武田《敦煌石窟归义军曹氏供养人画像与其族属之判别》，中央文史研究馆、敦煌研究院、香港大学饶宗颐学术馆编《庆贺饶宗颐先生九十五华诞敦煌学国际学术研讨会论文集》，第144、164页。

② 冯培红《敦煌的归义军时代》，第458页；（日）Akagi Takatoshi（赤木崇敏），"The Genealogy of the Military Commanders of the Guiyijun from Cao Family", *Dunhuang Studies: Prospects and Problems for the Coming Second Century of Research* (ed. by Irina Popova and Liu Yi), St. Petersburg: Institute of Oriental Manuscripts, Russian Academy of Sciences, 2012, p.10.

态、统治方式、文化特征等，可以发现曹氏家族统治敦煌时期所表现出来的独特性格。陈寅恪在《天师道与滨海地域之关系》一文中指出："家世之遗传，绝非一朝一夕偶然遭际所致。"①那么，对曹氏归义军节度使联姻、节度使更替、家族关系嬗变等一系列问题做深入研究，将使我们对曹氏归义军政权有更深入的认识。

本节即结合曹氏家族社会关系最重要的一环——归义军节度使的姻亲关系，来探讨曹氏归义军政权的世系，并对相关问题做一讨论，不足之处，请方家指正。

一、从节度使夫人称号看曹氏家族的联姻

纵观归义军政权的历史，可知这一时期敦煌政权的历史脉络，实际上与由敦煌大族构成的政治集团之嬗变有重要关系。曹氏归义军时期敦煌内外形势严峻，居于统治地位的曹氏家族不仅通过与敦煌当地大族联姻来巩固统治，还通过与回鹘、于阗的世代联姻来维持内外政局的稳定。曹氏归义军时期，敦煌文献中常以"天公主""天皇后""国太""国母"等称号来称呼重要的节度使夫人等影响力较大的女性，其中"天公主"为曹议金回鹘公主夫人，"天皇后"为曹议金嫁到于阗的女儿。而"国太""国母"称号前文虽已对具体情况进行了分析，不过尚未进行综合研究，本节拟对"国太""国母"称号以及相关问题做系统梳理。

曹氏归义军时期敦煌文书中数次出现"国太"称号，是研究节度使联姻问题的重要线索，也涉及曹氏归义军历史上一系列重

① 陈寅恪《金明馆丛稿初编》，北京：三联书店，2001年，第7页。

要问题。具有“国太”称号的归义军节度使夫人，首先是曹议金时期的“国太夫人”索氏。此外，其他“国太”称号的出现都是在曹延禄时期，同时，曹延禄夫人还有“国母夫人”的称号。笔者拟打破时间的限制，在这一节对“国太”称号的含义、几位夫人使用“国太”称号的具体时间、“国太”与“国母”称号的使用者等问题进行全面梳理。若围绕这一问题展开探讨，可以大致还原曹氏家族苦心经营敦煌政权的历史进程。

（一）“国太夫人”的册封

首先，我们通过传世文献的记载对“国太夫人”册封的相关情况做一考察。相关史料可以追溯到汉文帝时期朝廷对“太夫人”加封的相关规定，《汉书·文帝纪》记载：

> 七年（前173）冬十月，令列侯太夫人、夫人、诸侯王子及吏二千石无得擅征补。（后注：如淳曰：“列侯之妻称夫人。列侯死，子复为列侯，乃得称太夫人，子不为列侯不得称也。”）①

可知汉代的时候，女子若得到“太夫人”称号，她的儿子和“去世的丈夫”都要封侯，并且“子不为列侯不得称”。如果检索后世的史料，还可以发现，儿子的地位对母亲“太夫人”称号的册封最具有意义。《宋书·志第五·礼二》：

> ［宋孝武帝孝建三年（456）］太常丞庾蔚之议：“‘母以子贵’，虽春秋名义，古今异制，因革不同……若功高勋

① 《汉书》卷四《文帝纪》，北京：中华书局，1962年，第122页。

重，列为公侯，亦有拜太夫人之礼……子男妾母，未有前此。”①

文中所载反映了儿子的身份对于母亲加封“太夫人”的意义。《周书·武帝纪上》：

［保定二年（562）］闰月己丑，诏柱国以下，帅都督以上，母、妻授太夫人、夫人。②

文中提及官员的母亲、妻子可授太夫人、夫人，应指授予官员的母亲某某太夫人称号，授予官员的妻子某某夫人称号。仍旧说明“太夫人”称号的册封与儿子地位密切相关。又如《隋书·礼仪六》：

百官之母诏加太夫人者，朝服公服，各与其命妇服同。③

这也是对官员的母亲加封“太夫人”的记载。也就是说，儿子的地位与母亲被册封“太夫人”的关系最为密切。《南齐书·王敬则传》记载：“诏赠敬则母寻阳公国太夫人。”④此前，王敬则“迁使持节、散骑常侍、安东将军、吴兴太守”⑤。史传中未提及王敬则的父亲，仅言其母亲为巫，可知敬则母亲被册封“太夫

---

①《宋书》卷一五《志第五·礼二》，北京：中华书局，1974年，第409页。
②《周书》卷五《武帝纪上》，北京：中华书局，1971年，第66页。
③《隋书》卷一一《礼仪六》，北京：中华书局，1973年，第244页。
④《南齐书》卷二六《王敬则传》，北京：中华书局，1972年，第482页。
⑤《南齐书》卷二六《王敬则传》，第482页。

人”与王敬则的职位有很大关系。《梁书·沈约传》载：“拜约母谢为建昌国太夫人。”[①]时沈约为尚书仆射，封建昌县侯。《陈书·侯安都传》载：“赠其父散骑常侍、金紫光禄大夫，拜其母为清远国太夫人。”[②]此时，侯安都为司空，并且以功晋爵清远郡公，侯安都的父亲为始兴内史，卒于官，可知侯安都的母亲册封“太夫人”是由于侯安都的官职已至公侯。不过，虽然“太夫人”的册封主要是依据儿子的地位，但是也不能说丈夫的地位就可以不考虑了，《宋书·袁湛传》记载：

> 鄱阳县侯孟怀玉上母檀氏拜国太夫人，有司奏许。豹以为妇人从夫之爵，怀玉父大司农绰见居列卿，妻不宜从子，奏免尚书右仆射刘柳、左丞徐羡之、郎何邵之官，诏并赎论。[③]

袁豹（袁湛之弟）“好学博闻，多览典籍”，“善言雅俗，每商较古今，兼以诵咏”，他以为“妇人从夫之爵”，因此对于“国太夫人”不恰当的册封严肃查处。根据记载，袁豹对此事的处罚涉及尚书右仆射刘柳、左丞徐羡之等，说明册封“国太夫人”只视其子的官爵而不论其夫官爵的情况可能是普遍存在的。也就是说，虽然丈夫的爵位也是“国太夫人”册封的重要标准，但毋庸置疑的是当时存在违规情况，即仅仅根据儿子的身份就册封其母为“太夫人”，而未考虑其丈夫的情况。可知，当时册封“国太夫人”的标准并未被十分严格地执行，“国太夫人”的册封既与

---

① 《梁书》卷一三《沈约传》，北京：中华书局，1973年，第235页。

② 《陈书》卷八《侯安都传》，北京：中华书局，1972年，第146页。

③ 《宋书》卷五二《袁湛传》，第1500页。

其丈夫有关，也与其儿子有关。可以说，“国太夫人”的册封主要视其儿子的官爵，但是如果其丈夫仍旧在世，那么丈夫的官爵也是需要考虑的重要标准。

《宋史·职官志》详细记载了唐代“国太夫人”册封的标准：

> 唐制，视本官阶爵，建隆三年，诏定文武群臣母妻封号，太皇太后皇太后皇后曾祖母、祖母、母并封国太夫人；诸妃曾祖母、祖母、母并封郡太夫人；婕妤祖母、母并封郡太君；贵人母封县太君。宰相、使相、三师、三公、王、侍中、中书令（旧有尚书令）曾祖母、祖母、母封国太夫人；妻，国夫人。[①]

据以上内容可知，朝廷封赠“宰相、使相、三师、三公、王、侍中、中书令（旧有尚书令）”的母亲为“国太夫人”，他们的妻子被册封为“国夫人”。《旧唐书·李光弼传》：“母李氏……以子贵，封韩国太夫人。”[②]《旧唐书·张伾传》：“念其令子，已申奖用，特彰母仪之德，俾崇封国之荣，可封鲁国太夫人。”[③]通过以上史籍中的记载，可知唐代册封“国太夫人”的主要标准是儿子的官爵。宋代以后，“太夫人”一词或许已无须朝廷加封，成为官员对自己母亲的通称，这已不是本文讨论的范围，至少在唐宋时期，“国太夫人”是由朝廷册封的。综上所述，册封“国太夫人”的标准主要是其子的爵位一般要为列侯，官职在尚书以上。若其丈夫仍旧在世，丈夫的爵位也是需要参考的一条重要标准。

---

① 《宋史》卷一七〇《职官志十》，第4084—4085页。

② 《旧唐书》卷一一〇《李光弼传》，第3311页。

③ 《旧唐书》卷一八七《忠义下·张伾传》，第4909页。

汉代对“太夫人”册封的规定中，“子不为列侯不得称”也成为后世册封“国太夫人”的标准，而其他标准的执行已经不十分严格。以上是中原王朝册封“国太夫人”的情况，为我们明确敦煌文献中“国太夫人”的身份提供了重要参考。唐宋时期的敦煌曹氏归义军，册封“国太夫人”的标准大概与中原无太大差别，但是曹氏归义军政权已经不受中央王朝控制，其节度使有自行册封“国太夫人”的权力。节度使夫人的称号对于研究曹氏政权的姻亲世系等有重要启发，下面笔者对相关问题做一详细考察。

（二）敦煌文书中的“国太夫人”“国太公主”“国母公主”

S.5957文书内容包括愿文、二月八日文、启请文、开经文等，关于“国太夫人”的记载为：“北方圣天公主居闺，助治安跪（危）。寿等贞松，桃李芳颜不变。广平夫人宋氏入阁，忠谏弘舒……近故国太夫人福感，速登佛果。”[①]文书中出现“北方圣天公主”和“广平夫人宋氏”，即曹议金的两位夫人，“近故国太夫人”只能是曹议金已经去世的夫人索氏。S.5957文书中第二篇《二月八日文》中有“河西节度使尚书”称号，最后一篇发愿文出现“太保”称号，说明这篇文书的年代应该在曹议金称“尚书太保”期间。其中的“国太夫人”指的是曹议金夫人索氏。

S.663文书也出现了“国太夫人”的记载：“又持是福，伏用庄严，我太保贵位，伏愿福如海岳，承虎节而延祥，禄及江淮，治河西而世代。国太吉庆，比日月而渐圆。公主、夫人恒昌，保芳颜而永洁。刺史、尚书等固受（寿），愿接踵而绍隆。诸小娘子延长寿，贞兰而皎皎。”[②]前文已经论及，该文书应该

① 黄征、吴伟《敦煌愿文集》，第590页。

② 郝春文等《英藏敦煌社会历史文献释录》第3卷，第466页；《英藏敦煌文献（汉文佛经以外部分）》第2卷，第112页。

是曹议金时期的，“太保”是曹议金，“国太”是“国太夫人”索氏，“公主”即回鹘天公主，“夫人”即广平夫人宋氏。

S.4306文书正反两面抄写，正面内容为《文样（斋愿文等)》，背面仅残存四行文字。正面的《斋愿文》中出现“大王”“国太公主”称号，内容如下：“伏愿大王，维城永固，磐石弥增，长为社稷之君僟，永作生灵之父母。伏愿夫人红颜永洁……伏愿近逝国太公主，三途永脱，九品（后缺)。”[①]归义军时期称“大王”者，有曹议金（932—935)、曹元忠（964—974)、曹延禄（984—1002）三人，曹议金称“大王”时“国太夫人”索氏已经去世，因此该文书的年代可限定在曹元忠或曹延禄时期。“国太公主”指曹元忠妻子于阗公主。

S.4537，正面内容有结坛散食文、患文、愿文等，背面是《天福九年（944）正月僧政善光为巡礼西天上太傅乞公验牒》。正面右起第一纸出现“国奉（泰）夫人”“国太夫人”称号。相关内容为：“时则我河西节度使府主太保，先奉为龙天八部，护社稷以殄旧灾。梵释四王，保边方瑞呈新福。中兴皇帝，以日月而齐明。府主太保，等乾坤而合运。国奉（泰）夫人，永宠宫帏。刺史郎君小娘［子]，延贞之福会也……又持胜福，复用庄严，我太保贵位。伏愿宝兴禄位，镇静遐方。福比山岳以齐高，寿等海泉而［深］远。国太夫人长隆延泰之欢。刺史郎君小娘子芳兰，并芬芬而盛叶。”[②]正面内容为若干大小不同的纸张粘接在一起的《文样》，其中未出现甘州回鹘天公主，不符合曹议金、

---

① 《英藏敦煌文献（汉文佛经以外部分)》第6卷，第28页。

② 黄征、吴伟《敦煌愿文集》，第598—599页。

曹元德、曹元深时期发愿文的特征。所以我们怀疑文书背面的内容可能是先抄的，后来又与其他纸张拼接起来抄写正面的内容，因此该文书正面的年代应该在曹元忠、曹延禄时期。“国太夫人”是曹元忠夫人翟氏。

P.2855，卷轴装，正面用藏文、于阗文抄写，中间有一段汉文书写的《回向发愿文》，背面抄写有《般若波罗蜜多心经》，还有用于阗文抄写的一段内容。正面的《回向发愿文》中出现“国太”称号。内容即：“如此功德，奉用庄严，伏愿当今皇帝，龙安九五，鹤晌三千，命同南山，受（寿）齐北极。更愿府主太保、国太万福，管界安宁。太子诸王，金枝永茂。朝廷卿相，尽孝尽忠。郡县官员，唯清唯直。”[①]这篇文书的“太保”“国太”称号有改动的痕迹，根据抄写痕迹可以看出，原本抄作“令公”“夫人”，归义军时期有可能使用“令公”称号者，有曹议金（928—935）、曹元忠（956—974）、曹延恭（975）、曹延禄（984—1002）4人，既然“令公”称号有所改动，说明该文书为后世抄写者将原文书的称号变动后进行重复使用。因此该文书应该不是曹议金时期的文书，而是曹元忠或曹延禄时期的文书。笔者判断该文书很有可能属于曹延禄时期，他沿用其父曹元忠时期的发愿文，只是在称号上加以改变。“国太”指曹元忠夫人翟氏。

S.1398文书正反两面抄写，正面内容包括《壬午年（982）二月廿日慈惠乡百姓郭定成典身契》《太平兴国七年（982）二月廿日赤心乡百姓吕住盈、阿鸾兄弟卖地契》《习字》，背面有《壬午年（982）酒破历》《杂写（壬午年令狐住千记等）》，其中《壬午年（982）酒破历》记载：“十六日国太随盘酒四斗。”[②]

---

① 《法国国家图书馆藏敦煌西域文献》第19册，第132页。

② 《英藏敦煌文献（汉文佛经以外部分）》第3卷，第12页。

根据内容可以确知该文书抄写于曹延禄时期，“国太”即曹元忠夫人翟氏。

BD09015V《书启稿（拟）》抄有：“敕推诚奉国保塞功臣归义军节度使、敕受国慈母国太京（凉）国夫人浔阳翟氏、敕受国慈母国太京（凉）国夫人。”[①]文书中的“敕受国慈母国太京（凉）国夫人浔阳翟氏”应该就是曹元忠夫人翟氏，既然称翟夫人为母，文书抄写的时间在曹延禄时期。

1.曹议金时期的“国太夫人”索氏。本卷第一章，笔者根据S.5957、S.663文书中的相关信息，认为这两篇文书中的“国太夫人”为曹议金的索氏夫人，现在用少量的篇幅对曹议金时期索氏夫人“国太”称号的册封问题做一说明。

曹议金时期文献中的“国太”称号，出现在曹议金称“太保”时期，即925—927年之间[②]。此前中原王朝对归义军册封的记载主要有，《旧五代史·后唐庄宗纪六》：“[同光二年（924）五月] 乙丑，以权知归义军留后曹义金为归义军节度使、沙州刺史、检校司空。”[③]《册府元龟》：“后唐庄宗同光二年五月，以权知归义军节度兵马留后、金紫光禄大夫、简校（检校）尚书左仆射、守沙州长史、兼御史大夫、上柱国曹义金为简校（检校）司空、守沙州刺史，充归义军节度、瓜沙等州观察处置、管内营田、押蕃落等使。瓜、沙与吐蕃杂居，自帝行郊礼，义金间道贡方物，乞受西边都护，故有是命。”[④]又，“后唐同光中，长史

---

① 《国家图书馆藏敦煌遗书》第104册，第340页。

② 荣新江《归义军史研究——唐宋时代敦煌历史考索》，第107页。

③ 《旧五代史》卷三二《后唐庄宗纪六》，第436页。

④ [宋] 王钦若等《册府元龟》卷一七〇《帝王部·来远》，第2057页。

曹义金者遣使朝贡，灵武韩洙保荐之，乃授沙州刺史，充归义军节度使，瓜沙等州处置使”[①]。通过正史资料的记载来看，曹议金是在同光二年（924）获得了后唐朝廷的正式册封。史籍记载中没有提到对曹议金夫人索氏的册封，说明索夫人“国太”称号不是中原王朝册封，而应该是归义军节度使曹议金自封的。

根据前文所论，“国太夫人”册封的主要根据为其子的爵位是否为列侯，且其子的官位一般是在“尚书”以上。“国太夫人”索氏的儿子据考证是继承归义军节度使之位的曹元德[②]。在曹议金称“尚书”时期，曹元德不可能被称为“尚书”，因此曹议金册封“国太夫人”索氏的时间不会在曹议金称“尚书”时期（914—920）。同时，在曹议金称“尚书”时期的文书中，很少出现关于“国太夫人”索氏的记载，比如P.2915文书记载：

> 则有我河西节度使尚书，先奉为龙天八部，雍（拥）护疆场……公主吉庆，无闻怨切之音。夫人贵颜，共寿千春之美。郎君娘子，同花萼而芬芳。[③]

P.3262《河西节度使尚书曹议金造窟功德记》记载：

> 为谁施作？时则有我河西节度使尚书，先奉为神沙西裔……大梁帝主，永治乾坤，愿照边陲，恩加无滞。次伏为尚书己躬洪寿，应山岳而永昌。公主夫人，宠荣禄而不竭。[④]

---

① ［宋］王钦若等《册府元龟》卷九八〇《外臣部·通好》，第11522页。
② 郑炳林、杜海《曹议金节度使位继承权之争——以“国太夫人”、“尚书”称号为中心》，《敦煌学辑刊》2014年第4期，第3页。
③ 黄征、吴伟《敦煌愿文集》，第605页。
④ 黄征、吴伟《敦煌愿文集》，第430页。

P.3781《河西节度使尚书曹议金修大窟功德记》记载：

> 大梁帝主，永坐蓬莱。十道争驰，誓心献款。又持胜福，伏用庄严，我河西节度使尚书贵位。伏愿荣高一品，同王母之延龄。位兼五侯，比麻姑之远寿。东开凤阁，为圣主之腹心。西定戎烟，镇龙沙而永固。天公主宝朗，常荣松柏之贞。夫人闺颜，永贵琴瑟之美。①

Дx.2171《归义军节度使于沙州城西南角设道场功德记》记载：

> 又愿四大天王众，摄诸鬼神，持诸眷属，亦来道场，护我敦煌一境及我尚书、公主合宅长幼。②

曹议金称尚书时期，文书中常常出现“公主”“夫人”称号，“公主”即回鹘公主夫人，“夫人”或即广平夫人宋氏。曹议金是通过与索氏等家族的联姻而逐步跻身归义军政权的上层③，曹议金与索夫人结亲的时间较早，索夫人应当较为年长。甘州回鹘天公主嫁到敦煌后，对外始终以第一夫人的身份出现，而索氏夫人则很少在公共场合出现，这与曹氏归义军前期受制于甘州回鹘的政治形势有很大关系。

敦煌文献的记载中，曹元德最常见的称号为“司空”，目前所知曹元德称“司空”的最早文献是曹议金称“令公”时期

---

① 《法国国家图书馆藏敦煌西域文献》第28册，第38页。

② 《俄藏敦煌文献》第9册，第60页。

③ 杜海《曹议金权力枝系考》，《敦煌学辑刊》2014年第2期，第12页。

（928—931）的写卷[①]。另外，曹议金称“太保”时期的文书S.663中，曹元德被称为“刺史”，并且排名在天公主儿子“尚书”之前[②]。虽然不能确定曹议金称“太保”时期，曹元德称号是否为“司空”，但是排名列在“尚书”之前，其称号应该高于“尚书”。那么此时，曹元德母亲索夫人就有被册封为“国太夫人”的可能。根据P.2504《唐天宝令式表·官品令》记载，“尚书令”属于正二品，“郡王”属于从一品[③]，S.663文书中曹元德为“刺史”，对应爵阶与“郡王”同级，即从一品。曹元德晋升“尚书”的具体时间在文献中没有体现。据荣新江研究，曹议金914年初任节度使后加吏部尚书衔，约贞明六年（920）后不久，称“仆射”，同光二年（924）前后称“司空”[④]。曹元德晋升“尚书”的时间不会早于曹议金称号由“尚书”晋升“仆射”之时，或许在920年至924年之间。因此，索氏被册封为“国太夫人”的时间可能在924年前后。

曹议金册封索氏为“国太夫人”，目的在于平衡敦煌内部的政治势力。曹氏归义军创立伊始，回鹘公主夫人在敦煌的地位很高，每当出现在敦煌文书中，都是列在第一夫人的位置。同时，她也在大力扶持自己的儿子接替曹议金的节度使位。甘州回鹘天公主在敦煌的尊宠地位，背后实际上反映了甘州回鹘的强势。而曹议金任命曹元德为沙州刺史、册封曹元德母索氏为“国太夫人”就是曹议金限制甘州回鹘派系势力的重要策略。与此同时，曹议金在处理敦煌外部关系方面也着力摆脱甘州回鹘的限制。

① 参见第二章第一节。
② 参见第一章第三节。
③ 《法国国家图书馆藏敦煌西域文献》第14册，第360页。
④ 荣新江《归义军史研究——唐宋时代敦煌历史考索》，第107页。

924年，曹议金获得了中原王朝的册封之后，趁狄银可汗立足未稳之机，发动了对甘州回鹘的战争。曹议金时期记载“国太夫人”的两篇文书都是在曹议金称“太保”时期，即925—927年，正值敦煌与甘州回鹘政权关系恶化之时。曹议金册封索氏为“国太夫人”，表面上只是一件普通的政治事件，即加封长夫人索氏，但是实际上体现出了敦煌政权微妙复杂的政治形势。从某种意义上讲，曹议金册封索氏为“国太夫人”，奠定了敦煌曹氏归义军前期的政治基调。最终，“国太夫人”索氏之子曹元德在与甘州天公主之子“尚书”的政治斗争中取胜，归义军政权稳固控制在敦煌曹氏家族的统治之下。

2.曹元忠夫人翟氏被称为“国太夫人”。曹延禄于976年执掌归义军政权，太平兴国五年（980）四月，宋太宗正式任命曹延禄为归义军节度使，并且敕封其母为“秦国太夫人”①。《宋会要辑稿·蕃夷五》“瓜沙二州”条记载：

> 制：权归义军节度兵马留后、金紫光禄大夫、检校司空、兼御史大夫、上柱国、谯县男曹延禄，可检校太保、归义军节度、瓜沙等州观察处置、营田、押藩（蕃）落等使，又以其弟延晟为检校司徒、瓜州刺史，延瑞为归义军牙内都虞候，母进封秦国太夫人，妻封陇西郡夫人。

BD09015V《书启稿（拟）》中称“敕受国慈母国太京（凉）国夫人”，可知翟夫人在接受朝廷册封“国太夫人”的同时，仍旧沿用“凉国”夫人称号，而不称“秦国”夫人。根据“敕受”二

① ［清］徐松《宋会要辑稿》一九八册《蕃夷五》，第7767页。

字，可知曹延禄母亲翟氏夫人的“国太夫人”称号由中原王朝册封，因此这篇文书的年代应当在980年宋太宗册封以后了。

曹延禄时期，关于“国太夫人”的记载还有S.4537 、P.2855两篇文书。据前文研究可知，曹延禄称“太保”时期，其母亲翟氏夫人就已经有“国太”称号，据荣新江考证，曹延禄自开宝九年（976）至太平兴国五年（980），自称“太保”。而朝廷在980年下诏授予曹延禄“太保”头衔，实际是对既成事实加以肯定[①]。那么，曹延禄母亲的“国太”称号应该也是在976—980年间开始使用，中原王朝册封曹延禄母亲“秦国太夫人”，亦是对既成事实的肯定。关于“国太夫人”翟氏的记载还见于S.1398V《壬午年（982）酒破历》：“十六日国太随盘酒四斗。”[②]这篇文书的年代在982年，即宋太宗册封曹延禄母亲为“秦国太夫人”以后，文书中的“国太夫人”即曹延禄的母亲翟氏。

3.曹元忠夫人于阗公主的“国太”称号。天寿年间，敦煌与于阗的交往异常增多，于阗使团、僧侣、太子等都有到访敦煌的记录[③]。天寿二年，于阗国的太子和公主为躲避本国的战火来到敦煌；至于诸多“看于阗使”等记录，可能反映了于阗皇帝寻求支持的活动[④] 。其间，曹元忠还与于阗公主联姻。

---

① 荣新江《归义军史研究——唐宋时代敦煌历史考索》，第125—127页。

②《英藏敦煌文献（汉文佛经以外部分）》第3卷，第12页。

③ 荣新江、朱丽双《于阗与敦煌》，第132—135页。

④ 张广达、荣新江《于阗使丛考（增订版）》，第297—298页。天寿二年（964）于阗与敦煌之间不同寻常的频繁交往，引起了学界的关注。

敦煌文书S.4306《文样》记载：

> 伏愿大王，维城永固，磐石弥增，长为社稷之君傀，永作生灵之父母。伏愿夫人红颜永洁……伏愿近逝国太公主，三途永脱，九品（后缺）。

曹元忠除了与敦煌本地大族翟氏联姻，还西与于阗国王联姻，娶于阗公主。S.4306文书中的“国太公主”即曹元忠夫人。学界围绕曹元忠时期与于阗的联姻等问题展开了讨论。张广达、荣新江对于阗历史进行了深入研究，确定了于阗国天寿元年为963年。记载天寿年号最晚的一件文书P.2928，其年代是天寿三年，即965年。于阗皇帝李圣天于966—967年间去世，天寿年号是李圣天执政末期使用的年号[①]。李正宇结合敦煌文献中“佛现皇帝”的记载，认为于阗皇帝李圣天是在962年去世[②]。而吉田丰提出，965—967年间，于阗皇帝曾经使用“开运”年号[③]。赤木崇敏提出李圣天去世之后，天寿、开运年间（963—967）的于阗皇帝，

---

① 张广达、荣新江《关于唐末宋初于阗国的国号、年号及其王家世系问题》，北京大学中国中古史研究中心编《敦煌吐鲁番文献研究论集》，北京：中华书局，1982年；张广达、荣新江《10世纪于阗国的天寿年号及其相关问题》，《欧亚学刊》第1辑，181—192页。两篇文章收入张广达、荣新江《于阗史丛考（增订本）》，第15—37、289—302页。荣新江、朱丽双《于阗国王李圣天事迹新证》，《西域研究》2012年第2期，第1—13页。

② 李正宇《俄藏中国西北文物经眼记》，《敦煌研究》1996年第3期，第41页。

③（日）吉田丰《コータン出土8—9世纪のコータン語世俗文書に関する覺え書き》，神户：神户市外国语大学外国学研究所，2006年，第76—78页。

正是促成与曹元忠联姻的那位于阗皇帝[①]。其依据主要有杏雨书屋藏羽686《于阗皇帝赐归义军节度使男曹元忠札》，其内容如下：

> 皇帝赐男元忠：东河大玉一团，重八十斤；又昆岗山玉一团，重二十斤；又东河玉一团，重七斤；又师子大玉鞦辔一副；又密排玉鞦辔一副。骠马一匹，乌马一匹，骝马一匹。锭三锭，共十六斤半。□ □□□□□已遣。此不及。

P.2826《于阗皇帝赐沙州节度使男令公白玉一团札》：

> 白玉一团，赐沙州节度使男令公。[②]

这两篇文书，分别出现“赐男元忠”“赐男令公”的称呼，符合曹元忠时期的情况，曹元忠称“令公”的年代在962—964年，与于阗国使用天寿年号的时代接近。冯培红梳理上述成果，认为“天寿—开运”年间的于阗皇帝是通过政变上台[③]，史籍中的“德从”[④]的父亲就是取代李圣天的这位皇帝[⑤]。若如此，那么李圣天执政末年，于阗国或许发生了政变，新任于阗皇帝将女儿嫁给了曹元忠。

荣新江亦指出另外一种可能，《续资治通鉴长编》中的“德

① （日）赤木崇敏《10世紀コータンの王統·年号問題の新史料——敦煌秘笈羽686文書》，《内陸アジア言語の研究》XXVII，2013年，第101—128页。
② 《法国国家图书馆藏敦煌西域文献》第19册，第9页。
③ 冯培红《敦煌的归义军时代》，第344—345页。
④ ［宋］李焘《续资治通鉴长编》卷七“太祖乾德四年（966）”条，第167页。
⑤ 冯培红《敦煌的归义军时代》，第345页。

从”，即李圣天的儿子从德太子。他继承了李圣天的王位，因此不可能称曹元忠为“男”，而应称作“舅”[①]。笔者据羽686、P.2826、P.2726、P.2733等文书，认为在962—964年之间[②]，于阗皇帝将自己的女儿嫁给曹元忠。虽然如荣新江所论，《续资治通鉴长编》中的“德从”，即李圣天的儿子从德太子，即便如此，李圣天（抑或新任于阗皇帝）将女儿嫁给曹元忠后，仍然可以称呼曹元忠为“男”。李圣天（抑或新任于阗皇帝）的女儿嫁给曹元忠，并不影响从德太子与曹元忠的甥舅关系[③]，因此967年从德太子继承王位后，仍称呼曹元忠为舅。同时，荣新江、朱丽双考证天寿年号为李圣天使用，大概延续到966—967年李圣天去世[④]。因此，曹元忠与于阗皇帝联姻确有其事，只不过从德太子继位之前，于阗国或许未发生政变，与曹元忠联姻的于阗皇帝也可能是李圣天。

目前可以明确的是，从德太子继位之前，于阗人曾大规模地到访敦煌。究其原因，一方面由于于阗国内外局势不稳，另一方面，也和曹元忠与于阗公主的婚事有关系。开宝二年（969），于阗遣使朝宋时，“言本国有玉一块，凡二百三十七斤，愿以上进，乞遣使取之”[⑤]。于阗国希望以一块237斤重的玉，作为请求宋朝册封的条件。与之相比，羽686文书中的礼品清单中有“河大玉一团，重八十斤；又昆岗山玉一团，重二十斤；又东河玉一

---

① 荣新江、朱丽双《于阗与敦煌》，第23、170页。

② 曹元忠称“令公”是在962—964年。P.2628文书中，于阗皇帝称元忠为“节度使男令公”。

③ 曹元忠的姐姐嫁给李圣天，即著名的天皇后。

④ 荣新江、朱丽双《于阗国王李圣天事迹新证》，《西域研究》2012年第2期，第1—13页。

⑤《宋史》卷四九〇《外国传》“于阗”条，第14107页。

团，重七斤……”，仅据有瓜、沙二州之地的敦煌政权，竟然获得于阗国王所赠80斤重的玉，可谓贵重。于阗皇帝结交曹元忠，也应为了寻求政治上的支持。

至此，可知962—964年的确有一位于阗公主嫁到敦煌。至于这位于阗公主是李圣天的女儿，还是取代李圣天的那位新任于阗皇帝的女儿，目前尚无法确定。此外，根据相关文书还可以知道，曹元忠虽然曾与天寿年间的于阗皇帝结亲，但是对于这次联姻并不十分重视。于阗之所以主动与敦煌联姻，可能是因为于阗内部政局发生了动荡，亦或许受到了来自西面外邦的威胁，至于此时的于阗是否发生了政变，相关历史细节还有待进一步探讨。曹元忠时期，于阗公主夫人很少出现在敦煌公众的视野，敦煌文书S.4306《文样》中记载的“国太公主”，笔者认为，是曹元忠去世以后，曹延禄对曹元忠夫人于阗公主的尊称。曹元忠的于阗公主夫人在962—964年间嫁到敦煌，在曹延禄称“大王”时期（984—1002）去世。而曹延禄的于阗公主夫人则没有使用“国太夫人”称号，而是使用“国母夫人”称号，前文笔者已经对此进行了考证，下面再做简要的梳理。

4.曹延禄夫人于阗公主的“国母”称号及相关问题。既然在曹延禄时期，曹元忠的翟氏夫人被称为“国太夫人”，那么曹延禄时期，曹元忠的于阗公主夫人被称为“国太公主”也顺理成章。但需要注意的是，曹延禄本人也娶于阗公主①。笔者认为曹延禄的夫人于阗公主在石窟中被称呼为“天公主”，在敦煌文献中则被尊称为“国母夫人”。

“国母夫人”常见于曹元德、曹元深时期，指称甘州回鹘天

① 贺世哲《从供养人题记看莫高窟部分洞窟的营建年代》，敦煌研究院编《敦煌莫高窟供养人题记》，第227页。

公主。那么“国母”是否一定就是节度使母亲呢？其实不然。在敦煌文书中，“国母”既可能指节度使母亲，又可能指节度使夫人。比如，曹议金时期的S.3914文书，即称节度使夫人为“国母公主”。因此，“国母”既可以指节度使母亲，亦用来指称节度使夫人，需要具体分析。前文已经考证S.3557、S.4625几篇文书中的“国母夫人”为曹延禄夫人[①]。

此外，还有一种可能，即曹延禄时期，其母翟氏既称“国太夫人”，也称为“国母夫人”，若如此，则敦煌文献中就没有关于于阗公主夫人的记载，似乎颇不符合情理。因此可以认为，为了区别曹元忠的夫人与曹延禄的夫人，敦煌文书中将曹元忠的夫人冠以“国太”称号，而曹延禄的夫人则称“国母”。

至此，我们对曹氏归义军时期节度使夫人的“国太”“国母”称号做了比较明确的厘定，S.663、S.5957文书中的“国太夫人”索氏，最早在920—924年间被归义军节度使曹议金册封“国太夫人”称号，“国太夫人”索氏在曹议金称“太保”时期，即925—927年之间去世。BD09015V、S.4537、P.2855、S.1398V几篇文书中的“国太夫人”是曹元忠的夫人翟氏。翟夫人在其子归义军节度使曹延禄称“太保”时期（976—980），或已被称为“国太夫人”，并于980年被宋廷敕封为“秦国太夫人”。S.4306文书中的“国太公主”是曹元忠的于阗公主夫人，“国太公主”称号的使用也是在曹延禄任归义军节度使时期，曹元忠的于阗公主夫人很有可能是和翟氏夫人同时被曹延禄奉以“国太”称号；曹延禄时期，其妻于阗公主夫人在敦煌文书中被称作“国母夫人”，980年宋廷敕封时，即册封曹延禄妻于阗公主

① S.3557、S.4625文书中的“太子”“团练”等称号，表明其为曹延禄时期的文书。

为“陇西郡夫人”。敦煌文献S.3557、S.4625、S.4505都是关于于阗夫人称“国母夫人”的记载。此外，曹延禄妻于阗公主也可能在曹宗寿时期被称为“国太公主”，但是考虑到曹宗寿是通过政变上台执政[①]，这种可能性不大。

以上所涉及文书的时代、文书中的人物称号，笔者是通过对曹氏归义军历史的综合考察之后做出的厘定。通过研究，可以深化我们对曹氏归义军时期政治史中相关问题的认识。学者过去对归义军时期的甘州回鹘系及于阗系的势力比较重视，但是我们发现曹议金时期的索夫人、曹元忠时期的翟夫人，政治地位都很高，不仅如此，翟氏家族在曹氏归义军后期的政治中有很大影响。此外，曹延恭夫人慕容氏，以及慕容家族，也对曹氏归义军的政治产生了重要影响。虽然曹氏归义军与于阗联姻，但是与甘州回鹘的情况不同的是，于阗国距离敦煌较远，也很难通过联姻控制归义军政权。曹延禄时期奉其母亲曹元忠夫人于阗公主为“国太公主”，但是，曹元忠的于阗公主夫人在归义军政权内并没有多大的影响。曹延禄的于阗公主夫人，被称为“国母夫人”，并没有突出其于阗公主的身份，因此，笔者认为曹氏归义军政权内部没有所谓的于阗派系。至于甘州回鹘派系，曹议金时期就开始抑制以天公主为首的甘州回鹘派系的势力，封索氏夫人为“国太夫人”就是曹议金采取的策略之一，而曹元德时期，甘州回鹘派系的势力即被清洗。值得重视的是，曹元忠娶翟氏夫人、于阗公主夫人，曹延恭娶慕容氏夫人，曹延禄娶于阗公主夫人，说明了曹氏归义军政权逐步摆脱了甘州回鹘的控制，敦煌传统大族势力衰落，敦煌与于阗关系加强。这也是曹氏归义军政权

---

① 《宋史》卷四九○《外国六》，第14124页。

统治逐步稳定的体现。

二、 曹氏归义军与回鹘、于阗关系的梳理

关于曹氏归义军世系问题，藤枝晃于20世纪40年代进行了初步研究，绘制了曹氏归义军世系图①，土肥义和在此基础上对相关年代做了补充考订②。荣新江经过详尽的考证，厘清了曹氏归义军节度使年代问题③，并认为曹氏归义军与于阗、回鹘世代联姻，对归义军政权产生了重要影响④。赤木崇敏将曹氏归义军政权的研究进一步细化，涉及节度使的联姻、曹氏政权内部的派系划分等问题。他根据曹氏归义军节度使的联姻情况勾勒出曹氏归义军时期的节度使世系，还绘制出曹氏归义军世系表⑤，并且他认为归义军政权内部出现了甘州回鹘派系、于阗派系两派交替执政的现象，前者有曹元德、曹元深、曹延恭、曹宗寿、曹贤顺，

① 藤枝晃《沙州歸義軍節度使始末（三）》，《東方学報》（京都）第13册第1分，1942年，第64页。

②（日）土肥义和著，李永宁译《敦煌的历史》，《敦煌研究》1986年第4期，第91页。

③ 荣新江《归义军史研究——唐宋时代敦煌历史考索》，第95—126页。

④ 荣新江《甘州回鹘与曹氏归义军》，《西北民族研究》1993年第2期，第60—72页；荣新江《于阗王国与瓜沙曹氏》，《敦煌研究》1994年第2期，第111—119页。

⑤（日） Akagi Takatoshi（赤木崇敏） “The Genealogy of the Military Commanders of the Guiyijun from Cao Family”, *Dunhuang Studies: Prospects and Problems for the Coming Second Century of Research* （ed. by Irina Popova and Liu Yi）, pp.8—13；（日）赤木崇敏《10世紀コータンの王統·年号問題の新史料——敦煌秘笈 羽686文書》，《内陸アジア言語の研究》XXVII，2013年，第101—128页。

后者有曹元忠、曹延禄[①]。冯培红亦赞同此观点，他指出“曹延恭当为曹元德或曹元深之子，他的上台说明归义军的统治权从于阗一派又回到了甘州回鹘一派”[②]。该研究引出了一个重要问题，即曹氏归义军政权如何依据节度使的联姻划分世系。

曹议金任节度使晚期，他的儿子曹元德称号为“司空”[③]，曹元德生母索氏被称为“国太夫人”。以回鹘天公主为代表的“甘州回鹘派系”与“曹元德派系”的权力争夺是曹氏归义军初期政治进程中的重要历史事件[④]。曹元德任节度使时期，对甘州回鹘派系的势力做了清洗，但不能否认的是，曹氏归义军仍然与甘州回鹘有密切的关系，曹议金时期的朝贡通常是和甘州回鹘的使臣一同出发。

前文通过对“国太”称号使用情况的考察，厘清了历任曹氏归义军节度使的姻亲关系，在此基础上我们再来梳理曹氏归义军内外联姻与政权世系。

（一）曹氏归义军与回鹘

曹氏归义军时期，甘州回鹘处于敦煌与中原王朝的交通要道上，归义军常常依托甘州回鹘的支持入贡中原。杨宝玉、吴丽娱对归义军朝贡史做了深入、细致的研究，指出归义军的朝贡是中原朝廷、朔方、回鹘、归义军整体关系的体现，并不是通过单独

---

① （日）Akagi Takatoshi（赤木崇敏），“The Genealogy of the Military Commanders of the Guiyijun from Cao Family”，*Dunhuang Studies*：*Prospects and Problems for the Coming Second Century of Research*（ed. by Irina Popova and Liu Yi），pp. 8—13.

② 冯培红《敦煌的归义军时代》，第424页。

③ “司空”地位在“尚书”之上，其母亲有资格被册封“国太夫人”。

④ 郑炳林、杜海《曹议金节度使位继承权之争——以“国太夫人”、“尚书”称号为中心》，《敦煌学辑刊》2014年第4期，第1—12页。

努力就可以实现的[①]。不过，对于归义军政权的朝贡来说，“中原朝廷、朔方、回鹘、归义军整体关系”虽起着重要作用，但归义军朝贡的成功与否最大程度当取决于甘州回鹘的态度。当归义军政权与甘州回鹘的实力对比处于强势或均势时，敦煌使节能够顺利抵达中原，而一旦归义军政权势力处于下风或双方关系不好时，其向东通使中原的道路往往受到回鹘的干扰。

曹氏归义军时期与回鹘关系重大的两位女性，一是曹议金的回鹘公主夫人，一是嫁给甘州回鹘可汗阿咄欲的曹议金女儿。曹议金回鹘公主夫人在敦煌文书中的称号有“国母公主”“天公主”“慈母公主”“国母天公主”等。回鹘公主刚刚嫁到敦煌不久，应称为“国母公主”，S.3914《河西节度使尚书结坛发愿文》即是这一时期的记载，此时，回鹘公主尚未称“天公主”。曹议金至甘州回鹘迎娶回鹘公主，并于914年继归义军节度使之位。S.3914《河西节度使尚书结坛发愿文》应是创作于曹议金迎娶回鹘公主以后，且尚未出使中原王朝之际。S.3914文书中还出现以“金山”代指敦煌的情况，说明曹氏归义军初期，其政治立场尚未转变，因此未称“归义军”。

918年的文书P.3262《祈愿文》中，回鹘公主的称号仍旧为“公主”，不过同样是918年的文书，P.3781《河西节度使尚书曹议金修大窟功德记》已经称回鹘公主为“天公主”。918年前后，曹议金奉回鹘公主为“天公主”，可能是曹议金为成功入贡中原做出的进一步妥协，“天公主”之称号可谓尊宠至极。此后，回鹘公主的称号多为“天公主”“圣天公主”，也有时简称为“公

① 杨宝玉、吴丽娱《归义军政权与中央关系研究——以入奏活动为中心》，第94页。

主”。P.2850《厶官燃灯祈愿文》称回鹘公主为“慈母公主”，此文的创作者应为天公主的生子。

曹元德继位后，虽然诛杀了回鹘天公主诸子，但是回鹘公主的地位仍然很高。因为曹议金去世后，敦煌与甘州之间的关系不太和谐，曹元德、曹元深时期，为了维护两地之间相对友好的关系，自然要维持回鹘公主表面上的尊宠地位，其称号常常为“国母天公主”“国母圣天公主”“国母公主”等。

之所以维护“天公主”的尊宠地位，可能也与嫁到回鹘的曹议金女儿有关。曹议金女儿嫁到回鹘以后，很少有相关的记载，而曹议金嫁到于阗的女儿则不同，敦煌文书中经常可以看到这位“于阗天皇后”。因此，曹氏归义军节度使始终维护回鹘公主的尊宠地位，也应是换取甘州回鹘对曹议金女儿的优待。抄写于曹元深（或曹元德）时期的S.4245《造窟功德记》文书中出现“两国皇后乂安”，可能是为曹议金的两位女儿“于阗皇后”“回鹘皇后”祈福。

曹议金时期甘州回鹘公主地位较高，且甘州回鹘的确有操控敦煌政权的意愿，甘州回鹘派系最多只存在于曹议金执政时期。回鹘公主等人物在不同时期的称号的变化，可以反映敦煌与回鹘之间关系的微妙变化。根据敦煌文献可知，甘州回鹘天公主的称号也是用来平衡内外关系的重要手段。曹氏归义军与甘州回鹘的关系大致可以分为两个阶段，曹元忠任归义军节度使以前是一个阶段，曹元忠任节度使以后是后一个阶段。

前一阶段，是敦煌与甘州回鹘政权之间的矛盾积累与爆发阶段，新建立的归义军政权，对外积极进取。这一时期，敦煌地区曹议金、曹元德、曹元深相继任归义军节度使，甘州回鹘先后是天睦可汗、仁美可汗（924—925）、狄银可汗（926）、阿咄欲可汗（926—927）、仁裕可汗（928—933）执政[①]，天睦可汗为父，仁美、狄银、阿咄欲、仁裕为子。曹议金在处理与甘州回鹘的关系时，做了三件关键性的决策：一、迎娶甘州回鹘公主，归义军政权与甘州回鹘具备了姻亲关系这一条纽带[②]。二、发动对甘州回鹘的战争，嫁女于回鹘可汗，扭转了与甘州回鹘交往中的被动局面[③]。三、亲往甘州回鹘谈判，为归义军政权与甘州回鹘的长远关系奠定了基础[④]。对于前两点，学界已经有了充分的重视。关于第3点曹议金亲往甘州回鹘一事的意义，笔者在此稍做申论。

首先，曹议金亲自前往甘州回鹘，可以看出其非同寻常的政治魄力。曹议金出访甘州回鹘，是在慕容归盈的调停后进行的。P.3016V《某乙上沙州曹议金书状》中记载：

> 昨得可汗书示……某乙闻此消息，尚自不可审明，伏望令公尊兄慈造特念，为此小瑕，不可断于万年之道路……昆季交通，前载莫绝。

此事件的原委已有详细研究[⑤]，新任甘州回鹘可汗仁裕对于“安千箱、张保山事件”的处理激怒了曹议金，从P.3016V文书中可

---

① “天成三年（928）二月，其权知可汗仁裕遣都督李阿山等一百二十人入贡，明宗召对于崇元殿，赐物有差。其年三月，命使册仁裕为顺化可汗。”《旧五代史》卷一三八《外国列传》，第1842页。

② 通过曹议金的努力，最终在同光二年（924），曹氏归义军使者附甘州回鹘成功入贡。

③ 曹议金发动对甘州回鹘的战争，可汗狄银在战争中死去，新任的可汗阿咄欲娶曹议金女，926年，归义军使臣附甘州回鹘使臣入贡中原。

④ 促成了930年归义军使臣入朝。

⑤ 杨宝玉、吴丽娱《归义军政权与中央关系研究——以入奏活动为中心》，第115—118页。

以看出，曹议金有对甘州回鹘再次发动战争之意向。尽管慕容归盈从中斡旋调停而得以避免战争，但是曹议金还要亲赴甘州回鹘当面过问此事，表明曹议金对东西交通之事极为重视。

其次，曹议金拥有政治远见，他执政敦煌20余年，励精图治，归义军政权得以振兴，然而此时河西走廊诸政权都处于上升势头，敦煌与甘州回鹘已经形成力量上的均势，即短期之内，互相都无法吞并对方。曹议金认识到敦煌政权的长久之计在于稳定的内外局势。要扩大归义军政权影响力，维持敦煌地区社会经济的活力，必须保证东西通道的畅通。P.2992V（3）记载：

> 自去年兄大王当便亲到甘州，所有社稷久远之事，共弟天子面对商仪（议），平稳已讫，兄大王当便发遣一伴般次入京。

曹议金出访甘州，一方面议定“社稷久远之事”，为敦煌赢得了稳定的外部环境；另一方面，“当便发遣一伴般次入京”，表明其当机立断、善于把握时机，以及维护朝贡道路通畅的决心。

最后，我们认为曹议金此次出访，考虑到了可能到来的危险。P.2850《厶官燃灯祈愿文》记载：

> 时则有坐前持炉厶官，先奉为龙天八部，拥护流沙……莲府大王，遐延久载。亲征张掖，统鸿军以静东羌。讨伐狼徒，愿清平而归西国。慈母公主永荫长春，小娘子、郎君中外康吉，诸福会也。伏惟厶官天资正气，神授韬志（钤），仰玄门虑城为与钳。怀所（佐）国之宏规，韫安边之上略……伏愿加威神力，晏陇道一方之（之一方）。善深

冥状，引鸿军却归西塞。大王保寿，共天地而俱存。[1]

“厶官”是曹议金与回鹘天公主生子，这篇发愿文记载了曹议金称“大王”时期率军东进，“厶官”暂时佐守敦煌的情形。曹议金前往甘州和谈，甘州回鹘天公主之子“厶官”留守敦煌，这实际上是表明曹议金与甘州回鹘和谈的诚意。通过文书可知，曹议金出访甘州，是率领大军东进的，虽然是和谈，但是曹议金也做好了战争的准备，以防不测。在和谈以前，双方或经历了小规模的战争，并以归义军的胜利告终，保证了曹议金与甘州回鹘和谈的顺利进行。前述P.2992V文书中记载“当便发遣一伴般次入京”，也可证明曹议金出访甘州有众多随从陪同，阵势盛大。最终甘州回鹘可汗仁裕慑于敦煌政权的实力，也为曹议金的诚意所打动，和谈为此后双方的关系奠定了基础，曹议金的出访达到了预定目的。

和谈以后，归义军使节在长兴元年（930）、长兴三年（932）、清泰元年（934）成功入贡朝廷。但是曹议金934年病重，935年去世，此间甘州回鹘发生了围困归义军西归使团的事件[2]，这是甘州回鹘对敦煌政权的试探。曹元德任归义军节度使以后，内政方面清除了甘州回鹘天公主一系的势力[3]，一方面试图稳定外部局势。归义军朝贡虽然受到阻碍，但是并未与甘州发生战争，

① 黄征、吴伟《敦煌愿文集》，第279—280页。

② 杨宝玉、吴丽娱《归义军政权与中央关系研究——以入奏活动为中心》，第133—145页。

③ 郑炳林、杜海《曹议金节度使位继承权之争——以“国太夫人”、“尚书”称号为中心》，《敦煌学辑刊》2014年第4期，第1—12页。

至曹元深时期，敦煌政权稳固发展，终于再次获得了朝廷降使册封[①]。曹氏归义军与甘州回鹘形成了力量上的均势局面。

第二阶段，曹元忠时期，归义军政权出现了内部的瓜、沙之争，但是矛盾尚不突出，敦煌地区得以持续稳定发展。甘州回鹘势力虽呈上升趋势，但此时党项势力崛起，阻碍了甘州回鹘与中原王朝的往来通使[②]，甘州回鹘战略重心东移。曹氏归义军政权逐步丧失了对外积极进取的态势，偏安敦煌一隅。同时甘州回鹘经历了数次与西夏的战争，政权陷入危机，一些部众向西迁徙，敦煌周围来自东西两面的少数民族部落聚集，形成了以回鹘为首的“沙州蕃族”部落。正史资料中对曹贤顺以后归义军朝贡中原政权的相关记载，多是以回鹘使者为导引[③]。曹氏归义军后期内部矛盾重重，势力渐衰，归义军政权或逐步沦为“沙州蕃族”部落的附庸。

（二）曹氏归义军与于阗

敦煌曹氏归义军时期，与于阗国世代联姻。主要有：曹议金女儿出嫁于阗[④]、曹元忠迎娶于阗公主[⑤]、曹延禄迎娶于阗公

---

① 《旧五代史》卷七九《晋书高祖纪五》记载：“（天福五年）二月丁酉朔，沙州归义军节度使曹议金卒，赠太师，以其子元德袭其位。”第1038页。

② 《旧五代史》卷一三八《党项传》载：“[后唐长兴三年（932）]，河西回鹘朝贡中国，道其部落，辄邀劫之，执其使者，卖之他族以易牛马。”第1845页。

③ 杜海《敦煌归义军政权与沙州回鹘关系述论》，《敦煌学辑刊》2015年第4期，第143—150页。

④ 相关研究有：荣新江、朱丽双《于阗与敦煌》，第153—161页；张小刚、杨晓华、郭俊叶《于阗曹皇后画像及生平事迹考述》，《西域研究》2015年第1期，第59—68页；张小刚《再论敦煌石窟中的于阗国王与皇后及公主画像——从莫高窟第4窟于阗供养人像谈起》，《敦煌研究》2018年第1期，第48—61页。

⑤ （日）赤木崇敏《10世紀コータンの王統·年号問題の新史料——敦煌秘笈羽686文書》，《内陸アジア言語の研究》XXVII，2013年，第101—128页；冯培红《敦煌的归义军时代》，第345页。

主[①]，以及于阗太子从德与阴氏女子联姻[②]。曹议金的女儿于阗“天皇后”在敦煌文献中一直保持很高的地位。曹元忠在位时期（944—974），其夫人于阗公主地位一般，在敦煌文书中出现次数很少。曹延禄时期（976—1003），于阗公主夫人在敦煌文书中被称为“国母夫人”。

曹议金与于阗的结亲，展现了敦煌政权的影响力，客观上也巩固了曹氏家族在敦煌地区的统治。通过归义军政权的斡旋，于阗进奉使马继荣于后晋天福三年（938）顺利抵达晋都开封。继而在后晋天福三年（938）到后汉乾祐元年（948）间，于阗使者前后四次抵达中原[③]。敦煌文献所载刘再昇，是于阗通使中原的重要人物。史料记载，942年，敦煌使者附于阗使刘再昇入贡中原，说明于阗与敦煌归义军的关系密切[④]。943年“于阗、回鹘入朝使刘再成（昇）等并授怀化大将军、将军郎将”[⑤]。刘再昇还被称为“刘司空”[⑥]。正史只记载刘再昇，而未提回鹘使者的名

① 贺世哲《从供养人题记看莫高窟部分洞窟的营建年代》，敦煌研究院编《敦煌莫高窟供养人题记》，第227页；荣新江、朱丽双《于阗与敦煌》，第165—166页。

② 张广达、荣新江《10世纪于阗国的天寿年号及其相关问题》，张广达、荣新江《于阗史丛考（增订本）》，第289—302页；荣新江，朱丽双《于阗与敦煌》，第162—164页；张小刚《再论敦煌石窟中的于阗国王与皇后及公主画像——从莫高窟第4窟于阗供养人像谈起》，《敦煌研究》2018年第1期，第48—61页。

③《新五代史》卷七四《四夷附录三》，第917页；《旧五代史》卷七七《后晋高祖纪三》，第1022—1023页；《新五代史》卷九《后晋出帝纪》，第91页；《新五代史》卷七四《四夷附录三》，第919页；《旧五代史》卷八一《后晋少帝纪一》，第1075页。

④ 冯培红《敦煌的归义军时代》，第335—337页。

⑤《旧五代史》卷八一《后晋少帝纪一》，第1075页。

⑥ 荣新江、朱丽双《一组反映10世纪于阗与敦煌关系的藏文文书研究》，沈卫荣主编《西域历史语言研究集刊》第5辑，第103—105页。

字，说明中原对于阗使臣刘再昇的重视。甚至有学者指出，刘再昇有可能是敦煌人[①]。总之，曹氏归义军政权成功促成了于阗与中原的往来通使，在沟通西域与中原交往的过程中发挥了重要作用，敦煌曹氏政权在丝路交通上已经占据了一席之地。

曹元忠迎娶于阗公主，与于阗国的政治形势有关。天寿元年以后（963），敦煌与于阗的交往异常增多，于阗使团、僧侣、太子等都有到访敦煌的记录[②]，可推测当时于阗国或发生了政权上的变故。荣新江认为，天寿二年（964），于阗国的太子和公主为躲避本国的战火来到敦煌，诸多“看于阗使”等记录，反映了于阗皇帝寻求支持的活动[③]。李圣天可能在962年去世[④]，在963—965年间，于阗国的国号可以确知为天寿[⑤]，而在天寿年号之后的965—967年间，于阗国或又使用开运年号[⑥]，天寿、开运年间

① 钱伯泉《于阗国使刘再昇的国籍及出使过程探微》，《敦煌研究》1998年第1期，第99—101页。

② 荣新江、朱丽双《于阗与敦煌》，第132—135页。

③ 荣新江、朱丽双《于阗国王李圣天事迹新证》，《西域研究》2012年第2期，第13页。

④ 参李正宇《俄藏中国西北文物经眼记》，《敦煌研究》1996年第3期，第41页。李正宇结合敦煌文献中“佛现皇帝”的记载，认为于阗皇帝李圣天是962年去世。

⑤ 张广达、荣新江在于阗史研究方面做了许多开创性工作，确定了于阗国在963—965年使用天寿年号，李圣天于966—967年间去世，天寿年号是李圣天执政末期使用的年号。张广达、荣新江《关于唐末宋初于阗国的国号、年号及其王家世系问题》，张广达、荣新江《于阗史丛考（增订本）》，第15—37页；张广达、荣新江《10世纪于阗国的天寿年号及其相关问题》，张广达、荣新江《于阗史丛考（增订本）》，第289—302页；荣新江、朱丽双《于阗国王李圣天事迹新证》，《西域研究》2012年第2期，第1—13页。

⑥ 965—967年间，于阗国皇帝或曾使用开运年号，参见（日）吉田丰《コータン出土8—9世紀のコータン語世俗文書に関する覺え書き》，第76—78页。

（963—967）的于阗皇帝，正是促成与曹元忠联姻的于阗皇帝[①]。

962年李圣天去世与否，尚待更多史料来证明。无论如何，此时于阗政局的确发生了较大的变化。开宝二年（969），于阗遣使宋朝时，希望以一块237斤重的玉，作为请求宋朝册封的条件[②]。与之相比，羽686文书记载到曹元忠获赠80斤重的大玉等珍贵礼品，可见于阗皇帝对敦煌政权的重视。于阗皇帝结交曹元忠，应是为了寻求政治上的支持。据敦煌文书所体现出来的信息可知，虽然曹元忠与于阗皇帝的女儿结亲，但这位于阗公主嫁到敦煌以后，其地位不如曹元忠的翟氏夫人。这也反映出敦煌的政权已经相对稳固，不再刻意讨好外邦。

曹元忠去世以后，这位于阗公主与翟氏夫人一样，被加封“国太”称号，S.4306《文样》中的“国太公主”即曹元忠的于阗公主夫人[③]。她在曹延禄称“大王”时期（984—1002）去世。值得注意的是，曹延禄时期其母于阗公主夫人地位很高，被称为“国太公主”，这应该与曹延禄联姻于阗有关。曹延禄妻子于阗公主，在石窟中也被称为“天公主”，在敦煌文书中被称为“国母夫人”，可知曹延禄时期，敦煌与于阗关系密切。

曹议金至曹元忠时期，于阗皇帝经历了李圣天—“天寿、开运[④]皇帝”（?）—尉迟苏罗王这样的交替，因此相关文书中的人物称号，成为我们判断文书时代的重要标准。敦煌文献中保存

---

①（日）赤木崇敏《10世紀コータンの王統·年号問題の新史料——敦煌秘笈羽686文書》，《内陸アジア言語の研究》XXVII，2013年，第101—128页。

②《宋史》卷四九〇《外国传》“于阗”条，第14107页。

③《英藏敦煌文献（汉文佛经以外部分）》第6卷，第28页；杜海《敦煌文书中的“国太夫人”考》，《敦煌学辑刊》2017年第3期，第40—45页。

④ 此期间李圣天或未去世，但因于阗公主嫁到敦煌，文书中的称号有变化。

了一批归义军与于阗的往来书信，根据敦煌与于阗之间联姻的线索，可以梳理这些书信的时代。

P.t.1106《兄天子于阗皇帝致弟令公归义军节度使札》即是于阗李圣天皇帝写给曹元忠的信[①]。曹元忠在956年以后称“令公”，961—962年又称“太傅”[②]，因此P.t.1106文书中这篇书信的年代可以限定在956—961年之间。

963—967年间，曹元忠娶于阗公主。敦煌文献中保存了这一时期于阗皇帝写给曹元忠的书信，一封是杏雨书屋藏羽686《于阗皇帝赐归义军节度使男曹元忠札》[③]，内容是：

> 皇帝赐男元忠：东河大玉一团，重八十斤；又昆岗山玉一团，重二十斤；又东河玉一团，重七斤。又师子大玉鞦辔一副，又密排玉鞦辔一副。骠马一匹，乌马一匹，骝马一匹。镔三锭，共十六斤半。（缺文）已遣。此不及。

P.2826文书记载：

> 白玉一团，赐沙州节度使男令公，汝宜收领，勿怪轻鲜，候大般次，别有信物，汝知。其木匠杨君子千万发遣西来，所要不昔（惜）也。凡书信去，请看二印，一大玉印，一小玉印，更无别印也。[④]

---

① 荣新江、朱丽双《一组反映10世纪于阗与敦煌关系的藏文文书研究》，沈卫荣《西域历史语言研究集刊》第5辑，第102—103页。

② 荣新江《归义军史研究——唐宋时代敦煌历史考索》，第130页。

③（日）赤木崇敏《10世紀コータンの王統·年号問題の新史料——敦煌秘笈羽686文書》，《内陸アジア言語の研究》XXVII，2013年，第101—128页。

④《法国国家图书馆藏敦煌西域文献》第19册，第9页。

以上两封信件的时间应该在天寿元年以后，从德太子即于阗王位之前。书信中于阗皇帝虽然称曹元忠为“男”，但是书信的措辞、语气非常恭谨，表达出这位于阗皇帝希望获得曹氏归义军政权支持的迫切心情。

967年，李圣天的儿子尉迟苏罗王登上皇位[①]。于阗语文书P.5538a《尉迟苏罗王致舅曹大王书状》是尉迟苏罗王刚刚继位不久写给曹元忠的信[②]。除此之外，相关记载还有P.2703文书《曹元忠书状二通》：

> 不审近日圣体何似，伏惟俯为社稷生灵，倍加保重，远情恳切，谨状。舅归义军节度使、特进、检校太师、兼中书令、敦煌王曹元忠状。
>
> 早者安山胡去后，倍切攀思，其于衷肠，莫尽披剖。在此远近亲情眷属，并总如常，不用忧心。今西天大师等去，辄附音书。其西天大师到日，希望重叠津置，疾速发送。谨奉状起居，伏惟照察，谨状。舅归义军节度使、特进、检校太师、兼中书令敦煌王曹状。[③]

这两件状文是曹元忠写给于阗尉迟苏罗王的，信中表达了对尉迟苏罗王的关切，并且希望尉迟苏罗王能够提供方便，保证路途顺畅。收信者尉迟苏罗王在967年以后执政，曹元忠称“太师令公

---

① 荣新江、朱丽双《于阗与敦煌》，第74页。

② （英）H. W. Bailey，“Srī Viśa’ Śūra and the Ta—Uang”，*Aisa Major*，new series，XI.1， 1964，pp.17—26；荣新江、朱丽双《于阗与敦煌》，第74—75页。

③ 《法国国家图书馆藏敦煌西域文献》第17册，第313—314页。

大王”的时间在964—974年[1]，那么这两封书信的年代可限定在967—974年之间。

曹延禄娶于阗皇帝尉迟达磨的第三个女儿为妻[2]，这位于阗公主见载于莫高窟第61窟、第202窟、第449窟、天王堂和榆林窟的第35窟。曹延禄迎娶的于阗公主同样也在敦煌文献中多次出现，S.3557、S.4625、S.4505即保存了曹延禄夫人的相关记载。《宋会要辑稿·蕃夷五》“瓜沙二州”条记载：

> ［太平兴国五年（980年）］制：权归义军节度兵马留后、金紫光禄大夫、检校司空、兼御史大夫、上柱国、谯县男曹延禄，可检校太保、归义军节度、瓜沙等州观察处置、营田、押藩（蕃）落等使……母进封秦国太夫人，妻封陇西郡夫人。[3]

这里的曹延禄妻即曹延禄的于阗公主夫人。她被中原王朝册封为“陇西郡夫人”，在石窟中被称呼为“天公主”，在敦煌文献中则被尊称为“国母夫人”。

据此，藏文文书P.t.1284（3）中人物的身份问题也可以得到解决。该文书保存了一封书信，内容为：

> 天大王、父、狮子、于阗王尊前：河西一路节度曹太保谨呈。天子尊前，仲冬降临，寒风凛冽，圣躬于宝座治理，

① 荣新江《归义军史研究——唐宋时代敦煌历史考索》，第130页。

② 贺世哲《从供养人题记看莫高窟部分洞窟的营建年代》，敦煌研究院编《敦煌莫高窟供养人题记》，第227页。

③ ［清］徐松《宋会要辑稿》一九八册《蕃夷五》，第7767页。

> 极甚辛劳。尊体清吉何似，谨修书恭问平安。

荣新江、朱丽双认为文书是曹延禄（曹太保）致尉迟达磨的书信草稿[①]，王尧、陈践认为“曹太保”为曹元忠[②]，冯培红也认为该书信是曹元忠写给于阗皇帝的[③]。笔者认为P.t.1284文书赋予于阗皇帝非常尊敬的称号，是曹延禄写给于阗皇帝的可能性较大。前文已经论述，曹元忠时期，他迎娶的于阗公主在敦煌文书中地位不高。曹延禄时期，其夫人于阗公主被称为“国母夫人”，地位很高[④]，因此P.t.1284文书更符合曹延禄时期的情况。

此外，学者通过对敦煌文献以及石窟的综合研究，考证出嫁到于阗的阴氏家族女子，在敦煌文献中也被称为“皇后”，Дx.6069+Дx.2148+Дx.1400写卷中记载：

> 更有小事，今具披词，到望宰相希听允：缘宕泉造窟一所，未得周毕，切望公主、宰相发遣绢十匹、五匹，与硙户作罗底买来，沿窟缠里工匠，其画彩色、钢铁及三界寺绣像线色，剩寄东来，以作周旋也。娘子年高，气冷爱发，或使来之时，寄好热细药三二升。又紺城细緤□三五十匹东来，亦乃沿窟使用。又赤铜，发遣二、三十斤。

① 荣新江、朱丽双《一组反映10世纪于阗与敦煌关系的藏文文书研究》，沈卫荣主编《西域历史语言研究集刊》第5辑，第106—108页。

② 王尧、陈践《归义军曹氏与于阗之关系补证——P.t.1284号吐蕃文书译释》，《西北史地》1987年第2期，第60—62页。

③ 冯培红《敦煌的归义军时代》，第339—340页。

④ 甘州回鹘天公主也曾经使用“国母公主”称号；曹延禄的于阗夫人被称为“国母夫人”，非常尊贵。

又咨阿郎宰相：丑子、丑儿要玉约子腰绳，发遣两鞓。又好箭三四十只，寄东来也。

季秋霜冷，伏惟公主尊体起居万福。即日新妇小娘子阴氏蒙恩，不审近日尊体何似。惟以时倍加保重，远情所望。今于押衙安山胡手中内附漆馃（碟）子三个，到日以充丹信收领也。谨奉状起居，不宣。谨状。

九月　日新妇小娘子阴氏状上。

公主阁下谨空

又，阿娘寄永先小娘信青铜镜子一面，到日永先收留也。

荣新江等认为其中的阴氏小娘子应是嫁给当时的某位于阗太子的沙州女子①。张小刚对此问题做了进一步说明，通过对莫高窟第4窟与莫高窟第138窟阴家窟的对比研究，他认为莫高窟第4窟即于阗皇室与阴家开凿的洞窟，其中的于阗皇帝是从德太子（尉迟苏罗），皇后即出嫁到于阗的阴氏娘子。Дх.6069+Дх.2148+Дх.1400文书中有相关洞窟开凿的记载，即莫高窟第4窟。推测，从德太子与阴家小娘子成亲，开凿莫高窟第4窟。这位阴氏女子在10世纪末期再次回到敦煌居住，S.4700+S.4121+S.4643+北图新1450《甲午年（994）五月十五日阴家婢子小娘子荣亲客目》中列有“皇后及都头二人”，这位皇后即嫁给于阗皇帝尉迟苏罗的阴氏女子②。那么，于阗王室为何会与敦煌大族联姻呢？莫高窟第4窟南壁上部绘制的经变画，有《法华经变》《阿弥陀经变》

① 荣新江、朱丽双《于阗与敦煌》，第162—164页。

② 张小刚《再论敦煌石窟中的于阗国王与皇后及公主画像——从莫高窟第4窟于阗供养人像谈起》，《敦煌研究》2018年第1期，第509—522页。

《报恩经变》《楞伽经变》，其中《法华经变》《阿弥陀经变》《楞伽经变》，相关内容属于禅宗的重要思想来源，可知第4窟体现了当时流行的禅宗思想。而《报恩经变》则是向节度使曹元忠宣誓效忠，避免引起统治者的猜忌。莫高窟61窟的供养人题记有“新妇小娘子阴氏一心供养”“外甥小娘子阴氏一心供养”[①]，都是嫁入曹家的阴氏家族成员，可知阴氏家族与节度使曹元忠保持着密切的关系。曹元忠时期，迎娶于阗公主，同时从德太子迎娶与节度使曹氏家族关系密切的阴氏娘子，大大增进了敦煌与于阗之间的亲密关系。

综上可知，曹议金、曹元忠、曹延禄时期，敦煌、于阗之间世代联姻。至曹元忠时期，双方关系愈发密切。曹延禄迎娶于阗公主，并奉其为第一夫人，于阗与敦煌的关系甚为亲密。

图6-1 莫高窟第4窟东壁南侧于阗供养人像

① 敦煌研究院编《敦煌莫高窟供养人题记》，第23—24页。

三、曹氏归义军时期敦煌大族地位的升降

曹议金善于利用敦煌社会各个阶层的力量，建立起自己的权力网络。敦煌各个家族实力消长的过程，实际上是曹议金经营其权力基础的过程。

曹元德的夫人有翟氏、阎氏、索氏、张氏，曹元深的夫人有阎氏、张氏、李氏、索氏，曹元忠的夫人为翟氏等[①]。曹元德和曹元深虽然都与敦煌传统大族索氏、张氏、李氏联姻，但是曹元德的第一位夫人出自翟氏家族，曹元深的第一位夫人出自阎氏家族。曹元忠的第一夫人为翟氏夫人。自曹元德以后，居节度使第一夫人之位的没有一人出自张氏归义军统治集团（张氏、索氏、李氏、宋氏等家族）。这种局面的出现，实际上是出于曹氏归义军创始者曹议金的统治策略。

曹议金通过与张氏归义军时期大族索氏、宋氏的联姻，确立了曹氏家族在敦煌的地位。同时，曹议金迎娶甘州回鹘公主为妻，此策略一方面缓和了与甘州回鹘的关系，另一方面，也对敦煌当地大族形成了震慑。此外，曹议金通过扶持慕容氏、翟氏这样的新兴家族，遏制了张氏时期的敦煌传统大族势力的发展。

以曹氏家族为中心的归义军政权，自曹元忠时期步入了长期稳定发展的局面。曹元忠第一夫人为翟氏，曹延恭第一夫人为慕容氏，曹延禄的第一夫人是于阗公主，曹宗寿的夫人出自氾氏，张氏归义军时期的传统大族逐渐丧失了对敦煌政权的影响力。同时，在瓜州慕容归盈去世以后，曹元忠、曹延恭先后出任瓜州刺史，其中曹延恭出任瓜州刺史20余年，曹氏家族已经在敦煌瓜、沙二州建立起了绝对的核心地位。根据前文梳理可知，曹氏归义

① 陈菊霞《敦煌翟氏研究》，第193—194页。

军时期采取联姻策略，得以长期维持与甘州回鹘和于阗的友好关系。同时，这种维持与东西方政权双向世代联姻的政策，是曹氏归义军政权得以长期维系的重要保障。这也是曹氏家族在统治方式上与之前张氏家族的一个明显不同。敦煌的繁荣，正是由于丝绸之路上长期不间断的贸易往来，只有丝路畅通，敦煌才能维持它在政治、经济、文化上的优势地位。曹氏归义军政权的这些努力也客观上促进了西域与中原通使道路的畅通。

第二节 曹氏归义军时期的“瓜沙之争”

曹氏归义军时期，敦煌政权的势力范围仅限于瓜、沙二州。归义军节度使府衙位于沙州，沙州又被称作“上州”。瓜州刺史慕容归盈、曹延恭先后在瓜州长期执政。由于地理、姻亲、政治等因素，导致归义军政权内部形成了瓜州派系。沙州府衙试图限制瓜州派系势力，曹元忠在瓜州增设会稽、新乡二镇就是相应的举措。以曹延恭为代表的瓜州派系获得了瓜州慕容家族等的支持。最终，瓜州、沙州之间的矛盾难以调和，曹宗寿利用瓜州军队发动了政变，推翻了归义军节度使曹延禄的统治。“瓜、沙之争”是曹氏归义军衰亡的重要原因。10世纪至11世纪初期，敦煌面临“四面六蕃围”的政治形势，曹氏归义军政权艰难维系着瓜、沙二州的统治，为敦煌地区的稳定以及丝绸之路的畅通做出了重要贡献。沙州是归义军政权衙署所在地，是曹氏政权的政治军事中心。但是这一时期，敦煌瓜、沙二州之间的关系存在不和谐的因素，曹氏归义军时期，“瓜、沙关系”与节度使更替、军镇制度变化、归义军政权兴衰等均有重要牵涉。

藤枝晃、土肥义和、哈密顿等认为，曹氏归义军初期瓜州慕容归盈入贡中原王朝过程中即表现出独立性，甚至认为瓜州是独立于沙州之外的政权[①]。郭锋对慕容归盈的相关史实做了详细考证，认为虽然慕容归盈时期瓜州已经表现出一定的独立性，但沙州对瓜州具有统辖权[②]。荣新江也指出，在曹延禄时期，瓜州地区文书指称最高上司，往往是瓜州的首脑，而不是归义军节度使[③]，体现了曹氏归义军中后期瓜州的独立性。冯培红认为，北宋咸平五年（1002），曹宗寿政变时可能利用了瓜州地区的军队[④]。以上学者在研究过程中涉及了瓜州独立性的问题，但是迄今并无学者对曹氏归义军时期瓜、沙二州矛盾的发展演变过程进行专题研究。赤木崇敏根据节度使的内外联姻关系，将节度使世系划分为甘州回鹘系与于阗系[⑤]。不过，甘州回鹘系势力在曹元德时期已被清洗殆尽[⑥]，因此对于甘州回鹘系之说，还需审慎对待。虽然如此，赤木崇敏对曹氏归义军世系的探讨亦颇具启发性。本节

---

① （日）藤枝晃《沙州歸義軍節度使始末（一）—（四）》，《東方学報》（京都）第12册第3、4分，第13册第1、2分，1941—1943年；（日）土肥义和著，李永宁译《归义军（晚唐、五代、宋）时期的敦煌》，《敦煌研究》1986年第4期、1987年第1期；（法）J. R.哈密顿著，耿昇、穆根来译《五代回鹘史料》，第55页。

② 郭锋《慕容归盈与瓜沙曹氏》，《敦煌学辑刊》1989年第1期，第90—106页；吴丽娱、杨宝玉也同意郭锋的观点，参见杨宝玉、吴丽娱《归义军政权与中央关系研究——以入奏活动为中心》，第112页。

③ 荣新江《归义军史研究——唐宋时代敦煌历史考索》，第128页。

④ 冯培红《敦煌的归义军时代》，第426—427页。

⑤ （日）Akagi Takatoshi（赤木崇敏），“The Genealogy of the Military Commanders of the Guiyijun from Cao Family”, *Dunhuang Studies: Prospects and Problems for the Coming Second Century of Research*（ed. by Irina Popova and Liu Yi）, pp. 8—13；（日）赤木崇敏《10世紀コータンの王統·年号問題の新史料——敦煌秘笈　羽686文書》，《内陸アジア言語の研究》XXVII，2013年，第101—128页。

⑥ 郑炳林、杜海《曹议金节度使位继承权之争——以“国太夫人”、“尚书”称号为中心》，《敦煌学辑刊》2014年第4期，第20—21页。

则尝试以瓜、沙二州之间的矛盾为切入点，探讨曹氏归义军时期的内部争夺，拟通过对史料的梳理研究，厘清曹氏归义军时期“瓜、沙之争”的线索。

一、瓜州势力的形成

（一）慕容归盈执政瓜州

914年，曹议金执掌敦煌政权之后，慕容归盈一直出任瓜州刺史，直至天福五年（940）去世[①]。史籍记载，慕容归盈曾与曹议金一起入贡朝廷，其中有两条记载值得注意：

> 末帝清泰元年（934）七月癸丑，简较（检校）刑部尚书、瓜州刺史慕容归盈转简较（检校）尚书左仆射。时瓜、沙附回鹘来朝贡。令使归，故有斯命。[②]
>
> ［应顺元年（934）］是月（正月），沙州、瓜州遣牙将各以方物朝贡……［清泰二年（935）七月］沙州刺史曹义（议）金、凉州留后李文谦各献马三匹，瓜州刺史慕容归盈献马五十匹。[③]

史籍中记载了慕容归盈多次以瓜州刺史名义向朝廷入贡，有时进贡的数量比沙州、凉州还要多。五代宋初，敦煌归义军政权实际上已经不受中原政权管辖，正史中分列沙州、瓜州，是为了彰显中原在河西地区的影响力[④]，考虑到这一点，可知这些内容不能

① 郭锋《慕容归盈与瓜沙曹氏》，《敦煌学辑刊》1989年第1期，第92页。
② ［宋］王钦若等《册府元龟》卷九六五《外臣部·封册三》，第11355页。
③ ［宋］王钦若等《册府元龟》卷九七二《外臣部·朝贡五》，第11423页。
④ 郭锋《慕容归盈与瓜沙曹氏》，《敦煌学辑刊》1989年第1期，第94—95页。

完全代表敦煌当地的情况。但是史籍将瓜州刺史慕容归盈单独列出，明确显示出慕容归盈在瓜州地区的地位，且朝廷于公元934年对慕容归盈的单独册封客观上提升了慕容家族在瓜州的威望。曹议金任节度使时期，慕容归盈长期担任瓜州刺史，那么瓜州地区从曹氏归义军政权建立伊始就具有一定的独立性。瓜州的不安定因素在敦煌文献中有所体现，P.4638V《丙申年（936）正月马军武达儿状》记载："去七月令捉道氾都知将壮羊一口放却。同月闻苽（瓜）州贼起，再复境界宁谧，军回至东定。"[①]可知在曹氏归义军首任节度使曹议金去世以后[②]，瓜州地区发生了小规模的动乱。

图6-2 榆林窟第12窟南壁《慕容归盈出行图》

慕容归盈是曹议金执掌敦煌政权的有力支持者，因此得以长期执政瓜州。然而在敦煌政局稳定后，曹议金父子希望收回瓜州的实际控制权。莫高窟第98窟中有"女第十六小娘子一心供养出适慕容氏"[③]，可知曹议金嫁女给慕容家族。榆林窟25窟中，有

① 《法国国家图书馆藏敦煌西域文献》第32册，第234页。

② 曹议金在935年去世，参见荣新江《归义军史研究——唐宋时代敦煌历史考索》，第105—107页。

③ 敦煌研究院编《敦煌莫高窟供养人题记》，第33页。

图6-3 P.4638V《丙申年（936）正月马军武达儿状》

曹元忠“长女小娘子延鼐出适慕容氏”[①]。曹议金、曹元忠父子都曾嫁女给慕容家族，虽然如此，但未见有慕容归盈子辈出任重要官职的记载，说明敦煌曹议金父子试图拉拢并限制瓜州慕容家族的势力。

公元940年，慕容归盈去世，曹元忠接替出任瓜州刺史[②]，公元944年，曹元忠任归义军节度使[③]，那么元忠担任“瓜州刺史”一职的时间应在公元940—944年之间。

---

① 张伯元《安西榆林窟》，第227页。

②《新五代史》卷九《后晋出帝纪》记载：“［天福七年（942）十二月］丙子，于阗使都督刘再昇来，沙州曹元深、瓜州曹元忠皆遣使附再昇以来。”第91页。

③ 荣新江《归义军史研究——唐宋时代敦煌历史考索》，第114页。

（二）曹延恭执政瓜州

在曹元忠任归义军节度使时期，曹延恭执政瓜州。据《册府元龟·帝王部·来远》记载：

> 世宗显德二年（955）正月，沙州留后曹元忠、知瓜州军州事曹元（延）恭各遣使进方物。以元忠为归义军节度使简较（检校）太保同平章［事］；以元（延）恭为瓜州团练使，仍各铸印以赐之，皆旌其来王之意也。①

后周王朝册封曹元忠、曹延恭，实际上是对既成事实的承认，但是分别铸造“归义军节度使印”“瓜州团练使印”，却为曹元忠完全掌控敦煌瓜、沙二州制造了麻烦。曹元忠是在公元944年任归义军节度使，卸任瓜州刺史。那么曹延恭担任瓜州刺史的时间，应在公元944年后不久。曹元忠任归义军节度使30余年，此间曹延恭一直担任瓜州刺史，史籍中关于曹延恭任职瓜州的重要记载有：

> ［建隆二年（961）十一月］癸酉，沙州节度使曹元忠、瓜州团练使曹延继等遣使献玉鞍勒马。②
>
> 义金卒，子元忠嗣。周显德二年（955）来贡，授本军节度使、检校太尉、同中书门下平章事，铸印赐之。建隆三年（962）加兼中书令，子延恭为瓜州防御使。③
>
> ［建隆三年正月］丙子，加曹元忠兼中书令，元忠子延

---

①［宋］王钦若等《册府元龟》卷一七〇《帝王部·来远》，第2059—2060页。本文引文中的着重号全部为笔者所加。

②《宋史》卷一《太祖纪一》，第10页。

③《宋史》卷四九〇《外国传六》，第14123—14124页。

敬为瓜州防御使，赐名延恭。[①]

史籍中经常把曹延恭误作曹元忠的儿子，曹延恭的原名为“延敬”，后由宋廷赐名“延恭”。其名字有时也被误写作“元恭”“延继”。曹延恭在955年被册封“瓜州团练使”，至962年又被册封为“瓜州防御使”。

图6-4 莫高窟第55窟内景

莫高窟第55窟是曹元忠功德窟，绘制了节度使曹议金、曹元德、曹元深、曹元忠，之后是曹元忠之侄“瓜州防御使”[②]，即曹延恭。榆林窟第25窟供养人曹元忠之后，第二身题记“侄……检校司空、兼……曹延……”[③]，也是瓜州防御使曹延恭，此时其称号为“司空”。可以看出，曹元忠任节度使时期，瓜州刺史曹延恭地位仅次于曹元忠。敦煌文书P.3542《归义军节度使曹延恭造窟功德记》记载：

> 厥今朱明半掩，令公钦慕于金田；炎景初临，使君倾心于席侧。舍珍财于宝地，祈恩于三世之前……官僚倾心而赴会者，为谁施作，时则有使君奉为其事。伏惟使君天生夙

① ［宋］李焘《续资治通鉴长编》卷三“太祖建隆三年（962）”条，第61页。
② 敦煌研究院编《敦煌莫高窟供养人题记》，第18页。
③ 张伯元《安西榆林窟》，第227页。

> 骨，应世超伦……于是剖符千里，威佐百城。[①]

学者认为文书中的“令公”即曹元忠，“使君”即曹延恭[②]。文书记载该使君“剖符千里，威佐百城”，且能号召当地官员“倾心而赴会”，可知“使君”即身居刺史之位的曹延恭无疑，地位仅次于“令公”，可号令地方官员。又有BD06164《八关斋文》记载：

> 我当今圣主，伏愿永垂阐化，四海一家，广扇人丰（仁风），三边镇静，南山作寿，北极标尊，常为菩萨之人王，永承如来之嘱咐。又持功德，奉用庄严，我仆射贵位，伏愿□侮大顶，舟接巨川。……又持胜福，次用庄严，我刺史佐天利物，助圣安人，福将山岳以齐高，寿等海泉而深远。[③]

曹氏归义军时期有“仆射”称号的节度使为曹议金、曹元忠两人[④]，该文书中 “刺史”紧随“仆射”出现[⑤]，可以判定为曹元忠时期“刺史”就是曹延恭。

曹延恭是曹元忠的侄子，其父亲是曹元德或曹元深。曹议金

---

① 郑怡楠《敦煌归义军节度使曹延恭造窟功德记考释》，《敦煌学辑刊》2013年第3期，第105页；《法国国家图书馆藏敦煌西域文献》第25册，第219页。

② 郑怡楠《敦煌归义军节度使曹延恭造窟功德记考释》，《敦煌学辑刊》2013年第3期，第104—108页。

③《国家图书馆藏敦煌遗书》第82册，第256页。

④ 荣新江《归义军史研究——唐宋时代敦煌历史考索》，第131页。

⑤ 敦煌发愿文中，人物出现的顺序一般是当今皇帝、归义军节度使、节度使夫人，其后列沙州、瓜州重要官员。而曹元忠时代，瓜州刺史曹延恭地位特殊，常紧随节度使出现。

去世后，其子曹元德、曹元深、曹元忠兄弟三人先后继任归义军节度使。作为粟特后裔的曹氏家族[①]，以兄终弟及的节度使继承方式，保证了处于紧张局势下的敦煌政局的稳定。曹元忠任节度使时期敦煌内外局势趋于缓和，这种兄终弟及的统治方式，在曹氏家族统治巩固之后，很难继续维持。对于曹元忠来说，将节度使位传位给其儿子曹延禄还是其侄子曹延恭，是两难的选择。

最终曹元忠顾全大局，在他去世后，由曹延恭继任归义军节度使一职[②]。第444窟窟檐横梁有题记：

> 维大宋开宝九年（976）岁次丙子，正月戊辰朔七日甲戌，敕归义军节度瓜沙等州观察处置管内营田押蕃落等使、特进、检校太傅、兼中书令、谯郡开国公、食邑一千五百户、食实封三百户曹延恭之世创建记。[③]

又第454窟是曹延恭的功德窟，保存了曹元忠和曹延恭的供养人像题记，分别为：

> 叔父敕推诚奉国保塞功臣、归义军节度……书令、天册……
>
> 窟主敕归义军节度瓜沙等州观察处置……中书令、谯郡开国公、食邑……[④]

---

① 曹氏归义军统治者应为粟特后裔，参见荣新江《敦煌归义军曹氏统治者为粟特后裔说》，《历史研究》2001年第1期，第65—72页；冯培红《敦煌曹氏族属与曹氏归义军政权》，《历史研究》2001年第1期，第73—86页。

② 荣新江《归义军史研究——唐宋时代敦煌历史考索》，第123页。

③ 敦煌研究院编《敦煌莫高窟供养人题记》，第168页。

④ 敦煌研究院编《敦煌莫高窟供养人题记》，第171页。

以上是敦煌石窟题记中关于曹延恭任归义军节度使的记载，表明曹延恭继任节度使之后，不满足于之前的“司空”称号，在公元976年时已经进称“太傅令公（中书令）”称号。但是曹延恭去世之后，S.3978《丙子年（976）七月一日司空迁化纳赠历》称呼他为“司空”[①]。“司空”见于前述榆林窟第25窟题记，此称号使用的时间是在曹延恭担任瓜州防御使时期。又P.3827+P.3660V《宋太平兴国四年（979）四月权归义军节度兵马留后曹延禄牒》中称曹延恭为“司徒”[②]。可知在曹延恭担任节度使的短暂时间里（974—976），未能获得中原王朝的正式册封，曹氏归义军政权内部也没有认可曹延恭自封的“太傅令公”称号。公元976年，曹延恭去世，曹元忠子曹延禄接替执掌归义军节度使位。在敦煌政权内外局面趋于稳定之后，曹氏家族兄终弟及的统治方式已不能适应政治形势的需要。重新审视这段历史，会发现夹在曹元忠、曹延禄父子之间的节度使曹延恭，处境非常尴尬，这也为以后曹宗寿发动政变推翻曹延禄的统治埋下了种子。

（三）曹延恭与瓜州慕容家族的联姻

曹延恭在执政瓜州以后，与慕容家族联姻。莫高窟第454窟窟主即曹延恭，窟内南壁第四身女供养人像题名为“窟主敕授清河郡夫人慕容氏一心供养”，即曹延恭慕容夫人[③]。慕容家族通过与曹延恭的联姻，势力迅速增长。莫高窟第256窟中，绘有慕容家族的重要人物，“窟主玉门诸军事、守玉门使君……慕容言

---

① （日）竺沙雅章《中國佛教社會史研究》，京都：朋友书店，1982年，第540—541页；荣新江《归义军史研究——唐宋时代敦煌历史考索》，第124页。

② 荣新江《归义军史研究——唐宋时代敦煌历史考索》，第124页。

③ 贺世哲《从供养人题记看莫高窟部分洞窟的营建年代》，敦煌研究院编《敦煌莫高窟供养人题记》，第229页。

长”[①]，莫高窟202窟题记中有“故管内都押衙、行常乐县令……慕容长政”[②]，榆林窟第12窟“施主紫亭镇遏使……保实”[③]。学者指出，莫高窟第256窟、205窟，榆林窟第12窟的开凿时间，都是在曹延恭或者曹延禄时期；慕容归盈子辈较沉寂，而孙辈有所复兴，得益于慕容家族与曹氏家族的联姻[④]。据敦煌文献可考，10世纪中后期慕容家族成员出任的官职有：玉门军使、都押衙兼常乐县令、紫亭镇使、紫亭副使、某县县令、营田使、宅官等[⑤]。可以发现，慕容家族势力的增强，是在曹延恭担任瓜州刺史以后。

通过与曹氏家族的联姻，慕容家族维持了其在敦煌政权中的地位，同时，曹延恭与瓜州实力派慕容家族的联姻，也巩固了他在瓜州地区的统治。这种带有政治结盟性质的联姻，使得瓜州军政保持着相对的独立性，位于沙州的归义军节度使府衙难以有效限制瓜州刺史的权力。

二、“瓜、沙之争”的历史进程

（一）曹延恭任节度使与瓜、沙矛盾的显现

曹元忠晚年，沙州归义军节度使府衙已经对曹延恭有所防范，P.5032（9）《壬申年（972）沙州阇梨保道致瓜州慕容郎阿姊书》记载：

---

① 敦煌研究院编《敦煌莫高窟供养人题记》，第110页。

② 敦煌研究院编《敦煌莫高窟供养人题记》，第93页。

③ 张伯元《安西榆林窟》，第197页。

④ 郭锋《慕容归盈与瓜沙曹氏》，《敦煌学辑刊》1989年第1期，第101—104页。

⑤ 冯培红《从敦煌文献看归义军时代的吐谷浑人》，《兰州大学学报》（社会科学版）2004年第1期，第27—28页；陈菊霞《再议P.5032（9）〈沙州阇梨保道致瓜州慕容郎阿姊书〉的定年及相关问题》，《敦煌研究》2007年第2期，第72—73页。

> 孟春犹寒，伏惟瓜州慕容郎、阿姊、丑奴、长胜合家大少（小）等尊体起居万福……今者慕容郎及阿姊，沙州衙推言：义不得瓜州都与相兼，回封一字，若不发遣来者，沙州□□流残……壬申年润正月十三日保道书至。[①]

这封信中的“长胜”是曹元忠的侄女慕容长胜[②]，“保道”或是慕容家族成员[③]，在沙州担任僧官。“阿姊”，即曹元忠嫁到慕容家族的女儿曹延鼐。这封沙州阇梨保道写给瓜州慕容家族的信，透露了重要信息，据“义不得瓜州都与相兼”，可知当时的归义军政权内部确实形成了瓜州派系，且慕容家族的成员与瓜州派系关系紧密。总之，以瓜州刺史曹延恭为首的瓜州派系引起了沙州府衙的不满。

瓜沙矛盾在曹元忠时期的一篇瓜州牒状中也有体现，P.2943《宋开宝四年（971）五月一日内亲从都头瓜州衙推氾愿长等状》中记载：

> 今者，合城僧俗官吏百姓等不避斧钺上告王庭，比欲合城百姓奔赴上州，盖缘浇溉之时抛离不得，今者申状号告大王。此件乞看合城百姓颜面，方便安置，赐予使君坐位。容不容，望在大王台旨处分。谨具状申闻。谨录状上。牒件状如前。谨牒。开宝四年五月一日内亲从都头瓜州衙推

① 《法国国家图书馆藏敦煌西域文献》第34册，第108页。

② 陈菊霞《再议P.5032（9）〈沙州阇梨保道致瓜州慕容郎阿姊书〉的定年及相关问题》，《敦煌研究》2007年第2期，第70—73页。

③ 前述榆林窟第12窟中有紫亭镇遏使“慕容保实”。

> 氾愿长与瓜州僧俗官吏等牒。[①]

这篇文书记载的是公元971年瓜州官吏与百姓为“安置慕容使君坐位”向沙州节度使府衙申诉一事。此时已值曹元忠执政后期，瓜州地区出现如此激烈的政治诉求，实际上反映出以下史实：1.瓜州慕容家族在当地百姓中威信很高，当地百姓为了慕容家族的利益不惜与节度使府衙作对；2.这是一篇瓜州衙推所上的状文，说明这是瓜州官员以此为借口要挟归义军节度使，可以理解为瓜州百姓的诉求得到了瓜州僧俗官吏的同情与支持；3.考虑到这件文书的时代在曹元忠执政晚年，且慕容家族与曹延恭的关系密切，可知瓜州地区公开与归义军节度使府衙的矛盾，实际目的应是向曹元忠施压，谋求曹延恭继承归义军节度使之职[②]。总之，瓜沙之间的矛盾此时已经显现端倪。

曹元忠暂时向瓜州刺史曹延恭妥协，公元974年曹元忠去世以后，曹延恭继任归义军节度使之位，但是曹延恭在位时间很短即去世，节度使位由曹延禄继承。P.3827+P.3660V《宋太平兴国四年（979）四月权归义军节度兵马留后曹延禄牒》对曹延禄取代曹延恭的情形有所体现：

> 权归义军节度兵马留后、金紫光禄大夫、检校司空、兼御史大夫、上柱国、谯县开国男、食邑三百户臣曹延禄：当道去开宝七年（974）六月六日，臣父薨亡，臣兄瓜州防御使、金紫光禄大夫、检校司徒、兼御史大夫、上柱国、

---

① 《法国国家图书馆藏敦煌西域文献》第20册，第186页。

② P.5032《壬申年（972）沙州阇梨保道致瓜州慕容郎阿姊书》中沙州衙推劝慕容家族成员“义不得瓜州都与相兼”或即与此有关。

> 谯县开国男、食邑三百户延恭，充归义军节度兵马留后。寻便差臣权知瓜州军事，充归义军节度副使。至□□衔环之报；饿士蒙食，岂无代轴之功？以此排心，实无渝志。锔睿俟命，不知所裁。谨具状披告，干冒台严，无任兢惶忧疑之至。谨录状上。牒，件如前，谨牒。①

曹延恭于公元974年接替曹元忠任归义军节度使，在这之后不久便去世，公元976年曹延禄接替归义军节度使之位。文书提到"饿士蒙食，岂无代轴之功？以此排心，实无渝志"，从语气看，曹延禄继任归义军节度使不是名正言顺的，至少不是曹延恭指定的，此种隐情由于没有更多的文献记载，我们无法详考。牒文记载，曹延禄被任命为知瓜州军事，充归义军节度副使，实际上是在强调自己继承归义军节度使的合法性。然而实际情况恐怕不是如此，曹延恭本意并不是让曹延禄继承归义军节度使位，否则曹延恭为何要以老迈之躯接替曹元忠的节度使之位呢？我们认为，曹延恭所代表的是其背后瓜州派系的政治诉求，其目的是取代以曹元忠、曹延禄为代表的沙州派系，执掌归义军政权。可以推测，曹延禄虽然被任命为瓜州刺史，但实际上并未去瓜州任职，而是在沙州以归义军节度副使的身份继承了曹延恭的节度使之位。而曹延恭任命曹延禄为知瓜州军事，充归义军节度副使，其本意并非让曹延禄继承节度使，而是希望将曹延禄派遣至瓜州地区，以减少对自己执政的阻碍。

曹延禄以知瓜州军事，充归义军节度副使的身份继承了曹延

---

① 《法国国家图书馆藏敦煌西域文献》第28册，第254页；《法国国家图书馆藏敦煌西域文献》第26册，第256页；荣新江《归义军史研究——唐宋时代敦煌历史考索》，第124页；冯培红《敦煌的归义军时代》，第422页。

恭的节度使位，表面上看起来是一次正常的接替，但是考虑到曹延禄执政时期其从子曹宗寿发动的政变①，当是由于曹延恭、曹延禄节度使位交替过程中产生了矛盾，成为后来曹宗寿阴谋政变的导火索。

（二）曹延禄时期的军事政变

曹延禄继任节度使后，于公元980年获得了中原朝廷的正式任命。《宋会要辑稿·蕃夷五》“瓜沙二州”条云：

> 制：权归义军节度兵马留后、金紫光禄大夫、检校司空、兼御史大夫、上柱国、谯县男曹延禄，可检校太保、归义军节度、瓜沙等州观察处置、营田、押藩（蕃）落等使，又以其弟延晟为检校司徒、瓜州刺史，延瑞为归义军牙内都虞候，母进封秦国太夫人，妻封陇西郡夫人。②

根据史料的记载可知，宋太宗在册封曹延禄为归义军节度使的同时，还任命其弟曹延晟为检校司徒、瓜州刺史，任命曹延瑞为归义军衙内都虞候。既然曹延瑞担任归义军衙内都虞候一职，那么

① 曹宗寿是曹延恭的儿子，参见（日）藤枝晃《沙州歸義軍節度使始末（三)》，《東方学報》（京都）第13册第1分，1942年，第64页；（日）Akagi Takatoshi（赤木崇敏），“The Genealogy of the Military Commanders of the Guiyi-jun from Cao Family”，*Dunhuang Studies: Prospects and Problems for the Coming Second Century of Research* （ed. by Irina Popova and Liu Yi)，p.10；冯培红《敦煌的归义军时代》，第426页。又据华盛顿弗利尔美术馆30.36《乾德六年（968）绘水月观音像功德记》，可知曹延瑞有女儿曹宗花，节度使曹氏家族在“延”字辈之后应为“宗”字辈。马德《散藏美国的五件敦煌绢画》，《敦煌研究》1999年第2期；郑炳林、郑怡楠《敦煌碑铭赞辑释（增订本)》，第1610—1613页。

② ［清］徐松《宋会要辑稿》一九八册《蕃夷五》，第7767页。

此时他应该在沙州任职。而到了公元986年时，情况即发生变化，P.4622《雍熙三年（986）十月墨离军诸军事守瓜州团练使金紫光禄大夫检校司徒兼御史大夫曹延瑞疏》中，曹延瑞已经任职瓜州团练使、检校司徒。S.374《至道元年（995）正月新乡副使王汉子等牒》中的“司徒”，荣新江认为即曹延瑞，并且指出曹延瑞是瓜州的最高执政官[①]。公元980年，朝廷任命曹延晟为检校司徒、瓜州刺史，公元986年以后，曹延晟职位被曹延瑞所取代。学者认为，曹延禄、曹延瑞二人可能为亲兄弟，是曹元忠翟氏夫人所生，而曹延晟为曹元忠的侄子[②]。虽然有推测成分，但是从曹延瑞取代曹延晟担任瓜州刺史这一历史事件来看，此观点与史实可以相互印证。敦煌文献BD16509《延晟人名一本》中，“曹司徒”“慕容县令”[③]等人物先后出现，“曹司徒”应即曹延晟，与“慕容县令”同时出现，说明曹延晟与瓜州派系关系紧密。

曹延禄对瓜州地区行政长官的调整，说明归义军沙州节度使府衙一直试图强化对瓜州的控制，但是最终瓜、沙之间的矛盾无法调和，导致了一场军事政变。公元1001年，曹延禄被册封为谯郡王[④]，翌年，曹延禄、曹延瑞为其从子宗寿所害。曹宗寿取代曹延禄任归义军节度使，史料对此有记载。《宋史·外国六》记载：

> [咸平]五年（1002），延禄、延瑞为从子宗寿所害，宗寿权知留后，而以其弟宗允权知瓜州。表求旌节，乃授宗

① 荣新江《归义军史研究——唐宋时代敦煌历史考索》，第128页。
② 陈菊霞《敦煌翟氏研究》，第199—201页。
③《国家图书馆藏敦煌遗书》第146册，第212页。
④《宋史》卷四九〇《外国六》，第14124页。

> 寿节度使，宗允检校尚书左仆射、知瓜州，宗寿子贤顺为衙内都指挥使。[①]

根据史料记载，可知曹宗寿是通过一场政变推翻曹延禄、曹延瑞的统治。对于政变的研究，学者关注的问题从曹宗寿勾结外部势力发动政变[②]，逐步转向对曹氏归义军政权内部政治斗争的探讨[③]。然而学者们多是根据史料记载推测，如果结合曹氏归义军政权内部的瓜、沙矛盾，曹宗寿政变的原因便会显而易见。《宋会要辑稿·蕃夷五》“瓜沙二州”条对曹延禄政权被推翻之前的情况有所揭示：

---

① 《宋史》卷四九〇《外国六》，第14124页。

② 钱伯泉、陆庆夫、冯培红几位指出这是曹宗寿与外部势力勾结发动的政变，参见钱伯泉《回鹘在敦煌的历史》，《敦煌学辑刊》1989年第1期，第74页；陆庆夫《归义军与辽及甘州回鹘关系考》，《兰州大学学报》（社会科学版）1998年第3期，第73—79页；陆庆夫《归义军晚期的回鹘化与沙州回鹘政权》，《敦煌学辑刊》1998年第1期，第20—21页；冯培红《敦煌的归义军时代》，第426—427页。

③ （日）赤木崇敏认为，曹延禄属于“于阗系”，而曹宗寿属于“甘州回鹘系”，两个派系的争夺导致了政变的发生，参见Akagi Takatoshi（赤木崇敏），“The Genealogy of the Military Commanders of the Guiyijun from Cao Family”，*Dunhuang Studies: Prospects and Problems for the Coming Second Century of Research* (ed. by Irina Popova and Liu Yi)，p.11；冯培红同意赤木崇敏的观点，同时还认为曹宗寿也有可能利用瓜州军队发动政变，但未说明原因，参见冯培红《敦煌的归义军时代》，第426—427页。其实赤木崇敏所说的“甘州回鹘系”在曹元德时期就已经被肃清，参见郑炳林、杜海《曹议金节度使位继承权之争——以“国太夫人”“尚书”称号为中心》，《敦煌学辑刊》2014年第4期，第20—21页。曹宗寿应是曹延恭的儿子，属于瓜州派系，曹宗寿政变是瓜州、沙州矛盾长期积累的结果。

> （咸平）五年八月，权知归义军节度兵马留后曹宗寿遣牙校阴会迁入贡，且言："为叔归义军节度使延禄、瓜州防御使延瑞将见害，臣先知觉，即投瓜州。盖以当道二州八镇军民，自前数有冤屈，备受艰辛，众意请臣统领兵马，不期内外合势，便围军府，延禄等知其力屈，寻自尽。臣为三军所迫，权知留后，兼差弟宗以权知瓜州，讫文表求降旌节。"①

咸平五年（1002），曹延禄被害时，瓜州防御使为曹延瑞。榆林窟35窟的题记中，曹延瑞的官职为"节度副使、守瓜州团练使、金紫光禄大夫、检校司徒、兼御史大夫、谯郡开国男、食邑三百户"②，可知，此时曹延瑞已经升任归义军节度副使。曹宗寿发动政变之前，史籍记载"为叔归义军节度使延禄、瓜州防御使延瑞将见害"，"臣先知觉，即投瓜州"，说明曹延禄、曹延瑞兄弟二人应该同时在沙州向曹宗寿发难，而曹宗寿已经有所准备，逃往瓜州。曹宗寿前往瓜州后，又有"众意请臣统领兵马"一说，说明瓜州官员和军队参与了这次政变。总之，曹宗寿是利用瓜州地区的军事力量发动政变，逼迫身在沙州的曹延禄、曹延瑞二人自尽，最终曹宗寿取代曹延禄执掌归义军政权。

以上通过对敦煌文献的细读，论证了曹宗寿发动政变是由于瓜、沙二州的矛盾引起的。在曹元忠任归义军节度使时，曹延恭长期担任瓜州刺史，从曹元忠、曹延恭、曹延禄、曹宗寿节度使权力接替的过程来看，曹元忠、曹延禄父子长期生活在沙

---

① ［清］徐松《宋会要辑稿》一九八册《蕃夷五》，第7767页。宗以，当作"宗允"。

② 张伯元《安西榆林窟》，第251页。

州，属于沙州派系，而曹延恭、曹宗寿父子则属于瓜州派系。曹延恭任归义军节度使的时间很短即去世，没能在沙州站稳脚跟即被曹延禄取代。以此观之，曹宗寿政变是曹延禄、曹延恭矛盾的延续。

三、曹氏归义军时期“二州八镇”与“瓜、沙之争”

军镇具有重要的战略地位，曹氏归义军初期的敦煌是“二州六镇”的建制，六镇包括寿昌镇、紫亭镇、常乐镇、悬泉镇、雍归镇、新城镇[①]。曹元忠时期，敦煌镇制经历了由六镇到八镇的变革。八镇在敦煌的分布如图所示。寿昌镇，原汉代龙勒县城[②]，唐代寿昌县包括龙勒、西关二镇，归义军时期并为寿昌镇[③]，位于沙州西南

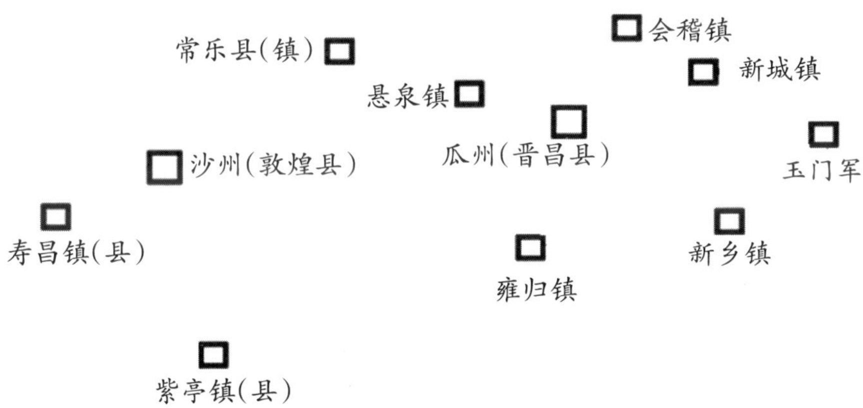

图6-5 曹氏归义军时期的“二州八镇”示意图

① 冯培红《归义军镇制考》，季羡林、饶宗颐主编《敦煌吐鲁番研究》第9卷，第138页。

② ［唐］李吉甫撰，贺次君点校《元和郡县图志》卷四〇，北京：中华书局，1983年，第1026页。

③ 陈国灿《唐五代瓜沙归义军军镇的演变》，陈国灿《陈国灿吐鲁番敦煌出土文献史事论集》，第622—625、631页。

一百二十里①。紫亭镇，汉代“开鄯善南路，因山置亭”②，在沙州以南，今党河故城遗址③。寿昌、紫亭二镇主要负责戍防沙州西南的仲云、南山等部落。常乐县（镇），汉广至县故城以西④，位于瓜州城西115公里，即今瓜州县南岔乡六工破城，瓜州之常乐与沙州之寿昌、紫亭一样，是镇、县并置的双重政区⑤。悬泉镇为汉广至县旧地，今瓜州踏实西北之破城子⑥，在常乐县以西，瓜州晋昌郡以东。雍归镇，在榆林窟南35公里之石包城⑦，负责防范南山的进攻，并且与其东面军镇相互支援。新城镇，应是今瓜州县布隆吉乡南10公里处的萧家古城遗址，规模与悬泉镇城（即今破城子城）极为相似⑧。玉门军，张承奉时期由玉门镇升级而来⑨，玉门军西距肃州100余公里，位于

① 郑炳林《敦煌地理文书汇辑校注》，第56页。

② 郑炳林《敦煌地理文书汇辑校注》，第44页。

③ 向达《唐代长安与西域文明》，第426—427页。

④［唐］杜佑撰，王文锦等点校《通典·州郡典》，北京：中华书局，1988年，第4555页。

⑤ 李并成《唐代瓜州（晋昌郡）治所及其有关城址的调查与考证》，《敦煌研究》1990年第3期，第30—31页；冯培红《归义军镇制考》，季羡林、饶宗颐主编《敦煌吐鲁番研究》第9卷，第146—148页。

⑥ 向达《唐代长安与西域文明》，第427页。

⑦ 陈国灿《唐五代瓜沙归义军军镇的演变》，陈国灿《陈国灿吐鲁番敦煌出土文献史事论集》，第627页。

⑧ 陈国灿《唐五代瓜沙归义军军镇的演变》，陈国灿《陈国灿吐鲁番敦煌出土文献史事论集》，第632页。李并成《归义军新城镇考》，《北京图书馆馆刊》1997年第4期，第80—82页。

⑨ 冯培红《归义军镇制考》，季羡林、饶宗颐主编《敦煌吐鲁番研究》第9卷，第165页。

唐玉门县境内①，是曹氏归义军最东面的军事重地，具有重要的军事地位。新城镇、雍归镇、玉门军，扼守敦煌东部边防。曹元忠时期，在瓜州东部更置新镇，即新乡镇与会稽镇。新乡、会稽镇名源于西晋②。新乡大致位于今甘肃玉门市昌马乡③，会稽位

① 《元和郡县图志》卷四〇，第1018、1025页。冯培红认为玉门军即唐玉门县址（冯培红《归义军镇制考》，季羡林、饶宗颐主编《敦煌吐鲁番研究》第9卷，第164页）。更准确地说，玉门军应位于玉门县西境。原因如下：1.唐代玉门县辖境东西150余公里，后玉门县大部分陷于吐蕃，唐廷在唐蕃边境设立玉门军，天宝年间再次废军置县。因此唐代的玉门县与归义军时期的瓜州玉门军所指不同。此据《太平寰宇记》载："玉门县置长三百里。"（［宋］乐史撰，王文楚等点校《太平寰宇记》卷一五一，北京：中华书局，2007年，第2947页）又据《元和郡县图制》："开元中玉门县为吐蕃所陷，因于县城置玉门军，天宝十四载，哥舒翰奏废军，重置县。"（《元和郡县图制》卷四〇，第1025页）2.玉门军是归义军政权东界，唐玉门县与归义军政权之间有吐蕃部落，此据高居诲《使于阗记》载："西北五百里至肃州，渡金河，西百里出天门关，又西百里出玉门关，经吐蕃界……西至瓜州、沙州，二州多中国人。"（《新五代史》卷七四，第917—918页）其中的玉门关，即唐玉门县。郑炳林《敦煌地理文书汇辑校注》，第227页。高居诲自肃州经玉门县、吐蕃界，才到达归义军辖境。3.又据S.383《西天路竟》记载："又西行五日至肃州，又西行一日至玉门关，又西行一百里至沙州界，又西行二日至瓜州，又西行三日至沙州。"参见郑炳林《敦煌地理文书汇辑校注》，第225页。肃州西行一日至玉门关，此玉门关与高居诲《使于阗记》中的玉门关应同指一地，即唐天宝年间重置的玉门县。由此玉门关再向西行50公里到达沙州界，此沙州即指曹氏归义军政权。参见黄盛璋《〈西天路竟〉笺证》，《敦煌学辑刊》1984年第2期，第3页。归义军政权东界即玉门军，自玉门军西行两日至瓜州，那么玉门军西至瓜州两百余里。自肃州"西行一日至玉门关。又西行一百里至沙州界"，可知自肃州至沙州东界的玉门军，也是两百余里。综上可知，曹氏归义军时期的玉门军位于唐玉门县西境，位置在肃州与瓜州的中间地带。

② 《晋书》卷四〇《地理志上》，北京：中华书局，1974年，第434页。

③ 陈国灿《唐五代瓜沙归义军军镇的演变》，陈国灿《陈国灿吐鲁番敦煌出土文献史事论集》，第627页。

于今瓜州县城东18公里处的小宛破城[1]。这样一来，敦煌就形成了“二州八镇”的格局。学者普遍认为，东部甘州回鹘等的威胁，是归义军镇制变化的原因[2]，笔者认为这只是其中一点。若深入考察当时的历史情况，可以发现瓜州军镇的增加与曹氏政权内部的“瓜、沙之争”密切相关，下面试做分析。

第一，曹氏归义军时期，军镇地位提高，镇使除军事事务外，还兼管地方政务。

学者指出，“沙州之敦煌县，瓜州之晋昌县……是附郭县，没有设置镇，而附郭县以外的县，一般都设置镇，以适应归义军政权与其他势力进行战争的实际情况”[3]。如果不考虑统属关系，曹氏归义军时期的“二州八镇”，实际上即指归义军治下的十个地方行政单位，那么“二州八镇”再加上最东面的玉门军，从地理上囊括了曹氏归义军的管辖范围。若从军政权力方面讲，曹氏归义军时期，敦煌地区呈现县镇合一的趋势，即归义军节度使府衙为最高级别军政机构，镇（县）为第二级军政机构，兼具行政、军事职能。经学者考证，寿昌、紫亭、常乐三镇为县镇并置，镇使同时兼任县令[4]；而在没有县级行政机构的军镇，镇使除负责军事事务以外，还负责行政事务，如S.374《至道元年（995）正月新乡副使王汉子等牒》中，镇使还负责粮草事务；P.2814V

---

① 李并成《归义军会稽镇考》，季羡林等主编《敦煌吐鲁番研究》第3卷，第223—228页。

② 新设置的会稽、新乡二镇位于瓜州东部地区，学界普遍认为是为了加强对甘州回鹘的防范，参见李并成《归义军会稽镇考》，季羡林等主编《敦煌吐鲁番研究》第3卷，第226—227页；荣新江《敦煌历史上的曹元忠时代》，《敦煌研究》2006年第6期，第94页；冯培红《敦煌的归义军时代》，第420页。

③ 郑炳林《晚唐五代敦煌归义军行政区划制度研究（之二）》，《敦煌研究》2002年第3期，第72—73页。

④ 冯培红《归义军镇制考》，季羡林、饶宗颐主编《敦煌吐鲁番研究》第9卷，第138—144页。

《悬泉镇使安进通状》中，安镇使除了汇报军情、进贡方物外，还请求缓收当地税收。可知曹氏归义军时期，负责军事事务的镇使，对行政事务也有管辖权力。

第二，军镇首领对沙州的归义军节度使府衙负责。虽然八镇中，属于沙州地界的只有寿昌、紫亭二镇，但诸镇使直接对沙州归义军节度使府衙负责。P.2814V《悬泉镇使安进通状》云："星夜便令申报上州，兼当日差人走报常乐、瓜州两镇……此时皆仗令公神谋……擒捉枭首，部领送上府衙。"①这是悬泉镇使安进通给曹议金所上状文文样，表明悬泉镇虽然在地理区划上属于瓜州，但是镇使直接对沙州归义军节度使府衙负责；文书中提到"常乐、瓜州两镇"，说明瓜州虽设置刺史，但是其地位和一般军镇相同，瓜州刺史仅掌控晋昌县的军政事务。又S.5606《书手厶乙抄录会稽镇状稿样式》云："副使厶甲、百姓等状上阿郎衙②。又某月镇使李厶甲奉帖上州去后……书手厶乙。右奉差会稽抄录。来时蒙阿郎处分，赐限居守一年。今则时过，望替，未得指挥。"③可知，不仅镇使直接向沙州节度使府衙负责，连军镇的抄录官员都直接由节度使任免。归义军节度使府衙位于沙州，因此敦煌文书还称沙州为"上州"④。军镇不论在地理位置上属于沙州还是瓜州，都直接对归义军节度使府衙负责。

通过以上分析可知，曹氏归义军时期，军镇作为地方基层军

① 《法国国家图书馆藏敦煌西域文献》第18册，第354—355页。

② "阿郎"，为曹氏归义军节度使的称呼，S.528V《某年月日三界寺僧智德状稿》有"伏乞令公阿郎念见口承边镇百姓些些"等语，"令公阿郎"即为曹氏归义军时期某节度使，参见郝春文《唐后期五代宋初敦煌僧人的税役负担》，《敦煌学辑刊》1998年第2期，第3页。

③ 《英藏敦煌文献（汉文佛经以外部分）》第8卷，第140页。

④ 前引文献P.2943、P.2814V、S.5606都称沙州为"上州"。

政机构，直接受归义军节度使管辖，这种军政合一的统治方式与敦煌“四面六蕃围”的历史背景有关。但是，当来自外部的军事压力减小的时候，这种军政合一的体制会导致军镇实力的过度发展，随着沙州归义军节度使府衙控制力下降，军镇便会呈现独立倾向，反而成为节度使的威胁。

第三，曹元忠时期，瓜州刺史曹延恭不断干预地方军政，与此同时，沙州府衙试图限制曹延恭的势力。

前文已经论述，曹延恭于公元962年被册封瓜州防御使，杏雨书屋藏羽701《防御使残稿》保存有瓜州防御使曹延恭的相关记载：

> 防御使帖，瓜州衙推翟永吉等，右奉处分今发遣文字新乡。防御使帖，瓜州。①

这是曹延恭以瓜州防御使身份所发帖子的残稿，年代在公元962年后，内容与新乡镇事务有关，该文书明确显示了曹延恭在瓜州的权力。在此之前，曹延恭也试图干预地方军镇的事务，P.3727《罗员定上军事都知曹都头状》记载：

> 问违眷私，未经旬朔，听咏之诚，莫离卑抱。仲冬严寒，伏惟军事都知曹都头尊体起居万福。即日员定蒙恩，不审近日清阳何似。伏惟顺时精加调护，是所望也。善守刺史治务，百姓谨奉状起居。不宣。谨状。十一月日内亲从都头知常乐县令罗员定状上。②

① 《敦煌秘笈（影片册）》第9册，第103页。
② 《法国国家图书馆藏敦煌西域文献》第27册，第144页。

该文书的年代约在955年，因为该文书之后就抄写有乙卯年（955）文书。文中曹都头即瓜州刺史曹延恭，此时曹延恭尚未被册封为瓜州团练使，因此被称为“都头”“刺史”。该文书内容是常乐县令罗员定上状问候瓜州刺史曹延恭，其中提到“问违眷私，未经旬朔，听咏之诚，莫离卑抱”，可知在此通书信之前，曹延恭和罗员定之间曾有过书信往来；“善守刺史治务”一句，言辞是在敦促曹延恭处理好本职事务。其中原委难以确知，但是可以证明曹延恭试图干预瓜州晋昌郡以外的事务。

曹延恭任职瓜州期间，瓜州派系势力显著提升。在罗员定之后，常乐县令由慕容家族成员慕容长政担任①；同时，敦煌玉门军使一职也是由慕容家族成员担任②。曹元忠去世前夕，瓜州衙推汜愿长等率众向沙州节度使府衙申诉，可知汜氏家族成员在瓜州得到重用，P.4638V《丙申年（936）正月马军武达儿状》即武达儿状告瓜州汜都知私吞马、羊的记载③，瓜州汜氏家族势力不可小觑。曹延恭的儿子曹宗寿正是与汜氏家族联姻④，并且利用瓜州势力发动政变。

与此同时，曹元忠、曹延禄父子二人任归义军节度使期间也在限制瓜州派系势力。曹元忠时期增设会稽、新乡二镇，其目的不是防范甘州回鹘的西进，而是为了增强对瓜州军政的控制。曹元忠时期，虽有小股回鹘的侵扰，但敦煌与甘州之间未发生过战

---

① 敦煌研究院编《敦煌莫高窟供养人题记》，第93页。

② 敦煌研究院编《敦煌莫高窟供养人题记》，第110页。“玉门军使”一职对敦煌政权十分重要，曹议金时期，其兄长曹仁裕一直担任玉门军使，参见S.11343文书。

③《法国国家图书馆藏敦煌西域文献》第32册，第234页。

④［宋］李焘《续资治通鉴长编》卷五二“真宗咸平五年（1002）”条，第1147页。

争，随着党项的崛起，甘州回鹘的战略重心向东转移[①]。新乡镇设立时，节度使府衙发布榜文称："因为吐蕃吞侵，便多投□废。伏自大王治世，方便再置安城。"[②]也可证明新乡镇设立时，敦煌的外患有所减轻。反观曹氏归义军政权内部，瓜沙二州矛盾愈发激化，曹元忠在瓜州设置会稽、新乡二镇，是为了限制瓜州派系曹延恭的势力。会稽、新乡镇设置以后，地位在旧有军镇之上，P.3727文书提到，公元955年数骑入侵会稽、新乡、雍归、新城[③]，从几个军镇的排列顺序看，肯定不是按照敌骑入侵的先后顺序排列，而是根据军镇地位的重要性。如此可知，新设立的会稽、新乡二镇[④]，在重要性上已经超过雍归、新城二镇，成为曹元忠掌控瓜州军政的重要布局。S.347《新乡副使王汉子、监使尉迟佛德牒》中有"司徒娘子"、雍归镇"何都头"[⑤]支援新乡镇粮麦的记载，陈国灿认为这是因为新乡镇的军事任务繁重，兵马多[⑥]，显示出新设军镇的重要性。除了设置新镇以外，曹元忠、曹延禄还任命亲信去瓜州地区军镇任职。会稽镇设立以后，罗祐通曾担任会稽镇使[⑦]，根据敦煌文书记载，罗祐通出身于沙

① 朱悦梅、杨富学《甘州回鹘史》，第184、205—206页。
② 《英藏敦煌文献（汉文佛经以外部分）》第12卷，第145—146页。
③ 《法国国家图书馆藏敦煌西域文献》第27册，第145页。
④ 会稽、新乡两镇的设立时间在952年，冯培红《敦煌的归义军时代》，第420页。
⑤ 《英藏敦煌文献（汉文佛经以外部分）》第1卷，第163页。
⑥ 陈国灿《唐五代瓜沙归义军军镇的演变》，陈国灿《陈国灿吐鲁番敦煌出土文献史事论集》，第636页。
⑦ P.4046文书记载："施主会稽镇遏使罗祐通一心供养。"己卯年（979）文书P.3721中亦记载罗祐通。

州地区大族[①]，曹元忠与罗家联姻[②]，可知罗祐通是曹元忠的亲信。此外，与曹元忠关系密切的翟氏家族，除了在沙州地区担任要职之外[③]，也在瓜州地区任职。曹延恭任瓜州刺史时期，有翟永吉担任瓜州衙推（杏雨书屋藏羽701），翟永吉后被氾愿长取代（P.2943）。曹延禄任节度使时期，P.2916《癸巳年（993）十一月十二日张马步女师迁化纳赠历》中有“司徒”“翟衙推”“罗镇使”等人，排在最前面的“司徒”应是瓜州司徒曹延瑞[④]，罗镇使即会稽镇使罗祐通，那么翟衙推也应在瓜州任职，可知氾愿长又被翟氏家族成员取代了。

曹元忠、曹延禄时期，设置会稽、新乡二镇，将曹元忠长女延鼐嫁给慕容家族，派遣亲信官员去瓜州地区任职，都是沙州府衙限制瓜州势力的手段。然而经过曹延恭、曹宗寿的长期经营，在慕容氏、氾氏等瓜州大族的支持下，瓜州势力已经难以遏制。瓜、沙矛盾愈演愈烈，最终曹宗寿发动政变推翻曹延禄、曹延瑞的统治。

研究表明，虽然曹氏归义军政权维持了敦煌瓜沙地区100多年的稳定局面，但政权内部始终存在瓜州、沙州之间的矛盾，即以地理因素、亲缘关系为基础，围绕政治权力进行的争夺。中原王朝“瓜、沙分制”的统治策略给“瓜、沙之争”制造了条件。

---

① S.3540《（970）宕泉修窟盟约凭》中还有都头罗祐员、罗祐清的记载，宕泉位于沙州地区，S.5448《敦煌录一本》：“州南有莫高窟……其东即三危山，西即鸣沙山，中有南流水，名之宕泉。”

② P.2726《比丘法坚发愿文》有曹元忠夫人“罗家夫人”“达家夫人”的记载。

③ P.3396V《沙州诸渠诸人瓜园籍》：“翟镇使愿德大哥瓜园。”

④ 瓜州文书指称最高上司时，往往是瓜州首脑，参见荣新江《归义军史研究——唐宋时代敦煌历史考索》，第128页。

曹议金时期，慕容归盈在瓜州的势力强大，曹氏家族未能真正意义上实现对瓜州的完全控制，但此时敦煌内部还存在着甘州回鹘派系与曹元德派系围绕节度使位继承权的争夺[①]，外部与甘州回鹘发生了大规模的战争[②]，因此沙州、瓜州之间是相互依存的关系，沙州与瓜州的矛盾尚未显现。公元940年慕容归盈去世以后，曹元深随即任命曹元忠为瓜州刺史，曹氏家族名义上收回了瓜州统治权。曹元忠执掌归义军政权以后，曹延恭出任瓜州刺史。曹延恭与慕容氏结亲，为其控制瓜州军政提供了便利条件，曹延恭成为执掌瓜州的实力派人物。归义军节度使府衙设在沙州地区，沙州被称为“上州”。瓜州虽处于从属地位，但实际上瓜州地区具有很强的独立性，且中原王朝单独册封瓜州刺史，甚至对瓜、沙长官“各铸印以赐之”，使得沙州归义军节度使府衙难以完全掌控瓜州军政。

“瓜、沙之争”导致了曹氏归义军的衰落。自曹元忠时期开始，敦煌与甘州之间再未发生过大的战争。敦煌政权的衰落不是因为外患而是因为内忧，随着曹氏家族内部矛盾的显现，敦煌地区大族也随之分成两个阵营。比如在敦煌文献中，几乎看不到翟氏家族与慕容氏、氾氏家族的联姻，翟氏家族与曹元忠、曹延禄父子关系紧密，而慕容氏、氾氏家族与瓜州派系的关系紧密。另外，内部局势的不稳，也使得敦煌政权逐渐被其周围的回鹘等少数民族势力蚕食，S.4362《宋富真家书》载：“司徒、使君、都衙您说发遣走马使来者，便是好也，走马人不来者，便是做

① 曹议金去世后，敦煌政权内部局势并不稳定，参见郑炳林、杜海《曹议金节度使位继承权之争——以“国太夫人”、“尚书”称号为中心》，《敦煌学辑刊》2014年第4期，第1—12页。

② 荣新江《归义军史研究——唐宋时代敦煌历史考索》，第309—327页。

贼。”[①]这是在归义军政权中担任都头的宋富真写给其兄宋富忪的书状稿，宋富忪是肃州都头，二人互通军政消息，可见敦煌官员与周边政权官员之间是有来往的。可知曹宗寿发动政变时除了获得氾氏、慕容氏家族等瓜州势力的支持，也可能联合了敦煌周边政权的力量。总之，敦煌地区政治形势的变化，一方面反映了唐朝灭亡以后，中原王朝在敦煌地区影响力的减弱；同时也反映出西北地区民族融合的趋势，即这一时期西北地区诸民族之间的矛盾逐渐减弱，各个政权、势力的争夺，是各种政治集团的争夺，西北地区逐渐形成胡汉文化融合共存的格局。

① 《英藏敦煌文献（汉文佛经以外部分）》第6卷，第45页。

小　结

根据前文的研究，笔者重新绘制了曹氏归义军政权世系表，图表展现了曹氏家族的内外联姻，曹议金与甘州回鹘的联姻固然重要，但后来却是索氏、宋氏的儿子先后继承了节度使之位。曹元忠时期以后，节度使不再与张氏归义军时期的传统大族联姻，可知曹氏家族通过内外联姻巩固了政权，并建立起新的统治体系。曹延恭、曹延禄、曹宗寿执政时期，敦煌内部的争夺是因瓜、沙地缘以及血缘关系产生的权力斗争，不是甘州回鹘系与于阗系的争夺。通过综合考察曹氏家族的内外联姻情况，可以构建曹氏归义军政权世系。

曹议金本人与索氏、宋氏、李氏等大族以及甘州回鹘联姻，为其掌控敦煌政权建立了基础。曹议金对外发动与甘州回鹘的战争，其子曹元德对内清洗“甘州回鹘系”势力，也是稳固敦煌政权的策略。曹议金的子女逐渐改变了联姻的对象，则是曹议金在逐渐削弱敦煌传统大族的势力。曹元忠、曹延禄与于阗的联姻，虽然是政治联姻，但是联姻对归义军政局并无实质影响。敦煌各个家族实力消长的过程，实际就是曹氏归义军政权建立和巩固的过程。

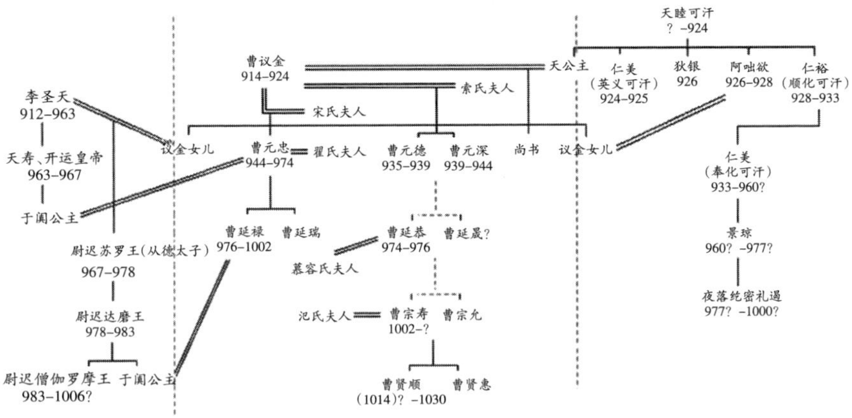

图6-6 曹氏归义军政权世系表

经过曹议金父子4人的努力，至曹元忠时期，张氏归义军时期的统治集团逐渐退出权力的核心位置，曹氏家族统治集团取代了敦煌传统大族统治集团。敦煌地区政治结构的变化，是发生在中原王朝的势力退出河西地区这个大背景之下的。由于中原王朝的羸弱，10世纪西北地区政权林立，西域地区的汉族也有胡化的趋势，传统大族已经失去了以往的号召力。作为粟特后裔的曹氏家族，依靠其社会关系、语言能力等方面的优势，成功地与周边政权沟通、周旋。敦煌地区家族影响力的变化，是整个西北地区政治势力消长变化的缩影。同时，我们还应该看到，敦煌地区的粟特曹氏，是已经汉化程度很高的粟特族后裔，在外貌特征、文化认同方面，表现出与中原文化的一致性。粟特曹氏家族既能够适应敦煌以中原文明为核心的文化特征，又能够应对政权林立的西北政治局势，维持了敦煌地区100多年的持续稳定。

唐宋之际西北地区的政治形势复杂多变，粟特后裔曹氏家族采取了灵活的内外策略，为敦煌的稳步发展做出了贡献。从西北地区历史演进的过程看，这一时期各种势力之间的冲突，已经成为不同政治势力之间的冲突，而不是不同民族之间的矛盾。虽然中原王朝势力退出河西走廊，但是中原王朝治理模式仍旧影响深远，华夏制度、华夏文化在西北各个政权中都发挥着重要作用，敦煌政权成为西北地区中原王朝的代理人，由此亦可以管窥唐代以后中国历史的演进模式。因为敦煌地区极其丰富的考古遗存和文献资料，敦煌历史成为唐宋之际整个西北地区历史的缩影。

参考文献

一、古籍

[汉] 班固撰，[唐] 颜师古注《汉书》，北京：中华书局，1962年。

[北齐] 魏收撰《魏书》，北京：中华书局，1974年。

[南朝梁] 沈约撰《宋书》，北京：中华书局，1974年。

[南朝梁] 萧子显撰《南齐书》，北京：中华书局，1972年。

[唐] 姚思廉撰《梁书》，北京：中华书局，1973年。

[唐] 姚思廉撰《陈书》，北京：中华书局，1972年。

[唐] 令狐德棻等撰《周书》，北京：中华书局，1971年。

[唐] 李延寿撰《南史》，北京：中华书局，1975年。

[唐] 魏徵、令狐德棻撰《隋书》，北京：中华书局，1973年。

[后晋] 刘煦等撰《旧唐书》，北京：中华书局，1975年。

[宋] 欧阳修、宋祁撰《新唐书》，北京：中华书局，1975年。

[宋] 薛居正等撰《旧五代史》，北京：中华书局，1976年。

[宋] 欧阳修撰，[宋] 徐无党注《新五代史》，北京：中华书局，1974年。

[元] 脱脱等撰《辽史》，北京：中华书局，1974年。

[元] 脱脱等撰《宋史》，北京：中华书局，1977年。

[宋] 王溥撰《唐会要》，北京：中华书局，1955年。

［宋］司马光编著，［元］胡三省音注《资治通鉴》，北京：中华书局，1956年。

［清］徐松辑《宋会要辑稿》，北京：中华书局，1957年。

［宋］宋敏求编《唐大诏令集》，北京：商务印书馆，1959年。

［宋］王钦若等编《册府元龟》，北京：中华书局，1960年。

［清］董诰等编《全唐文》，北京：中华书局，1983年。

［唐］李吉甫撰，贺次君点校《元和郡县图志》，北京：中华书局，1983年。

［唐］杜佑撰，王文锦等点校《通典》，北京：中华书局，1988年。

［宋］李焘撰《续资治通鉴长编》，北京：中华书局，1995年。

［唐］王梵志著，项楚校注《王梵志诗校注》，上海：上海古籍出版社，1991年。

［清］吴广成撰，龚世俊等校证《西夏书事校证》，兰州：甘肃文化出版社，1995年。

陈述辑校《全辽文》，北京：中华书局，1982年。

二、敦煌文献

黄永武主编《敦煌宝藏》第1—140册，台北：新文丰出版公司，1981—1986年。

唐耕耦、陆宏基编《敦煌社会经济文献真迹释录》第1—5辑，北京：书目文献出版社（第1辑）、北京：国家图书馆文献缩微复制中心（第2—5辑），1986、1990年。

中国社会科学院历史研究所、中国敦煌吐鲁番学会敦煌古文献编辑委员会、英国国家图书馆、伦敦大学亚非学院合编《英藏敦煌文献（汉文佛经以外部分）》（1—15卷），成都：四川人民出版社，1990—1995、2009年。

俄罗斯科学院东方研究所圣彼得堡分所、俄罗斯科学出版社东方文学部、上海古籍出版社合编《俄藏敦煌文献》第1—17册，上海：上海古籍出版社，1992—2001年。

上海古籍出版社、上海博物馆编《上海博物馆藏敦煌吐鲁番文献》第1—2册，上海：上海古籍出版社，1993年。

上海古籍出版社、法国国家图书馆合编《法国国家图书馆藏敦煌西域文献》第1—34册，上海：上海古籍出版社，1995—2005年。

段文杰主编《甘肃藏敦煌文献》（1—6卷），兰州：甘肃人民出版社，1999年。

郝春文等《英藏敦煌社会历史文献释录》（1—19卷），北京：社会科学文献出版社，2003—2022年。

中国国家图书馆编，任继愈主编《国家图书馆藏敦煌遗书》第1—146册，北京：北京图书馆出版社，2005—2012年。

（日）武田科学振兴财团杏雨书屋编辑《敦煌秘笈（影片册）》第1—9册，大阪：武田科学振兴财团杏雨书屋，2009—2013年。

方广锠、（英）吴芳思主编《英国国家图书馆藏敦煌遗书》第1—50册，桂林：广西师范大学出版社，2011–2017年。

三、中文专著

（法）J.R.哈密顿著，耿昇、穆根来译《五代回鹘史料》，乌鲁木齐：新疆人民出版社，1986年。

（法）伯希和著，耿昇译《伯希和敦煌石窟笔记》，兰州：甘肃人民出版社，2007年。

陈国灿、陆庆夫主编《中国敦煌学百年文库:历史卷》（一），兰州：甘肃文化出版社，1999年。

陈国灿《敦煌学史事新证》，兰州：甘肃教育出版社，2002年。

陈国灿《陈国灿吐鲁番敦煌出土文献史事论集》，上海：上海古籍出版社，2012年。

陈菊霞《敦煌翟氏研究》，北京：民族出版社，2012年。

陈寅恪《金明馆丛稿初编》，北京：生活·读书·新知三联书店，2001年。

戴锡章编撰，罗矛昆点校《西夏纪》，银川：宁夏人民出版社，1988年。

邓文宽《敦煌天文历法文献辑校》，南京：江苏古籍出版社，1996年。

邓文宽《敦煌吐鲁番天文历法研究》，兰州：甘肃教育出版社，2002年。

敦煌文物研究所编《敦煌研究文集》，兰州：甘肃人民出版社，1982年。

敦煌研究院编《敦煌莫高窟供养人题记》，北京：文物出版社，1986年。

敦煌研究院编《敦煌石窟内容总录》，北京：文物出版社，1996年。

冯培红《敦煌的归义军时代》，兰州：甘肃教育出版社，2013年。

伏俊琏等《敦煌文学写本研究》，上海：上海古籍出版社，2021年

黄永武主编《敦煌丛刊初集》第6册，台北：新文丰出版公司，1985年。

黄征、吴伟校注《敦煌愿文集》，长沙：岳麓书社，1995年。

姜伯勤《敦煌社会文书导论》，台北：新文丰出版公司，1992年。

姜伯勤、项楚、荣新江《敦煌邈真赞校录并研究》，台北：新文丰出版公司，1994年。

姜亮夫、郭在贻等《敦煌吐鲁番学研究论文集》，上海：汉语大辞典出版社，1991年。

刘进宝《敦煌文物流散记》，兰州：甘肃人民出版社，2000年。

罗继祖《辽史校勘记》，上海：上海人民出版社，1958年。

罗振玉著，罗继祖主编《罗振玉学术论著集》第8集，上海：上海古籍出版社，2010年。

马德《敦煌莫高窟史研究》，兰州：甘肃教育出版社，1996年。

宁可、郝春文《敦煌社邑文书辑校》，南京：江苏古籍出版社，1997年。

饶宗颐《敦煌曲》，巴黎：法国远东学院，1971年。

饶宗颐《敦煌曲续论》，台北：新文丰出版公司，1996年。

任半塘《敦煌歌辞总编》，上海，上海古籍出版社，2006年。

任二北《敦煌曲初探》，上海：上海文艺联合出版社，1954年。

荣新江《英国图书馆藏敦煌汉文非佛教文献残卷目录（S.6981—S.13624）》，台北：新文丰出版公司，1994年。

荣新江《归义军史研究——唐宋时代敦煌历史考索》，上海：上海古籍出版社，1996年。

荣新江《敦煌学十八讲》，北京：北京大学出版社，2001年。

荣新江、朱丽双《于阗与敦煌》，兰州：甘肃教育出版社，2013年。

沙知《敦煌契约文书辑校》，南京：江苏古籍出版社，1998年。

商务印书馆编《敦煌遗书总目索引》，北京：商务印书馆，1962年。

苏莹辉《敦煌论集》，台北：台湾学生书局，1983年。

苏莹辉《敦煌论集续编》，台北：台湾学生书局，1983年。

苏莹辉《瓜沙史事丛考》，台北：台湾商务印书馆，1983年。

苏莹辉《敦煌文史艺术论丛》， 台北：新文丰出版公司，1987年。

谭蝉雪《敦煌岁时文化导论》，台北：新文丰出版公司，1998年。

王国维《观堂集林》卷20，北京：中华书局，1959年。

王重民《敦煌曲子词集（修订本）》，上海：商务印书馆，1956年。

王重民《敦煌古籍叙录》，北京：商务印书馆，1958年。

向达《唐代长安与西域文明》，石家庄：河北教育出版社，2001年。

向南主编《辽代石刻文编》，石家庄：河北教育出版社，1995年。

谢稚柳《敦煌艺术叙录》，上海：上海古籍出版社，1996年。

杨宝玉、吴丽娱《归义军政权与中央关系研究——以入奏活动为中心》，北京：中国社会科学出版社，2015年。

杨富学、牛汝极《沙州回鹘及其文献》，兰州：甘肃文化出版社，1995年。

杨富学、李吉和《敦煌汉文吐蕃史料辑校》（第一辑），兰州：甘肃人民出版社，1999年。

杨富学《回鹘与敦煌》，兰州：甘肃教育出版社，2013年。

杨际平、郭锋、张和平《五—十世纪敦煌的家庭与家族关系》，长沙：岳麓书社，1997年。

杨秀清《敦煌西汉金山国史》，兰州：甘肃人民出版社，1999年。

张伯元《安西榆林窟》，成都：四川教育出版社，1995年。

张广达、荣新江《于阗史丛考（增订本）》，北京：中国人民大学出版社，2008年。

赵和平《敦煌写本书仪研究》，台北：新文丰出版公司，1994年。

赵和平《敦煌表状笺启类书仪辑校》，南京：江苏古籍出版社，1997年。

郑炳林《敦煌地理文书汇辑校注》，兰州：甘肃教育出版社，1989年。

郑炳林《敦煌碑铭赞辑释》，兰州：甘肃教育出版社，1992年。

郑炳林主编《敦煌归义军史专题研究》（1—4），兰州：兰州大学出版社，1997年、2003年；兰州：甘肃文化出版社，2005年；西安：三秦出版社，2009年。

郑炳林、沙武田《敦煌石窟艺术概论》，兰州：甘肃文化出版社，2005年。

郑炳林、郑怡楠《敦煌碑铭赞辑释（增订本）》，上海：上海古籍出版社，2019年。

朱悦梅、杨富学《甘州回鹘史》，北京：中国社会科学出版社，2013年。

四、中文论文

（俄）丘古耶夫斯基著，魏迎春译《俄藏敦煌汉文写卷中的官印及寺院印章》，《敦煌学辑刊》1999年第1期。

（美）葛雾莲著，杨富学译《榆林窟回鹘画像及回鹘萧氏对辽朝佛教艺术的影响》，敦煌研究院编《1994年敦煌学国际研讨会文集——纪念敦煌研究院成立五十周年：石窟考古卷》，兰州：甘肃民族出版社，2000年。

（日）池田温《吐鲁番、敦煌契券概观》，《汉学研究》第4卷第2期，1986年。

（日）森安孝夫著，梁晓鹏译《沙州回鹘与西回鹘国》，《敦煌学辑刊》2000年第2期。

（日）土肥义和撰，李永宁译《归义军时期（晚唐、五代、宋）的敦煌（一）》，《敦煌研究》1986年第4期。

白丽娜《论五代宋初的凉州六谷蕃部联盟》，《西北民族大学学报》（哲学社会科学版）2013年第2期。

毕素娟《辽代名僧诠明著作在敦煌藏经洞出现及有关问题——敦煌遗书P.2159V1研究》，段文杰等编《敦煌学国际研讨会文集：石窟考古编》，沈阳：辽宁美术出版社，1995年。

陈国灿《唐五代敦煌县乡里制的演变》，《敦煌研究》1989年第3期。

陈国灿《唐五代瓜沙归义军军镇的演变》，陈国灿《陈国灿吐鲁番敦煌出土文献史事论集》，上海：上海古籍出版社，2012年。

陈菊霞《敦煌翟氏与敦煌士族间的通婚》，《敦煌学辑刊》2007年第2期。

陈菊霞《再议P.5032（9）〈沙州阇梨保道致瓜州慕容郎阿姊书〉的定年及相关问题》，《敦煌研究》2007年第2期。

陈菊霞《归义军中后期敦煌县非十乡制》，《敦煌研究》2008年第3期。

陈菊霞《归义军节度使夫人翟氏生平事迹考》，《敦煌研究》2013年第2期。

陈祚龙《迎头赶上，此其时也——敦煌学散策之二》，《敦煌学园零拾》（下册），台北：台湾商务印书馆，1984年。

党燕妮《晚唐五代敦煌地区的海龙王信仰》，郑炳林主编《敦煌归义军史专题研究三编》，兰州：甘肃文化出版社，2005年。

杜海《曹议金权力枝系考》，《敦煌学辑刊》2014年第2期。

杜海《曹元德称司徒考》，《敦煌研究》2015年第4期。

杜海《敦煌归义军政权与沙州回鹘关系述论》，《敦煌学辑刊》2015年第4期。

杜海《敦煌文书中的“国太”夫人考》，《敦煌学辑刊》2017年第3期。

俄玉楠、郑怡楠《敦煌写本P.3550〈都押衙镌大龛功德记〉考释》，《敦煌学辑刊》2013年第4期。

范鹏《曹氏归义军初期敦煌洞窟营建中折射出的价值观——以莫高窟第98窟为例》，《敦煌研究》2016年第2期。

方广锠《敦煌藏经洞封闭年代之我见——兼论“敦煌文献”与“藏经洞文献”之界限》，饶宗颐主编《敦煌文薮》下册，台北：新文丰出版公司，1999年。

冯培红《归义军时期敦煌县诸乡置废申论》，《敦煌研究》2000年第3期。

冯培红《敦煌曹氏族属与曹氏归义军政权》，《历史研究》2001年第1期。

冯培红《从敦煌文献看归义军时代的吐谷浑人》，《兰州大学学报》（社会科学版）2004年第1期。

冯培红《归义军镇制考》，季羡林、饶宗颐主编《敦煌吐鲁番研究》第9卷，北京：中华书局，2006年。

冯培红《Дx.1335〈归义军都虞候司奉判令追勘押衙康文达牒〉考释》，（俄）波波娃、刘屹主编《敦煌学：第二个百年研究视角与问题》，圣彼得堡：俄罗斯科学院东方文献研究所，2012年。

盖佳择、杨富学《归义军史上三起人伦悲剧疑云剖析》，敦煌市博物馆编《第三届丝绸之路与敦煌历史文化学术研讨会论文集》，沈阳：万卷出版公司，2021年。

郭锋《慕容归盈与瓜沙曹氏》，《敦煌学辑刊》1989年第1期。

郭锋《略论慕容归盈出任归义军瓜州刺史前的身世》，《敦煌研究》1991年第4期。

郭俊叶《莫高窟第454窟窟主再议》，《敦煌研究》1999年第2期。

郝春文《唐后期五代宋初敦煌僧人的税役负担》，《敦煌学辑刊》1998年第2期。

贺世哲、孙修身《〈瓜沙曹氏年表补正〉之补正》，《甘肃师大学报》1980年第1期。

贺世哲《从供养人题记看莫高窟部分洞窟的营建年代》，敦煌研究院编《敦煌莫高窟供养人题记》，北京：文物出版社，1986年。

贺世哲《试论曹仁贵即曹议金》，《西北师大学报》（社会科学版）

1990年第3期。

黄盛璋《〈西天路竟〉笺证》，《敦煌学辑刊》1984年第2期。

黄盛璋《于阗文〈使河西记〉的历史地理研究》，《敦煌学辑刊》，1986年第2期。

黄盛璋《沙州曹氏二州六镇与八镇考》，敦煌文物研究所编《1983年全国敦煌学术讨论会文集（文史·遗书编·上》，兰州：甘肃人民出版社，1987年。

黄盛璋《敦煌于阗文书中河西部族考证》，《敦煌学辑刊》1990年第1期。

黄盛璋《汉于阗吐蕃文献所见“龙家”考》，郑炳林、樊锦诗、杨富学主编《丝绸之路民族古文字与文化学术讨论会文集》，西安：三秦出版社，2007年。

姜亮夫《瓜沙曹氏世谱》，《浙江学刊》1983年第1期。

孔令梅《敦煌大族与佛教》，兰州大学博士学位论文，2011年。

劳榦《唐五代沙州张曹两姓政权交替之史料》，《申报》1948年1月17日“文史”版。

李并成《唐代瓜州（晋昌郡）治所及其有关城址的调查与考证》，《敦煌研究》1990年第3期。

李并成《归义军会稽镇考》，季羡林等主编《敦煌吐鲁番研究》第3卷，北京：北京大学出版社，1998年。

李并成《归义军新城镇考》，《北京图书馆馆刊》1997年第4期。

李军《晚唐五代肃州相关史实考述》，《敦煌学辑刊》2005年第3期。

李并成、解梅《敦煌归义军曹氏统治者果为粟特后裔吗——与荣新江、冯培红先生商榷》，《敦煌研究》2006年第6期。

李青青《S.5556〈望江南〉三首曲子词所涉人事及创作时间考订》，《陇东学院学报》（社会科学版）2017年第6期。

李正宇《归义军曹氏“表文三件”考释》，《文献》1988年第3期。

李正宇《曹仁贵归奉后梁的一组新资料》，武汉大学历史系魏晋南北朝隋唐史研究室编《魏晋南北朝隋唐史资料》第11期《唐长孺教授八十大寿纪念专辑》，武汉：武汉大学出版社，1991年。

李正宇《曹仁贵名实论——曹氏归义军创始及归奉后梁史探微》，中国台湾汉学研究中心编《第二届敦煌学国际研讨会论文集》，台北：中国台湾汉学研究中心，1991年。

李正宇《悄然湮没的王国——沙州回鹘国》，段文杰等编《敦煌学国际研讨会文集：石窟史地、语文编》，沈阳：辽宁美术出版社，1995年。

李正宇《俄藏中国西北文物经眼记》，《敦煌研究》1996年第3期。

李正宇《索勋、张承奉更迭之际史事考》，郝春文主编《敦煌文献论集——纪念敦煌藏经洞发现一百周年国际学术研讨会论文集》，沈阳：辽宁人民出版社，2001年。

刘进宝《试谈归义军时期敦煌县乡的建置》，《敦煌研究》1994年第3期。

刘进宝《20世纪敦煌藏经洞封闭时间及原因研究的回顾》，《敦煌研究》2000年第2期。

刘人铭《莫高窟第310窟回鹘供养人画像阐释——兼论曹氏归义军的回鹘化》，沙武田主编《丝绸之路研究集刊》第3辑，北京：商务印书馆，2019年。

刘屹《上博本〈曹元深祭神文〉的几个问题》，国家图书馆善本特藏部敦煌吐鲁番学资料研究中心编《敦煌学国际研讨会论文集》，北京：北京图书馆出版社，2005年。

刘玉权《沙州回鹘史探微》，敦煌研究院编《1994年敦煌学国际研讨会文集——纪念敦煌研究院成立五十周年：宗教文史卷》（下册），兰州：甘肃民族出版社，2000年。

卢向前《关于归义军时期一份布纸破用历的研究——试释伯四六四〇背面文书》，北京大学中国中古史研究中心编《敦煌吐鲁番文献研究论集》第3辑，北京：北京大学出版社，1986年。

陆离《有关吐蕃太子的文书研究》，《敦煌学辑刊》2003年第1期。

陆庆夫《河西达怛考述》，《敦煌学辑刊》1992年第1、2期合刊。

陆庆夫《甘州回鹘可汗世次辨析》，《敦煌学辑刊》1995年第2期。

陆庆夫《唐宋间敦煌粟特人之汉化》，《历史研究》1996年第6期。

陆庆夫、郑炳林《唐五代敦煌的社与粟特人聚落》，郑炳林主编《敦煌归义军史专题研究》，兰州：兰州大学出版社，1997年。

陆庆夫《归义军晚期的回鹘化与沙州回鹘政权》，《敦煌学辑刊》1998年第1期。

陆庆夫《归义军与辽及甘州回鹘关系考》，《兰州大学学报》（社会科学版）1998年第3期。

马德《曹氏三大窟营建的社会背景》，《敦煌研究》1991年第1期。

马德《莫高窟张都衙窟及有关问题》，《敦煌研究》1996年第2期。

马德《尚书曹仁贵史事钩沉》，《敦煌学辑刊》1998年第2期。

马德《散藏美国的五件敦煌绢画》，《敦煌研究》1999年第2期。

梅林《天寿年号·佛现皇帝·宕泉造窟——俄藏敦煌文献Dx.6069+Dx.1400+Dx.2148号文书再研究》，《美术学报》2010年第4期。

米德昉《敦煌莫高窟第100窟窟主及年代问题再议》，《敦煌研究》2012年第4期。

钱伯泉《有关归义军前期历史的几个问题——〈周故南阳郡娘子张氏墓志铭并序〉研究》，《敦煌学辑刊》1987年第1期。

钱伯泉《回鹘在敦煌的历史》，《敦煌学辑刊》1989年第1期。

钱伯泉《于阗国使刘再昇的国籍及出使过程探微》，《敦煌研究》1998年第1期。

饶宗颐《从敦煌所出〈望江南〉〈定风波〉申论曲子词之实用性》，中国台湾汉学研究中心编《第二届敦煌学国际研讨会论文集》，台北：中国台湾汉学研究中心，1991年。

荣新江《曹议金征甘州回鹘史事表微》，《敦煌研究》1991年第2期。

荣新江、朱丽双《一组反映10世纪于阗与敦煌关系的藏文文书研究》，沈卫荣主编《西域历史语言研究集刊》第5辑，北京：科学出版社，2012年。

荣新江《敦煌文献所见晚唐五宋初的中印文化交往》，李铮、蒋忠新主编《季羡林教授八十华诞纪念论文集》，南昌：江西人民出版社，1991年。

荣新江《通颊考》，《文史》第33辑，北京：中华书局，1990年。

荣新江《公元十世纪沙州归义军与西州回鹘的文化交往》，中国台湾汉学研究中心编《第二届敦煌学国际研讨会论文集》，台北：中国台湾汉学研究中心，1991年。

荣新江《甘州回鹘与曹氏归义军》，《西北民族研究》1993年第2期。

荣新江《关于曹氏归义军首任节度使的几个问题》，《敦煌研究》1993年第2期。

荣新江《甘州回鹘成立史论》，《历史研究》1993年第5期。

荣新江《于阗王国与瓜沙曹氏》，《敦煌研究》1994年第2期。

荣新江《归义军改元考》，《文史》第38辑，北京：中华书局，1994年。

荣新江《敦煌归义军曹氏统治者为粟特后裔说》，《历史研究》2001年第1期。

荣新江《敦煌历史上的曹元忠时代》，《敦煌研究》2006年第6期。

荣新江、朱丽双《于阗国王李圣天事迹新证》，《西域研究》2012年第2期。

沙武田、赵晓星《归义军时期敦煌文献中的太子》，《敦煌研究》2003年第4期。

沙武田《敦煌石窟于阗国王“天子窟”考》，《西域研究》2004年第2期。

沙武田《莫高窟“天王堂”质疑》，《敦煌研究》2004年第2期。

沙武田《敦煌藏经洞封闭原因再探》，《中国史研究》2006年第3期。

沙武田《敦煌石窟归义军曹氏供养人画像与其族属之判别》，中央文史研究馆、敦煌研究院、香港大学饶宗颐学术馆编《庆贺饶宗颐先生九十五华诞敦煌学国际学术研讨会论文集》，北京：中华书局，2012年。

沙武田《五代宋敦煌石窟回鹘装女供养像与曹氏归义军的民族特性》，《敦煌研究》2013年第2期。

邵强军《敦煌曹议金第98窟研究》，兰州大学博士学位论文，2017年。

施安昌《故宫藏敦煌己巳年樊定延酒破历初探》，《故宫博物院院刊》2000年第3期。

施萍婷《本所藏〈酒帐〉研究》，《敦煌研究》（创刊号），1983年。

史苇湘《世族与石窟》，敦煌文物研究所编《敦煌研究文集》，兰州：甘肃人民出版社，1982年。

史苇湘《丝绸之路上的敦煌与莫高窟》，敦煌文物研究所编《敦煌研究文集》，兰州：甘肃人民出版社，1982年。

苏莹辉《瓜沙曹氏兼事辽、宋颠末》，《大陆杂志》第63卷第6期，1981年。

苏莹辉《瓜沙史事述要》，《汉学研究》1986年第4卷第2期。

苏北海、周美娟《甘州回鹘世系考辩》，《敦煌学辑刊》1987年第2期。

苏莹辉《论敦煌本〈望江南〉杂曲四首之写作时代》，《新社学报》（新加坡）第5期，1973年。

苏莹辉《朱梁时曹仁贵继张氏为沙州归义军节度使说》，《大陆杂志》第68卷第1期，1984年。

孙修身《腊八燃灯分配窟龛名数年代考》，丝绸之路考察队《丝路访古》，兰州：甘肃人民出版社，1983年。

孙修身《敦煌遗书吐蕃文书P.t.1284号第三件书信有关问题考》，《敦煌研究》1989年第2期。

孙修身《伯4640号卷背归义军〈布、纸破历〉的研究》，《西北民族研究》1990年第2期。

孙修身《试论瓜沙曹氏与甘州回鹘之关系》，段文杰等编《敦煌学国际研讨会文集：石窟史地、语文编》，沈阳：辽宁美术出版社，1995年。

谭蝉雪《曹元德曹元深卒年考》，《敦煌研究》1988年第1期。

谭蝉雪《〈君者者状〉辨析——河西达怛国的一份书状》，敦煌研究院编《1994年敦煌学国际研讨会文集——纪念敦煌研究院成立五十周年：宗教文史卷》（下册），兰州：甘肃民族出版社，2000年。

谭蝉雪《唐宋敦煌岁时佛俗——二月至七月》，《敦煌研究》2001年第1期。

谭蝉雪《唐宋敦煌岁时佛俗——八月至十二月》，《敦煌研究》2001年第2期。

汤开建、马明达《对五代宋初河西若干民族问题的探讨》，《敦煌学辑刊》创刊号（总第4期），1983年。

汤开建《韩棨出使敦煌年代考》，《社会科学》（甘肃）1983年第4期。

汤涒《敦煌曲子词与河西本土文化》，《中国俗文化研究》2004年第2辑。

唐耕耦《曹仁贵节度沙州归义军始末》，《敦煌研究》1987年第2期。

唐长孺《关于归义军节度的几种资料跋》，《中华文史论丛》第1辑，北京：中华书局，1962年。

王惠民《曹元德功德窟考》，《敦煌研究》1995年第4期。

王使臻《敦煌文献P.3016V〈某乙致令公状〉相关问题考辨》，《宁夏师范学院学报》（社会科学）2010年第2期。

王使臻《敦煌遗书中的唐宋尺牍研究》，兰州大学博士学位论文，2012年。

王艳明《瓜沙州大王印考》，《敦煌学辑刊》2000年第2期。

王艳明《瓜州曹氏与甘州回鹘的两次和亲始末——兼论甘州回鹘可汗世系》，《敦煌研究》2003年第1期。

王尧、陈践《归义军曹氏与于阗之关系补证——P.t.1284号吐蕃文书译释》，《西北史地》1987年第2期。

王重民《金山国坠事零拾》，《敦煌遗书论文集》，北京：中华书局，1984年。

魏睿骜《10世纪前期归义军诸都僧统交替年代三题》，《敦煌学辑刊》2020年第3期。

吴超《敦煌藏经洞封闭原因研究综述》，《高校社科信息》2003年第4期。

吴丽娱《再析P.2945书仪的年代与曹氏归义军通使中原》，《敦煌研究》2002年第3期。

向达《记敦煌石室出晋天福十年写本〈寿昌县地境〉》，向达《唐代长安与西域文明》，石家庄：河北教育出版社，2001年。

谢生保、谢静《敦煌文献与水陆法会——敦煌唐五代时期水陆法会研究》，《敦煌研究》2006年第2期。

徐晓丽《曹议金与甘州回鹘天公主结亲时间考——以P.2915卷为中心》，《敦煌研究》2001年第4期。

徐晓丽《敦煌石窟所见天公主考辨》，《敦煌学辑刊》2002年第2期。

杨宝玉、吴丽娱《P.3016V〈厶乙致令公状〉考释》，《敦煌研究》2006年第3期。

杨宝玉、吴丽娱《P.2992V书状与清泰元年及长兴元年归义军政权的朝贡活动》，《敦煌学辑刊》2007年第1期。

杨宝玉、吴丽娱《归义军朝贡使张保山生平考察与相关历史问题》，《中国史研究》2007年第4期。

杨宝玉、吴丽娱《P.2945书状与曹氏归义军政权首次成功的朝贡活动》，中国敦煌吐鲁番学会等编《敦煌吐鲁番研究》第11卷，上海：上海古籍出版社，2009年。

杨宝玉、吴丽娱《跨越河西与五代中原世界的梯航——敦煌文书P.3931校注与研究》，中国社会科学院历史研究所学刊编委会编《中国社会科学院历史研究所学刊》第6集，北京：商务印书馆，2010年。

杨宝玉、吴丽娱《梁唐之际敦煌地方政权与中央关系研究——以归义军入贡活动为中心》，《敦煌学辑刊》2010年第2期。

杨宝玉、吴丽娱《同光年间甘州回鹘的可汗更替与入贡中原》，中央文史研究馆、敦煌研究院、香港大学饶宗颐学术馆编《庆贺饶宗颐先生九十五华诞敦煌学国际学术研讨会论文集》，北京：中华书局，2012年。

杨宝玉《达外国之梯航——曹氏归义军与五代时于阗首次入贡中原之关系再议》，《敦煌研究》2019年第1期。

杨宝玉《金山国建立时间再议》，《敦煌学辑刊》2008年第4期。

杨宝玉《清泰元年曹氏归义军入奏活动考索》，《敦煌学辑刊》2011年第3期。

杨富学《沙州回鹘及其政权组织——沙州回鹘研究之一》，段文杰等编《敦煌学国际研讨会文集：石窟史地、语文编》，沈阳：辽宁美术出版社，1995年。

杨富学、邓浩《略论辽朝的西疆经略》，《社会科学辑刊》1998年第4期。

杨富学、杜斗城《辽鎏金双龙银冠之佛学旨趣——兼论辽与敦煌之历史文化关系》，《北方文物》1999年第2期。

杨富学、路虹《甘州回鹘天公主再考》，《石河子大学学报》（哲学社会科学版）2019年第1期。

杨富学《曹议金奉天靖难及其与甘州回鹘之关联》，《敦煌学辑刊》2019年第1期。

杨森《五代宋时期于阗皇太子在敦煌的太子庄》，《敦煌研究》2003年第4期。

张广达、荣新江《关于唐末宋初于阗国的国号、年号及其王家世系问题》，北京大学中国中古史研究中心编《敦煌吐鲁番文献研究论集》，北京：中华书局，1982年。

张广达、荣新江《敦煌文书P.3510（于阗文）〈从德太子发愿文（拟）〉及其年代——〈关于于阗国的国号年号及其王家世系问题〉一文的补充》，敦煌文物研究所编《1983年全国敦煌学术讨论会文集（文史·遗书编·上）》，兰州：甘肃人民出版社，1987年。

张广达、荣新江《十世纪于阗国的天寿年号及其相关问题》，《欧亚学刊》第1辑，北京：中华书局，1999年。

张景峰《敦煌阴氏家族与莫高窟阴氏家窟研究》，兰州大学硕士学位论文，2008年。

张久和《河西地区的达怛》，《西北史地》1997年第2期。

张小刚、杨晓华、郭俊叶《于阗曹皇后画像及生平事迹考述》，《西域研究》2015年第1期。

张小刚《再论敦煌石窟中的于阗国王与皇后及公主画像——从莫高窟第4窟于阗供养人像谈起》，《敦煌研究》2018年第1期。

张涌泉、罗慕君、朱若溪《敦煌藏经洞之谜发覆》，《中国社会科学》2021年第3期。

郑炳林《〈索勋纪德碑〉研究》，《敦煌学辑刊》1994年第2期。

郑炳林、王尚达《吐蕃统治下的敦煌粟特人》，《中国藏学》1996年4期。

郑炳林《唐五代敦煌粟特人与归义军政权》，《敦煌研究》1996年4期。

郑炳林《唐五代敦煌的粟特人与佛教》，《敦煌研究》1997年2期。

郑炳林《晚唐五代敦煌归义军行政区划制度研究（之二）》，《敦煌研究》2002年第3期。

郑炳林《晚唐五代归义军政权与佛教教团关系研究》，《敦煌学辑刊》2005年第1期。

郑炳林、杜海《曹议金节度使位继承权之争——以“国太夫人”、“尚书”称号为中心》，《敦煌学辑刊》2014年第4期。

郑怡楠《敦煌归义军节度使曹延恭造窟功德记考释》，《敦煌学辑刊》2013年第3期。

郑怡楠《敦煌写本〈河西节度使大王造大寺功德记〉考释》，《敦煌学辑刊》2013年第4期。

郑怡楠、郑炳林《敦煌曹氏归义军时期修功德记文体的演变》，《敦煌学辑刊》2014年第1期。

郑雨《莫高窟第九十八窟的历史背景与时代精神》，《九州学刊》1992年第4卷第4期。

五、日文论著

（日）藤枝晃《沙州歸義軍節度使始末（一）—（四）》，《東方学報》（京都）第12册第3、4分，第13册第1、2分，1941—1943年。

（日）池田温《8世紀中葉における敦煌のソグド人聚落》，《ユーラシア文化研究》第1号，1965年。

（日）藤枝晃《敦煌オアシスと千仏洞》，《敦煌·シルクロード》（每日グラフ别册），东京：每日新闻社，1977年，

（日）池田温《中國古代籍帳研究》，东京：东京大学东洋文化研究所，1979年。

（日）榎一雄主编《講座敦煌》第2卷《敦煌の歷史》，东京：大东出版社，1980年。

（日）竺沙雅章《中國佛教社會史研究》，京都：朋友书店，1982年。

（日）山口瑞凤主编《講座敦煌》第6卷《敦煌胡語文獻》，东京：大东

出版社，1985年。

（日）森安孝夫《チベット文字で書かれたウィグル文仏教教理問答（P.t.1292）の研究》，《大阪大学文学部紀要》第25卷，1985年。

（日）森安孝夫《敦煌と西ウイグル王国——トウルファンからの書簡と贈り物を中心に》，《東方学》第74辑，1987年。

（日）土肥义和《敦煌発見唐·回鶻間交易関係漢文文書断簡考》，栗原益男先生古稀记念论集编集委员会编《中国古代の法と社会　栗原益男先生古稀記念論集》，东京：汲古书院，1988年。

（日）池田温《中國古代寫本識語集錄》，东京：东京大学东洋文化研究所，1990年。

（日）森安孝夫《河西帰義軍節度使の朱印とその編年》，《内陸アジア言語の研究》XV，2000年。

（日）森安孝夫《沙州ウイグル集団と西ウイグル王国》，《内陸アジア史研究》第15号，2000年。

（日）坂尻彰宏《敦煌牓文書考》，《東方学》第102辑，2001年。

（日）吉田丰《コータン出土8—9世紀のコータン語世俗文書に関する覺え書き》，神户：神户市外国语大学外国学研究所，2006年。

白玉冬《十世紀における九姓タタルとシルクロード貿易》，《史学雜誌》第120编第10号，2011年。

白玉冬《10世紀から11世紀における“九姓タタル国”》，《東洋学報》第93卷第1号，2011年。

（日）赤木崇敏《10世紀コータンの王統·年号問題の新史料——敦煌秘笈　羽686文書》，《内陸アジア言語の研究》XXVII，2013年。

（日）赤木崇敏《甲午年五月十五日陰家婢子小娘子榮進客目》，高田时雄主编《敦煌寫本研究年報》第7号，京都：京都大学人文科学研究所中国中世写本研究班，2013年。

（日）坂尻彰宏《公主君者者の手紙——S.2441の受信者·發信者·背景について》，高田时雄主编《敦煌寫本研究年報》第8号，京都：京都大学人文科学研究所中国中世写本研究班，2014年。

（日）土肥义和编《八世紀末期~十一世紀初期燉煌氏族人名集成（氏族人名篇　人名篇）》，东京：汲古书院，2015年。

六、英文论著

（加拿大）E. G. Pulleyblank, “The Date of Staël-Holstein Roll”, *Asia Major*, new series, vol.4-1, 1954.

（英）H. W. Bailey, “Srī Viśa’ Śūra and the Ta-Uang”, *Aisa Major*, new series, vol. XI-1, 1964.

（法）D. Eliasberg, “Les Signatures en Forme d’Oiseau dans les Manuscrits Chinois de Touen-houang”, *Contributions aux Études sur Touen-Houang* (sous la direction de Michel Soymié), Librairie Droz, Genève-Paris, 1979.

（法）J. R. Hamilton, *Manuscrits ouïgours du IXe-Xe siècle de Touen-houang*, Paris: Peeters, 1986.

（法）J. R. Hamilton, “On the Dating of the Old Turkish Manuscripts from Tunhuang”, *Turfan, Khotan und Dunhuang: Vortäge der Tagung “Annemarie v. Gabain und die Turfanforschung”* (Herausgegeben von Ronald E. Emmerick, Werner Sundermann, Ingrid Warnke und Peter Zieme), Berlin: Akademie Verlag, 1996.

（日）Akagi Takatoshi（赤木崇敏）, “Six 10th Century Royal Seals of the Khotan Kingdom”, *New Studies of the Old Tibetan Documents: Philology, History and Religion*, (ed. by Imaeda Yoshiro, Matthew T. Kepstein and Tsuguhito Takeuchi), Tokyo: Research Institute for Languages and Cultures of Asia and Africa, Tokyo University of Foreign Studies, 2011.

（日）Akagi Takatoshi（赤木崇敏）, “The Genealogy of the Military Commanders of the *Guiyijun* from Cao Family”, *Dunhuang Studies: Prospects and Problems for the Coming Second Century of Research* (ed. by Irina Popova and Liu Yi), St. Petersburg: Institute of Oriental Manuscripts, Russian Academy of Sciences, 2012.